KB217717

결혼과 가족 2판

정옥분 · 정순화 공저

Marriage and Family

학지사

| 2판 머리말 |

개인의 자유와 자아실현을 지향하는 시대사조로 인해 우리사회에는 비혼주의 문화가 팽배해 있고, 결혼은 더 이상 필수가 아닌 선택의 문제로 인식되고 있다. 따라서 현대사회의 많은 젊은이들은 결혼생활 전반에 대한 교육이 필요하다고 생각하지 않는다. 그러나 이러한 사회분위기 속에서도 대다수의 사람들은 결혼을 하고 가족생활을 영위하고 있고, 결혼준비교육의 부족은 결과적으로 결혼의 불안정성을 가중시키는 요인으로 작용하고 있다.

저자들은 앞서 대학생이나 결혼을 앞둔 젊은 세대의 결혼준비교육 교재로 사용하기 위해 2014년 『결혼과 가족의 이해』를 출간하였고, 이후 저출산 · 고령화가 심각한 사회문제로 대두되면서 관련 교과목과 연계하여 인구교육을 실시하는 것이 필요하다고 생각하여 미시적 관점에 초점을 맞추었던 기존 내용을 근간으로 인구교육의 내용을 보완하여 2020년 『결혼과 가족』으로 제목을 바꾸어 출간한 바 있다. 그러나 최근에 나타나는 결혼과 가족 전반에 대한 사회분위기의 변화를 반영한 개정작업이 필요하여 제2판을 출간하게 되었다.

제2판의 제1장에서는 결혼의향에 대한 내용을 추가하였고, 제2장에서는 탈근대적 가족이념 관련내용을 재구성하였으며, 제6장 결혼만족도에 영향을 미치는 요인을 교류적, 정서적, 인지적 요인으로 구분하였던 기존의 내용을 개인 요인, 부부관계 요인, 가족체계 요인, 사회인구학적 요인으로 구분하였다. 또한 고령화 사회의 문제를 비중 있게 다루기 위해 제11장 '중년기의 가족관계'에서는 노인학대 문제를 심도 있게 살펴보았다. 제12장 '노년기의 가족관계'에서는 자녀가 결혼하면서 새롭게 직면하는 성인자녀와의 관계 가운데 대표적인 '고부관계'와 '장서관계'를 살펴보았다. 그리고 제11장과 제12장 모두 부모자녀세대의 과업에 대해 정리해 보았다. 그 외에도 가족관련 법률이나 통계수치의 변화로 제9장 역할부분에 대한 내용과 제14장 대안적 가족형태에 대한 내용이 상당 부분 교체, 수정되었다.

이 책은 결혼생활을 위한 준비교육에 역점을 두었기 때문에 결혼과 가족에 대한 전반적인 이해를 바탕으로 두 사람이 친밀한 관계를 형성하고 발전시켜나가는 과정과 부부관계를 형성한 두 사람의 결혼만족도에 영향을 미치는 요인을 중심으로 다루고 있다. 따라서 독자들이 이 책을 통해 결혼에 대한 성숙한 생각과 적응능력을 키워나가기를 기대한다.

마지막으로, 이 책이 나오기까지 많은 도움을 아끼지 않으신 학지사 김진환 사장님과 편집부 김진영 부장님의 노고에 깊은 감사의 마음을 전한다.

2025년 정월에

정옥분 · 정순화

| 1판 머리말 |

결혼을 하고 가족을 형성하는 것이 당연한 통과의례로 간주되던 전통사회와는 달리 현대사회에서 결혼은 더 이상 필수적인 과정이 아닌 선택의 문제로 인식되고 있다. 또한 성장과정을 통해 확대가족 내에서 자연스럽게 결혼생활을 대비한 교육이 이루어졌던 전통사회와는 달리 핵가족이 주류를 이루고 개인의 성취가 우선시되는 현대사회에서는 이러한 교육이 가족 내에서 자연스럽게 이루어지기도 어려울 뿐 아니라 중요하다고 생각하지도 않는다. 따라서 현대사회의 젊은이들은 결혼과 가족생활에 대한 정보나 준비교육이 상대적으로 부족한 실정이며, 이는 결혼생활의 불안정성을 가중시키는 요인으로 작용하고 있다.

특히 현대 정보화 사회는 개인화 현상과 네트워크 사회, 가족관계의 유연성 등의 특성을 지니고 있다. 개인이 우선시되면서 개인주의 예찬이나 결혼이 개인의 성취를 방해하는 것으로 인식되어 비혼주의 문화가 팽배해 있다. 네트워크 사회의 특성은 혈연관계보다 더 많은 커뮤니케이션이 이루어지는 인터넷 공동체의 역할이 강조되고 있고, 이는 결과적으로 가족구성원 간의 응집성을 약화시키는 요인으로 작용하고 있다. 또한 가족의 경계가 유연해지면서 부모와 자녀로 구성된 전형적인 핵가족뿐 아니라 다양한 가족형태가 공존하고 있다. 이러한 현대사회의 특성은 가족의 기능을 약화시키는 요인으로 작용하고 있으며, 이에 따라 가족구성원 간의 친밀감을 강화시키기 위한 노력이 그 어느 때보다도 강조되고 있다.

이러한 시대적 특성을 반영하여 저자들은 대학생이나 결혼을 앞둔 젊은 세대의 결혼준비교육 교재로 사용하기 위해 2014년 『결혼과 가족의 이해』를 출간하였다. 그러나 최근 저출산 · 고령화가 심각한 사회문제로 대두되면서 정부차원에서도 대학의 인구교육을 기존의 관련 교과목과 연관시켜 실시하는 것에 관심을 보였으며, 이에 따라 많은 대학에서 결혼과 가족 관련 교과목에 인구교육의 내용을 보완하여 수업을 진행하는 방향으로 나아가고 있다. 따라서 2014년에 출간된 『결혼과 가족의 이해』의 내용을 근간으로 하되, 결혼과 가족생활의 이해에 초점을 맞추었던 미시적인 관점에 이러한 사회적, 시대적 요구를 반영하여 제목을 『결혼과 가족』으로 바꾸고 새롭게 출간하게 되었다. 이 책의 내용에서는 제2장, 제9장, 제10장, 제11장, 제12장에 인구교육의 내용을 추가하였다. 특히, 고령화 사회의 문제를 비중 있게 다루기 위해 제11장 '중년기의 가족관계'에서는 중년기의 부부관계, 자녀와의 관계 그리고 노부모와의 관계에 관해 살펴보았으며, 제12장 '노년기의 가족관계'에서는 노년기의 부부관계, 자녀와의 관계, 손자녀와의 관계 그리고 형제자매관계에 관해 살펴보았다.

이 책은 모두 4부로 구성되어 있다. 제1부 '결혼과 가족의 기초'에서는 결혼과 가족의 의미와 한국가족의 개괄적인 변화 및 현재 우리 사회가 직면한 저출산 · 고령화의 문제를 살펴보았으며, 제2부 '친밀한 관계의 형성과 발전'에서는 두 사람이 친밀감을 형성하고 결혼에 이르는 과정과 관련된 사랑과 성, 이성교제와 배우자 선택, 약혼과 혼례에 대해 살펴보았다. 제3부 '가족관계의 형성과 적응'에서는 부부관계와 결혼만족도를 개괄적으로 살펴보고, 다음으로 부부관계와 의사소통, 부부관계와 성적 친밀감, 부부관계와 역할분담, 부모자녀관계, 중년기와 노년기의 가족관계에 대해 살펴보았으며, 각 주제별로 저출산 관련 가족친화 정책이나 고령사회 정책에 대해 살펴보았다. 제4부 '가족의 위기와 전망'에서는 이혼과 다양한 가족형태에 대해 살펴보고, 미래가족의 전망에 대해 고찰해 보았다.

이 책은 결혼생활을 위한 준비교육에 역점을 둔 만큼 결혼 이전의 관계를 발전시켜 나가는 과정과 결혼 이후의 적응과정에 일차적인 초점을 맞추었으며, 아울러 결혼과 가족이라는 선택적이고 개인적인 문제를 우리 사회가 직면한 저출산 · 고령화라는 거시체계의 맥락에서 접목시켜 보고자 하였다. 따라서 이 책을 통해 결혼을 앞둔 젊은 세대들이 배우자 선택이나 결혼생활에서의 적응능력을 향상시켜 나가는 개인적인 역량뿐 아니라 우리 사회의 일원으로서 결혼과 가족에 대한 보다 성숙한 생각을 발전시켜 나갈 수 있기를 기대한다.

끝으로, 이 책이 나오기까지 많은 도움을 아끼지 않으신 학지사 김진환 사장님과 편집부 백소현 차장님의 노고에 진심으로 감사의 마음을 전한다.

2020년 정월에

정옥분 · 정순화

| 차례 |

제2장 한국가족의 변화 · 51

제2부 친밀한 관계의 형성과 발전

제3장 사랑과 성 · 87

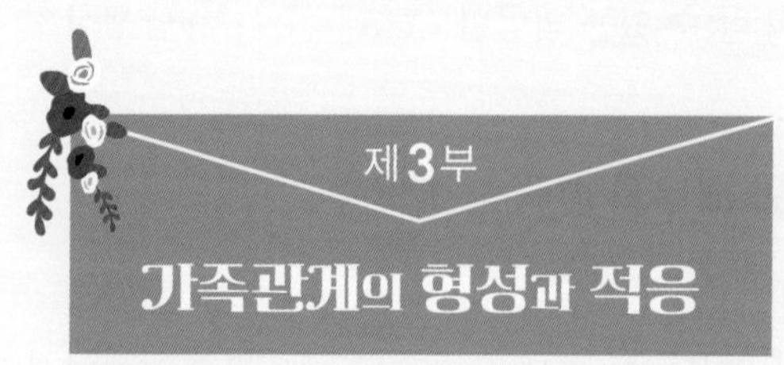

제3부 가족관계의 형성과 적응

제4부

가족의 위기와 전망

제13장 이혼 · 345

제14장 다양한 가족 · 363

제1부

결혼과 가족의 기초

전통사회에서는 남녀가 성인이 되면 결혼을 하고 자녀를 출산하여 대를 이어나가는 것이 인간으로서의 도리이자 당연히 거쳐야 할 통과의례로 간주되었다. 또한 성장과정을 통해 자연스럽게 다양한 결혼생활의 모델을 접할 기회도 많았을 뿐 아니라 가정교육을 통해 결혼과 가족생활 전반에 대한 지식을 습득할 기회도 충분히 제공되었다. 현대사회에서는 이제 더 이상 결혼이 필수적인 것이 아니라 선택의 문제로 인식되고 있으며, 최근 팽배하고 있는 비혼주의는 결혼에 대한 기존의 인식을 뒤흔드는 요인으로 작용하고 있다. 또한 여전히 많은 사람들이 가족이 자신의 삶에서 중요한 위치를 차지하고 있다는 사실에 동의하고 있으나 이에 대한 교육의 기회는 상대적으로 부족한 실정이다.

결혼을 통해 형성되는 가족은 사회변화에 따라 그 형태나 기능 면에서 많은 변화를 겪고 있다. 이러한 변화의 흐름은 가족의 기능을 약화시키는 방향으로 이루어지고 있어 일부 학자들은 이를 위기상황으로 규정하고 있으나, 한편에서는 가족형태의 다양화나 기능의 약화를 변화과정에서 나타나는 일시적인 현상으로 간주한다. 특히 우리나라의 경우 사회변화에 따라 단기간에 가족의 형태가 급격하게 변화하면서 이를 뒷받침하는 가족이념이나 가족에 대한 가치관도 빠른 속도로 변화하고 있어 일종의 혼돈상태라고 볼 수 있다. 이처럼 사회변화에 따른 가족변화의 내용이나 속도가 빠를 뿐 아니라 가족구성원 간에도 이러한 변화에 대한 수용도의 차이로 인해 나타나는 성차와 세대차는 가족문제를 더욱더 어렵게 하는 요인으로 작용하고 있다.

제1부에서는 결혼과 가족의 의미를 개괄적으로 살펴보고, 현재 우리의 가족이 형태, 이념, 가치관 등에서 어떠한 변화를 경험하고 있는지를 살펴봄으로써 결혼과 가족에 대한 이해를 돕고자 한다.

결혼과 가족의 의미

현대사회에서 결혼은 필수적인 것이 아니라 선택의 문제로 인식되고 있고, 결혼을 통해 형성되는 가족도 사회변화에 따라 그 형태나 기능 면에서 많은 변화를 겪고 있다. 그럼에도 여전히 가족은 하나의 생명체가 잉태되는 순간부터 태교를 통해, 출생 이후에는 직접적인 상호작용을 통해 개인의 발달에 지대한 영향을 미친다. 나아가 가족은 사회구성원을 생산해 냄으로써 사회를 존속시켜 나가는 사회의 기본 단위로서 기능을 다하고 있다.

이처럼 결혼과 가족에 대한 다양한 관점이 존재하는 현대사회에서 그 의미에 대한 통합적인 접근을 한다는 것은 용이한 일이 아니다. 그러나 결혼의 개념과 동기, 결혼의향, 전반적인 경향 및 가족의 개념, 기원과 변화, 유형, 기능 등을 살펴봄으로써 미래의 가족에 대한 전망이 가능해질 것이다. 또한 가족의 연속성을 강조하는 가족발달적 관점과 하나의 체계로서 가족의 기능을 강조하는 가족체계적 관점에 대한 고찰을 통해 가족이 개인의 발달에 미치는 영향과 가족의 중요성에 대한 이해를 돕고 건강한 가족을 형성하기 위한 시사점을 얻게 될 것이다.

이 장에서는 먼저 결혼과 가족의 의미를 개괄적으로 살펴보고, 다음으로 가족발달적 관점과 가족체계적 관점에 대해 살펴봄으로써 결혼과 가족의 의미에 대한 전반적인 이해를 돕고자 한다.

1. 결혼의 의미

최근 생활양식의 변화로 독신이나 기타 다양한 생활양식을 추구하는 사람들이 많아지면서 결혼은 여러 다양한 생활방식 가운데 하나인 선택적인 것으로 인식되고 있다. 그러나 아직도 대부분의 성인남녀들이 결혼을 선택한다는 점에서 그 중요성을 높이 평가할 수 있다.

1) 결혼의 정의

좁은 의미에서 결혼은 결혼식 자체를 의미하기도 하지만 일반적으로 결혼은 의식만이 아닌 보다 포괄적인 의미로 받아들여지고 있다. 사전적으로 결혼은 남녀가 정식으로 부부관계를 맺는 것으로 정의되고 있다. 이를 확장하여 이정덕 등(2002)은 결혼은 "적절한 연령에 도달한 남녀가 자유로운 이성교제를 통해 애정과 신뢰를 확인하고 자유의사에 의해 정신적 · 육체적으로 결합하는 것"으로 정의하였다. 또한 Olson, DeFrain과 Skogrand(2019)는 결혼을 "정서적 · 육체적 친밀감과 다양한 과업, 경제적 자원 및 가치를 공유하기 위한 두 사람의 정서적 · 법적 책임관계"라고 정의하였다. 이러한 개념적 정의에 비추어 본다면 결혼은 다음과 같은 특성을 갖는다고 볼 수 있다.

첫째, 결혼은 법률적 계약이다. 결혼 자체는 어디까지나 개인의 사적인 영역에 속하는 일이지만 결혼이 성립되기 위해서는 적정 연령에 도달해야 하는 것과 같은 일정한 법률적 조건을 충족해야 하며, 결혼 이후에도 법률이 정한 권리와 동시에 의무를 지니게 된다. 그러므로 일반적으로 말하는 결혼이란 사회적으로 규정된 권리와 의무를 따르겠다는 것에 동의한 법적 결혼(legal marriage)을 의미하는 것이며, 법적 구속력이 없는 동거(cohabitation)나 사실혼(common law of marriage)과 같은 사회적 결혼(social marriage)을 의미하는 것이 아니다.

둘째, 결혼은 경제적 측면을 공유하는 것이며, 경제적 책임은 결혼의 법적 계약 요소에서 가장 중요시되는 요인 가운데 하나이다.

셋째, 결혼은 상호 간에 친밀한 관계를 발전시켜 나가는 기회가 된다. 결혼은 법적인 계약이기도 하지만 동시에 정서적인 측면이 강하게 작용하며, 서로에 대한 신뢰, 사랑, 정직, 존중에 대한 약속이기도 하다.

넷째, 결혼은 부부 상호 간에 성적 소유를 선언하는 것이다. 즉, 결혼을 통해 두 사람은 합법적으로 성적 욕구를 충족시킬 수 있다. 또한 자녀출산을 통해 새로운 사회적 단위를 형성하며, 이를 통해 사회는 존속된다.

이와 같이 결혼이란 두 남녀의 신체적 · 정서적 · 사회적 결합을 의미한다. 인간은 결혼을 통하여 성욕을 지속적이고도 합법적으로 충족시키며, 자녀를 출산하고 양육하며 종족보존을 한다. 또한 결혼을 통하여 정서적 안정을 취하며, 사회적으로도 인정받게 된다. 결국 인간은 결혼을 통하여 개인적 욕구충족과 아울러 사회적인 인정을 받음과 동시에 책임을 지게 되는 것이다.

2) 결혼의 동기

만혼현상이 지속적으로 증가하고, 아예 결혼을 원하지 않는 사람들도 있으나 아직도 많은 사람들은 결혼하기를 원하며, 결혼의 가치를 인정하고 있다. 사람들은 왜 결혼을 하는가? 결혼에는 다음과 같은 동기가 작용하는 것으로 볼 수 있다.

(1) 사랑의 실현

"왜 결혼하는가?"에 대한 가장 많은 대답은 "사랑하니까"이다. 결혼의 가장 강한 동기는 사랑하는 사람과 함께 지내고 싶기 때문이다. 특히 오늘날의 결혼은 친밀감과 동반자적 감정에 대한 욕구가 강해서 배우자에 대해 더 이상 사랑을 느낄 수 없거나 대화가 불가능해지면 이혼을 감행할 정도로 사랑한다는 감정은 결혼의 중요한 동기로 작용한다.

(2) 정서적 안정

결혼생활을 통해 사람들은 한 개인으로서 자신의 성장과 욕구만을 생각하는 것이 아니라 서로를 인생의 동반자로서 이해해 주고 지지해 줌으로써 보다 정서적으로 안정감을 갖게 된다.

(3) 성적 욕구 충족

성인이 되면 남녀는 성적 욕구를 갖게 되며, 결혼은 이를 합법적으로 충족시킬 수 있는 제도이다. 종교적으로도 결혼은 간음을 피하기 위한 수단으로 그 합법성을 인정받고 있다.

(4) 자녀출산

전통사회에서는 자녀출산을 통해 가계를 계승해 나가는 것이 결혼의 가장 중요한 동기였다. 또한 사회생물학적 관점에서도 결혼을 통해 자녀를 출산하는 것은 자기 유전자를 보존하기 위한 가장 효율적인 방법이며 본능적인 요소로 설명하였다. 현대사회에서는 이러한 관념이 상당히 약화되었으나 여러 가지 이유에서 사람들은 아직도 결혼을 하며 자녀를 출산하고자 한다. 그리고 자녀출산은 결혼의 개인적인 동기이기도 하지만 사회구성원을 충원한다는 사회적인 의미도 있다.

(5) 경제적 안정

경제적 안정도 결혼의 중요한 동기가 된다. 남성이 경제적 부양을 담당하고 여성이 자녀양육과 가사노동을 담당하는 전통사회에서는 경제적 안정은 남성보다 여성에게 더 강한 결혼의 동기로 작용한 것으로 볼 수 있다. 5000년 전 메소포타미아 지역에서는 결혼이 여성과 자녀로 이루어진 가족에 남성을 붙잡아두기 위한 방편으로 탄생한 것이라는 주장도 이를 뒷받침해 주고 있다. 아직도 남성의 직업이나 경제적 능력이 배우자 선택에서 우선순위를 차지하는 것이나, 최근 맞벌이가족이 증

표 1-1 결혼에 대한 기대

구분	전혀 기대하지 않을 것임	기대하지 않을 것임	기대할 것임	매우 기대할 것임	합계	
경제적으로 안정된 생활	0.9	14.2	70.0	14.9	3,299	100.0
심리 · 정서적으로 안정된 생활	0.3	2.9	65.1	31.6	3,299	100.0
자녀를 가질 수 있는 것	4.6	15.0	63.5	16.9	3,299	100.0
성적으로 친밀한 관계	0.9	7.4	74.5	17.3	3,299	100.0

출처: 박종서 외(2023). 2021년도 가족과 출산 조사. 세종: 한국보건사회연구원.

가하면서 직업을 가진 여성을 배우자로 선호하는 현상은 경제적 안정이 결혼의 중요한 동기임을 반영하는 것이다.

이러한 결혼의 동기는 결혼에 대한 기대에서도 그대로 드러난다. 〈표 1-1〉에서 '기대할 것임'이라는 응답과 '매우 기대할 것임'이라는 응답을 합친 결과를 살펴보면, 심리 · 정서적 안정(96.7%)에 대한 기대 비율이 가장 높고, 성적으로 친밀한 관계(91.8%)에 대한 기대가 그 다음으로 높게 나타났으며, 다음으로 경제적으로 안정된 생활(84.9%)에 대한 기대와 자녀를 가질 수 있는 것(80.4%)에 대한 기대로 나타났다.

그 외에도 사회적 기대에 부합함으로써 성인으로서의 신분을 획득하고, 개인적인 행복감의 추구 등이 결혼의 동기로 작용한다. 연구결과에서도 기혼자가 독신자들보다 더 행복감을 느끼고, 건강하며, 장수하고, 부유한 것으로 나타났으며, 자녀들도 양부모가족에서 더 잘 자라는 것으로 나타났다(Waite & Gallagher, 2000). 물론 결혼을 통해 누구나 건강하고, 행복하며, 부유하게 된다고 볼 수는 없다. 동시에 그러한 긍정적인 성향을 가진 사람들이 좀 더 많이 결혼하는지도 모른다. 그러나 많은 기혼자들은 결혼에 대해 긍정적인 견해를 가지고 있으며, 재혼율의 지속적인 상승도 바로 이러한 사실을 반영하는 것이다.

이러한 바람직한 결혼의 동기와는 달리 결혼생활의 안정성을 위협하는 여러 부정적인 요인들도 결혼의 동기로 작용한다. 이러한 부정적인 결혼의 동기는 결혼생활의 만족감이나 안정성을 크게 위협하게 된다. 부정적인 결혼의 동기에는 혼전 임신, 연애 실패 후 상처 치유나 불행한 출생가족으로부터의 도피수단, 신분상승의 수단, 상대방에 대한 동정심, 가족 또는 사회적 압력 등이 있다.

3) 결혼의향의 결정

결혼의 동기에는 이처럼 여러 요인들이 영향을 미치지만 이것이 결혼으로 이행되는지의 여부는 결혼의향에 좌우된다. 결혼의향이 증가하면 보다 적극적으로 결혼상대를 구하고자 노력하게 되고, 이어 친밀한 관계로 발전하여 결혼으로 연결될 가능성이 높아지게 된다. 결혼을 당연한 생애과정으로 여기던 전통사회와는 달리 현대사회에서는 개인의 의향에 반해서 이루어지는 결혼이 드물기 때문에 결혼의향은 실제 혼인율의 변화를 이해하는 데 중요한 의미를 갖는다. 실제로 결혼의향은 초혼으로의 이행에 영향을 미치는 것으로 나타났는데, 긍정적인 결혼의향을 가진 사람들의 초혼이행 비율이 그렇지 않은 사람들보다 높게 나타났다(계봉오, 황인찬, 2023). 최근 들어 부정적인 결혼의향이 보다 확산되고 있어 이것이 낮은 혼인율로 이어지고 있다. 미혼남성과 미혼여성의 결혼의향은 2015년에는 각각 74.5%와 64.7%였는데, 2021년에는 56.1%와 43.4%로 대폭 하락한 것으로 나타났다(박종서 외, 2023). 왜 이렇게 하락하고 있는가? 결혼의향의 변화는 다음과 같은 관점에서 설명할 수 있다.

Gary S. Becker

(1) 경제학적 접근

경제학적 관점에서는 어떤 대안을 선택했을 때 발생하는 편익과 비용이 모든 의사결정 과정의 핵심이다. 일반적으로 사람들은 투자하는 비용에 비해 편익이 크다고 생각할 때 그 대안을 선택하게 되며, 결혼도 마찬가지이다(Becker, 1974). 결혼도 부부가 자신들의 비용 대비 편익을 극대화하려는 과정으로 이해할 수 있으며, 비용과 편익의 변화가 바로 혼인율에 영향을 미치게 된다. 전통적으로 서로 다른 성역할을 수행하던 남성과 여성은 결혼을 통해 상호간에 누릴 수 있는 편익의 부분들이 존재하였고, 이로 인해 긍정적인 결혼의향을 갖게 되고 실제 혼인율도 높게 나타났다. 그러나 최근 여성의 교육수준 향상 및 노동시장 참여 증가에 따라 결혼으로 인한 미혼 여성의 비용 대비 편익이 크게 감소했으며, 이는 바로 부정적인 결혼의향 및 혼인율의 감소로 연결된다.

연구결과에서도 결혼의향에 가장 큰 영향을 미치는 요인은 경제적인 요인으로 나타났다. 결혼할 상대에게 기대하는 희망 소득을 결혼 상대에 대한 기대의 간접 지표로 활용하여 분석한 결과, 이러한 기대가 높을수록 이러한 기대를 충족시켜주는 상대의 비율은 적어지므로 결혼의향은 낮게 나타났으며, 특히 상대에 대한 기대가 높은 여성에게서 결혼의향은 낮게 나타났다(조성호, 변수정, 2020). 또 다른 연구(계봉오, 고원태, 김영미, 2021)에서도 미혼남성보다 미혼여성의 결혼의향이 낮은 것으로 나타났는데, 이는 기존에 결혼을 통해 얻게 되었던 경제적 이익이 비용을 능가하지 못한다는 것을 의미한다. 즉, 결혼으로 인해 자신의 삶이 더 나아질 것이라는 확신이 없는 경우 여성은 결혼을 선택하지 않을 가능성이 높다는 것이다. 최근 남성보다 여성의 자발적 미혼이나 비혼 비율이 높은 것도 이러한 관점에서 생각해 볼 수 있다.

(2) 사회문화적 접근

한 개인의 의사결정과정에서 경제학적 논리가 지대한 영향을 미치는 것은 주지의 사실이지만 그 외에도 여러 요인이 영향을 미치게 된다. 그 가운데 가치관과 태도의 변화를 중심으로 결혼의향의 변화를 설명하는 대표적인 이론이 제2차 인구변천이론(The Second Demographic Transition Theory; SDT)(Lesthaeghe & van de Kaa, 1986)이다. 인구의 자연 증감이 고출생, 고사망에서 점차 저출생, 저사망으로 이행되다가 궁극적으로는 항상성(homeostasis)을 회복할 것이라는 고전

Ron Lesthaeghe(좌)와 Dick J. van de Kaa(우)

적 인구변천 이론의 예측이 어긋나면서 대두된 제2차 인구변천이론에서는 새로운 인구체계는 지속적인 대체수준 이하의 출산력, 결혼 이외의 다른 다양한 생활양식, 결혼과 출산 간의 무관성, 인구 증감의 변동성 등의 특징을 갖는다고 한다. 그리고 이러한 변화의 주된 동인은 개인의 자유와 자아실현을 지향하는 강력하고 거스를 수 없는 태도나 규범의 변화에서 비롯된다고 본다. 즉, 여성의 교육수준이 향상되고 노동시장 참여가 확대됨에 따라 고학력 여성을 중심으로 개인적 성취나 자아실현에 대한 선호가 증가하였으며 이것이 결혼의향의 감소, 혼인율의 감소로 연결된다고 할 수 있다. 비용이나 편익을 중심으로 결혼의향의 변화를 설명하는 경제학적 접근과는 달리 제2차 인구변천이론은 가치체계의 대전환을 중심으로 결혼의향을 설명하는 사회문화적 접근이다.

우리나라의 연구에서도 교육수준에 따른 결혼의향이나 혼인율에서는 대졸 이상 여성들이 보다 낮은 결혼의향과 초혼이행율을 보여준다. 그러나 이와는 달리 직업별로는 관리직이나 전문직에 종사하는 여성들은 오히려 높은 결혼의향을 보이고 초혼이행율도 높은 것으로 나타났다(계봉오, 황인찬, 2023). 즉, 남성과는 달리 여성의 경우 전반적으로 학력이 높을수록 결혼의향과 혼인율이 감소하는 것으로 나타나지만 대졸 이상 학력을 가진 여성 가운데 안정적이고 고수익 직종에 종사하는 여성의 결혼의향과 혼인율은 오히려 증가한다는 것이다.

여성의 학력이 높을수록 결혼의향과 혼인율이 감소한다는 사실은 제2차 인구변천이론에서 주장하는 개인적 자유와 자아실현을 지향하는 태도에서 비롯된 것으로 볼 수 있다. 그러나 대졸 이상 여성 가운데 안정적인 고수익 직종에 종사하는 여성의 결혼의향과 혼인율이 오히려 증가한다는 사실은 제2차 인구변천이론의 관점과는 다소 괴리가 있어 보인다. 이에 대해 제2차 인구변천이론의 관점에서는 자원에서의 크나큰 불평등으로 인해 가족의 변화가 두 개의 양극화되는 경로에 따라 진행된다고 한다. 제2차 인구변천과정에서도 결혼은 여전히 선망의 대상이자 개인적 성취의 상징으로서 그 중요성이 높이 평가되고 있으나 계층별 양극화로 인해 모든 사람을 위한 필수품이 아니라 상류계층만이 접근 가능한 위세재(prestige good)로 변화하였다고 설명한다(Cherlin, 2004).

그 외에도 양성평등주의를 가족관련 변화의 주된 원인으로 설명하는 성혁명(gender revolution) 이론에서는 기존의 성역할 규범이 해체되고 평등적 성역할태도가 확산되는 과정에서 결혼의향의 변화가 나타날 수 있다고 본다. 이러한 과정의 초기단계에서는 임금노동과 가사 및 돌봄 노동의 짐이 여성에게 과다하게 부과되어 여성의 결혼의향이 감소하지만 성평등적 태도가 충분히 확산되어 일·가정 양립을 위한 제도적 환경이 마련된다면 여성의 결혼의향도 긍정적으로 변화한다고 본다.

(3) 결혼의향의 변화

미혼여성의 결혼의향은 연령이 증가함에 따라 전반적으로 감소하는 것으로 나타났다. 연령 증가에 따른 결혼의향의 감소는 우리나라뿐 아니라 일본에서도 나타나는 변화이다(Yu & Hara, 2023). 부정적인 결혼의향은 연령이 증가함에 따라 다소 증가하는 반면, 긍정적이거나 유보적인 결혼의향은 오히려 부정적인 결혼의향으로 변화해나가는 것으로 나타났다(〈그림 1-1〉 참조). 기혼의 비중은 지속적으로 증가하다가 30대 후반부터는 큰 변화 없이 유지되어 전체적으로 70% 정도가 초혼으로 이행한 것으로 나타났다. 긍정적인 결혼의향의 비율은 지속적으로 하락해서 40세 이후

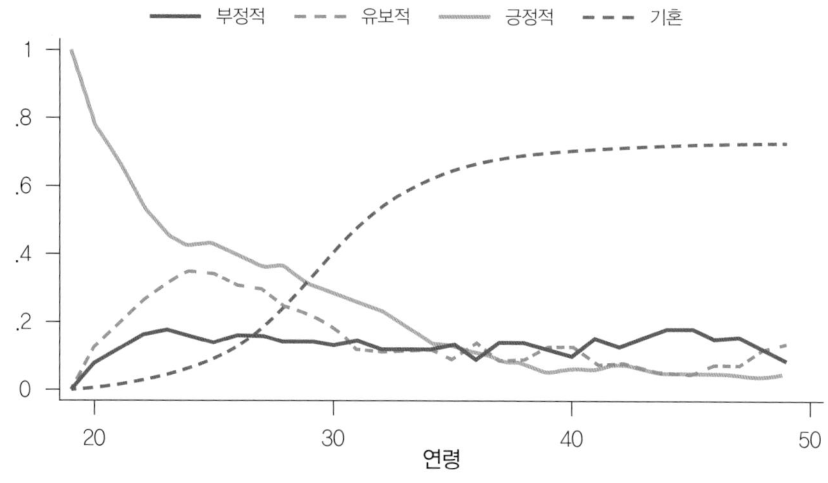

〈그림 1-1〉 **결혼의향의 연령별 변화**

출처: 계봉오, 황인찬(2023). 결혼의향 변화에 대한 다상태 생명표 분석. 조사연구, 24(1), 81-111.

에는 10% 수준으로 떨어진 반면, 부정적 의향을 가진 여성의 비중은 20% 안팎에서 안정적으로 유지되고 있다. 유보적 의향을 가진 여성의 비중은 20대 초반부터 중반까지 40% 수준까지 증가한 이후 감소하여 이후에는 10~20% 수준으로 상당한 비율을 차지하는 것으로 나타났다.

미혼자의 결혼지연은 결혼의향과 초혼이행에 따라 결혼 거부(rejection of marriage), 결혼의향 실현 실패(failure to realize marriage desires), 무계획적 미혼(unplanned drifting into singlehood)으로 구분할 수 있다(Raymo, Uchikoshi & Yoda, 2021). 결혼 거부는 결혼의향이 없어서 결혼하지 않는 것을 의미하며, 결혼의향 실현 실패는 결혼의향은 있는데도 결혼을 하지 못하는 것을 의미하며, 무계획적 미혼은 자신의 결혼의향이 모호한 상태에서 결혼하지 않는 것을 의미한다. 유보적 결혼의향은 바로 무계획적 미혼과 연결되므로 〈그림 1-1〉의 분석결과는 무계획적 미혼이 상당한 비율을 차지함을 의미한다. 그러므로 현재 우리나라에서 나타나고 있는 결혼의향의 감소는 결혼 거부라는 자발적 비혼자의 증가뿐 아니라 무계획적 미혼자의 증가도 일조를 하는 것으로 볼 수 있다.

4) 결혼의 전반적 경향

일정한 연령이 되면 하나의 통과의례로 당연시되던 결혼은 점차 인생의 여러 목표 가운데 하나로 인식되거나, 일생에 단 한번뿐이라는 생각에서 한 번 이상이 될 수도 있는 것으로 생각에 변화가 생겼다. 이러한 가치관의 변화는 혼인건수나 초혼연령, 혼인형태 및 외국인과의 혼인현황에서 그대로 드러나고 있다.

(1) 혼인건수

2024년 통계청에서 발표한 2023년 우리나라의 총 혼인건수는 19만 4천 건으로 나타났다. 지속적으로 감소해 오던 우리나라의 혼인건수는 2003년도에 최저수준을 보이다가 이후 다소 증가하였으나 다시 감소 추세를 보이고 있다(〈그림 1-2〉 참조). 이처럼 혼인율이 답보상태를 보이는 이유는 주된 혼인 연령층인 20~30대 인

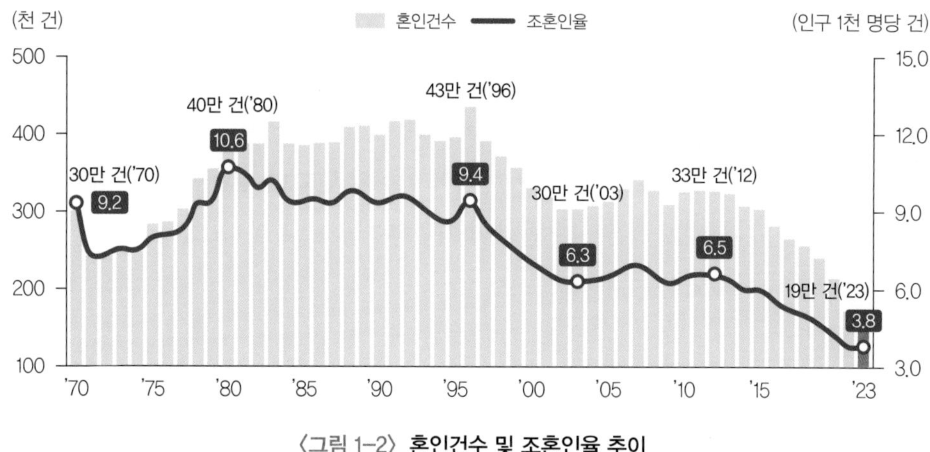

〈그림 1-2〉 **혼인건수 및 조혼인율 추이**

출처: 통계청(2024a). 혼인 · 이혼 통계.

구의 감소와 학업연장이나 경제활동 등에 따른 결혼지연, 독신 선호 등 결혼에 대한 태도변화에 기인하는 것으로 볼 수 있다.

(2) 초혼연령

초혼연령에서도 남녀 모두 30대 이하의 혼인은 감소하고, 30대 이상의 혼인은 증가하는 것으로 나타났다. 2023년 초혼연령은 남자 34세, 여자 31.5세로 점차 증가

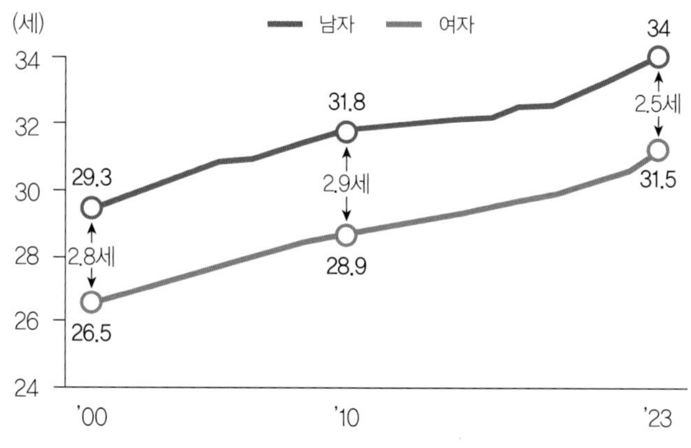

〈그림 1-3〉 **초혼연령 추이**

출처: 통계청(2024a). 혼인 · 이혼 통계.

하는 것으로 나타났다(〈그림 1-3〉 참조).

또한 남녀 간 혼인연령의 차이에서 초혼부부 가운데 남자가 연상인 부부는 꾸준히 감소하는 추세인 반면, 여자가 연상인 부부의 비율은 지속적으로 증가한 것으로 나타났다. 이는 여자연상 혼인에 대한 사회적 인식의 변화나 결혼에서 당사자의 의견을 중시하는 것과 같은 결혼관의 변화에 기인하는 것으로 볼 수 있다.

(3) 혼인형태

혼인형태별 건수를 살펴보면 남녀 모두 초혼인 경우의 혼인건수는 지속적으로 감소하는 추세이다. 재혼인 경우에도 남자 재혼 · 여자 재혼뿐 아니라 남자 재혼 · 여자 초혼, 남자 초혼 · 여자 재혼인 경우 모두 혼인건수는 지속적으로 감소하는 추세이다. 재혼의 형태별로는 남자 재혼 · 여자 재혼이 가장 높은 비율을 차지하는 것으로 나타났으며, 다음으로 남자 초혼 · 여자 재혼, 남자 재혼 · 여자 초혼의 비율로

표 1-2 혼인형태별 건수 (단위: 천 건, %)

		2012	2013	2014	2015	2016	2017	2018	2019	2020	2021	2022	2023		전년대비	
														구성비	증감	증감률
계*		327.1	322.8	305.5	302.8	281.6	264.5	257.6	239.2	213.5	192.5	191.7	193.7	100.0	2.0	1.0
남자	초혼	275.9	273.8	257.9	256.4	238.1	222.5	216.3	199.5	180.1	161.2	160.1	161.6	83.5	1.5	1.0
	재혼	51.1	48.9	47.5	46.4	43.3	41.7	41.1	39.4	33.3	31.1	31.2	31.6	16.3	0.4	1.4
여자	초혼	270.5	268.4	251.5	250.0	232.4	216.8	210.3	193.9	175.0	156.5	156.0	157.4	81.3	1.5	0.9
	재혼	56.5	54.3	53.9	52.7	48.9	47.4	46.7	44.5	38.1	35.6	35.0	35.2	18.2	0.2	0.6
남(초)+여(초)		257.0	255.6	239.4	238.3	221.1	206.1	200.0	184.0	167.0	149.2	148.3	149.6	77.3	1.4	0.9
남(재)+여(초)		13.5	12.8	12.0	11.7	11.1	10.5	10.2	9.8	7.9	7.1	7.4	7.6	3.9	0.2	2.4
남(초)+여(재)		18.9	18.2	18.4	18.0	16.7	16.2	15.9	15.0	12.8	11.7	11.3	11.4	5.9	0.0	0.3
남(재)+여(재)		37.6	36.1	35.5	34.7	32.1	31.1	30.7	29.4	25.2	23.8	23.5	23.7	12.2	0.1	0.6

* 미상 포함, 남(초): 남자 초혼, 남(재): 남자 재혼, 여(초): 여자 초혼, 여(재): 여자 재혼

출처: 통계청(2024a). 혼인 · 이혼 통계.

나타났다(〈표 1-2〉 참조).

(4) 외국인과의 혼인

외국인과의 혼인은 2005년 4만 2,356건으로 총 혼인의 13.5%를 차지할 정도로 증가하였으나 이후 다소 감소하여 2023년에는 2만 건으로 총 혼인건수의 10.2%를 차지하는 것으로 나타났다(〈그림 1-4〉 참조). 국적별로는 남성은 베트남, 중국, 태국 여성과, 여성은 미국, 중국, 베트남 남성과 혼인을 많이 한 것으로 나타났다.

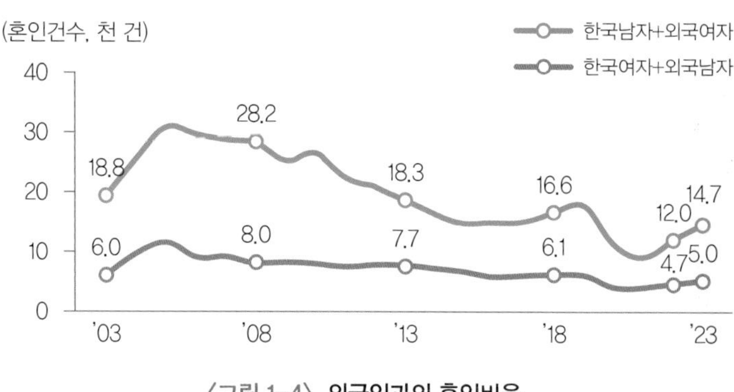

〈그림 1-4〉 **외국인과의 혼인비율**

출처: 통계청(2024a). 혼인 · 이혼 통계.

2. 가족의 의미

가족은 인간의 출현과 더불어 존재해 왔으며, 현존하는 모든 사회제도 가운데 가장 오래된 단위이다. 급격한 사회변화에 따라 가족은 다양한 형태로 변화해 왔으며, 그 개념이나 기능도 변화해 왔다.

1) 가족의 정의

가족은 역사가 가장 오래된 기본적인 사회집단이다. 어원상으로 볼 때, 영어로 가족을 의미하는 'family'의 어원은 라틴어의 'familia'에서 유래한 것이다. 이는 원래 노예나 하인을 뜻하는 'famulus'에서 유래한 것으로 혈연관계보다는 한 남자에게 속한 재산이나 가옥, 노예 등의 생산도구를 의미하는 것이었다. 또한 고대 그리스어에서 가족을 나타내는 'oikos'는 '경제(economy)'라는 의미로 이 역시 가족이 처음부터 경제적 조직체로 출발했음을 보여주는 것이다(박민자, 1995).

어원적인 의미와는 다른 관점에서 가족에 대한 고전적인 정의를 내린 대표적인 학자인 Murdock(1949, p. 1)은 가족을 "부부와 그들의 미혼자녀로 구성되며 공동의 거주, 경제적 협력과 자녀의 출산을 특징으로 하는 사회집단으로, 사회적으로 인정된 성관계를 갖는 최소한 2명의 성인남녀와 그들의 친자녀나 입양에 의한 자녀를 포함한다"고 하였다. Murdock의 정의는 핵가족과 가족원 간의 생물학적인 관계에 초점을 맞춘 것이다. 반면, Levi-Strauss(1956, p. 267)는 "가족은 결혼으로 시작되며 부부와 그들 사이에 출생한 자녀로 구성되지만 이들 이외에 가까운 친척이 포함될 수 있다. 가족구성원은 법적 유대 및 경제적, 종교적인 것 등의 권리와 의무, 성적 권리와 금기, 애정, 존경 등의 다양한 심리적 정감으로 결합되어 있다"고 정의하였다. Levi-Strauss의 정의는 보다 포괄적이고 사회적인 관계에 초점을 맞춘 것으로 볼 수 있다.

Claude Levi-Strauss

우리나라에서도 가족에 대한 다양한 개념적 접근이 이루어졌다. 최재석(1966, p. 19)은 가족을 "가계를 공동으로 하는 친족집단"으로, 김두헌(1969, p. 1)은 "일반적으로 영속적인 결합에 의한 부부와 거기에서 생긴 자녀로 구성된 생활공동체"로 정의하였다. 그러나 2008년부터 호주제가 폐지되고 가족관계등록법이 시행되면서 가족의 범위에 배우자와 직계혈족, 형제자매는 기본이고 생계를 같이 하는 경우(한집에 살거나 경제적 도움을 주고받는 경우)에는 사위, 장인, 장모, 시아버지, 시어머니, 처남, 처제, 시동생, 시누이까지를 포함시켰다.

최근 다양한 가족형태가 증가하면서 기존의 가족의 정의에서 벗어나는 수많은 가족형태가 공존하고 있다. 따라서 가족의 개념은 이러한 다양한 형태의 가족을 포함하는 보다 포괄적이고 정서적인 관계를 중시하는 개념으로 확장되고 있다. 이러한 정서적 측면을 고려하여 미국가족소비자과학협회에서는 가족을 "자원, 의사결정을 위한 책임감, 가치와 목표를 공유하고 지속적으로 서로에게 헌신하는 2인 이상의 사람(American Association of Family and Consumer Sciences, 2015)"으로 정의하였다. 동시에 가족을 지칭하는 용어도 하나의 전형적인 가족형태만을 의미하는 'family'라는 용어 대신 'families'로 대치되고 있다.

이상과 같은 개념적 정의에 비추어 볼 때에 가족은 다음과 같은 속성을 갖는 것으로 요약해 볼 수 있다. 첫째, 가족은 혈연과 혼인관계를 통해 구성되는 집단이다. 둘째, 가족은 그 어원에서 보듯이 경제적인 공동체로서의 의미가 강한 집단이며, 동거동재(同居同財) 집단이라는 특성을 갖는다. 셋째, 가족은 다양한 심리적 정감으로 결합된 집단이다. 가족의 이러한 속성은 이와 유사한 의미로 사용되는 집, 가정, 가구와 개념상으로 구분된다. 일반적으로 가족이라는 용어는 학술적으로 보다 많이 사용되며, 일상적으로는 집이나 가정이라는 단어를 더 많이 사용한다. 그 외에도 가족이라는 용어는 정서적 집단으로서 관계적 의미를 강조하는 반면, 집이나 가정이라는 용어는 공간적 의미가 보다 강조된 것으로 볼 수 있다. 또한 가구라는 용어는 세대관계나 혼인관계 또는 혈연관계의 유무와 관계없이 주거하는 공간과 경제적 협력만을 기준으로 취사, 취침 및 생계를 같이 하는 단위를 의미한다.

2) 가족의 기원과 변화

가족의 출현 시기와 형태를 정확하게 알기는 어려우나 일반적으로 인간(homo sapience)이라는 종의 출현과 유사할 것으로 추정하고 있다. 인간이 왜 가족이라는 단위를 형성하게 되었는가에 대해서는 여러 관점에서 설명이 가능하다.

Edward Wilson

사회생물학적 관점에서는 인간이 결혼을 하여 가족을 형성하는 것은 자기 유전자를 보존하기 위한 가장 효율적인 방법이라고 한다. 인간은 유전자의 꼭두각시라고 할 만큼 인간의 행위는 자기 유전자를 다음 세대로 전달하기 위한 동기가 강하다(Wilson, 1975). 따라서 인간에게는 자손을 돌보는 동안 배우자 관계를 지속하게 하는 심리생물학적 성향이 있으며, 가족의 출현은 개인과 사회가 살아남기 위한 진화과정상의 필요한 요소로 본다.

인류학적 관점에서 Levi-Strauss(1956)는 인간사회는 생존을 위해 문화를 발전시켜 나가야 하며, 이를 위해서 인간은 근친 이외의 사람들과 관계를 확장해 나갈 필요가 있다고 하였다. 이러한 사회적인 관계를 확장시키는 방법이 결혼을 통해 가족을 형성하는 것이며, 이를 위해 대부분의 사회는 가까운 범위 내에서의 결혼을 '근친상간의 금기(incest taboo)'로 규제하고 있다. Levi-Strauss는 이러한 근친상간의 금기로 인해 다른 문화권 간에 여성의 교환이 이루어짐으로써 사회적 관계도 확장된다고 하였다. 우리나라 전통사회의 '월삼성(越三性)'이나 '백리 내 불혼'의 규범도 이를 반영하는 것이라고 볼 수 있다. 그러므로 가족이라는 단위가 아니라 하더라도 인간은 이러한 필요성에 의해 가족과 유사한 단위를 형성했을 것이다.

이와는 달리 기능론적 관점에서는 인간의 아기는 미성숙하여 장기간의 의존기간이 필요하므로 역할분담의 차원에서 가족은 효율적인 단위라고 주장한다. 즉, 출산의 주체인 여성이 장기간 동안 육아를 담당함과 동시에 생계까지 담당하는 것이 불가능하므로, 생계유지를 위한 목적에서 가족이 형성된 것으로 보기도 한다.

이렇게 형성된 가족이 어떻게 변화해 왔는가에 대해 사회진화론의 관점에서 Morgan은 유기체의 진화와 마찬가지로 사회제도로서 가족도 미성숙하고 미분화된 상태에서 보다 복잡하고 분화된 상태로 진화해 왔다고 주장하였다(Engels, 2012).

Lewis Henry Morgan

Morgan은 인류는 야만, 미개, 문명의 3단계 과정을 거쳐 진화해 왔으며, 이에 따라 가족은 원시 난혼(亂婚)에서 군혼(群婚), 일부다처제를 거쳐 일부일처제로 진화해 왔다고 보았다. 즉, 정착농경 이전시기(수렵채집사회)까지는 무리를 지어 가족을 형성하는 원시난혼(promiscuous intercourse)이나 친형제자매를 제외한 여러 명으로 구성된 자매집단과 형제집단이 집단혼 가족(communal family)을 구성하였으며, 대부분 모계사회를 이루었을 것으로 추정하고 있다. 이와는 달리 Main은 가족은 그 기원에서부터 부거제(夫居制)이고, 부계제(父系制)이며, 일부다처제였다고 주장함으로써 이러한 주장을 반박하였다(함인희, 1995). 그러나 우리나라의 가족연구에서 조선 중기 이후에야 부거제와 가부장제 가족이 형성되었다는 주장(최재석, 1989)에 비추어 볼 때 가부장제, 부거제 가족이 초기의 가족형태였다고 보기는 어렵다.

농경사회 초기에 들어와 어느 정도 인구가 안정되면서 식량 문제와 토지 문제가 대두되었다. 그 결과 인구의 무조건적인 증가가 바람직한 현상만은 아니었으며, 따라서 형제자매 간의 결혼을 금지하고 일정한 범위 밖에서 혼인의 대상을 구하도록 함과 동시에 혼인에서 세대별 구분이 이루어지게 되었다. 또한 떠돌이 생활에서 농경사회로 정착하고 사유재산의 개념이 생기면서 모계로의 계승에 문제가 발생하였다.

농경사회에서 노동력의 제공자가 주로 남성인 데 반해 모계사회에서 재산은 씨족에게로, 처가의 후계자로 계승될 뿐 노동력의 제공자인 남성 자신은 아무것도 갖지 못하였다. 또한 한 여성이 다수의 남편을 갖는다는 것은 부계의 증명을 어렵게 하였다. 이처럼 사유재산이 발생하고 그에 따라 재산의 직계 상속문제가 대두되면서 가계계승이 부계로 이어지게 되었고, 이로 인해 여성의 지위는 쇠퇴하고 부권이 발달하게 되었다. 또한 취락이 형성되고 집단생활이 이루어지면서 일정한 사회규범을 필요로 하게 되었다. 그 결과, 일부다처제(polygamy)와 일부일처제(monogamy) 가족이 등장하기 시작하였다. 한 남자와 여자 사이에서 출생한 자신의 자녀가 후계자가 되어 가계계승을 하도록 하였으며, 나아가 정확한 부계의 증명을 위해 여성에게 엄격한 정조관념을 요구하게 되었다. 또한 안채와 사랑채를 분리시키고, 출입 시에 장옷을 착용하게 하였으며(사진 참조), 외부출입을 차단하였다. 그러나 최근 여성의 지위향상과 사회참여로 인해 가족은 거주규정이나 가계계승, 권력 면에서 보다 평등한 형태로 변화하고 있다.

사진설명 신윤복의 '장옷 입은 여인'

3) 가족의 기능

George Peter Murdock

가족의 기능이란 가족이 수행하고 있는 역할이나 행동을 의미하는 것으로 이들 기능은 사회변화에 따라 변하고 있다.

전통적인 가족의 기능으로 Murdock(1949)은 성적 기능, 생식 기능, 경제적 기능, 교육적 기능을 들었다. 이 가운데 성적 기능과 경제적 기능은 부부를 중심으로, 생식 기능과 교육적 기능은 자녀를 중심으로 영위되는 기능으로 이 네 가지 기능은 가족의 성립에 필요 불가결한 것으로 보았다. 성적 기능과 생식 기능이 행해지지 않으면 종의 단절이 일어날 것이고, 경제적 기능이 수행되지 않으면 생명 유지가 어려울 것이며, 교육적 기능이 행해지지 않으면 문화의 전수가 일어나지 않을 것이다.

우리나라 가족에 대한 연구에서 김주수와 이희배(1986)는 가족의 기능을 고유기능, 기초기능, 부차적 기능(파생기능)으로 구분하고 이를 다시 대내적 기능(개별적인 기능)과 대외적 기능(사회적 기능)으로 구분하여 설명하였다(〈표 1-3〉 참조).

표 1-3 가족기능의 유형과 상호관계

차원	(가족구성원 개개인에 대한) 대내적 기능	(사회 전체에 대한) 대외적 기능
고유기능	성 · 애정	성적 통제
	생식 · 양육	종족보존(자손의 재생산) 사회구성원 충족
기초기능	생산(고용충족 · 수입획득)	노동력 제공 · 분업에 참여
	소비(기본적 · 문화적 욕구충족 · 부양)	생활보장 · 경제질서의 유지
부차적 기능(파생기능)	교육(개인의 사회화)	문화전달
	휴식	심리적 · 신체적 ― 사회의 안정화
	오락	
	종교	문화적 · 정신적 ― 사회의 안정화

출처: 김주수, 이희배(1986). **가족관계학**. 서울: 학연사.

이상에서 언급한 여러 가지 가족의 기능 가운데 대표적인 기능을 구체적으로 살펴보면 다음과 같다.

(1) 성 · 애정의 기능

과거에는 부부간의 애정보다는 부자관계를 더 중시했으나 현대사회에서 결혼은 성인남녀의 자발적인 선택에 의해 이루어지며, 부부 사이의 애정적 요소가 가족의 중요한 기능으로 인식되고 있다. 가족은 남녀의 애정적 관계를 기초로 형성된 만큼 부부간의 성생활을 통해 성적 욕구를 충족시키는 기능을 갖는다. 가족은 상호 간의 성적 욕구를 충족시키는 합법적인 제도로 인정받는 반면, 사회질서의 유지와 가족의 보호를 위해서 부부간의 성관계를 제외한 모든 성행위는 규제를 받는다. 그러나 2015년 헌법재판소에서 형법 제241조 간통죄(姦通罪) 규정에 대해 "성적 자기결정권 및 사생활의 비밀과 자유를 침해한다"는 위헌결정을 내리고 "혼인과 가정의 유지는 당사자의 자유로운 의지와 애정에 맡겨야지, 형벌을 통해 타율적으로 강제될 수는 없다"고 판시함으로써 가족의 성적 기능은 다소 약화되었다.

(2) 자녀출산 및 양육의 기능

부부간의 성생활의 결과로 자녀를 출산하는 생식의 기능은 가족만이 갖는 유일한 기능이다. 이러한 자녀출산의 기능은 자손을 통해 대를 이어간다는 개인적인 의미뿐 아니라 사회구성원을 충원시킴으로써 사회를 존속 · 발전시켜 나간다는 점에서 사회적으로도 중요한 기능이다. 또한 단순히 출산에서 끝나는 것이 아니라 의존기간이 긴 인간의 아기를 양육하는 것도 가족의 기능이다.

(3) 생산과 소비의 기능

생산기능은 전통적으로 가정 내에서 생활필수품을 만드는 기능을 의미하는 것이었다. 그러나 현대사회에서는 가내수공업에 의한 자급자족의 형태가 아니라 고용을 통해 수입을 획득하고 금전으로 필요한 대부분의 물품을 구입하기 때문에 가정의 생산적 기능은 약화되고 있는 추세이다. 반면, 기본적 · 문화적 욕구를 충족시키기 위한 소비기능은 점차 강화되는 경향이다. 생산과 소비의 기능은 가족 내적인 기능뿐 아니라 사회적으로는 노동력을 제공하고 이를 통해 개인의 생활을 보장해 줌으로써 경제 질서를 유지하는 기능을 갖는다.

(4) 자녀교육 및 사회화의 기능

자녀교육과 사회화의 기능은 자녀에게 사회생활에 적응해 나가는 데 필요한 지식과 기술을 가르치며, 가족문화를 전달하고 올바른 가치관을 심어 주며, 건강한 사회인이 되도록 전인교육을 담당하는 것이다. 이러한 기능은 아직도 다른 교육기관을 통해서는 이루어질 수 없는 가족의 고유한 기능이다.

현대사회에서는 자녀교육과 사회화의 기능 중 상당 부분이 가족으로부터 사회로 옮겨가고 있어 점차 그 기능이 축소되고 있으나, 부모를 통한 기본적인 인성교육은 개인의 발달에 지대한 영향을 미친다.

(5) 보호와 휴식의 기능

보호의 기능은 질병이나 상해와 같은 외적 위험으로부터 가족구성원의 신체적·정신적 안전과 그 재산을 보호해 주는 것이다. 과거 전통사회에서 가족이 수행하는 보호의 기능은 노인과 어린이 및 환자들을 보살피는 사회보장제도로서의 기능을 수행해 온 것이 사실이다. 최근 이러한 기능이 다소 약화되고는 있으나 아직까지도 우리나라는 공적인 부양 못지않게 가족부양에 가치를 부여하고 있다. 보호의 기능을 통해 가족구성원은 심신의 안정감을 갖게 되며, 이는 사회의 안정성과 직결된다. 또한 고도의 경쟁사회에서 생기기 쉬운 불안감과 긴장감을 해소해 주고 안정된 상태에서 휴식을 취할 수 있게 해 주는 것도 가족의 중요한 기능이며 나아가 노동력을 재생산하는 데 기여하는 부분이다.

4) 가족의 유형

가족유형은 가족구성원의 범위나 가족 내에서의 권위의 소재, 가계계승, 거주규정, 배우자의 수 등에 따라서 다양하게 분류할 수 있다.

(1) 가족구성원의 범위에 따른 분류

가족을 분류하는 가장 기본적인 범주 가운데 하나는 가족구성원의 범위에 따른 분류이다. 가족구성원의 범위에 따라 가족형태는 확대가족(extended family)과 핵가족(nuclear family)으로 분류할 수 있다.

핵가족은 가장 단순한 가족형태로서 부부와 그들의 미혼직계자녀들로 구성되며 기본적으로 2세대로 한정된다. 인류학자인 Murdock(1949)은 250개 사회의 가족형태를 고찰한 결과, 결혼한 부부와 그들의 자녀들로 구성된 핵가족이 가장 흔하며, 역사와 지역을 초월한 보편적인 가족형태라고 주장하였다. 이런 의미에서 핵가족을 요소가족, 단순가족, 부부가족(conjugal family) 또는 개별가족이라고도 한다.

확대가족은 핵가족이 종횡으로 연결된 것으로, 자녀가 결혼한 후에도 그들의 부모와 동거하는 가족형태를 말한다. 그 가운데 한 명의 결혼한 아들가족만이 부모와 동거하는 가족을 직계가족(stem family), 2인 이상의 결혼한 아들가족이 부모와 동거하는 형태를 방계가족(collateral family), 방계가족의 제일 윗세대가 사망하여도 아들들이 계속해서 하나의 가족을 이루고 사는 형태를 복합가족(joint family)이라고 하며, 직계가족과 방계가족, 복합가족을 총칭하여 확대가족(extended family)이라고 한다. 직계가족은 원칙적으로 장남, 장손이 본가에 남아 부모와 동거하며 가계를 계승하고 그 외의 아들은 분가하는 형태를 말한다. 반면, 방계가족은 한 가족 내에 여러 세대의 가족이 부모자녀관계, 형제관계로 연결되어 있는 형태이다. 우리나라와 일본의 전통가족이 직계가족에 속하고 중국과 인도의 전통가족이 방계가족에 속한다.

(2) 가족 내 권위의 소재에 따른 분류

가족 내의 여러 가지 권한을 누가 가지느냐에 따라서 가족을 분류하기도 한다. 전통적으로 가족 내의 권력은 가장권으로 대표되며, 가장권은 대외적으로 가족을 대표하는 대표권과 가족구성원을 감독하는 가독권(家督權) 및 가사관리권으로 이루어진다.

가장권이 부계에 속하면 부권제 또는 가부장제(patriarchalism)라 하고, 모계에 속하면 모권제(matriarchalism), 부부 모두에게 공동으로 속하면 동권제(equalitarianism)라고 한다. 부권제 또는 가부장제 가족은 역사적으로 가장 발달된 가족형태이다. 반면, 모권제 가족은 그 존재 여부에 대해서는 논란이 있다. 역사적으로 모계제 사회는 존재한 적이 있지만 모권제 가족은 찾아보기 힘들다는 주장도 있다.

한편, 현대사회에서 가족관계가 점점 그 권한에 있어 동등해지는 방향으로 변화하는 추세이며, 따라서 가장권이 부부 공동으로 속해 있는 동권제 가족이 보다 보편적인 가족형태로 자리 잡고 있다.

(3) 가계계승에 따른 분류

가계계승이 어디로 이루어지는지에 따라 가족을 분류하기도 한다. 가계계승에서 가명과 친족의 계보가 어디로 계승되는가가 중요한 기준이 되며, 부계로 계승될 때 이를 부계제(patrilineal system)라 하고, 모계로 계승될 때에는 모계제(matrilineal system), 개인의 형편에 따라 부부 어느 쪽으로나 계승자를 택할 수 있는 경우를 양계제(bilineal system)라 한다. 이 가운데 자신의 성(姓)을 아버지로부터 물려받는 부계가족이 가장 보편적인 형태이다. 그러나 현대사회에서는 가족 내의 권한이 동등해지면서 가계계승도 양계적 형태로 변하고 있다.

(4) 거주규정에 따른 분류

결혼 후 부부가 어디서 새살림을 시작하느냐에 따라 가족형태는 시가살이 또는 부거제(patrilocal)와 처가살이 또는 모거제(matrilocal) 및 단가살이 또는 신거제(neolocal)로 구분된다.

부거제는 결혼 후 아내가 남편의 집으로 입주하여 시가 식구와 동거하는 것으로 전통사회에서 대부분의 가족은 이러한 형태를 이루고 있었다. 단순히 거주지뿐 아니라 가계계승이나 권한도 부계로 이루어지는 것을 원칙으로 하였다.

모거제는 결혼 후 남편이 아내의 집으로 입주하여 처가 식구들과 동거하거나 처가 근처에 살면서 처부모의 지배를 받는 형태로 주로 모계가족에서 볼 수 있다. 우리나라에도 모거제와 비슷한 것이 있었는데, 고구려 시대의 서옥제(婿屋制)나 조선 초기까지 존속되었던 서류부가혼속(婿留婦家婚俗)이 그것이다(사진 참조). 그러나 조선 중기 이후부터는 유교적 가족이념의 영향으로 '겉보리 서 말만 있어도 처가살이는 안 한다'는 말처럼 가급적 모거제는 기피하는 것이 바람직한 것으로 인식되었다.

사진설명 점순이와 혼인하기 위해 머슴노릇을 하는 우직한 데릴사위의 모습을 그린 김유정의 소설『봄봄』

신거제(新居制)는 결혼한 부부가 새살림을 차려서 독립적으로 살아가는 것인데, 시가나 처가 어느 쪽의 지배도 받지 않고 단독으로 가정을 꾸려나가는 경우를 말한다. 우리나라에서도 아들이 혼인하면 다른 살림을 차려서 나가 살게 하는 경향이 점차 증가하고 있지만, 서구에서처럼 완전히 독립된 관계라고는 할 수 없다. 우리나라는 형식적으로 신거제를 택하고 있고, 공간적으로 분리되어 있다 하더라도 실제 상호관계나 정서적인 유대관계까지 독립적인 것은 아니다. 최근 여성취업률의 증가로 자녀양육이나 가사노동의 문제로 인해 자연스럽게 도움을 받을 수 있는 시가나 처가와 보다 잦은 왕래를 하면서 도움을 받는 부거제와 신거제, 모거제와 신거제의 절충적인 형태도 나타나고 있다.

(5) 배우자의 수에 따른 분류

가족의 형태는 결혼하는 배우자의 수에 따라 구분하기도 한다. 부부가 결혼하는 배우자의 수에 따라 가족형태는 단혼제와 복혼제로 구분할 수 있다.

단혼제(單婚制; monogamy)는 한 남자와 한 여자가 결혼하여 가족을 이루는 형태로 일부일처제라고 하며, 복혼제(複婚制; polygamy)는 남편이나 아내가 동시에 한 사람 이상의 배우자와 결혼하여 가족을 이루는 형태를 말한다. 복혼제는 남자가 1인이고 여자가 다수인 일부다처제(polygyny)와 여자가 1인이고 남자가 다수인 일처다부제(polyandry)로 구분된다.

역사적으로 가장 발달한 형태가 일부일처제이며 대부분의 사회에서 일부일처제의 혼인형태를 취하고 있다. 그러나 이혼율과 재혼율의 증가로 인해 한 사람이 일생을 통하여 여러 배우자를 만나는 경우가 많아지고 있지만, 이러한 형태는 동시에 한 사람 이상의 배우자와 결혼할 수 있는 복혼제와는 엄연히 구별되는 것으로 이를 연속적 단혼제(連續的 單婚制; serial monogamy)라고 한다. 또한 일부일처제 사회이지만 일부다처제가 인정되는 사회도 있다.

일부다처제에는 여러 부인의 지위를 동등하게 인정하는 아랍식 다처제와 한 부인을 정실로 인정하고 나머지 부인을 소실로 처첩 간의 지위에 차이를 두는 동양식 축첩제도가 있다. 일부다처제는 많은 가족을 부양해야 하기 때문에 여러 명의 부인을 두는 것이 상류층의 신분과 경제적 능력을 상징하는 척도가 되기도 한다.

이와 대조되는 것으로 일처다부제를 들 수 있다. 이는 극소수의 사회에서만 나타나며, 대체로 극도의 빈곤이 원인이 되거나 여아살해 풍습이 있었던 사회에서 볼 수 있다.

(6) 결혼전후에 따른 분류

자녀는 성장하여 결혼과 동시에 자신들이 태어난 출생가족(근원가족, 방위가족; family of orientation)을 떠나 새로운 생식가족(family of procreation)을 형성하게 된다. 대부분의 사람들은 이 두 개의 가족을 모두 경험하며, 특히 결혼과 동시에 출생가족보다는 생식가족에 더 충실하고 가치를 두게 된다. 반면, 생식가족과는 이혼을 통해 결합이 끊어질 수가 있으나 출생가족과는 그 결합이 끊어질 수가 없으며 영속적인 관계를 갖는다.

3. 결혼과 가족 연구의 관점

결혼 및 가족과 관련된 현상을 포괄적으로 설명하거나 이에 대한 연구의 방향을 제시할 수 있는 유일한 관점은 존재하지 않으며, 다양한 이론적 관점에서 접근이 가능하다. 여기서는 가족발달적 관점과 가족체계적 관점에 대해 살펴보고자 한다.

1) 가족발달적 관점

가족발달적 관점(Family Development Approach)에서는 가족구성원들의 가족생활주기에 따른 다양한 역할과 발달과업에 일차적으로 초점을 맞춘다. 효율적인 가족들은 이러한 과업을 보다 성공적으로 달성할 것이고, 성공적으로 달성할수록 가족구성원들의 발달도 보다 성공적으로 이루어진다고 가정한다. 이는 시간의 경과에 따른 개인과 가족의 발달과 변화에 초점을 맞추고 있으므로 가족을 정지해 있는 불변하는 집단으로서가 아니라 동적인 체계로서 이해한다는 이점이 있다.

(1) 가족생활주기의 개념

가족발달론적 관점에서는 인간이 태어나서 사망에 이르는 것처럼 가족도 생성, 확대되고 소멸되는 과정을 거치며, 한 가족의 소멸은 곧 가족의 해체를 의미하지만, 각 가족 내에서 이루어지는 생성과 소멸은 사회라는 거시적인 단위에서 본다면 하나의 주기의 형태로 연속적으로 되풀이되고 있으므로 이를 가족생활주기의 개념으로 설명하였다.

가족생활주기(family life cycle)는 가족생활에서 경험하는 결혼 · 출산 · 육아 · 노후의 각 단계에 걸친 시간적 연속을 의미한다. 가족은 결혼으로 형성되고, 출산으로 확장되며, 자녀의 결혼 및 분가로 축소된 후 사망에 이르면 가족생활의 일주기는 막을 내린다.

모든 가족이 동일한 가족생활주기를 경험하는 것은 아니며, 동일한 주기를 경험한다 하더라도 경험의 내용은 상이할 수가 있다. 그러나 가족생활주기의 개념은 가족이 각 생활주기의 단계에서 경험할 수 있는 문제나 해결해야 할 발달과업에 대한 보편적인 틀을 제공해 주고 있다는 점에서 가족의 적응에 유용한 개념이다.

(2) 가족생활주기의 단계

가족생활주기의 단계들은 학자들에 따라 상이하게 구분한다. 가장 단순한 단계 구분은 가족확대기와 가족축소기로 구분하는 것이다. 가족확대기는 부부의 결혼에서부터 자녀가 성장하는 시기까지이고, 가족축소기는 자녀가 성장하여 독립하는 시기부터 배우자 두 사람이 함께 혹은 어느 한쪽이 노년기를 보내는 시기이다.

가족생활주기에 대한 대표적인 연구자인 Duvall은 첫 자녀의 나이와 교육수준을 중심으로 가족생활주기를 다음과 같은 8단계로 구분하였다(Duvall & Miller, 1985).

① 신혼 부부가족
② 자녀출산 및 영아기 가족(첫 자녀 출산~2.5세)
③ 유아기 가족(첫 자녀 2.5~6세)
④ 아동기 가족(첫 자녀 6~13세)
⑤ 청년기 가족(첫 자녀 13~20세)
⑥ 자녀독립기 가족(첫 자녀 독립~막내 자녀 독립)
⑦ 중년기 부부가족(부부가족~은퇴기)
⑧ 노년기 부부가족(은퇴 후~사망)

유영주 등(2004)은 Duvall의 8단계 유형이 우리의 가족생활주기를 파악하기에는 부적절하다고 하여 다음과 같이 6단계로 수정하여 제시하였다(〈그림 1-5〉 참조).

① 형성기(결혼~첫 자녀 출산)
② 자녀출산 및 양육기(첫 자녀 출산~첫 자녀 초등학교 입학)
③ 자녀교육기(첫 자녀 초등학교 입학~첫 자녀 고등학교 졸업)
④ 자녀성년기(첫 자녀 고등학교 졸업~첫 자녀 결혼)
⑤ 자녀결혼기(첫 자녀 결혼~막내 자녀 결혼)
⑥ 노년기(막내 자녀 결혼~배우자나 본인 사망)

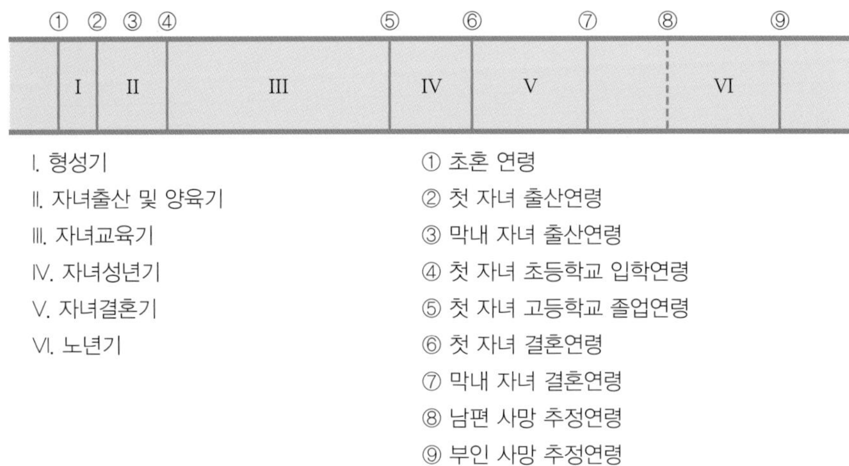

〈그림 1-5〉 **한국 도시가족의 가족생활주기 모형**

출처: 유영주, 김순옥, 김경신(2004). 가족관계학. 서울: 교문사.

이상의 분류는 자녀가 있는 가족의 생활주기이며, 무자녀가족 등 다른 형태의 가족에 적용하기에는 문제가 있다. 그러므로 최근 사회변화에 따라 가족생활주기도 상당 부분 변화하고 있다. 전반적으로 결혼연령이 높아지면서 가족형성기의 시작이 늦어지고, 무자녀가족의 증가나 출산율 저하로 자녀양육기가 축소되거나 아예 없는 경우도 있다. 또한 은퇴연령은 점차 낮아지는 반면, 자녀교육기는 증가하고 평균수명의 연장으로 자녀결혼기 이후의 시기는 점차 길어지는 경향을 보이고 있다. 이러한 경향은 앞으로도 계속될 것이므로 자녀결혼 이후의 중 · 노년기를 어떻게 보낼 것인가가 중요한 문제로 부각되고 있다.

(3) 가족생활주기와 발달과업

가족생활주기에 따라 가족은 발달해 나가며 각 단계에서 요구되는 발달과업에 직면하게 된다. 발달과업이란 생활주기의 특정 시기에 직면하는 과업으로, 이를 성취하면 이후의 발달이 순조롭게 진행되지만 그렇지 못한 경우에는 이후의 발달에서 어려움을 경험하게 된다. 가족의 발달과업은 개인의 성장을 위해 각자에게 요구되는 개인적 발달과업까지를 포괄하는 개념으로, 단계별로 대표적인 발달과업을 살펴보면 다음과 같다.

① 가족형성기

가족형성기에는 부부 상호 간의 적응을 위한 기본 틀을 마련하고 이후의 가족생활의 기초를 마련하는 것이 가장 중요한 발달과업이다. 부부는 각기 다른 환경에서 성장하였고 서로 다른 기대를 가지고 결혼을 하게 된다. 그러므로 의사소통, 역할분담, 성생활, 친족관계 등의 여러 영역에 걸친 적응과 아울러 이후의 가계운영이나 자녀출산 및 부모역할 등에 대한 계획을 세우는 것이 이 단계의 중요한 발달과업이 된다.

② 자녀출산 및 양육기

부모로서의 책임과 의무를 다하기 위해 정신적 · 물질적 준비와 아울러 부모자녀 간 상호관계의 기본 틀을 형성하는 것이 이 시기의 중요한 발달과업이 된다. 임신에 따른 신체적 변화에 대한 적응이나 적절한 태내환경의 제공과 아울러 자녀출산을 통해 부부라는 두 사람만의 관계에서 자녀를 포함한 관계에 대한 적응이 필요하다. 특히 첫 자녀의 출산 이후에는 종전의 부부만의 이자체계(二者體系)에서 자녀가 포함된 삼자체계(三者體系)로 변화하게 되므로 적응에 상당한 어려움이 따른다. 동시에 자녀양육에 필요한 재정적 준비와 자녀출산으로 인해 증가하는 가정 내 역할에 대한 적절한 역할분담도 필요하다. 또한 자녀와의 기본적 신뢰감 형성과 자녀의 자율성이나 주도성 발달을 위해 적절한 정서적 · 물리적 환경을 제공해 주는 것이 중요한 발달과업이다.

③ 자녀교육기

자녀교육기에는 자녀가 초등학교에 입학함으로써 여러 가지 변화를 경험하게 된다. 사회적 관계도 지금까지의 부모자녀관계 중심에서 점차 또래집단의 비중이 커지게 되고 놀이가 중심이던 생활에서 학습의 비중이 커지게 된다. 그러므로 아동기의 자녀가 적절한 또래관계를 형성하고 학업 성취를 통해 근면성을 발달시켜 나가고 청소년기에 이르면 자아정체감을 형성할 수 있도록 도움을 주는 것이 이 시기의 중요한 발달과업이 된다. 동시에 부모도 자기발전을 해 나가는 긍정적인 모델을 자녀에게 제시해 주는 것도 중요한 발달과업이다. 특히 자녀가 청소년기에 접어들면 세대 간 갈등이 증가하므로 가족관계의 재정립이 필요하며, 증가하는 교육비 지출에 대한 준비도 중요한 발달과업이다.

④ 자녀성인기

자녀성인기는 직업 선택, 군 입대, 배우자 선택 등과 같은 자녀의 중요한 발달과업이 집중되어 있는 시기이므로 이에 따른 적극적인 지원이 필요하다. 이 시기에 부모들은 빈 둥지 시기로서 부모역할에서는 다소 해방되는 시기이다. 빈 둥지 시기에서 어떤 사람들은 부모역할로부터 벗어나 보다 자유로움을 느끼고 이러한 에너지를 부부관계로 전환시킴으로써 결혼만족도가 다시 상승하기도 하지만, 자녀에게 몰두하여 자신의 생활을 발전시키지 못한 경우 우울감을 경험하기도 한다. 그러므로 이 시기의 중요한 발달과업은 자녀의 독립을 지원하는 것과 동시에 부부관계의 재조정이나 기타 사회적인 관계의 확장이 중요한 발달과업이다.

⑤ 자녀결혼기

자녀가 결혼을 하게 되면 외형상으로 가족은 축소되지만 실제적인 관계는 확장된다. 자녀가 결혼하여 또 다른 생식가족을 구성하게 되면 그 관계는 며느리, 사위, 손자, 손녀로 확장된다. 자녀와의 관계에서 적절한 한계를 설정함으로써 자녀를 떠나보내는 것은 자녀결혼기의 주요한 발달과업이다. 동시에 이러한 에너지를 부부관계나 사회봉사, 손자녀관계로 전환시켜 나가는 것도 중요한 발달과업이다.

⑥ 노년기

노년기는 만성적인 신체질환이나 노화로 인한 문제에 적응해야 하며, 배우자의 죽음에 적응하고 자신의 죽음을 받아들여야 하는 공통적인 과제를 안고 있다. 평균수명의 연장으로 가족생활주기에서 노년기가 차지하는 비율은 지속적으로 증가하고 있으며, 노년기의 의존적 특성이나 경제적 어려움은 적응을 더욱 어렵게 만드는 요인으로 작용한다.

2) 가족체계적 관점

출생 직후부터 인간은 관계 속에서 살아가며 이러한 가족관계의 영향은 대를 이어 영속적으로 전달된다. 가족체계적 관점(Family System Approach)에서는 가족구성원은 상호연관된 하나의 체계로서 기능하는 것으로 간주한다. 그러므로 가족구성원 가운데 한 사람에게 발생한 모든 사건은 그 이외의 모든 가족원에게 영향을 미친다고 본다. Whitaker(1992)는 이를 개인은 존재하지 않으며, 단지 가족의 단편들이 존재할 뿐이라고 은유적으로 표현하였다.

Urie Bronfenbrenner

가족체계론적 관점에서 주장하는 상호연관성의 범위를 보다 확장하면 한 개인이 문제를 가지고 있는 경우 가족뿐 아니라 보다 거시적인 체계가 문제해결과 관련이 있음을 의미한다. '한 아이를 키우는 데 마을 전체가 필요하다'는 말도 바로 이러한 맥락에서 이해할 수 있다. 체계이론을 교육환경에 적용시킨 Bronfenbrenner(1979)는 가장 빈번하게 접하는 대인관계 체계인 미시체계뿐 아니라 보다 범위가 확장된 외체계, 거시체계도 개인의 발달에 지대한 영향을 미친다는 생태학적 관점으로 발전시켰다(〈그림 1-6〉 참조).

가족체계이론에서는 특정 체계를 중심으로 보다 큰 체계인 상위체계(suprasystem)와 작은 체계인 하위체계(subsystem)가 상호 연관되어 있다고 간주한다. 즉, 부부를 하나의 체계로 볼 때 큰 체계는 가족이고 작은 체계는 두 사람의 개인이 된다. 체계이론의 중요한 전제는 전체는 부분의 합 이상이라는 것이다. 즉, 가족은 개인들의 합 이상이라는 것이다. 이처럼 체계이론에서 강조하는 전체성과 상호연관성의 핵심은 한 부분의 변화가 전체 가족에 영향을 미치며, 그 역도 가능하다는 것이다. 그러므로 가족 개개인을 파악하고 있다고 해서 그 가족을 안다고 할 수는 없다. 가족

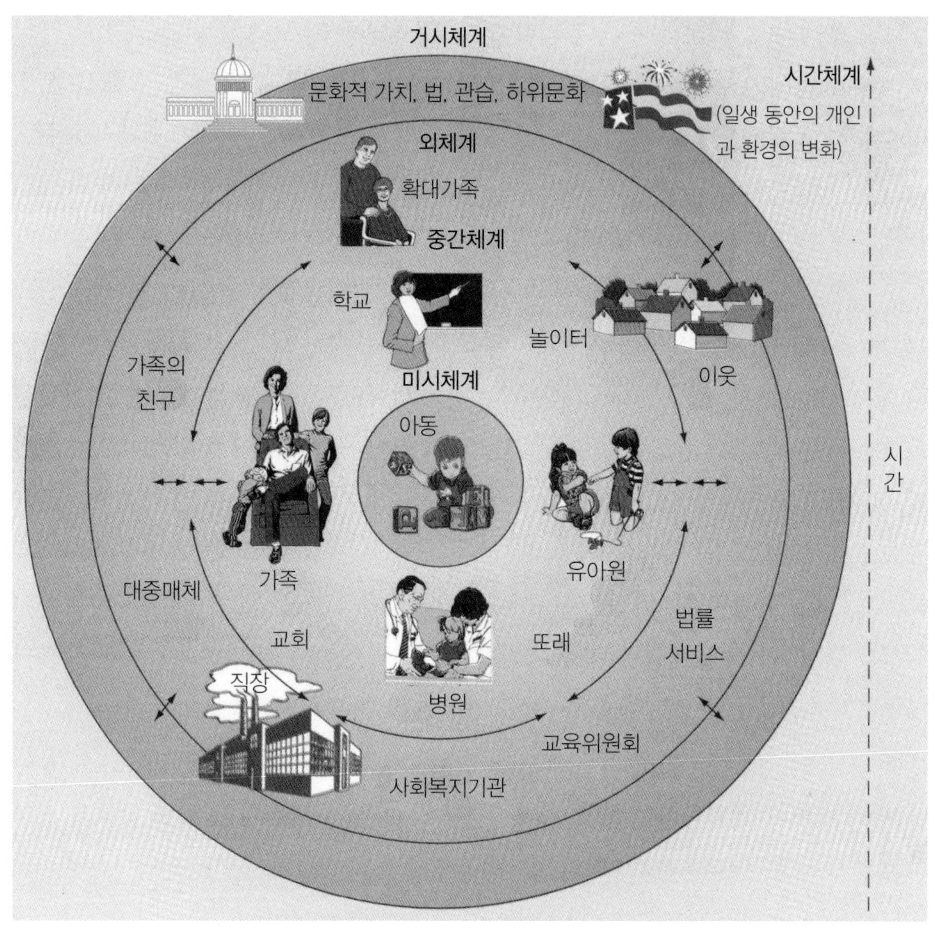

〈그림 1-6〉 **Bronfenbrenner의 생태학적 체계모델**

출처: Shaffer, D. R. (1999). *Developmental psychology: Childhood and adolescence* (5th ed.). California: Brooks/Cole.

체계이론에서는 가족구성원을 상호의존적인 하나의 체계로 간주하기 때문에 만약 자녀에게 문제가 있으면 이는 가족체계에도 문제가 있음을 의미하는 것이다. 그러므로 가족체계이론에서는 가족이 변화하지 않으면 한 개인을 변화시킬 수 없다고 가정하므로 개인의 문제를 심리내적인 관점에만 초점을 맞추는 것이 아니라 가족구성원 간의 관계성에 초점을 맞춘다. 관계성을 강조하는 가족체계론적 관점에서는 건강하고 강한 가족관계는 어려움을 극복해 나가는 데 중요한 자원이 되지만 역

Salvador Minuchin

Gregory Bateson

기능적 가족관계는 한 세대뿐 아니라 다음 세대에까지 지속적으로 부정적인 영향을 미치게 된다고 본다.

개인치료와는 달리 가족치료는 가족을 하나의 시스템으로 간주하는 가족체계적 관점에 기초한 것으로 가족원들 간의 상호관계성을 중시한다. Minuchin(1974)은 정신분열증 환자가 퇴원한 후 가정에서 다시 증상이 재발한다는 사실을 토대로 치료는 개인의 심리내적인 측면뿐 아니라 가족 전체 체계의 역기능과 병리적인 가족구조라는 관계성과 맥락적인 측면에 초점을 맞추어야 한다고 하였다. 그래서 Minuchin은 가족하위체계, 규칙, 역할, 위계질서, 경계, 연합의 개념을 중심으로 가족구성원들의 위치와 관계, 기능, 문제들에 대한 관점을 구조화시킨 구조적 가족치료이론을 발전시켰다. Bateson(1979)은 체계이론을 가족치료에 적용시키는 데 크게 기여하였다. 그는 정신분열증 가족연구 프로젝트를 중심으로 이중구속의 개념을 발전시켰다. Bowen(1978)은 대부분의 사람들이 출생가족을 떠나 독립적인 단위를 이루어 생활하지만 부모와의 미해결된 감정들을 자신들의 생식가족에서 반복하는 경향을 보인다고 생각하였다. 그래서 그는 세대 간의 상호관련성을 강조하는 다세대가족치료이론을 발전시켰다. 또한 Satir(1978)도 개인의 문제에 대한 접근에서 가족의 역할이 중요하므로 치료자들에게도 환자 개인보다 그들의 가족에 초점을 맞추도록 격려하였으며, 최초로 공식적인 가족치료 훈련프로그램을 실시하였다.

Murray Bowen

Virginia Satir

한국가족의 변화

사회변화에 따라 가족은 그 형태나 이념 등에서 변화를 거듭해 왔으며, 과거의 가족이 어떻게 변화해 왔는가를 살펴보는 것은 현대의 가족을 이해하는 데 중요한 시사점이 될 것이다. 가족은 과거 농경사회에서는 확대가족의 형태에서 산업사회에서는 핵가족의 형태로, 탈근대 사회에서는 다양한 가족의 형태로 기능적으로 변화해 왔다. 또한 현대의 정보화 사회에서는 인터넷 매체의 발달로 다양한 특성들이 가족의 변화에 영향을 미치고 있다.

사회변화에 따른 가족의 변화는 세계적인 추세이지만 우리나라의 경우 그 변화의 내용이 광범위하고, 변화의 내용에 대한 대중적 합의점도 없는 상태에서 변화의 속도가 지나치게 빠르다는 점이 문제점으로 지적되고 있다. 그 결과 우리나라의 가족이 처해 있는 현실은 전근대성과 근대성, 탈근대성이 공존하고 있으면서 각축을 벌이고 있는 상태이므로 그 형태에서 이념, 가치관에 이르기까지 일종의 혼돈상황으로 볼 수 있다. 특히, 저출산 · 고령화의 문제는 가족뿐 아니라 국가적 위기상황으로 인식되고 있다는 점에서 교육적 접근이 필요하다.

이 장에서는 먼저 사회변화에 따른 우리나라 가족의 변화를 가족형태와 가족이념, 가족가치관과 가족기능의 변화를 중심으로 살펴보고자 한다. 이를 통해 전반적인 변화의 양상과 저출산 · 고령화의 문제점 및 이에 대한 접근방법을 살펴보기로 한다.

1. 가족형태의 변화

우리나라의 가족은 형태상으로 부계 직계가족에서 부계 핵가족으로 변화해 왔으며, 최근에는 다양한 가족형태가 공존하는 양상을 보이고 있다. 가족형태의 변화는 여러 관점에서 탐색이 가능하다. 그 가운데 가족 내에서의 권위의 소재나 가계계승, 가족구성원의 범위는 가족형태의 변화를 파악하는 데 있어 중요한 의미를 지니고 있다.

1) 부계 직계가족

고대사회로부터 조선 초기까지 우리나라의 이상적인 가족형태는 서류부가(壻留婦家)[1]하여 사위와 함께 사는 쌍변(雙邊)적 방계가족이었으나 조선 후기 이후부터는 이상적인 가족유형을 장남과 동거하는 부계 직계가족으로 보았다(최재석, 1994). 부계와 모계 모두로 가계가 계승되는 양계 방계가족의 특성은 이후 우리나라의 가족에 그다지 큰 영향을 미치지 못하였으나, 부계 직계가족은 전통가족의 모델로서 아직도 우리나라 가족형태에 큰 영향을 미치고 있다. 이후 산업화 · 근대화 과정에서 부계 직계가족은 형태상으로는 보다 단순화되어 핵가족으로 변화하였지만 가계계승이나 가족이념은 부계가족의 특성을 갖는 부계 핵가족으로 변화하였다.

---

1) 남자가 신부가 될 여자집으로 가서 혼례를 치른 뒤 그대로 처가에서 살다가 자녀를 낳아 자녀가 성장하면 본가로 돌아오는 한국 고유의 혼인 풍속의 하나

(1) 양계 방계가족

조선 초기까지 우리나라의 가족형태는 가계계승에서는 부계나 모계로의 계승이 모두 가능한 양계적 형태였고, 가족을 구성하는 세대의 범위에서는 부계와 모계를 모두 가족원의 범위로 생각하는 방계가족이었으며, 가족 내 권위의 소재별로는 부부가 거의 동등한 권한을 갖는 동권제 가족형태였음을 알 수 있다. 가족형태는 상속제도와 밀접한 관련이 있으며, 이러한 가족형태의 변화를 가장 잘 반영해 주는 것은 혼인관행이나 혼인 이후의 거주규정이다.

한국 혼속(婚俗)의 가장 중요한 특성 가운데 하나는 고구려의 서옥제(壻屋制)에서 유래했다고 보는 서류부가혼속이다. 실제 조선 초기의 『태종실록』에 "고려조의 혼속에 남귀여가(男歸女家)하여 자손을 낳아 외가에서 성장하므로 외친의 은혜가 중하여 외조부모, 처부모의 복(服)에 각각 30일의 휴가를 주었다"(박혜인, 1988, p. 152)라는 기록에서 나타나듯이 서류부가의 기간이 상당히 길었던 것으로 짐작된다. 이러한 관행은 17세기 이전까지도 지속되었는데, 이는 균분상속제도와 밀접한 관련이 있다. 즉, 아들과 딸의 구분 없이 상속이 균등하게 이루어졌으므로 경제적 기반을 구축하는 데 있어서 처가나 외가의 경제력이 상당 부분 기여했다고 볼 수 있다. 이러한 균분상속제도는 1600년대 중엽부터 아들과 딸, 장남과 차남을 차별하는 형태로 바뀌기 시작하였고, 1700년대 중엽에 이르러서는 이러한 차별이 거의 보편화되었다. 재산상속이 남녀 간에 철저한 균분상속이었던 시기에는 서류부가의 기간도 길었지만, 재산상속이 차등상속으로 변하면서 그 기간도 단축되어 갔다. 즉, 가족형태의 변화는 상속제도의 변화와 밀접하게 관련하여 이루어져 왔다.

사진설명 외가인 강릉에서 태어나 성장한 이율곡과 어머니 신사임당

부부가 혼인 후 어디서 생활을 하는가 하는 거주규정도 가족형태를 잘 반영해 준다. 중국에서는 신랑집에서 혼례식을 하고 결혼생활도 신랑집에서 시작하

였으며, 일본도 중세 이후부터는 중국과 거의 유사한 양상을 보였다. 그러나 우리나라의 경우 사위가 처가에서 혼례를 치르고, 자녀를 외가에서 출산하여 장성할 때까지 생활을 한 경우가 많았으며, 15~16세기까지는 이러한 가족형태가 이상적이었던 것 같다(박혜인, 1988; 이광규, 1990)(사진 참조).

조선 전기의 신진사대부들은 통치기반을 마련하기 위해 풍속이나 관행을 중국의 것과 일치시키려 했으며, 부계 직계가족적인 풍습이나 관행을 권장하였다. 그러나 17세기까지는 기존의 혼인관행이나 거주규정이 지배적이었으며 문화적 혼재 양상을 띠고 있었으므로 실제로는 양계 방계가족의 특성을 상당 부분 가지고 있었다고 볼 수 있다.

(2) 부계 직계가족

17세기 중엽을 기점으로 유교적 이념이 지배적인 사회규범으로 정착되면서 우리나라의 가족은 부계적 특성이 강한 가족으로 변화해 나가게 된다. 우리나라의 가족은 가계계승이 부계로 이루어지고 그중에서도 장남 · 장손으로 계승되는 직계가족(stem family)이, 가족 내의 권위에서는 부(父)의 권한이 강한 가부장제 가족이 이상적인 가족형태로 자리 잡게 되었다. 우리나라 가족의 부계화는 동성동본불혼과 원거리 통혼의 관행이나 상속에서의 남녀차별과 장남 우위의 관행, 양자제도의 강화와 적서차별의 심화, 부계 친족만의 족보 발간과 출가외인의 관념강화 그리고 부계 친족집단의 형성 등을 통해 정착되었다(박혜인, 1999). 이러한 부계 직계가족적 특성은 최근까지도 그 영향을 미치고 있다.

사진설명 부계 직계가족에서 며느리의 열악한 지위를 대변해 주는 벙어리 3년, 귀머거리 3년, 장님 3년을 묘사한 조각상

부계 직계가족에서는 부권이 모권에 비해 강하며 부자관계가 모든 관계의 중심이 된다. 그 결과, 며느리에서 시작되는 여성의 지위는 처음에는 상당히 미약할 수밖에 없다(사진 참조). 그러나 여성의 지위

는 시간이 경과함에 따라 남아 출산과 시부모 봉양, 노동력 제공을 통해 확고해지며 발언권을 획득하게 된다. 이러한 과정에서 다른 어떤 요인보다도 남아의 출산은 중요한 요인이 된다. 남아를 출산함으로써 아들의 조상으로서 남편과 동등한 지위를 가지므로 모자관계는 부자관계에 비해 표면상으로는 약해 보이지만 실질적으로는 강한 유대감을 형성하는 관계이다(이광규, 1990). 그러므로 부계 직계가족은 표면상으로 드러나는 것과는 달리 강한 부권(夫權)과 동시에 아내로서의 부권(婦權)은 약하지만 강한 어머니로서의 모권(母權)이 공존하는 형태였다.

그러나 직계가족을 이상형으로 간주하고 장남이 분가하는 일이 거의 없는 조선시대에도 현실적 가족유형에서는 직계가족보다는 부부가족의 비율이 훨씬 많았다. 조선 전기의 가족형태에서 부부가족이 과반수 이상(64.4%)을 차지하고 직계가족과 방계가족을 합한 것이 10%가 못 되었다. 양반의 경우 가족원의 범위도 넓고 가족 구성도 복잡하여 직계가족이나 방계가족의 여러 세대로 구성되는 비율이 높았으나 양반층의 차남 이하의 아들들이나 상민층에서는 결혼과 동시에 분가하여 부부와 자녀가 중심인 핵가족을 구성하는 것이 보편적이었다(박혜인, 1988). 초가삼간으로 묘사되는 평민의 가옥구조상 직계가족의 형태는 현실적으로는 불가능했을 것으로 볼 수 있다(사진 참조).

사진설명 방, 부엌, 마루가 각각 한 칸씩 세 칸만으로 이루어진 초가를 지칭하는 '초가삼간'

2) 부계 핵가족

1960년대부터 빠른 속도로 진행되어 온 산업화와 근대화의 과정을 거치면서도 우리나라의 가족형태는 가계계승에서는 부계가족의 형태를 유지하였다. 그러나 가족을 구성하는 세대수에서는 직계가족에서 핵가족(nuclear family)으로 변화해 왔으며, 가족 내의 권한에서도 많은 변화가 있었다. 변화의 초기에는 전통적인 부계 직계가족의 영향으로 부권이 강한 형태였으며 가장중심의 핵가족은 여전히 우리 사회의 보편적인 가족형태로 자리 잡았다. 그러나 이를 중심으로 핵가족은 점차 부부중심 혹은 모자중심 핵가족이 공존하는 다양한 형태로 발전하게 된다.

(1) 가장중심 핵가족

산업화와 근대화 과정을 통해 우리나라의 가족은 형태상으로 보다 기능적인 핵가족으로 변화하게 된다. 그러나 산업화 초기 한국적 근대화 계획의 핵심은 전통적인 가족의 가치를 지속시켜 나가는 것이었다. 즉, 가족형태는 산업화 사회에서 보다 기능적인 핵가족을 받아들이지만 가족이념이나 가치는 그대로 계승한다는 것이었다. 이처럼 국가의 용의주도한 계획하에 가족도 근대화 계획의 한 부분으로 구성되었던 것이다(안호용, 김홍주, 2000). 그 결과, 우리나라의 가족은 외형상으로는 핵가족으로 변화했지만 실제로는 부계 직계가족적인 특성이 강하게 남아 있는 가장중심 핵가족으로 변화하였다.

(2) 부부중심 핵가족

여성의 교육수준 향상이나 여성해방운동의 영향으로 가정이나 사회에서 여성의 지위에 대한 논쟁이 계속되었으며, 그 결과 가족형태는 보다 평등한, 부부중심의 핵가족으로 변화하였다. 수차례에 걸친 가족법의 개정, 특히 1989년 국회를 통과하여 1991년부터 시행된 개정가족법은 이러한 경향을 더욱 가속화시키는 역할을 하였다고 볼 수 있다. 개정가족법에서는 호주제의 내용이 종전의 호주상속제에서 호주의 권리와 의무를 삭제하고 호주승계를 원하지 않으면 포기하거나 분가가 가능한 호주계승제로 개정되었다. 호주제뿐 아니라 국적법도 아버지의 국적만을 따르도록 하는 종전의 부계 혈통주의에서 어머니의 국적을 따르는 것도 가능한 양계 혈통주의로, 거주지도 종전의 부계에서 부부협의로, 생활비 부담도 종전에는 남성이 부담하던 것을 공동부담하는 것으로, 이혼 시 자녀양육권도 친권자가 종전에는 부(父)였으나 부부협의로, 면접교섭권 규정도 자녀의 복리를 중심으로 바뀌었다. 재산상속도 종전의 장자우대 불균등상속에서 자녀균등상속으로, 친족의 범위도 부계와 모계의 8촌 이내 혈족과 4촌 이내 인척 및 배우자로 규정함으로써 보다 양계적인 형태로 변화해 왔다.

이후 2008년 1월 1일부터 호적법은 가족관계의 등록에 관한 법률(가족관계등록법)로 대체되었다. 새로운 가족관계등록부는 각 개인이 기준이 되며, 본인을 기준으로 출생부터 사망까지 변동사항이 모두 기록된다. 부모의 신분변동사항은 기재되지 않아 부모의 이혼, 재혼 등의 사실을 알 수 없어 사회적 편견으로 인한 불이익은 줄어들게 되었다. 여성은 결혼하더라도 자신의 신분등록부에 배우자의 인적 사항이 기재될 뿐이며 자녀도 자신의 신분등록부에 부모의 인적 사항이 기재된다. 그 외에 가족관계등록법의 주요 내용을 살펴보면 다음과 같다(〈표 2-1〉 참조).

- 아버지의 본과 성을 따르도록 되어 있는 '부성(父姓)강제' 조항을 폐지하고 아버지의 성과 본을 따르는 것을 원칙으로 하되 예외적으로 어머니의 성을 따를 수 있도록 하는 이른바 '부성원칙' 조항을 신설했다.
- 자녀의 복리를 위해서 성(姓)과 본(本)을 바꿀 필요가 있을 때는 아버지, 어머니 또는 자녀의 청구에 의해 가정법원의 허가를 받아 변경할 수 있다.
- 새로 규정된 가족의 범위에 따르면 과거와는 달리 결혼한 아들 · 딸은 물론 생

표 2-1 **호적법과 가족관계등록법의 주요 내용 비교**

구분	호적법	가족관계등록법
명칭	호적	가족관계등록부
기재내용	조부모, 부모, 배우자, 형제자매 등 포함. 이혼, 개명 전 호적 등 신분관계 변동사항 모두 기재	부모, 배우자, 자녀 3대만 기록. 본인의 성명, 성별, 생년월일, 주민등록번호 이외의 사항은 목적별 증명서에 기재
자녀의 성과 본	아버지의 성과 본을 따름	혼인신고 때 합의하면 어머니의 성 사용 가능
성 변경	성 · 본 변경 불가능	법원에 변경심판 청구 가능
친양자제 도입	입양의 경우 친부의 성 · 본 유지	만 15세 미만 자녀의 경우 친양자 입양재판을 통해 친부와 법적 관계 소멸

출처: 동아일보(2008년 1월 9일). 가족관계등록법 시행 전후 비교.

계를 같이하는 장인 · 장모도 한가족으로 포함시킴으로써 가족의 개념이 크게 달라졌다. 생계를 같이한다는 의미는 한집에 살거나 경제적 도움을 주고받을 경우이다.

- 여성의 재혼금지기간은 과거에는 혼인관계가 종료된 날로부터 6개월간이었으나 개정법에서는 삭제되었다. 동성동본금혼은 동성동본인 혈족 등에서 8촌 이내의 혈족 등으로 변경(이는 즉시 효력 발생)되었다.

(3) 모자중심 핵가족

이러한 사회적 흐름 속에서 근대 교육을 받은 여성들은 경제활동에 적극적으로 개입하게 되고 이는 가족 내에서 아내의 목소리를 높이는 데 상당한 기여를 하게 된다. 즉, 전통가족에서 여성의 권한의 근간이 모권(母權)이었지만, 경제적 기여를 통해 모권보다 강한 아내로서의 부권(婦權)을 갖게 되었다.

자본주의의 발전은 핵가족화를 불러왔고 이는 동시에 아내로서의 부권(婦權)의 신장을 가져왔다. 산업화와 도시화의 과정에서 대규모 아파트 단지들이 들어서고, 아파트 구입에 결정적인 공헌을 한 근대교육의 수혜 여성들은 시어머니를 제치고 실질적으로 안방을 차지하게 된다(사진 참조). 이들은 자신들의 경제적 기여를 근간

사진설명 서울 강남개발이 본격화되면서 '복부인'으로 불리는 '아줌마 투자 부대'가 등장

으로 하여 지금까지의 모권을 능가하는 강한 아내로서의 부권(婦權)을 확보하게 되며, 동시에 자녀양육에서도 실질적인 권한을 갖게 된다. 실질적인 권한의 확보와 자녀와의 강한 유대감을 바탕으로 하여 아내로서의 부권(婦權)은 가정의 중심점으로 자리 잡게 된다. 이러한 형태의 핵가족은 부계적 특성을 갖는 우리나라의 핵가족이나 서구의 부부중심의 핵가족과는 상당히 거리가 있으며, 모자중심의 핵가족의 특성을 갖게 되었다(조혜정, 1998).

3) 다양한 가족

현재 우리나라의 가족은 가족 내 권한의 소재는 다양하지만 세대구성에서는 핵가족이 주류를 이루고 있다. 그러나 핵가족이 가장 이상적인 가족형태라는 믿음은 도전을 받고 있다. 정서적으로 유대가 강하고 경제적으로 안정적인 핵가족이 자녀양육에서는 이상적인 가족형태이지만 모든 핵가족이 이러한 이상형에 근접하는 것은 아니다. 최근 빈번하게 나타나는 가정폭력이나 이혼 등의 가족문제들은 일단 문제가 생기면 핵가족이 얼마나 역기능적일 수 있는지를 여실히 보여주고 있다. 결국 가족의 효율성이나 기능성에 영향을 미치는 것은 가족의 형태가 아니라 정서적 환경이라는 사실에 많은 사람들이 공감하게 되었고, 그 결과 다양한 가족형태를 추구하게 된다.

서구에서는 근대가족과는 상이한 1960년대 이후 출현하고 있는 다양한 모습을 보이는 가족을 총칭하여 '포스트모던 가족(postmodern family)'이라는 용어를 사용하기 시작하였고(Stacey, 1990), 우리나라에서도 1990년대 이후 정보화와 세계화의 과정을 통해 다양한 형태의 포스트모던 가족이 빠르게 유입되고 있다. 앞으로의 가족은 특정한 유형의 가족이 기존의 가족을 대체하여 하나의 주류를 이루기보다는 다양한 형태의 '포스트모던 유연 가족(post-modern permeable family)'이 공존할 것으로 보인다. 핵가족에서는 공적인 영역과 사적인 영역, 가정과 직장 그리고 성인과 어린 자녀 사이의 구분이 확실하고 엄격하게 구분되었지만 포스터모던 가족에서는 이러한 경계들은 모호해지고 유동적이 된다. 그러므로 가족을 이해하기 위해

David Elkind

서는 다양한 틀이 필요하며, 이에 따라 '가족(family)'이라는 용어보다는 '가족들(families)'이라는 용어로 대체되어야 한다는 주장도 제기되었다(Gubrium & Holstein, 1990). 포스트모던 사회에서 각 개인은 삶의 과정에서 특정한 형태만이 아니라 다양한 가족을 경험하게 될 것이다. 또한 맞벌이가족, 한부모가족, 재혼가족, 독신, 동성가족, 다세대가족, 입양가족, 대리모가족 등 다양한 형태의 가족이 나타나고 있으며, 이들 모두가 법적으로 가족으로 받아들여지지는 않더라도 적어도 가족의 범주로 인정되고 있다(Elkind, 1999).

통계청(2022b)의 장래가구추계에 따르면 세대구성에서 '부부와 미혼자녀' '한부모와 미혼자녀'로 구성된 핵가족이 전체 가구에서 차지하는 비율은 2020년 39.1% 수준에서 2050년에는 25.7%로 감소할 것으로 추정되고 있다. 반면, 1인 가구는 그 비율이 급증하여 2020년 31.2%에서 2050년에는 39.6%에 달할 것으로 추정되고 있다. 또한 핵가족 가운데서도 '부부와 자녀로 구성된 가구'는 감소하는(2020년: 29.3%, 2050년: 17.1%) 반면, '부부가구'는 증가(2020년: 16.8%, 2050년: 23.3%)할 것으로 추정된다. 이는 부부와 자녀로 구성된 기존의 핵가족을 중심으로 고령의 부부가족이나 무자녀가족, 독신이 증가하면서 가족구성이 보다 다양화되고 가족구성원의 수가 감소하고 있음을 보여주는 것이다.

이처럼 다양한 가족을 지향하는 세계화의 물결 속에서 서구의 가족문화는 빠르게 우리 가족문화에 침투해 왔고, 동시에 우리 내부에서도 전통적 가족가치를 지탱해 왔던 가부장제의 붕괴나 개인주의의 영향으로 가족형태가 다양화되기 시작했다. 그러나 이처럼 재구조화되고 있는 가족은 결속과 연대 자체가 구성원의 자발적 행위에 의존하는 경향이 크기 때문에 정부 주도의 계획적 가족과는 달리 근본적으로 구조적 취약성을 지니고 있다(안호용, 김홍주, 2000).

앞으로 우리 가족은 가장중심, 부부중심, 모자중심의 핵가족이 근간을 이루면서 동시에 다양한 형태의 가족이 공존하는 신가족 시대를 맞이하게 될 것이다. 그러므로 이러한 다양성을 인정하면서 어떻게 건강한 가족문화를 만들어 나갈 것인가는 앞으로의 중요한 과제가 될 것이다.

2. 가족이념의 변화

가족형태가 변화하면서 이러한 가족관계를 규범적 · 심리적으로 떠 받쳐주고 있는 가족이념도 변화해 왔다.

1) 전통적 가족이념

전통적 부계 직계가족에서 가장 중심적인 가족이념은 유교적 가족주의 이념이다. 유교적 가족주의는 조선시대의 근간이 되는 가족이념이었으며, 그 중심축은 한 개인이 아니라 '집' 또는 '가문'이다. 유교적 가족주의는 부계로 전승되는 '집'의 개념이 근간이 되므로 부자관계가 구심점을 이루고, 부부관계는 부자관계에 종속된다. 그 결과, 가장을 중심으로 한 가족의 결속력을 높이기 위해 부자관계에서는 '효'의 개념, 부부관계에서는 부부유별의 이념을 강조한다.

(1) 집의 개념

17세기 이후 부계 친족만의 혈연적 집단이 조직된 것이 '집' 위주 사상의 기초가 되며, 집은 과거의 조상으로부터 미래의 후손에 이르기까지 연결되는 영속적 집단의 개념이다(최재석, 1989)(사진 참조). 가족의 최대 관심사는 조상의 유업을 어떻게

사진설명 조상으로부터 후손으로 연결되는 영속성을 의미하는 집의 개념

존속·발전시켜 자손에게 물려주는가에 있다. 이는 제사에 의한 조상숭배관념의 계승과 가산의 유지와 확대 그리고 집의 계승을 가능케 하는 가계계승자인 아들의 출산이라는 세 가지 측면으로 나타난다.

집의 존속은 조상에서 후손에 이르는 무한한 친자관계의 연속을 의미하며 친자관계의 단절은 집의 단절을 의미한다. 부자관계를 중심으로 집이 존속되므로 아들을 우대하는 의식이 생겨나고, 부자관계는 부부관계보다 우위에 서게 된다. 동시에 집의 번영을 위해 다남(多男)의 욕구가 있었다. 아들이 많다는 것은 가사노동력의 증대와 동시에 다수의 가장후보자가 있음을 의미하므로 가족의 안정성이 보다 증대된다. 한편, 조상으로부터 인계 받은 집을 더욱 발전시켜 자손에게 계승하기 위해서는 통솔자가 필요하므로 강력한 권한과 통솔력을 지닌 가장을 중심으로 남녀, 장유, 상하의 신분적 서열에 따라 각자의 지위와 역할이 결정된다.

(2) '효'의 생활화

우리나라와 같은 부계가족에서 부자관계는 모든 인간관계의 중심이며 집의 존속을 위해 필수적이었다. 아버지는 아들을 교육하고 그 책임을 지는 반면, 아들은 아버지에 대해 낳아준 은인으로서 무조건 복종하고 그 은혜에 보답하는 것이 '효(孝)'의 개념이다. '효'는 자식이 부모를 섬기는 일을 골자로 하는 것으로 한국인의 생활원리이며 모든 인간관계에 우선하는 절대적 가치로서 보은이라는 윤리로 확대되었다. 아들은 아버지로 인해 출생하였으므로, 부자관계는 보은관계이며, 절대적인 상하관계이다. '효'는 부모에 대한 완전한 예속성을 나타내 주는 윤리기준으로 일상생활에서 언행이나 부양뿐 아니라 사후의 제사나 상례에 대해 예를 다하는 것까지를 포함한다. '효'는 한국적 가족주의 이념의 기초가 되며, 나아가 사회적 윤리로 승화되어 '충(忠)'의 사상으로 발전되었다(이광규, 1990).

(3) 부부유별

부계로 계승되는 가족에서 부부간, 남녀 간에는 뚜렷한 차이가 존재한다. 부부관계는 어디까지나 상하관계이며, 내외법(內外法)의 적용을 받아 안채와 사랑채로 분리되어 독자적인 생활영역을 갖게 되었고, 부부간은 애정적인 관계보다는 가문의 대를 잇기 위한 도구적인 목적이 더 중요한 의미를 갖고 있었다.

'칠거지악(七去之惡)'이나 '삼종지도(三從之道)' '출가외인(出嫁外人)'의 규범은 남녀 간의 뚜렷한 차별을 보여주는 것이다. 일곱 가지 잘못을 저지르면 친정으로 보낼 수 있는 권한을 남성에게 부여한 칠거지악이나, 여자는 어릴 때는 부모를 따르고, 시집가서는 남편을 따르며, 남편이 죽은 후에는 아들을 따라야 한다는 삼종지도의 원리는 여성의 지위가 남성보다 낮고 남성과의 관계를 통해서만 사회적 존재로서 인정됨을 의미한다. 또한 출가외인의 규범에 의해 결혼 후에는 친정으로부터 철저히 배제되어 시집살이를 견디어내야만 했다.

전통사회에서 부부관계가 표면적으로는 부부유별을 내세우고 있으나 실생활에서도 아내의 지위가 낮았다고 볼 수는 없다. 『사소절(士小節)』에서 이덕무는 남편과 아내를 하늘과 땅에 비유하여 "하늘과 땅이 비록 높고 낮더라도 그 만물을 길러내는 공은 한 가지이다"(김순옥, 2000, 재인용)라고 하여 부부는 유별하지만 동등한 지위를 가진 것으로 묘사하였다. 동시에 아내를 축출할 조건인 '칠거지악(七去之惡)'에 대해 '삼불법(三不法)'[2]이라는 제한 규범을 두었으며, 사대부 집안의 이혼에는 사헌부가 일일이 이혼여부를 결정함으로써 적처의 권한을 보장해 주었다. 그러나 이는 어디까지나 한 사람의 인간으로서 여성의 권리를 보호했다기보다는 가문의 보존을 위해 아내나 어머니로서의 권한을 보장한 것이라고 볼 수 있다(이순형, 1996).

특히 여성의 지위는 아내나 며느리로서의 지위보다도 어머니나 시어머니로서의 지위는 상당히 강했던 것으로 볼 수 있다. 그 결과, 남편의 입장에서는 모자관계가 부부관계보다 우위에 있어 부인보다는 어머니의 뜻에 따라야 하였다(이광규, 1984). 이처럼 하나의 인격체로서가 아니라 아들의 어머니로서 지위가 강화되었다는 사실은 전통가족에서 여성의 지위를 이해하는 데 있어 중요한 측면이다.

---

2) 삼불법이란 칠거지악에 해당하는 잘못을 했더라도 시집에서 쫓겨나지 않는 세 가지 경우를 일컫는 말로서 첫째, 시부모 상례를 함께 치렀을 경우, 둘째, 시집온 후 가세가 번창하였을 경우, 셋째, 돌아가도 의지할 친정이 없는 경우가 이에 해당한다.

이처럼 강한 가족주의의 영향으로, 한국을 위시한 중국이나 일본을 포함한 동양의 가족제도는 사회변화에 적응해 나가면서도 동시에 게마인샤프트(gemeinschaft)[3]로서의 가족의 본질을 비교적 잘 보존하면서 발전해 왔다고 볼 수 있다. 우리나라의 가족은 각자의 개인적 이해를 넘어서 자기를 희생하면서 다른 가족구성원을 애정과 헌신으로 도움으로써 하나가 되는 진정한 게마인샤프트라고 볼 수 있다(신용하, 장경섭, 1996). 개인주의와 물질만능주의가 팽배한 급변하는 사회에서 전통적 가족주의 이념은 가족의 통합성을 유지하고 가족의 불안정성에 대한 완충작용을 했음은 부인할 수 없으며 이는 긍정적인 측면으로 평가할 수 있다.

그러나 한편으로 유교적 가족주의 이념은 사회 전반에 걸쳐 차별과 비효율성을 야기한다는 지적을 받고 있다. 전통적 가족주의 이념은 모든 사람이 일정한 연령이 되면 결혼을 해야 하고 가족 내의 역할도 고정된 것으로 규정하고 있어 개인의 자유나 선택을 침해하는 요인이 되기도 한다. 특히 여성의 지위와 관련된 부분은 가장 비판을 받는 부분이기도 하다.

2) 근대적 가족이념

Edward Shorter

Shorter(1976)는 근대사회의 가장 중심적인 가치로 낭만적 사랑(romantic love), 모성애(maternal love) 그리고 가정성(domesticity)을 들었다. 가족의 자율성과 응집성을 중요시하는 가정성의 가치가 가족형태에서는 기능적인 핵가족을 지향하게 만들었다면, 모성성은 부모자녀 간의 유대를, 낭만적 사랑은 부부간의 유대를 중요하게 생각하는 가족이념을 형성하게 된다. 우리나라에서도 가정성과 모성성의 가족이념을 근간으로 도구적 가족이념이 형성되었으며, 이후 낭만적 사랑

3) 독일의 사회학자 퇴니스(Tönnies)가 게젤샤프트(이익사회)에 대치하여 사용한 사회의 범주개념으로서 혈연이나 지연 등 애정을 기초로 하는 공동사회를 일컫는 말이다.

이 보다 비중을 차지함으로써 정서적 가족이념이 형성되었다고 볼 수 있다.

(1) 도구적 가족이념

부계 직계가족의 기본적 가족이념인 유교적 가족주의는 해방과 한국동란이라는 시대적 상황 때문에 새로운 가족이념을 필요로 했다. 그 결과, 부양자로서의 부모역할이 강조되는 도구적 가족주의가 발전하였다.

Talcott Parsons

역할분화이론의 옹호자였던 Parsons(1955)는 남편이자 아버지로서의 역할을 '도구적 역할(instrumental role)'로, 아내이자 어머니로서의 역할을 '표현적 역할(expressive role)'로 구분하였다. 역할분화이론에서는 한 사람이 다양한 역할을 수행하는 것보다는 특정한 역할이나 이와 관련된 일련의 역할들을 수행함으로써 보다 전문화되고 효율적인 역할수행이 가능하다고 하였다. 이러한 관점에서 이들은 핵가족 내에서 보편적인 아버지의 역할을 '생계유지자'로, 어머니의 역할을 '가사담당자'로 분류하고, 이처럼 뚜렷한 역할분담이 이루어질 때 가족은 가장 기능적이라고 하였다. 도구적 가족주의이념에서는 아버지는 생계부양자로서, 어머니는 자녀양육 및 가사담당자로서 자녀의 욕구를 충족시켜 주기 위한 도구적 역할을 하는 것이 우선시된다. 그러므로 부부보다는 자녀가 가정의 중심이 되며, 자녀의 뒷바라지를 위한 직업적 성공이 중요한 의미를 갖는다.

도구적 가족이념에서는 남성이 부양자로서의 역할, 여성이 자녀양육과 가사노동담당자로서의 역할을 하는 것이 보편적인 형태이지만 가족에 따라 그 역할분담은 차이가 있을 수 있다. 즉, 도구적 가족이념에서는 역할분담에 따른 구분보다

사진설명 머리에 광주리를 이고 일터로 떠나는 아낙네의 모습을 담은 박수근 화백의 '나무와 두 여인'

이들 가족이 추구하는 우선적인 가치가 도구적인 것이다(사진 참조). 그 결과 어떤 다른 요인보다도 사회적 지위나 재산을 공유하는 것이 중요한 의미를 갖는다. 또한 부양자로서 경제적인 능력을 가지고 있는 남성의 지위가 가사담당자인 여성의 지위보다 상대적으로 높다.

그러나 도구적 가족이념을 가진 세대의 많은 부부들은 생계부양자로서의 역할에 치중한 결과, 부부간에 친밀한 애정관계를 형성하는 데에는 실패하였다. '부(富)'를 축적하는 데 몰두하다 보니 서로의 생활영역이 판이하게 구분되어 대화할 내용이 없을 뿐 아니라 대화할 시간도 없었고 대화의 방식조차 차이가 있었기 때문에 이들 부부는 아예 의사소통을 포기하고 부부간에 깊은 애정관계를 만들어 가지 못했던 것이다. 애정적으로는 거의 별거상태였다고 해도 과언이 아니다. 급증하는 황혼이혼(사진 참조)이나 졸혼은 늦게나마 바로 이러한 도구적 가족이념으로부터 탈피하고자 하는 욕구의 반영으로도 볼 수 있다. 이들 세대의 삶은 철저하게 도구적이었기 때문에 단지 생계부양자로서의 도구적인 역할뿐 아니라 자녀가 성장하여 결혼하기 이전까지는 결손가족을 만들어서는 안 된다는 도구적인 목적이 강하게 작용하였다. 그래서 애정여부에 관계없이 자녀 때문에 결혼생활을 지탱해 왔고, 자녀를 잘 키워 출가시키는 목적을 달성한 후에는 아무런 애정적 유대가 존재하지 않는 껍데기만 남은 가족을 지탱할 이유가 없었던 것이다.

사진설명 급증하는 황혼이혼

자녀의 성장을 위한 도구로서 가족의 기능을 강조한다는 것은 어느 정도는 필요한 부분이지만, 이를 지나치게 강조하면 남이야 어떻게 되든 내 가족, 내 자식 지상주의로 치닫게 되는 배타적, 이기적인 문제점도 대두된다. 자녀를 위해 수단과 방법을 가리지 않으면서 나타나는 여러 가지 사회문제는 바로 이러한 가족 이기주의의 한 단면을 보여주는 것이다.

(2) 정서적 가족이념

근대 핵가족의 또 다른 중심적인 가족이념은 정서적 가족이념이다. 정서적 가족이념은 도구적 가족이념에 대한 보상심리로서 강조되기 시작했다. 또한 급격한 사회변화와 이에 따른 인간 소외현상으로 인해 사랑과 안정, 소속감을 중시하는 정서적 욕구는 더욱더 강화될 수밖에 없었다. 정서적 가족주의에서는 부부가 가정의 중심에 있고, 일보다는 여가나 취미가 강조되는 동반자적 부부관계에 의미를 두며, 자녀를 위한 희생이나 헌신과 동시에 자신들의 관계도 중시한다. 정서적 유대감을 강조하는 이들에게 있어 결혼의 중요한 동기는 사랑이며, 그 결과 혼인형태도 연애결혼으로 발전하게 된다.

정서적 가족주의에서 가장 중요한 부분은 가족구성원 간의 정서적 관계이며, 가정은 부모와 자녀라는 가족구성원의 정서적 교류의 장이 된다. 이에 따라 가정의 중요한 기능은 가족원이 정서적 안정을 얻을 수 있는 편안한 안식처로서의 기능이며, 이러한 열망은 외부세계에서의 긴장을 '나의 집'에서 해소하고자 하는 '마이 홈 이데올로기(my home ideology)'로 연결된다(신수진, 1998). 생활의 근거가 도시로 이동하면서 돌아가 쉴 수 있는 편안한 고향과 같은 이미지의 가정이 중요시된다.

그 결과 정서적 가족이념도 역할분화이론의 뚜렷한 성역할 구분에 가치를 두게 된다. 가족에 대한 정서적 기능의 강조는 여성의 표현적 역할을 필요로 하며, 이를 강조하는 것이다. 도구적 가족주의에 비해 부부관계가 상하관계에서 평등한 관계로 변화했으나 남성은 도구적 역할을 담당하고, 돌아와서 편안하게 쉴 수 있는 공간으로 만드는 표현적 역할은 여성의 몫이 되었다. 우리 사회의 '현모양처' 이데올로기는 바로 낭만적 사랑을 강조한 사랑받는 아내, 성공하는 남편의 형태로 발전되어 부부간에 단출한 핵가족을 지향하고 '마이홈 이데올로기'를 이념으로 삼는 정서적 가족이념의 근간이 된다(신수진, 2002).

3) 탈근대적 가족이념

탈근대사회의 가족이념은 뚜렷한 이념으로 특징지을 수 없는 다양한 가족이념,

즉 전통적 가족이념과 근대적 가족이념, 다양한 탈근대적 이념이 혼재된 상태이다. 이처럼 다양한 가족이념이 공존하면서 동시에 일체성을 강조하던 근대사회와는 달리 개별성을 강조하는 탈근대 사회의 가치와 접목되면서 하나의 통합된 구심점을 찾지 못하고 있다.

(1) 개별성

일체성을 강조하던 근대사회에서는 낭만적 사랑, 모성성, 가정성의 가치가 강조되었으나 탈근대사회에서 중시하는 개별성은 집단보다 개인, 가족보다 개인을 우선시한다. 개인이 가장 중심적인 위치를 차지하는 개인주의 문화가 팽배하면서 개인의 자아실현이 가장 중요한 가치로 부각되고 가족의 형성이나 자녀출산 및 양육의 문제를 개인의 희생으로 받아들이는 분위기가 만연해 있다.

또한 근대사회에서 정서적 가족이념을 강조하는 이들에게 있어 결혼의 중요한 이유는 사랑이며 부부간의 정서적 유대였다. 근대 핵가족에서 사랑은 어디까지나 낭만적 사랑에 근거한 것이었고 낭만적 정서는 배우자를 선택하는 데 있어 가장 중요한 요인이 된다. 그러나 탈근대 가족에서는 낭만적 사랑 대신 합의적 사랑(consensual love)이 중심이 된다. 단 한 사람과 운명적으로 만나서 사랑하고 평생을 함께한다는 낭만적인 사랑과는 달리 합의적 사랑은 실용적이고 현실적인 것이다. 낭만적 사랑에서 중시하던 성적인 절제와 정숙한 여성상은 더 이상 중요하지 않으며, 그것이 결혼의 중요한 부분도 아니다. 따라서 부부는 자신들의 관계가 지속되기를 원함과 동시에 평생 지속되지 않을 수도 있고, 그럴 필요도 없다고 생각한다. 그만큼 결혼의 안정성도 감소할 수밖에 없다. Shorter(1976)는 이러한 탈근대 가족의 특성을 첫째, 자녀양육자로서의 역할 상실, 둘째, 부부관계의 불안정성, 셋째, 둥지로서 가족의 해체라고 하였다.

(2) 다양성과 유연성

탈근대사회에서는 정해진 규범이나 관습에 따라 정해진 방식으로 일률적으로 개인의 행동이 이루어지는 것이 아니다. 일정연령에 도달하면 결혼을 하고 결혼을 하면 자녀를 출산해야한다는 기존의 고정관념은 점차 결혼을 할 수도 있고 하지 않을 수도 있으며, 자녀를 출산할 수도 있고 그렇지 않을 수도 있는 선택의 문제로 귀결된다. 개인의 자아실현이 중시되면서 직업적 성취를 위해 결혼이나 자녀출산은 어디까지나 선택의 문제로 인식되고 있다.

뿐만 아니라 근대 가족에서는 역할분화이론의 주장처럼 부부간의 역할분화가 뚜렷하게 이루어졌고 이러한 형태가 가장 기능적이라고 생각했으나 탈근대 가족에서는 이와 상반되는 현상이 나타난다. 즉, 역할의 탈분화(de-differentiation)가 이루어져 성역할과 직업적 역할에서 경계가 뚜렷하게 구분되지 않는다. 여러 직종에서 전통적인 성역할 구분은 사라지고 있으며, 가족 내에서 분담하는 역할구분도 모호해지고, 종종 일터와 가정의 구분도 무너지고 있다. 집안에 일할 공간을 만들어 일을 하고, 직장 내에 어린이집이 있어, 일터가 가정의 모습을 갖추어 가고 가정이 일터로 변모하고 있다. 직장은 힘든 투쟁의 장소이고 가정은 안락한 휴식처라는 뚜렷한 구분이 사라져 가고 있다. 탈근대 가족의 특성인 역할에서의 다양성과 유연성은 부모에게는 다양한 선택의 가능성을 부여하므로 부모와 성인에게는 보다 유리하다. 그러나 어린 자녀에게는 경계가 확실한 보호공간이 필요함에도 이에 상응하는 사회적 · 가정적 배려가 없어서 불안감을 조성하게 된다(Elkind, 1999).

(3) 소비지향성

다양한 가족형태를 지향하는 탈근대 가족에서 또 다른 중요한 가족이념은 소비지향성이다. 전통적인 가족의 기능은 현대사회에서 점차 약화되고 있으나 자본주의의 영향으로 가족의 기능 가운데 경제적 기능, 그 가운데서도 소비기능은 오히려 강조되고 있는 것이다.

신세대 부부들은 부모세대의 도구적 가족주의의 문제점을 재빨리 파악하고 부부간의 애정적 유대를 중요시하는 정서적 가족주의를 지향하게 된다. 그러나 이러한 변화과정에서 신세대 부부가 안고 있는 가장 큰 모순은 경제력이다. 이들 세대는 성장과정에서부터 물질적으로 풍부한 환경을 만들어 주는 것을 일차적인 목적으로 생각하는 부모들의 든든한 후원을 받고 자랐다. 그 결과 이들의 소비수준은 높아질

대로 높아져 있고, 거의 대부분의 신세대는 자신이 벌 수 있는 돈보다 더 많은 돈을 필요로 한다. 그 결과, 이들의 소비지향적 가치관은 정서적인 가치관보다 우위에 있게 된다. 사랑 없이는 살 수 있어도 경제적 능력 없이는 같이 살 수 없는 상황으로 발전하게 되었다. 최근의 신용불량자 양산 현상이나 "카드빚만 갚아주면 누구와도 결혼을 하겠다"라는 발상은 바로 자신의 경제력으로 감당하기 어려운 소비수준에 물든 신세대의 소비지향적 가치관을 반영해 주고 있다.

이미 길들여진 높은 소비수준 때문에 이들은 도구적 가족주의 세대인 부모세대를 속물주의, 가족 이기주의로 비난하고 정서적 가족주의를 표방하고 있지만 그 내면에 자리 잡고 있는 감당할 수 없는 소비수준으로 인해 부모세대에게 의존할 수밖에 없다. 표면적으로는 탈근대적 가족이념을 표방하지만 강한 소비지향성으로 인해 신세대는 부모세대의 가족이념이나 가치를 어느 정도는 수용할 수밖에 없게 되며, 결과적으로 다양한 가족이념의 혼재상황을 야기하게 된다.

3. 가족가치관의 변화

가족관계를 심리적 · 규범적으로 떠받쳐 주는 가족이념이 변화함에 따라 가족의 중요성이나 의의, 역할 등에 대한 평가를 의미하는 가족가치관도 변화하고 있다. 결혼에 대한 가치관이나 자녀에 대한 가치관, 가족부양에 대한 가치관은 가족가치관의 변화를 파악할 수 있는 중요한 영역으로, 그 전반적인 변화의 경향을 살펴보면 다음과 같다.

1) 결혼관

결혼관은 가족이나 사회변화를 가장 잘 반영해 준다. 결혼관의 변화는 혼인율의 감소, 혼인연령의 상승과 높은 이혼율에서 두드러지게 나타나고 있다.

(1) 혼인율 감소

아직도 대부분의 사람들이 혼인에 대해 긍정적인 시각을 가지고 있으나, 이를 필수적인 것으로 생각하기보다는 선택적인 것으로 생각하는 사람들이 점차 증가하고 있다. 젊은 세대들은 흔히 '결혼은 선택, 직업은 필수'라고 말한다. 그 결과 점차 혼인율은 감소하고 독신이나 동거를 선택하는 비율이 증가하고 있다. 이러한 가치관을 반영하듯 우리나라의 혼인 비율은 20대 후반(25~29세), 30대 초반(30~34세) 및 30대 후반(35~39세)의 모든 연령대에서 남녀 모두 점차 감소하는 것으로 나타났다.

지금까지의 독신은 '결혼경사(傾斜)현상(marriage gradient)'[4]으로 인해 자신에게 적합한 배우자를 구하지 못한 비자발적 독신이 주류를 이루었지만, 최근에는 비자발적 독신과 더불어 자발적 독신도 증가하는 것이 특징이다. "며느리는 낮은 데서 데려오고 딸은 높은 데로 보낸다"라는 표현처럼 우리나라는 전통적으로 남성의 경우에는 다소 하향혼을 선호하며, 여성은 이와는 반대로 상향혼을 지향하는 경향이었다. 이러한 영향은 현대사회에서도 그대로 나타난다. 학력별로 남성은 주로 전문대 졸업자의 미혼 비율이 가장 높고 4년제 이상 대학졸업자, 대학원 졸업자의 미혼 비율은 점차 낮아져 대학원 졸업 남성 중 결혼을 하지 않은 비율(11.8%)은 동등한 학력의 여성(22.1%)과 비교해 절반 수준이다(〈그림 2-1〉 참조). 또한 임금소득 상위 10% 남성의 결혼 비율이 하위 10%보다 4배가량 높은 것으로 나타났다(〈그림 2-2〉 참조).

여성의 경우에는 다소 상이한 패턴을 보인다. 전반적인 여성의 학력별 미혼 비율은 교육수준이 높아질수록 증가하는 것으로 나타났으나(〈그림 2-1〉 참조), 이를 임금수준별로 살펴보면 중간층이 오히려 낮은 'U자형' 곡선을 보이고 있다. 임금수준이 3~7분위에 속하는 여성들의 혼인율이 가장 낮게 나타나고, 상위 8분위와 9분위, 10분위에 속하는 여성들의 혼인율은 급격하게 증가하는 것으로 나타났다(〈그림

4) 남성은 자신보다 교육수준이나 직업적 지위가 낮은 여성과, 여성은 자신보다 교육수준이나 직업적 지위가 높은 남성과 결혼하고자 하는 성향

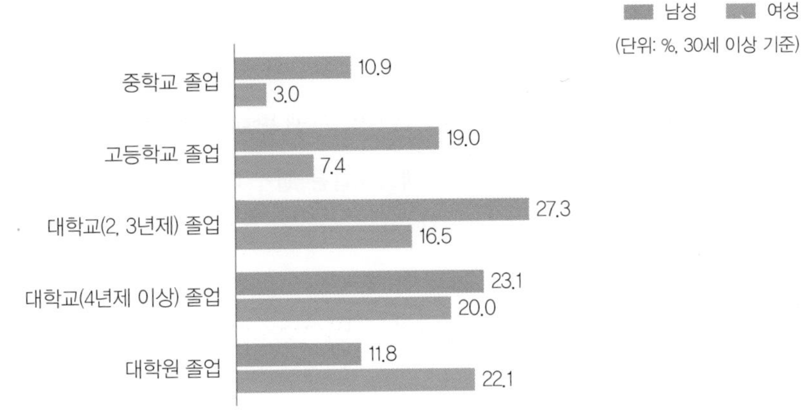

〈그림 2-1〉 **성별 학력수준에 따른 미혼인구 비율(30세 이상)**

출처: 통계청(2020a). 인구주택총조사.

2-2〉 참조). 이러한 사실은 앞서 대졸 이상 학력을 가진 여성 가운데 안정적이고 고수익 직종에 종사하는 여성의 결혼의향과 혼인율은 오히려 증가한다는 연구결과(계봉오, 황인찬, 2023)와 일치하는 것이다.

혼인율의 감소는 동거율의 증가와도 관련이 있다. 최근의 동거율 증가는 자녀양육자로서 부모의 역할상실, 부부관계의 불안정성, 둥지로서의 가족의 해체라는 탈

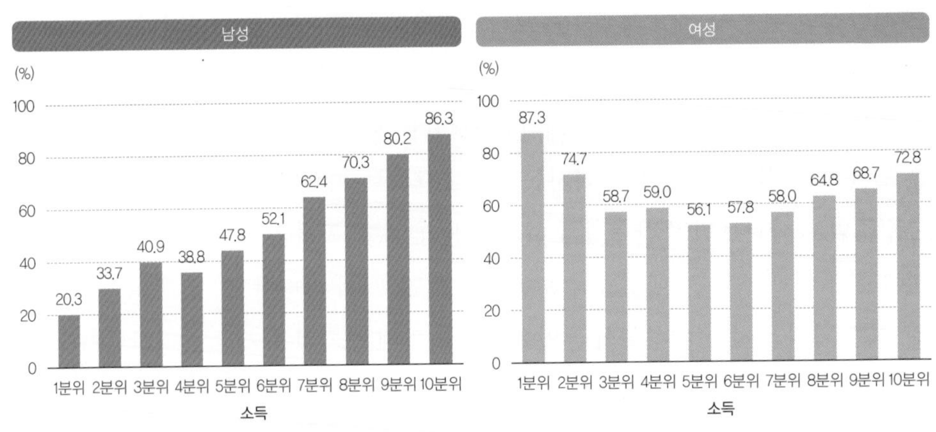

〈그림 2-2〉 **30대 임금근로자 혼인율**

출처: 통계청(2018b). 경제활동인구조사.

근대 가족의 특성과도 관련이 있다. 탈근대 가족에서 나타나는 이 같은 가족관계의 불안정성으로 인해 결혼이라는 제도적 틀을 거치지 않으면서 동시에 이와 유사한 경험을 할 수 있는 동거는 꾸준히 증가할 것이며, 이에 따라 혼인율은 감소할 것으로 예측된다.

(2) 초혼연령 상승

초혼연령도 점차 상승하고 있다. 우리나라는 1925년부터 서서히 조혼 풍습에서 벗어나 점진적으로 초혼연령이 상승하고 있다. 혼인연령의 결정에는 개인의 결혼관이나 그가 속해 있는 가족이나 사회의 여러 요인이 영향을 미치게 된다. 한 개인이 결혼에 대해 큰 의미를 두지 않거나 개인적 성취나 자유를 중요시하는 경우에 혼인연령은 늦어지는 경향을 보인다. 특히 여성의 초혼연령은 결혼에 대한 가치관과 상관이 높다. 긍정적인 결혼관과 강한 결혼규범 의식을 가질수록 여성의 초혼연령은 빨라지는 반면, 결혼에 대해 부정적인 생각은 만혼의 원인이 되기도 한다(최세은, 옥선화, 2003). 예기치 않은 임신도 결혼시기를 앞당기는 요인이 된다.

초혼연령 상승은 출생가족의 영향으로도 설명할 수 있다. 조혼은 출생가족에서의 불행한 경험 등과 관련이 있다. 불행하고 복잡한 출생가족으로부터 도피하는 방편으로 조혼하는 경향이 있으며, 그 반대의 현상이 나타나기도 한다. 부모의 이혼을 경험한 많은 젊은 세대는 자신의 결혼도 부모와 유사하게 끝날지도 모른다는 생각을 하며, 그들 부모의 경험을 답습하지 않기 위해 더 신중해질 수밖에 없다. 그 결과 초혼연령은 높아지게 된다. 또한 이러한 현상은 이혼은 하지 않았다 하더라도 친밀한 관계를 형성하는 데 실패한 부모세대의 결혼생활을 익히 보아온 젊은 세대가 갖는 결혼이라는 제도에 대한 회의에서 비롯된 것으로도 설명할 수 있다.

산업화, 교육수준의 향상, 높은 집값 등과 같은 사회적 · 경제적 요인도 결혼연령의 결정에 영향을 미치게 된다. 산업화로 인하여 고용기회가 확대되고 임금을 벌어들일 수 있는 직업을 얻게 됨에 따라 젊은이들이 부모의 통제에서 벗어나 결혼시기를 스스로 조절할 수 있게 되었으나 높은 집값은 결혼연령의 상승을 초래하는 데 큰 영향을 미쳤다. 특히 여성의 경우 교육수준이 높을수록 결혼이 늦어지는 현상이 뚜렷하게 나타난다. 최근의 만혼 현상은 바로 여성의 교육수준 향상과 직업적 성취에 대한 욕구를 반영한 것으로 해석할 수 있다. 즉, 결혼 이외의 다른 대안을 선택함으로써 받게 되는 보상에 따라서도 초혼연령은 달라질 수 있다. 그 외에도 성 규범의 약화로 인해 결혼이 주는 성욕 충족이라는 보상이 줄어들게 되는 것도 결혼시기를 늦추는 중요한 요인이다.

그러나 이와는 달리 Shorter는 결혼연령의 상승은 이러한 구조적 요인이 주요인이 아니라 포스트모던의 가치체계에 그 원인이 있다고 하였다. 다시 말해 일찍 결혼하는 것은 가정성, 모성성, 낭만적 사랑을 중시하는 근대가족의 논리에서 나온 것이고, 늦게 결혼하는 것은 자녀양육자로서 부모의 역할상실, 부부관계의 불안정성, 둥지로서의 가족의 해체라는 포스트모던 가족의 논리에서 발생한 것이라고 보는 것이다(서수경, 2002, 재인용).

(3) 높은 이혼율

대다수 사회의 결혼식에서 부부들은 '검은머리 파뿌리 될 때까지' '죽음이 서로를 갈라놓을 때까지' 서로를 소중히 여기고 사랑할 것을 맹세하였다. 1990년대 초반까지도 우리나라의 이혼율은 낮았으며, 이혼보다는 사별이 부부를 갈라놓는 중요 원인이었다. 그러나 최근 우리나라의 이혼율은 상당히 높은 수준을 유지하고 있으며, 이는 결혼의 안정성이 상당히 낮음을 의미하는 것이다.

특히 최근 증가하고 있는 황혼이혼은 젊은 세대뿐 아니라 모든 세대에서 결혼생활의 안정성이 위협받고 있음을 반영해 준다. 이는 부부간의 애정적 · 정서적 유대보다 도구적 · 자녀중심적 가치를 우선시하였고, 그래서 개인의 희생을 감수하고 인내했던 세대에서조차도 개인의 권리가 전통적 가족가치보다 더 중요한 의미를 갖게 되었음을 말해 주는 것이다.

2) 자녀관

결혼관의 변화에 따라 자녀관도 변하고 있다. 전통사회에서 당연시되었던 자녀

출산이 선택의 문제로, 자녀수는 점차 감소하는 방향으로, 출생성비도 균형을 이루는 방향으로 변화하고 있다.

(1) 자녀출산

전통사회에서 혼인은 두 남녀의 애정적 결합이라는 의미보다는 집과 집, 가족과 가족, 가문과 가문의 결합이라는 인식이 지배적이었다. 그 결과 혼인의 가장 중요한 목표 가운데 하나는 대를 이을 자녀를 출산하는 것이며, 자녀를 낳지 못하는 것을 '칠거지악'으로 간주할 정도로 자녀의 출산, 특히 남아의 출산은 중요한 결혼의 목표로 간주되었다. 아직도 대다수의 결혼한 부부들은 자녀 갖기를 희망하고 있으나 자녀출산에 대한 태도에서는 많은 변화가 나타나고 있다.

가장 두드러진 변화는 아들을 통한 가계계승과 노후의존도가 점차 약화되어 가고, 자녀양육 자체에 대한 보람과 자녀를 통한 자기실현보다는 직업을 통한 자기실현에 보다 가치를 두는 경향이다. 모성본능을 강조할 만큼 양육기능을 강조하던 여성들이 자신의 성취에 더 큰 비중을 두면서 자녀출산은 선택의 문제로 변화하게 되었다. 결혼적령기가 되면 결혼을 해야 하고, 결혼을 하면 자녀를 낳아야 하고, 자녀를 낳으면 어머니가 집에서 자녀를 돌보아야 한다는, 전통적인 결혼의 의미는 빛을 잃어가고 있다. 결혼은 어디까지나 개인의 선택의 문제이며, 결혼 이후의 자녀출산이나 양육도 선택의 문제이며 끊임없는 의사결정과 상호 간의 합의를 필요로 하는 것으로 인식되고 있다.

(2) 자녀수

자녀출산이 선택의 문제로 변화하면서 희망하는 자녀수도 현저하게 감소한 것으로 나타났다. 2023년 우리나라의 합계출산율은 0.72로 지속적으로 감소하는 것으로 나타났다(〈그림 2-3〉 참조). 이같이 낮은 출산율과 더불어 고령사회로 진입하는 속도는 다른 선진국보다 빨라 성장잠재력을 약화시키는 요인으로 작용하고 있다.

출산율에는 경제적인 요인 등 여러 요인이 영향을 미친다. 자녀를 키우는 데 소요되는 비용의 증가도 출산율 감소에 영향을 미친다. 또한 맞벌이가족이 증가하면

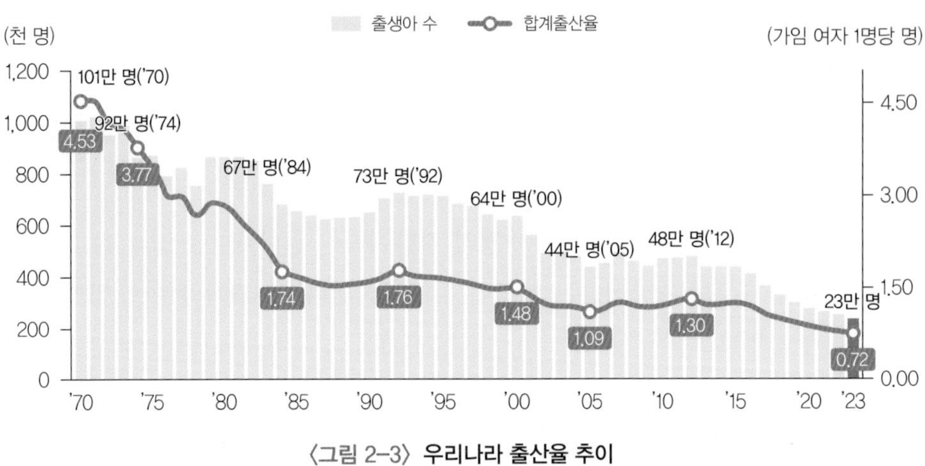

〈그림 2-3〉 **우리나라 출산율 추이**

출처: 통계청(2024b). 2023년 출생 · 사망통계.

서 아기를 출산한다 하더라도 마음 놓고 맡길 수 있는 어린이집이 부족한 것도 중요한 원인이 된다. 그 외에도 직업적인 성취, 여가생활이 방해받는다는 것과 같은 여러 가지 이유로 자녀를 두지 않기로 결정하는 부부의 비율이 점차 증가하고 있다. 또한 만혼이나 환경오염 등 여러 가지 이유로 인해 자녀를 갖고 싶어도 갖지 못하는 불임부부의 비율도 점차 증가하고 있다.

(3) 출생성비

우리나라는 전통적으로 가부장적 가족이념의 잔재로 남아선호사상이 강한 문화였으나 2018년 여아 100명당 남아의 수를 나타내는 출생성비는 점차 감소하여 정상 성비(105±2)에 근접한 것으로 나타났다. 그러나 출생순위별로 셋째아 이상에서는 여전히 남아선호사상이 남아 있음을 보여준다(〈그림 2-4〉 참조).

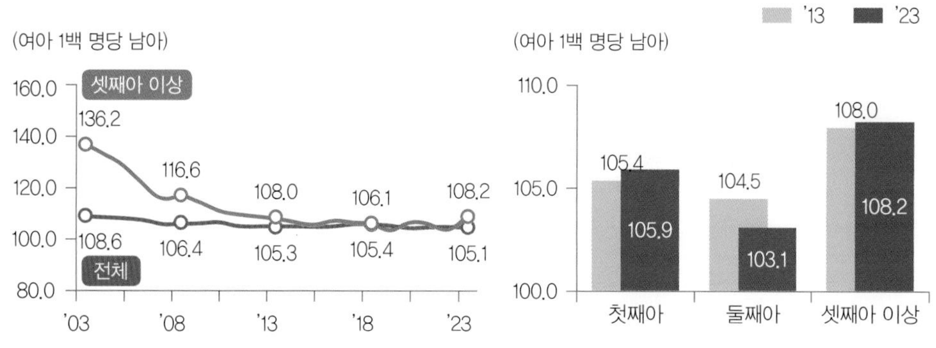

〈그림 2-4〉 **출생 성비의 변화**

출처: 통계청(2024b). 2023년 출생 · 사망 통계.

3) 가족부양관

가족가치관의 변화는 결혼관이나 자녀관뿐 아니라 가족부양관에서도 두드러지게 나타난다. 우리나라 전통가족의 특성은 강한 가장권과 동시에 아내로서의 부권(婦權)보다 강한 모권이 존재하였다는 점이다. 동시에 우리 사회의 근간이 되었던 '효'의 규범은 가족 내에서 세대 간 위계질서의 중요한 버팀목이 되었다. 그러나 근대화와 탈근대화 과정에서 일어난 가족형태나 이념의 변화는 '효' 규범의 가치를 퇴색시켰고, 동시에 모권보다 강한 아내로서의 부권(婦權)의 등장으로 가족부양관은 변화할 수밖에 없었다. 특히 근대화 과정에서 나타난 여성취업률의 상승은 가족부양관에 가장 큰 영향을 미치는 요인으로 지목되고 있다. 취업으로 인해 전통적인 생계부양자와 양육자로서의 역할 구분 자체가 변화하였고, 경제권을 갖게 된 여성들의 권한은 더욱 커질 수밖에 없었다. 여성이 가족 내에서 보다 많은 권한을 갖게 됨으로써 가장 먼저 권리주장을 한 부분이 가족부양과 관련된 것이었다. 그 가운데서도 '원천적인 부정관계'(이광규, 1984)로 묘사되는 불편한 고부관계, 시댁 가족과의 관계로부터 가장 먼저 벗어나고자 했던 것이다. 최근 문제시되고 있는 노인학대 문제는 변화한 가족부양관의 단면을 보여주고 있다.

4. 가족기능의 변화

가족의 형태, 이념, 가치관이 변화함에 따라 가족의 기능도 상당 부분 변화하였으며, 가족기능의 전반적인 변화경향은 다음과 같다.

첫째, 부부간의 애정이 결혼에서 중요한 요소로 부각되면서 성·애정의 기능이 가족의 중요한 기능으로 강조되고 있다. 그러나 한편으로는 자유로운 성의식의 확산으로 성적 욕구충족을 위한 기능은 전반적으로 약화되고 있다.

둘째, 자녀출산 및 양육기능도 약화되고 있다. 무자녀가족의 증가나 저출산율은 자녀출산기능이 약화되고 있음을 보여주는 것이며, 영아를 대상으로 한 어린이집의 증가는 양육기능이 가족으로부터 기관으로 점차 이전되고 있음을 보여준다.

셋째, 산업화의 영향으로 가족과 일터가 분리됨에 따라 가족의 생산기능은 약화되는 반면에 소비기능은 점차 강화되고 있다.

넷째, 정보화 사회로 진입하면서 가족의 교육기능은 사회로 이전되고 약화되었으나, 자녀의 인성이나 행동지도와 같은 자녀교육 및 사회화 기능에 대해서는 많은 사람들이 그 중요성을 강조하고 있다. 그러나 실제로는 자녀의 학업지도가 인성이나 행동지도보다 더 우위의 가치를 점하고 있고 이들 기능의 상당 부분이 사회로 이전되었으므로 전반적인 사회화 기능은 약화되었다고 볼 수 있다.

다섯째, 가족의 보호기능 가운데 특히 노인부양을 통한 보호기능은 최근 사회 전반적으로 경로사상이 퇴조하고 가족형태가 핵가족화됨으로써 약화되고 있다.

이를 종합해 보면 전반적인 가족의 기능은 점차 약화되고 있음을 알 수 있다. 사회변화에 순응하기 위한 가족의 변화는 불가피한 현상이지만, 그에 따른 가족기능의 약화는 우리 가족의 불안정성을 높이는 중요한 요인이 된다.

5. 가족변화의 추이

우리나라의 가족은 그 형태나 이념, 가치관, 기능에서 다음과 같이 변화해 왔다. 첫째, 가족형태에서 양계 방계가족으로부터, 부계 직계가족, 부부중심 핵가족으로 변화해 왔으며, 최근에는 핵가족을 중심으로 다양한 형태의 가족들이 나타나고 있다. 둘째, 가족이념에서는 집의 관념과 '효' 사상, 부부유별을 표방하는 전통적 · 유교적 가족이념에서 도구적 가족이념과 정서적 가족이념을 중심으로 한 근대적 가족이념으로 변화해 왔으며, 최근에는 개별성, 다양성과 유연성, 소비지향성을 중심으로 다양한 가족이념이 혼재해 있는 상황이다. 셋째, 가족가치관에서는 결혼관, 자녀관, 가족부양관에서 여러 가지 변화가 나타나고 있으며, 그 변화의 방향은 전통적인 가족주의보다는 개인의 선택을 중시하고, 보다 다양성과 유연성을 강조하는 방향으로 나아가고 있다. 넷째, 가족기능에서는 영역별로 차이는 있으나 전반적으로 약화되는 경향을 보이고 있다. 가족형태나 이념, 가치관, 기능에서 나타난 이러한 변화의 전반적인 추이를 살펴보면 다음과 같다.

1) 변화의 속도차

우리나라 가족의 변화에서 나타나는 특징 가운데 하나는 그 진행속도가 빠르다는 점이다. 세계화 · 정보화 과정을 통해 빠른 속도로 다양한 형태의 가족이념들이 유입되고 있을 뿐 아니라 이처럼 빠른 속도로 유입되는 다양한 가족이념이나 가치관은 하나의 구심점이나 합의점을 찾아내지 못한 채 서로 뒤섞여 혼돈상황을 만들고 있다.

또한 변화의 속도가 전반적으로 빠를 뿐 아니라 가족제도와 사회제도, 가족구조와 가족이념 간 변화속도의 불일치 현상도 문제점으로 나타난다. 이러한 변화의 속도 차이로 인해 한국의 가족은 두 가지 지체현상을 나타낸다. 하나는 가족제도의 변화와 사회제도의 변화 간에 나타나는 지체현상이고, 다른 하나는 가족 자체 내의 구조와 이념 간에 존재하는 지체현상이다(이동원, 1999). 즉, 사회가 급변하는 데 비해 가족은 천천히 변해 전반적인 사회변화와 가족의 변화 간에 지체현상이 발생하게 된 것이다. 가족이 이러한 사회구조의 변화에 적절히 적응하지 못함으로써 이혼율, 청소년 비행, 세대 간 갈등이 증가하고 있다. 가족 자체 내의 변화에서도 구조와 이념 간에 불일치가 존재한다. 가족이 구조적으로는 서구의 부부중심 가족과 유사한 핵가족화가 이루어졌으나 이념에서는 아직도 전통적인 가부장적 이데올로기가 영향을 미치고 있다.

2) 변화의 세대차

우리나라 가족의 변화에서 나타나는 또 다른 특징은 가족이념이나 가치관에서 나타나는 연령별 수용도의 차이가 크다는 점이다. 가족가치관에 대한 연구결과, 세대별로 긍정적 가족관이나 비혼 수용성에서 차이가 나타났다. 세대를 BB(베이비붐) 세대, X세대, M세대, Z세대로 구분하여[5)] 살펴보면 남녀 모두 최근 세대일수록 비혼 수용성 비율은 높아진 반면, 결혼을 긍정적으로 인식하는 비율은 낮아지는 것으로 나타났다. 남성의 경우 비혼 수용성은 BB세대, X세대, M세대, Z세대 순으로 최근 세대일수록 높았으며, BB세대와 나머지 세대 간에 유의한 차이가 있었다. 긍정적 가족관은 BB세대, X세대, M세대, Z세대 순으로 감소하였으나 통계적으로 유의한 차이는 아니었다. 여성의 경우에도 비혼 수용성은 BB세대, X세대, M세대, Z세대 순으로 최근 세대일수록 높았으며, BB세대와 MZ세대 간, X세대와 MZ세대 간 차이가 유의하였다. 긍정적 가족관은 BB세대, X세대, M세대, Z세대 순으로 감소하였으나 통계적 차이는 BB세대와 MZ세대 간에만 유의하였다(진미정, 기쁘다, 성미애, 2023)(〈그림 2-5〉 참조). M세대와 Z세대의 높은 비혼 수용성과 낮은 긍정적 가족관은 바로 결혼과 출산 기피로 이어지는 현재 우리 사회의 단면을 그대로 반영해주고

5) 세대구분은 출생년도 1955~1963년생을 베이비붐 세대, 1964~1980년생을 X세대, 1981~1996년생을 밀레니얼 세대라고도 불리는 M세대(또는 Y세대), 그리고 1997년도 이후 출생한 포스트 밀레니얼 세대를 Z세대로 구분하였다.

있다.

이처럼 전통적인 가족이념을 고수하는 조부모세대, 핵가족의 형태로 생활하면서 근대적 가족이념을 고수하는 부모세대, 다양한 가족형태와 동시에 탈근대적 가족이념을 지향하는 자녀세대 간에 차이가 뚜렷하여 이들이 지향하는 가족가치관에서도 큰 차이가 나타나고 있다. 가족가치관이나 변화를 보는 시각에서 나타나는 이 같은 근본적인 차이는 가족원 간의 갈등을 유발하는 요인으로 작용한다. 전통적 가치와 근대적 가치, 탈근대적 가치가 동시에 공존하면서 세대 간에 합의점을 찾지 못하여 혹자는 이를 일종의 아노미(anomie)현상으로 보기도 한다.

3) 변화의 성차

변화의 세대차뿐 아니라 성별에 따른 차이도 나타난다. 〈그림 2-5〉에서 비혼 수용성은 여성보다 남성이 낮은 반면 긍정적 가족관 점수는 여성보다 남성이 높게 나타난다. 특히, 이러한 성별에 따른 차이가 BB세대, X세대에서는 유의하지 않았으나 M세대와 Z세대에서는 유의한 것으로 나타났다. MZ세대는 BB세대나 X세대에

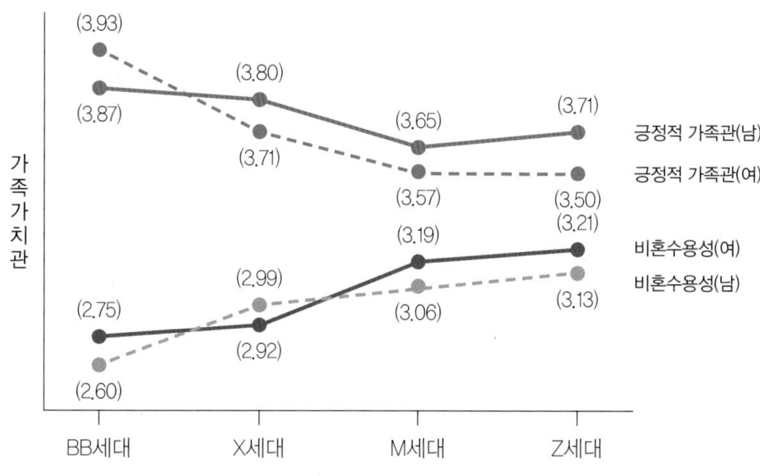

〈그림 2-5〉 **세대별, 성별 가족가치관의 차이**

출처: 진미정, 기쁘다, 성미애(2023). 성별에 따른 결혼 인식의 세대 차이. 가정과삶의질연구, 41(1), 93-107.

비해 비혼 수용성은 높고 긍정적 가족관도 낮게 나타나지만 이와 동시에 동일 세대 내에서 성별에 따른 차이도 나타난다. 즉, 전통적 가치에 보다 유보적인 남성과 진보적 가치를 지향하는 여성 간 가족가치관의 차이가 뚜렷하게 나타난다.

남녀 간에 나타나는 이러한 차이는 결혼 이후 가족생활에서 상호 간의 역할기대와 수행에서의 불일치를 초래하는 요인으로 작용하며, 결과적으로 가족 내 갈등을 심화시키고 응집력을 약화시키는 요인으로 작용한다. 우리 사회의 높은 이혼율이나 가정불화는 여성의 변화속도는 빠른 데 반해 남성은 유보적인 것에서 비롯되는 갈등 상황의 단면을 보여주는 것이다.

변화에서 나타나는 속도차나 세대차, 성차 외에도 가족의 갈등을 심화시키는 요인은 한국가족 연구에서 고려되어야 할 문화적 특수성이 고려되지 않고 있다는 사실이다. 가족주의, 혈연주의, 집단주의가 강하게 작용하는 사회문화적 배경을 가지고 있는 한국의 핵가족은 개인주의를 바탕으로 한 서구의 핵가족과는 근본적으로 차이가 있다. 서구의 개인주의는 타인에 대한 배려와 존중 그리고 자신에 대한 책임을 기반으로 하는 데 반해 혈연주의가 강한 한국의 개인주의는 집단 내부와 외부에 적용되는 윤리규범이 이중적인 가족 이기주의 내지 집단 이기주의적 특성이 강하게 나타난다. 따라서 전통적인 가족이념과 서구적인 가족이념이 조화롭게 통합되지 못함으로써 여러 가지 가족문제가 발생한다. 그러므로 가족구성원 모두가 가족구조와 이념 그리고 가족변화와 사회변화 간의 차이와 변화의 세대차나 성차 그리고 문화적 차이를 조율하고자 하는 노력이 필요하다.

6. 저출산 · 고령화와 한국가족

현재 우리나라는 지속적인 저출산과 더불어 빠른 속도로 진행되는 고령화가 맞물려 저출산 · 고령화로 인한 심각한 문제에 직면해 있다. 2001년부터 나타나고 있는 합계출산율 1.3명 이하의 초저출산 현상은 인구절벽으로 인한 국가 성장 동력의 감소, 나아가 국가존립의 위기를 거론할 정도로 심각한 사회문제로 제기되고 있다. 게다가 우리나라 65세 이상 노인인구의 비율은 지속적으로 증가하여 2024년에 19.2%에 달하며, 2040년에는 34.3%를 차지할 것으로 예상되고 있고, 이러한 속도로 저출산 · 고령화가 진행될 경우 2065년 우리나라의 노인인구 비율은 46.6%에 달할 것으로 추정되며, 이는 47.0%로 추정되는 생산인구 비율과 거의 유사한 수준까지 상승할 것으로 예측된다(통계청, 2024c). 이는 궁극적으로 노년 부양비 증가로 직결되어 세대 간 갈등을 유발하는 요인으로 작용하게 된다.

특히 우리나라의 경우 저출산 · 고령화는 세계에서 가장 빠른 속도로 진행되고 있다. 프랑스의 경우 노인인구의 비율이 7%에서 14%로 증가하는 데 115년, 14%에서 20%로 증가하는 데 39년이 소요된 반면, 우리나라는 각각 17년과 8년이 소요될 것으로 예측되고 있다. 이처럼 빠른 속도로 진행되는 인구의 고령화는 장기적으로 중 · 후기 노인 1인가구의 증가를 의미하며, 중 · 후기 노인 1인가구의 증가는 돌봄욕구의 증가와 소득불균등으로 인한 최저소득층 빈곤가구의 증가로 직결되어 궁극적으로 가구의 취약성과 더불어 개인의 취약성을 증가시키는 요인으로 작용할 것으로 예측할 수 있다. 이에 반해 2023년 우리나라의 합계출산율은 0.72로 세계에서 가장 낮게 나타난다는 점에서 더욱더 문제가 심각하다.

세계에서 가장 빠른 속도로 이루어지고 있는 저출산 · 고령화 문제를 해결하기 위해 정부 차원에서는 대통령 직속기관으로 저출산 · 고령화대책본부를 설립하고 저출산 문제를 해결하기 위해 다양한 정책적 접근을 시도하고 막대한 재정을 투입하였다. 그럼에도 불구하고 우리나라의 출산율은 오히려 감소하고 있다. 이는 출산율을 높이기 위한 기존의 정책적 접근에 대한 재검토의 필요성을 말해준다.

Emile Durkheim

저출산에 영향을 미치는 요인에는 경제적 요인이나 육아부담뿐 아니라 가치관이나 사회적 배경 등 여러 요인이 영향을 미치므로 단순히 서구의 성공적 모델을 그대로 접목시키는 것에는 한계가 있다. 우리나라와 같이 확대가족 내에서 다수의 양육자를 통해 자녀양육이 자연스럽게 이루어지던 집단주의 문화에서는 자녀양육의 역할이 여성에게 편중되어 있어 핵가족화로 인해 느껴지는 돌봄 공백의 문제가 더욱더 부각될 수밖에 없다. 또한 Durkheim(1969)은 1인가구의 폭발적 증가를 '개인주의 예찬(the cult of the individual)'이라는 용어와 결부시켜 설명하였다. 즉, 개인이 집단보다 우위에 있고, 급기야는 숭배의 대상이 되는 개인주의 문화에서는 가족의 형성이나 자녀양육에 뒤따르는 책임을 개인의 희생으로 받아들이며 따라서 그러한 의무와 책임에서 자유로운 삶을 선택하게 될 가능성이 높아진다는 것이다. 최근 우리 사회에 팽배해 있는 비혼주의 문화도 이러한 맥락에서 해석할 수 있다. 현재 1인 가구 중 20대와 30대가 높은 비율을 차지하고 있으나 이는 궁극적으로 노인 1인 가구 비율의 증가로 귀결될 것이다.

특히 가치관의 영역은 단기간의 정책적 접근보다는 지속적인 교육에 의해 정립이 가능한 부분이다. 따라서 현재 시행되고 있는 정책에 대한 재검토와 아울러 궁극적으로 저출산·고령화의 문제가 국가적 차원뿐 아니라 개인의 삶에 미치는 영향을 중심으로 한 인구교육적 접근이 강화될 필요가 있다.

제2부

친밀한 관계의 형성과 발전

역사적으로 가족의 기원은 경제적 공동체로서 의미가 크게 작용하였다. 그러나 경제적 공동체로서의 의미 이외에 현대사회의 남녀관계에서 가장 중요한 의미를 갖는 것은 친밀감이다. 경제적 공동체로서 가족의 기능이 가족구성원에게 의식주와 관련된 물질적인 생존의 욕구를 충족시켜 주는 것이라면, 친밀감의 형성은 개인의 외로움을 경감시켜 주고 인정받고 싶은 정서적 욕구를 충족시켜 주는 것과 관련이 있다. 사회적 동물로서 인간은 타인과 친밀한 관계를 형성하고자 하는 욕구가 존재하며, 어린 시절 부모와의 관계가 유아의 발달에 지대한 영향을 미치듯 청년기의 친밀한 관계는 개인의 정신적 · 신체적 발달과 밀접한 관련이 있다.

청년기에 접어들어 성적 성숙이 이루어지면서 친밀감을 형성하기 위한 욕구는 지금까지와는 상이한 형태로 표현된다. 친밀감 형성의 대상도 부모나 또래집단으로부터 이성친구로 전환이 이루어지고, 친밀감의 대상을 찾기 위한 욕구도 강하게 나타나며, 친밀감의 표현방법도 성적인 요소가 가미된다. 친밀감과 성적 욕구는 청년기의 발달에서 자연스럽게 나타나는 감정이며 욕구인 데 반해, 이성교제는 이러한 감정이나 욕구를 사회가 인정해 주는 하나의 문화로 정착시킨 것이다. 나아가 이성교제는 배우자 선택이라는 중요한 문제에 도움을 주기 위해 탄생한 문화라고 볼 수 있다. 또한 두 사람이 결혼을 하여 가족을 형성하는 것은 단순히 친밀감 형성 이상의 의미를 갖는다. 결혼을 할 것인지 안할 것인지에 대한 결정은 개인의 자유의사에 달렸지만 일단 결정을 하고 나면 의무와 책임이 수반되므로 신중한 선택과 판단을 위해 상호 간의 탐색과 결혼준비교육이 필요하다.

제2부에서는 친밀감을 형성하기 위한 욕구의 표현인 사랑과 성의 의미, 이러한 욕구를 문화로 발전시킨 이성교제와 배우자 선택과 관련된 전반적인 내용을 고찰해 보고, 약혼과 혼례문화 및 성공적인 결혼생활의 기초가 되는 결혼준비교육에 대해 살펴봄으로써 친밀한 관계의 형성과 발전을 위한 이해를 돕고자 한다.

사랑과 성

현대사회의 남녀관계에서 가장 중요한 의미를 갖는 것은 사랑이다. 두 사람이 독립된 한 개인으로 만나게 되는 현대사회에서 사랑은 가문이나 배경보다 결혼에 이르는 중요한 가치로 부각되고 있다.

사랑이 결혼의 가장 중요한 가치로 부각됨에 따라 사랑과 맞물려 성은 많은 논란을 야기하는 요인이 되고 있다. 일반적으로 성의 개념은 남녀 간의 성행위라는 좁은 의미로 간주된다. 그러나 실제로 성행동을 지칭하는 좁은 의미의 성은 개인이 타고난 생물학적 성이나 성장과정에서 사회화 과정을 통해 형성되는 사회적 성의 영향을 받는다. 따라서 성은 남녀의 생물학적 차이를 의미할 뿐 아니라 이에 따라 사회에서 규정하는 역할의 개념, 나아가 성행동까지를 포함하는 포괄적인 개념으로 이해되어야 한다.

포괄적인 성에 대한 이해와 아울러 사랑과 성행동에 대한 논의도 필요하다. 최근 우리 사회에는 혼전 성행동에 대한 개방적인 인식이 팽배해 있다. 그 결과, 혼전임신으로 인한 인공임신중절, 미혼모, 입양아 문제가 심각한 사회문제로 대두되었고, 그 책임은 고스란히 우리 사회의 몫이 되어버렸다. 그러므로 사랑과 혼전 성행동에 관련된 문제 및 이러한 문제를 사전에 예방하기 위한 방법들에 대한 논의가 필요하다.

이 장에서는 먼저 사랑과 성의 의미를 살펴보고, 사랑과 맞물린 성행동의 문제와 이를 예방하기 위한 피임방법에 대해 살펴보고자 한다.

1. 사랑의 의미

Erich Fromm

사랑은 두 사람을 결혼에 이르게 하고, 가족을 지탱해 나가는 중요한 요인 가운데 하나이지만 이를 개념화하는 것은 쉬운 일이 아니다. 사랑이 무엇인가라는 물음에 대한 답은 개인마다 차이가 있을 것이다. 또한 사랑의 대상이 누구인가에 따라 그 개념화는 달라질 수밖에 없다. Fromm(1995)은 자신의 저서『사랑의 기술(The Art of Loving)』에서 사랑을 "수동적이기보다는 능동적이며, 빠지는 것이 아니라 참여하는 것이며, 받는 것이 아니라 주는 것을 통해 상대방의 감각이나 생활을 풍부하게 하고, 자신의 통합성을 유지하는 상태에서 합일을 이루게 하는 힘"(pp. 28-30)으로 개념화하였다.

사랑에 대한 이러한 포괄적 개념화에 앞서 여러 학자들은 보다 다양한 방식으로 사랑이라는 개념을 설명하고자 하였다. 사랑을 유형화하거나 사랑을 구성하는 요소 혹은 초기의 애착관계 등과 관련하여 접근하고자 하였다.

1) 사랑의 유형

고대 그리스시대에는 세 가지 형태의 유형화를 통해 사랑을 개념화하고자 하였다. 이들 세 가지 유형에는 성적, 육체적 사랑을 의미하는 에로스(eros), 타자실현적인 무조건적 사랑을 의미하는 아가페(agape) 그리고 동료적인, 친밀한 사랑을 의미하는 필로스(philos)가 포함된다. 이러한 유형화를 통해 이들은 사랑이 이 가운데 한 가지 유형일 수도 있고 세 가지 유형 모두를 포함하는 것일 수도 있다고 하였다. 이후 로마시대에는 이성애를 사랑의 실제적 유형으로 간주하고 동시에 낭만적 매력에 기초한 혼외 성관계를 통해 사랑을 찾으려 하기도 했다. 그러나 12세기 초에 접어들면서 과도한 열정은 사랑에 방해가 된다고 하여 정신적인 사랑(platonic love)과 낭만적인 사랑의 결합을 진정한 사랑으로 이해하기도 하였다.

사랑에 대한 이 같은 개념화를 바탕으로 캐나다의 사회학자 Lee(1973)는 자신의 저서『사랑의 색깔(Colours of love)』에서 사랑을 '한 상대방을 찾는 감정'으로 정의하고, 세 가지 원색에서 여러 가지 색채의 조합이 이루어지듯 사랑에도 세 가지 원형이 있고, 이를 바탕으로 여러 가지 형태의 조합이 이루어진다고 하였다. 그는 에로스(eros)와 스토르게(storge), 루두스(ludus)를 일차적인 사랑의 유형으로, 세 가지 유형에서 파생된 프래그마(pragma), 마니아(mania), 아가페(agape)를 이차적인 사랑의 유형으로 제시하였다. 국내의 연구에서도 사랑에 대한 요인분석 결과 이러한 세 가지 사랑의 유형이 나타났으며, 이 가운데 미혼남녀에게서는 에로스 유형, 다음으로 스토르게, 루두스 순으로 높은 비율로 나타났다(이정은, 최연실, 2002). 이후 Lee(1998)는 이를 보다 발전시켜 이차적인 사랑의 혼합유형과 아홉 가지 삼차적인 사랑의 유형을 제시하였다(〈그림 3-1〉 참조). Lee의 연구를 바탕으로 하여 Lasswell과 Lasswell(1976)은 사랑척도를 제작하였으며, 수천 명의 남녀를 대상으로 한 요인분석 결과, Lee가 제시한 6가지 사랑의 유형을 발견하였다. 이후 Hendrick과 Hendrick(1986)은 Lee의 사랑의 유형을 측정하기 위한 자기보고식 척도인 사랑유형 척도(Love Attitudes Scale: LAS)를 개발함으로써 이들 유형을 실증적으로 검증하였다.

이들 사랑의 유형을 구체적으로 살펴보면, 에로스는 열정적 · 낭만적 사랑(romantic love)으로 첫눈에 반한 사랑을 의미한다. 이러한 형태의 사랑에서 끌림의 본질은 색정적이며 성적 친밀감의 욕구가 강하게 작용하므로 신체적 매력이 중요한 변수로 작용한다. 따라서 낭만적 사랑은 그 진행 속도가 매우 빠르며, 강하게 생활전반을 지배하는 특성을 보일 뿐 아니라 감정이 무엇보다도 우선되며 배타성이 강하게 작용한다.

스토르게는 그리스어 'storgay'에서 유래한 것으로, 동료적 사랑(companionate

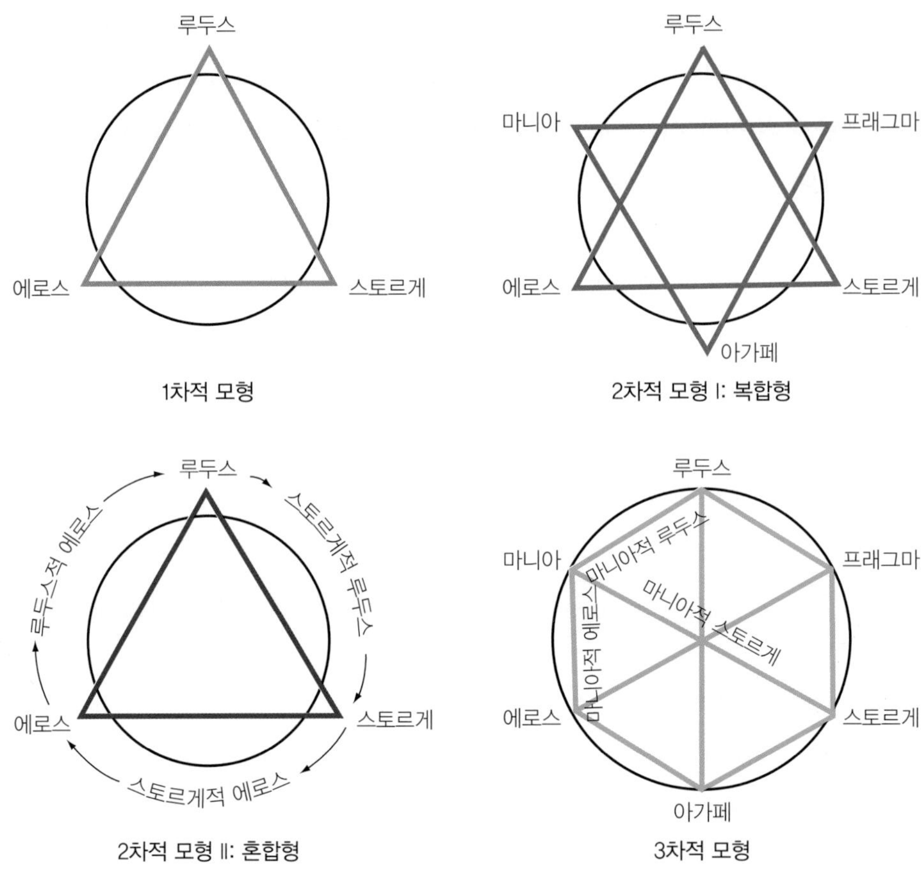

〈그림 3-1〉 **사랑의 양식들**

출처: Lee, J. A. (1998). Ideologies of love style and sex style. In V. C. de Munck (Ed.), *Romantic love and sexual behavior*. Westport, CT: Praeger.

love)을 의미한다. 첫눈에 반한 사랑이 아니라 점진적으로 낭만적인 색조를 띠게 되는 것으로, 오랜 우정과 존경에 깊이 뿌리를 내리고 있다. 따라서 이러한 형태의 사랑을 하는 사람끼리는 서로 다투더라도 관계를 위협받지 않고, 오랜 기간의 이별도 쉽게 극복된다. 동료적 사랑은 비교적 안정되고, 요구가 적으며, 서로 신뢰하는 특성을 가지고 있다.

루두스는 두 사람 간의 정서적 유대보다는 게임이나 심심풀이의 대상과 같은 유희적 사랑의 형태이다. 이는 오락적 목적이 강하게 작용하며, 자신의 잇속만 차리는 이기적인 사랑(egoistic love)이다. 열정적인 사랑과는 대조적으로, 이러한 사랑을 하는 사람은 사랑의 게임 그 자체를 위한 것이지 상대를 위한 것은 아니므로 결혼이나 상대방의 욕구에는 관심이 없고 동시에 여러 대상과 관계를 가지며 이를 자랑스러워하기도 한다. 이들은 자신은 상대방에게 몰두하거나 집착하지 않으면서 상대방은 자신에게 정서적으로 사로잡히기를 원한다.

프래그마는 스토르게와 루두스가 결합된 형태로 특별히 강렬하지도 않으면서 합리적인 실용적 사랑(pragmatic love)을 의미한다. 따라서 상대방의 배경이나 가치관 등을 고려해 자신과 잘 맞거나 개인적 관심사가 같은 사람에게 사랑을 느끼며 접근한다. 상대방과 자신의 장단점을 평가하여 교환가치가 성립하면 관계가 발전되고 그렇지 않으면 재고의 여지가 있거나 종결된다. 이러한 유형의 사랑을 하는 사람들은 상대방이 자신이 생각하는 배우자로서의 조건을 만족시키지 않으면 결코 사랑을 하지 않는다는 논리적 판단이 우선되므로 열정적으로 사랑에 빠져들지 않으며, 자신의 시간과 감정을 낭비하는 관계를 맺지 않는 것이 특징이다.

마니아는 에로스와 루두스가 결합된 열광적인 사랑(manic love)을 의미한다. 이는 모든 것을 소모한다고 해도 좋을 정도의 강렬한 사랑으로, 상대방이 자신이 아닌 타인에게 관심을 보이면 질투하고 서로가 서로를 구속하는 사랑이다. 일상생활에서의 보편적인 관심들이 상대방에 대한 열정으로 대체되므로 그 즐거움의 절정은 비교할 수 없고, 절망의 골짜기는 깊이가 없다. 이들은 사랑의 대상에게 완전히 열중하지만 그러한 감정은 돌보기보다는 소유하는 것이 되기 쉽고, 주는 것이라기보다는 필사적으로 매달리는 것이 되기 쉽다. 그러므로 질투와 소유욕이 강하며, 사랑받고 있다는 확인이 항상 필요하다. 마니아적인 사랑은 구체적인 대상과 사랑에 빠진 것이 아니라 사랑 그 자체를 사랑하고 있는 경우가 많다. 가학성 음란증(sadism)이나 피학대 음란증(masochism)도 이에 속한다. 어떤 사람은 중년에 가서야 마니아적인 사랑을 체험하기도 하는데, 중년의 마니아 경험은 십대보다 더 불안하게 경험하게 된다고 한다.

아가페는 스토르게와 에로스가 결합된 형태로 헌신적, 이타적 사랑(altruistic love)을 의미한다. 이러한 형태의 사랑은 보상을 기대하지 않으면서 상대방을 돌보고,

상대방의 욕구에 민감한 자기희생적 사랑이다. 이는 가슴보다는 머리로 행하여지는 사랑의 형태로서, 사랑하는 사람의 행복을 위해서는 자신의 모든 것, 심지어 목숨까지도 포기할 수 있는 순애(殉愛)적인 사랑이다.

이상의 여러 가지 유형의 사랑에 대한 분석결과, 일반적으로 남성이 여성보다 낭만적인 사랑을 많이 경험하는 경향을 보이며, 사랑을 하는 데 있어 여성은 남성보다 이성적이며, 관계가 진행될수록 실제적인 문제들을 고려하게 되는 실용적, 동료적인 유형을 보인다고 하였다. 그러나 여성이 낭만적인 사랑을 경험할 경우 더 강렬하게 경험하는 경향을 보인다(Hatkoff & Lasswell, 1979). Hendrick과 Hendrick(1986)도 사랑의 유형에 대한 연구에서 남성이 여성보다 루두스의 비율이 높은 반면, 여성은 동료적 사랑과 실용적 사랑의 비율이 높고, 마니아는 십대들의 첫사랑에서 빈번하게 나타난다고 하였다. 또한 이들은 유사한 사랑의 유형에 근거한 관계가 보다 오래 지속되지만, 한 사람을 동료적인 방식으로 사랑하면서 또 다른 사람을 열정적인 방식으로 사랑할 수도 있다고 하였다. 국내의 연구에서도 대학생을 대상으로 한 연구에서는 남학생이 여학생보다 더 열정적이고 헌신적인 사랑을 하는 것으로 나타났다(주은지, 2010). 미혼남녀를 대상으로 한 연구에서는 남성은 열정적 사랑, 동료적 사랑, 헌신적 사랑유형이 많은 반면, 여성은 유희적 사랑, 소유적 사랑, 실용적 사랑유형이 많이 나타났다(한송이, 홍혜영, 2010). 이처럼 연구마다 다소 차이는 보이지만 공통적으로 남성은 열정적(낭만적) 사랑, 여성은 실용적 사랑유형이 많이 나타나는 것으로 볼 수 있다.

또한 사랑유형은 결혼만족도에도 큰 영향력을 미치는 것으로 나타났다. 낭만적 사랑유형과 동료적 사랑유형, 이타적 사랑유형은 결혼만족도와 정적 상관이 있는 반면, 유희적 사랑유형은 결혼만족도와 부적 상관이 있는 것으로 나타났다(박성애, 하정, 2013). 사랑은 개인의 성격특성과도 관련이 있는데(Rotenberg & Korol, 1995; Taraban & Hendrick, 1995), 마니아 유형은 고독감과, 루두스와 에로스는 높은 자아존중감과 관련이 있는 것으로 보인다.

이러한 사랑의 유형화는 사랑을 개념화하는 데에는 유용한 모델이지만 실제로 나타나는 다양한 사랑의 형태를 지나치게 단순화시켰다는 점은 문제로 지적할 수 있다. 사랑을 하는 사람의 수만큼이나 사랑의 형태는 다양하며, 한 사람이 특정한 유형만을 경험하는 것이 아니라 일생동안 여러 가지 혼합된 형태의 사랑을 경험하기도 한다.

2) 사랑의 구성요소

Robert Sternberg

Sternberg(1986)는 친밀감, 열정, 책임감의 세 가지 구성요소로 사랑을 개념화하였다. 친밀감(intimacy)은 사랑의 정서적 요소로서 누군가와 가깝게 느끼는 감정, 사랑할 때 느끼게 되는 따뜻한 감정 그 자체이다. 또한 상호이해, 친밀한 대화, 정서적 지원 등을 포함한다. 친밀감은 처음에는 꾸준히 상승하지만 어느 지점에서는 점차 속도가 줄어들어 한계점에 도달하게 되며, 이는 남녀 간의 사랑뿐 아니라 친한 친구나 부모자녀관계에서도 존재한다. 열정(passion)은 사랑의 동기유발 요소로서 신체적 매력, 성적 욕망 등을 포함한다. 열정은 사랑을 느끼는 순간부터 빠른 속도로 생겨나지만 동시에 가장 먼저 사라지는 요소로서 남녀 간의 사랑에서만 존재한다. 책임감(commitment)은 사랑의 인지적 요소로서 관계를 유지하기 위한 약속이다. 우리가 결혼서약에서 “즐거울 때나 괴로울 때나, 건강할 때나 아플 때나 평생 신의를 지키며 상대를 사랑하겠느냐?”는 질문에 “예”라고 대답하는 것이 바로 책임감이다. 사랑의 초기에는 우리 신체에서 분비되는 화학물질의 영향으로 사랑의 세 가지 구성요소 가운데 열정이 강하게 나타나지만 시간이 경과하면서 그 효력에서 벗어나 후기에는 책임감의 비중이 보다 커진다.

Sternberg는 자신의 이론을 사랑의 세모꼴 이론이라고 명명하였으며, 사랑의 크기는 이 세 가지 요소로 결정된다고 하였다. 중년기 기혼남녀를 대상으로 한 연구에서 사랑의 세 가지 요소가 모두 평균 이상으로 유지되는 집단에서 결혼만족도도 높게 나타났으며, 세 가지 요소 가운데 특히 친밀감과 열정이 영향을 미치는 것으로 나타났다(김영수, 박재우, 2021). Sternberg는 친밀감, 열정 그리고 책임감의 크기에

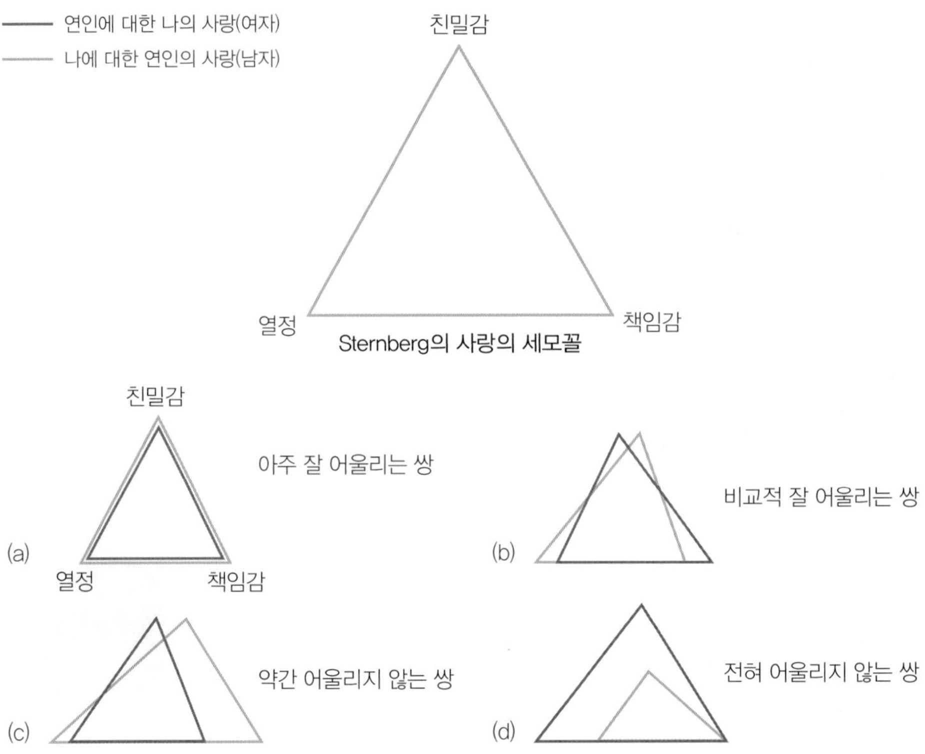

〈그림 3-2〉 Sternberg의 세모꼴 도식에서 잘 어울리는 쌍과 어울리지 않는 쌍들의 예

출처: Hyde, J. S., & Delamater, J. (1997). *Understanding human sexuality* (6th ed.). New York: McGraw-Hill.

따라 사랑의 형태도 달라지며, 세 가지 요소의 크기가 유사한 경우에는 잘 어울리는 쌍이며, 그렇지 못한 경우에는 어울리지 않는 쌍으로 설명하였다. 〈그림 3-2〉는 Sternberg의 사랑의 세모꼴 도식을 나타낸 것이다. (a)에서는 두 사람의 친밀감, 열정, 책임감의 수준이 비슷하며, 이들은 아주 잘 어울린다고 볼 수 있다. (b)도 그다지 차이가 없으며 비교적 잘 어울린다고 볼 수 있다. (c)는 다소 차이를 보이며 약간 어울리지 않는 경우이며, (d)는 책임감의 수준은 유사하나 친밀감과 열정에서는 큰 차이를 보여 전혀 어울리지 않는 경우이다.

Sternberg는 이들 세 가지 사랑의 구성요소의 결합형태에 따라 사랑을 일곱 가지 유형으로 구분하였다. 〈그림 3-3〉에서 보듯이 첫째, '좋아함(liking)'은 친한 친구와

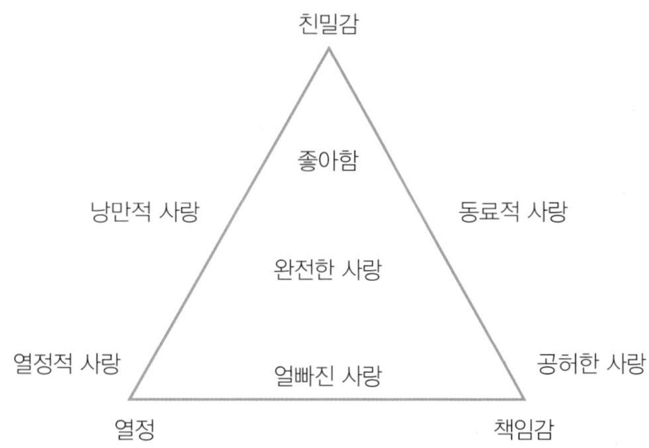

〈그림 3-3〉 **친밀감, 열정, 책임감의 결합에 따른 사랑의 유형**

출처: Taylor, S. E., Peplau, L. A., & Sears, D. O. (2003). *Social psychology* (11th ed.). New York: Prentice-Hall.

의 우정에서처럼 열정이나 책임감은 없고 친밀감만 경험하는 유형이다. 둘째, '열정적 사랑(infatuated love)'은 친밀감과 책임감은 없고 열정만을 경험하는 유형이다. 셋째, '공허한 사랑(empty love)'은 침체된 결혼생활이나 빈 둥지 시기의 결혼생활에서 경험하는 것처럼 열정이나 친밀감은 없고 책임감만이 존재하는 유형이다. 넷째, '낭만적 사랑(romantic love)'은 낭만적인 생활경험에서 느끼는 것처럼 책임감은 없고 열정과 친밀감만을 경험하는 유형이다. 다섯째, '동료적 사랑(companionate love)'은 오래된 결혼생활에서처럼 열정은 없고 친밀감과 책임감만이 존재하는 유형이다. 여섯째, '얼빠진 사랑(fatuous love)'은 첫눈에 반한 사랑처럼 친밀감은 없이 열정과 책임감만이 존재하는 유형이다. 일곱째, '완전한 사랑(consummate love)'은 성숙한 성인의 사랑에서처럼 친밀감과 열정 그리고 책임감의 세 가지 요소가 모두 결합된 사랑의 유형이다.

3) 사랑의 애착이론

출생 초기 부모와의 애착관계를 통해서도 사랑을 개념화하기 위한 시도가 이루

John Bowlby

어졌다. 즉, 우리 인간이 최초로 경험하는 인간관계인 부모와의 애착관계가 영아기의 부모자녀관계에만 국한되는 것이 아니라 이후 이성과의 애정관계 및 다양한 인간관계에도 영향을 미친다는 것이다. 초기의 애착이 전생애에 걸쳐 지속적으로 영향을 미친다는 관점은 Bowlby(1969)의 내적 작동모델(internal working model)에 그 근거를 두고 있다. 내적 작동모델은 영아가 양육자의 반응성과 접근가능성을 바탕으로 자신과 타인에 대해 형성한 정신적 표상을 의미한다. 자신에 대한 표상은 자신이 가치 있고 사랑을 받을 만한 존재인가에 대한 것이며, 타인에 대한 표상은 도움이 필요한 상황에서 자기가 애착을 형성한 대상이 의지할 수 있고 믿을 만한 사람인가에 대한 표상이다. Bowlby는 어린 시절 부모와의 관계를 통해 어떠한 유형의 애착관계를 형성하였는가에 따라 상이한 내적 표상이 형성된다고 보았다. 나아가 일단 형성된 내적 표상은 이후의 관계에 지속적으로 영향을 미쳐 자신의 내적 표상을 확신시켜 주는 사회적 관계를 형성하고 배우자를 선택하게 만든다.

Hazan과 Shaver(1987)는 영아와 양육자 간에 나타나는 애착특성이 성인의 낭만적 관계에서도 나타난다는 사실에 주목하고 Bowlby의 애착 개념을 연인관계에 적용하였다. 생의 초기에 영아가 주양육자와의 관계에서 안정감을 경험하였다면 성인기 연인과의 관계에서도 안정감과 위로를 기대한다. 즉, 영아애착과 마찬가지로 성인기의 낭만적 관계에서도 연인이 옆에 있고 반응적일 때 안정감을 느끼면서 신체적으로 친밀하게 접촉하며, 상대가 보이지 않거나 없을 때 불안감을 느끼며, 서로가 상대방을 가장 매력적이고 중요하게 여긴다는 것이다. 이들은 성인기의 애착양식을 안정(secure)유형, 회피(avoidant)유형, 양가(anxious/ambivalent)유형의 세 가지 유형으로 분류하였다. 이러한 연구결과는 영아를 대상으로 한 Ainsworth(1979)의 애착유형과 유사하다. 첫째, 안정유형은 자신이 사랑 받을 만한 가치가 있

Mary Ainsworth

고 자신이 원할 때 도움을 줄 수 있는 외부세계를 가지고 있다는 내적 표상이 형성된 유형이다. 이들은 낭만적인 사랑이 발전하기도 하고 시들해지기도 하지만 결코 사라지지 않고, 가끔씩은 처음 사랑을 시작했을 때 느꼈던 강도의 낭만적인 사랑을 느낄 수 있다고 생각한다. 반면, 회피유형은 필요할 때 도움을 줄 외부세계에 대한 내적 표상이 불확실한 유형을 의미한다. 이들은 소설이나 영화 속에 등장하는 낭만적 사랑은 실제 생활 속에는 존재하지 않으며, 정말로 낭만적 사랑에 빠질 만한 대상을 발견하는 것은 어려운 일이라고 생각한다. 세 번째 유형인 양가유형은 자신이 사랑받을 만한 가치가 없다는 내적 표상이 형성된 유형이다. 이들은 사랑에 빠지는 것은 쉬운 일이라고 하면서도, 회피유형과 마찬가지로 진정한 사랑을 발견하기는 어렵다고 생각한다. 실제로 자주 자신이 사랑에 빠졌다고 느끼며 상대방이 자신을 진심으로 사랑하지 않을까 봐 걱정하며 관계에 자신없어 한다.

이처럼 안정애착유형은 자아존중감이 높고 타인에 대해서도 긍정적인 생각을 가지고 있으므로 상호 간에 친밀하고 신뢰로운 관계를 형성하는 반면, 불안회피애착유형은 친밀감에 대한 회피나 공포반응을 보이는 것으로 나타났다. 또한 불안양가애착유형은 정서적으로 의존적이고 상대방에게 강박적으로 몰두하는 경향을 보였다(Feeney & Noller, 1990; Hazan & Shaver, 1987). 이러한 이유로 안정애착유형에 속한 성인들은 사랑의 유형 가운데 매니아의 비율이 매우 낮은 반면 불안정애착유형의 경우 매니아의 비율이 높게 나타났다(노유진, 박정윤, 김양희, 2006).

이후 Bartholomew와 Horowitz(1991)는 이를 확장하여 다음과 같은 네 가지 유형으로 개념화하였다. Bartholomew와 Horowitz의 4범주모델은 자신이 다른 사람으로부터 사랑과 보살핌을 받을 만한 가치가 있는 존재인가 아닌가(자기표상), 그리고 타인이 나를 신뢰하고 도울 수 있는 존재인가 아닌가(타인표상)의 여부에 따라 4가지 범주로 나누어진다. 그 가운데 안정유형은 자신에 대한 만족감과 타인에 대한 신뢰감이 모두 높은 유형으로, Hazan과 Shaver의 안정유형과 일치한다. 이들은 Hazan과 Shaver가 분류한 애착유형 중 회피유형에는 서로 상이한 두

Cindy Hazan

Phillip Shaver

가지 유형이 함께 있음을 발견하였다. 즉, Hazan과 Shaver의 회피유형에는 상대방에게 상처를 받거나 거절당하지 않기 위해 회피전략을 사용하는 유형(두려움유형)과 자신의 독립성을 지키기 위해 회피전략을 사용하는 유형(무시유형)이 공존하고 있다. 또한 집착유형은 자신에 대해서는 무가치하다고 느끼지만 중요한 타인에 대해서는 지나치게 의존하거나 이들을 이상화시키는 유형으로, Hazan과 Shaver의 양가유형과 일치한다(〈그림 3-4〉 참조).

이처럼 초기의 양육자와의 관계가 이후의 이성 간의 사랑으로 발전되는 과정을 Saul(1979)은 동일시(identification)와 대상관심(object interest)으로 설명하였다. 인간은 두 가지 주된 과정을 통해 서로에 대한 감정을 느끼는데, 그것은 동일시와 대상관심이다. 우리가 사랑이라고 부르는 것, 이성관계에서의 강렬한 매력은 상대방에 대한 동일시와 동시에 자신의 마음속에 자기중심적인 동기를 갖지 않고 상대방의 행복을 위해 사심없이 헌신하는 대상관심이라는 두 가지 요소를 가지고 있다고 한다. 갓 태어난 아기에 대한 부드러운 모성애적인 사랑, 자식을 위해 목숨을 바치

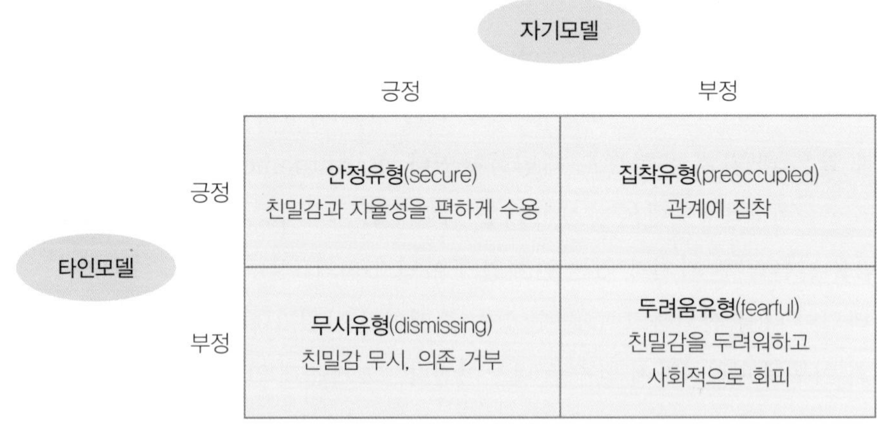

〈그림 3-4〉 **Bartholomew와 Horowitz의 4범주모델**

출처: Bartholomew, K., & Horowitz, L. (1991). Attachment styles among young adults: A test of a four-category model. *Journal of Personality and Social Psychology, 61*(2), 226-244.

는 사랑 등 이러한 감정은 대상적 관심으로서 사랑의 가장 순수한 형태일 것이다. 어머니에게 있어 그러한 사랑은 어떤 보답을 바라지 않고 아기에게 모든 것을 주는 행위이다. 그러한 사랑은 성장하더라도 결코 사라지지 않는다. 그러한 사랑에 대한 아기의 반응은 이성 간의 사랑에 이르는 능력을 동일시로서 형성하게 하여 그 아이의 전 생애에 걸쳐 지속적으로 영향을 미치게 된다. 따라서 성장기 동안 아이들이 받은 사랑은 그들이 성장한 후 배우자와 자녀에게 베풀 수 있는 사랑의 모태가 된다.

물론 성인기의 애정관계나 부모역할이 전적으로 어린 시절 애착관계의 질에 의해서만 결정되는 것은 아니다. 이는 성장과정에서의 경험을 통해 수정이 가능하고 확대될 수도 있다. 그러나 어린 시절 경험했던 애착관계는 성인기의 친밀한 관계형성을 위한 기본구조가 되며, 이들 관계는 함께 있으면 편안하고 서로 신체적인 접촉을 하고 싶은 욕망이 생기는 것과 같이 여러 가지 면에서 공통점을 가지고 있다(김중술, 2003).

4) 사랑의 생물학적 이론

Fisher(2004)는 이성교제와 관련된 인간의 뇌구조는 갈망(lust), 끌림(attraction), 애착(attachment)의 3단계로 진화해 왔으며(〈그림 3-5〉 참조) 각 단계마다 분비되는 화학물질도 상이하다고 하였다. 갈망은 서로에게 강한 성적 욕구를 느끼고 이끌리는 감정으로, 이 단계에서는 테스토스테론과 에스트로겐이 분비된다. 끌림은 강한

〈그림 3-5〉 **사랑과 관련된 뇌 구조의 진화**

낭만적 사랑의 감정으로, 이 단계에서 분비되는 노르에피네프린, 세로토닌과 도파민으로 인해 가슴이 뛰고 잠을 못 이루며 온통 연인에 대한 생각으로 가득 차 있게 된다. 도파민은 쾌감을 느끼게 하는 화학물질이고, 노르에피네프린은 심장을 뛰게 하고 땀이 나게 한다. 세로토닌은 도파민과 노르에피네프린을 조절하여 너무 흥분하거나 불안하지 않게 평온한 사상의 감정에 빠져들게 한다. 애착은 장기적으로 굳건한 유대감을 형성해 나가는 감정으로, 이 단계에서 분비되는 옥시토신과 바소프레신의 영향으로 결속력을 더욱더 강하게 발전시켜나가게 된다. 사랑은 이 세 가지 감정 가운데 어느 한 가지에서 시작할 수 있다. 어떤 경우에는 성행위가 먼저 이루어지고 이후 사랑의 감정을 느끼기도 하며, 어떤 경우에는 먼저 사랑의 감정을 느끼고 이후 성행위가 이루어지기도 한다. 이 가운데 Fisher는 사람들은 상대방이 잠자리를 거절하였다고 해서 우울증에 빠지거나 자살을 시도하지는 않으며, 낭만적인 감정의 거절에 보다 고통을 받는다는 사실에 근거하여 낭만적 사랑의 동기가 성적 사랑의 동기보다 더 강하다고 하였다. Marazziti와 Canale(2004)도 사랑에 빠졌을 때 나타나는 호르몬의 변화에 대한 연구에서 사랑에 빠진 집단에서는 코르티솔 수준이 유의하게 증가하였으며, 남성의 경우에는 테스토스테론 수준이 낮아진 반면, 여성의 경우에는 테스토스테론 수준이 높아진 것으로 나타나는 등 호르몬의 변화가 나타난다고 하였다.

또한 Fisher(2004)는 격렬하게 사랑에 빠진 남녀의 뇌 MRI 자료를 근거로 성별에 따라 활성화되는 뇌 부위도 상이하다고 하였다. 일반적으로 남성의 경우 시각적 자극의 통합과 관련된 뇌 영역이 보다 활성화되는 반면, 여성은 기억회상과 관련된 영역이 보다 활성화된다고 하였다. 따라서 여성은 직접적인 시각적 정보보다 과거 남성의 행동이나 성취 등 어떤 남성이 자신의 배우자 혹은 자녀들의 아버지로 적절한지 아닌지를 판단하려는 경향이 강하다.

이후 도파민이나 세로토닌과 같은 신경전달물질과 사랑의 유형 간의 관계에 대한 보다 구체적인 연구가 이루어졌다. Marazziti와 동료들(Marazziti, Akiskal, Rossi, & Cassano, 1999)의 연구에서는 열렬하게 사랑에 빠져 있는 끌림 단계에 있는 커플들의 뇌의 기제가 강박신경증장애(Obsessive-Compulsive Disorder: OCD) 환자와 유사하며, 따라서 혈소판의 세로토닌(5-HT) 수송체 밀도도 이들과 마찬가지로 낮다고 하였다. Langeslag(2009)도 사랑에 푹 빠져 있는 사람들은 그들의 관계에 대해 집중해서 생각하는데, 이러한 집중현상이 강박신경증장애 환자가 보이는 증상과 유사하다고 하였다. 즉, 격렬한 낭만적 사랑은 낮은 세로토닌 수준과 관련되며, 나아가 스토킹(stalking)도 이와 관련이 있다고 하였다. Emanuele과 동료들(2006)도 낭만적인 끌림을 유발하는 생화학적 근거를 연구하였으며 그 결과, 사랑에 빠지게 하는 핵심적인 생화학 물질을 규명하였다. 이들 신경전달물질과 Lee의 6가지 사랑의 유형과의 관련성에 대한 연구에서, 에로스 유형은 도파민 수용체와, 마니아 유형은 세로토닌 수용체와 관련이 있다고 하였다(Emanuele, Brondino, Pesenti, Re, & Geroldi, 2007). 이러한 연구결과는 사랑의 유형에도 생물학적 요인이 영향을 미친다는 사실을 말해준다.

5) 현대사회에서의 사랑의 의미

사랑이 남녀관계, 나아가 배우자 선택에서 중요한 의미를 갖게 된 것은 근대 핵가족의 탄생에서 그 뿌리를 찾을 수 있다. 물론 그 이전의 시기에도 남녀 간의 사랑은 지속적으로 존재해 왔었고 중요한 의미를 가지고 있었으나, 신분이나 여러 가지 규범으로 인해 많은 제약을 받았다.

근대사회의 보편적인 가족형태인 핵가족의 특징적인 정서 가운데 하나는 낭만적 사랑이다. 낭만적 사랑은 이 세상에서 단 한 사람과 운명적으로 만나서 사랑하고 평생을 함께한다는 생각에 근거하고 있다. 핵가족이 보편화됨에 따라 낭만적 사랑의 가치는 전통가족에서 중요시되었던 신분이나 가문 등의 어떤 요인보다도 남녀관계에서 중요한 요인이 되었다. 다양성과 개별성을 존중하는 현대사회에서 낭만적 사랑은 점차 보다 실용적이고 현실적인 합의적 사랑(consensual love)의 형태로 변화하고 있으나, 그 형태의 변화와 무관하게 사랑은 남녀관계에서 가장 중요한 의미를 가지고 있다.

그러면 우리는 왜 그토록 사랑에 집착하는가? 사랑이 배우자 선택에서 왜 그토록 중요한 요인이 되는가? 이에 대해 Fromm(1995)은 인간이란 근본적으로 고독한 존재이며, 그 고독감과 공허감을 극복하기 위하여 사람은 사랑을 하는 것이라고 하였다. 유사한 맥락에서 Sternberg(1986)는 사랑의 세 가지 요소 가운데 하나인 친밀감이 초기에 증가하는 것은 주로 불확실성에 기인한다고 하였다. 서로를 잘 알지 못하는 불확실한 상태에서 형성되는 친밀감은 상호관계에 안전감과 확실성을 보장해 주게 된다. 이러한 안전감과 소속감의 욕구는 현대인들의 사랑을 이해하는 데 중요한 부분이 될 수 있다.

수많은 규칙과 규제들로 개인의 행동에 한계를 설정하던 전통사회와는 달리 현대사회에서 개인은 미리 정해진 신분이나 사회적 제약으로부터 어느 정도 자유롭게 되었다. 그러나 이러한 자유는 동시에 안전감의 토대인 소속감이나 확실성의 기반을 제거해 버렸다. 우리의 삶에서 안전감을 제공해 주는 기반이 사라져 갈수록 우리는 사랑에 더 많은 의미를 부여하게 되며, 우리의 희망을 사랑하는 사람에게 걸게 된다. 집단에 대한 소속감이나 전통적 제약에서 벗어나 한 개인으로서 불확실성의 세계를 살아가는 현대인에게 있어 사랑은 안전감과 확실성의 기반이 되며, 사랑에 실패하게 되면 안전감은 그 뿌리부터 흔들리게 된다. 그래서 현대인들은 그들의 관계를 '사랑이 충만한' 것으로 만들어야 한다는 강박관념에 시달리게 된다(Beck & Beck-Gernsheim, 1999).

Ulrich Beck과 Elizabeth Beck-Gernsheim

6) 성숙한 사랑과 중독된 사랑

이상의 여러 가지 관점을 종합해 보면 사랑에는 여러 가지 유형이 있으며, 사람들은 일생동안 다양한 유형의 사랑을 경험한다고 볼 수 있다. 또한 사랑에는 상대방에 대한 막연한 감정에서부터 열렬한 사랑에 이르기까지 여러 단계가 존재하며, 사랑의 감정은 일차적으로 어린 시절 부모와의 관계를 통해 부모가 보이는 사랑의 행동을 모방함으로써 형성된다고 볼 수 있다.

특히 Fromm(1995)은 성숙한 사랑에 대하여 언급하면서 사랑의 성장가능성과 노력의 중요성을 강조하였다. 사랑은 단순히 감정이 아니라 개인의 성숙도와 관련이 있다고 하였다. 그는 "사랑은 기술인가? 행운만 있으면 누구나 경험하는 즐거운 감정인가?"라는 물음에 대해 사랑은 기술이며, 지식이나 노력이 필요하다고 하였다. 또한 사람들은 사랑을 능력의 문제가 아니라 대상의 문제라고 생각한다. 그래서 사랑하기는 쉬운데 사랑할 대상을 발견하는 것이 어려울 뿐이라고 생각하며 사랑에 대해 배워야 할 것이 있다고 생각하는 사람은 거의 없다. 동시에 사랑을 하게 되는 최초의 경험과 사랑하고 있는 지속적 상태를 혼돈하기 때문에 엄청난 기대와 환상으로 출발하나 실패로 끝나는 경우가 많다. 사랑은 노력을 통해 성장하는 것이며 노력하지 않으면 처음과 같은 감정을 맛볼 수 없게 된다. 그러므로 사랑은 누구나 마음먹은 대로 손쉽게 할 수 있는 감정의 놀이가 아니다. 그것은 사랑할 수 있는 능력과 재주와 그리고 동기를 가지고 있는 사람만이 할 수 있는 특별한 인간관계이다(김중술, 2003).

이러한 측면에서 본다면 성숙한 사랑은 중독된 사랑과는 분명히 차이가 있다. 사랑관계는 일종의 관계중독 상태와 혼동할 수도 있으며, 실제로 사랑에 빠져 있는 많은 사람들은 알코올중독이나 약물중독처럼 사랑에 중독되어 있다(Peele, 1985). 사랑의 열병은 체내에 상당량의 아드레날린을 분비하게 하며, 이것이 중단되면 약물을 중단할 때와 유사한 금단현상을 경험하게 되므로 사람들은 지속적으로 중독 상태를 유지함으로써 안정감과 편안함을 찾고자 한다. Peele(1985)은 중독된 사랑관계와 성숙한 사랑관계를 구분하는 범주를 다음과 같이 제시하였다.

Stanton Peele

- 당신은 자신을 가치 있게 생각하는가?
- 두 사람 모두 이 관계를 통해 더 나아지고 있는가?
- 두 사람 모두 이 관계 이외의 중대한 관심사가 있는가?
- 이 관계가 자신의 삶의 전부가 아닌가?
- 두 사람 모두 상대방을 소유하거나 질투하는 것이 아닌가?
- 당신들은 서로에게 최상의 친구인가?

많은 사람들은 진정한 사랑은 상대방이 없이는 살 수 없는 것이라고 믿는다. 이는 진정한 사랑이기보다는 관계중독증인 경우가 많다. 이러한 관계는 두 사람 중 한 사람이 성장하거나 변화하게 되면 위험에 처하게 된다. 진정한 사랑은 자신에 대한 사랑에서 시작된다. 서로가 상대방이 없이도 살 수 있다는 것을 알아야 한다.

2. 성의 의미

일반적으로 성은 성행위를 지칭하는 좁은 의미로 해석할 수 있으나, 성이라는 개념은 생물학적 차이에 따라 구분되는 성(sex), 생물학적 성을 근거로 하여 사회화 과정을 통해 형성되는 성(gender), 성적인 행동이나 태도, 욕구를 지칭하는 성(sexuality)을 포괄하는 개념이다. 성과 관련된 우리의 행동이나 태도는 생물학적인 성을 기반으로 한 성적 성숙이나 우리 사회의 성에 대한 전반적인 인식이나 기대를 반영하는 사회적 성과 밀접한 관련이 있다.

1) 생물학적 성

생물학적으로 남녀의 성 구분은 염색체의 차이에서 비롯된다. 인간이 가지고 있는 23쌍의 염색체 가운데 마지막 쌍인 성염색체에 의해 태아의 성은 결정된다. 여성의 난자는 X염색체만 가지고 있으나 남성의 정자는 X와 Y염색체를 동시에 가지고 있다. 따라서 난자와 만나는 정자의 종류에 따라 태아의 성이 결정된다. 즉, 정자와 난자가 결합할 때 X염색체를 가진 정자가 난자와 만나면 여아로, Y염색체를 가진 정자가 난자와 만나면 남아로 태어난다(〈그림 3-6〉 참조). 일단 염색체상의 성이 결정되면 성호르몬의 영향으로 남아는 6주부터, 여아는 12주부터 생식기가 분화되기 시작한다. 출생 시 남아와 여아는 염색체와 생식기의 차이로 남녀의 구분이 가능하다. 성호르몬은 출생 이후에도 지속적으로 영향을 미쳐 여아는 에스트로겐의 영향으로 여성화되고, 남아는 테스토스테론이라는 호르몬의 영향으로 남성화되어 간다. 그리고 사춘기에 이르면 성호르몬의 분비가 급격히 증가하여 2차 성징이 나타나게 된다. 이를 분기점으로 남아와 여아는 생리적 차이가 뚜렷해지며, 성에 대한 관심이 급증하게 된다.

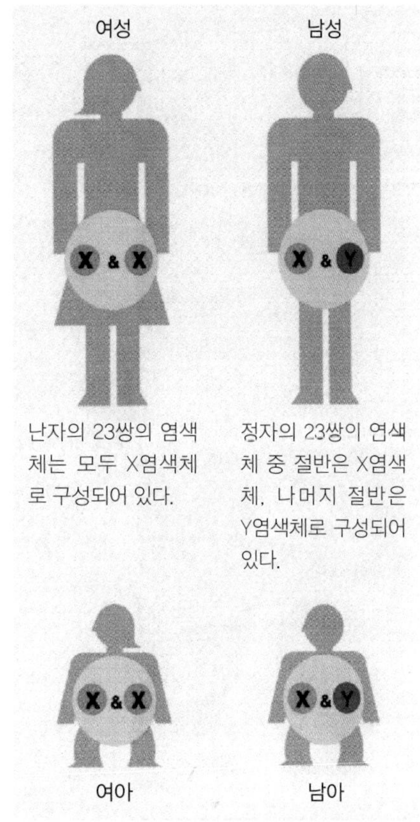

〈그림 3-6〉 **성의 결정**

2) 사회학적 성

인간을 분류하는 가장 기본적인 범주는 성별이며, 우리가 속해 있는 사회는 성별에 따라 남성과 여성에게 적합하다고 생각되는 특성을 규정하고 있다. 사회가 각 성에 적합한 것으로 규정한 행동이나 태도를 자신의 것으로 내면화시키는 것을 성 유형화라고 하며, 이를 통해 우리는 자신의 생물학적 성에 근거하여 남녀의 성행동에 대한 사회적 기대를 습득하게 된다.

한 개인이 속해 있는 사회가 규정하는 성에 적합한 행동, 태도 및 가치관을 습득하는 과정을 성역할 사회화라고 하며, 이러한 과정을 통해 남성성 또는 여성성이 발달한다. 사회적 역할을 습득하는 과정은 동성 부모와 동일시하려는 심리적 과정에서 비롯되며, 이러한 과정을 설명하는 이론을 살펴보면 다음과 같다.

Sigmund Freud

정신분석이론의 관점에서 Freud(1933)는 남성과 여성의 성역할 학습에서의 차이는 심리성적 발달의 5단계 중에서 제3단계인 남근기에서의 서로 다른 경험에 기인한다고 하였다. 이 단계에서 남아는 오이디푸스 콤플렉스를, 여아는 엘렉트라 콤플렉스를 각각 경험하게 되며, 이를 해결하기 위한 수단으로 성역할 동일시가 일어나게 된다. 어머니와 밀접한 유대감을 형성한 남아는 아버지와 갈등을 경험하지만 현실적으로 아버지를 능가할 수 없다는 사실을 알게 된다. 그 결과 남아는 거세불안을 감소시키기 위해 방어적으로 아버지에 대한 동일시가 일어나며 이를 통해 성유형화가 이루어진다. 여아의 경우에는 거세불안을 느낄 필요는 없으나 어머니의 애정을 상실할까 봐 두려워하여 자신의 근친상간적인 욕망을 억압하고 어머니를 동일시하게 된다. 따라서 동일시하고자 하는 동기는 남아에 비해 약하게 나타난다.

Walter Mischel

사회학습이론에서는 아동의 성역할 발달이 강화와 모방을 통해 이루어진다고 한다(Mischel, 1970). 아동이 사회에서 요구하는 성역할과 일치하는 행동을 하면 부모나 교사, 또래집단으로부터 강화를 받지만, 그렇지 못한 경우에는 벌을 받게 됨으로써 자신의 성에 적절한 행동을 습득하게 된다. 또한 성 유형화는 주변 인물로부터의 강화를 통해서뿐만 아니라 다른 사람의 행동을 관찰하고 이를 모방하는 과정을 통해서도 이루어진다.

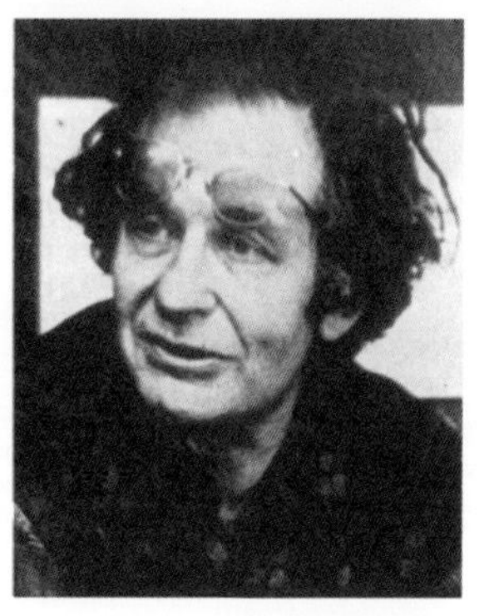
Lawrence Kohlberg

인지발달이론에서는 성 유형화를 인지발달의 결과로 설명한다(Kohlberg, 1966). 성역할 동일시의 가장 중요한 요인은 아동이 '나는 남자다' 또는 '나는 여자다'라는 성별 정체감을 인식하는 것이다. 자신의 성에 대한 정체감을 형성하게 되면 아동은 같은 성을 가진 사람의 태도와 행동을 본격적으로 모방하기 시작한다. 정신분석이론이나 사회학습이론에서는 동성 부모에 대한 동일시의 결과로 성 유형화가 이루어진다고 보는 반면, 인

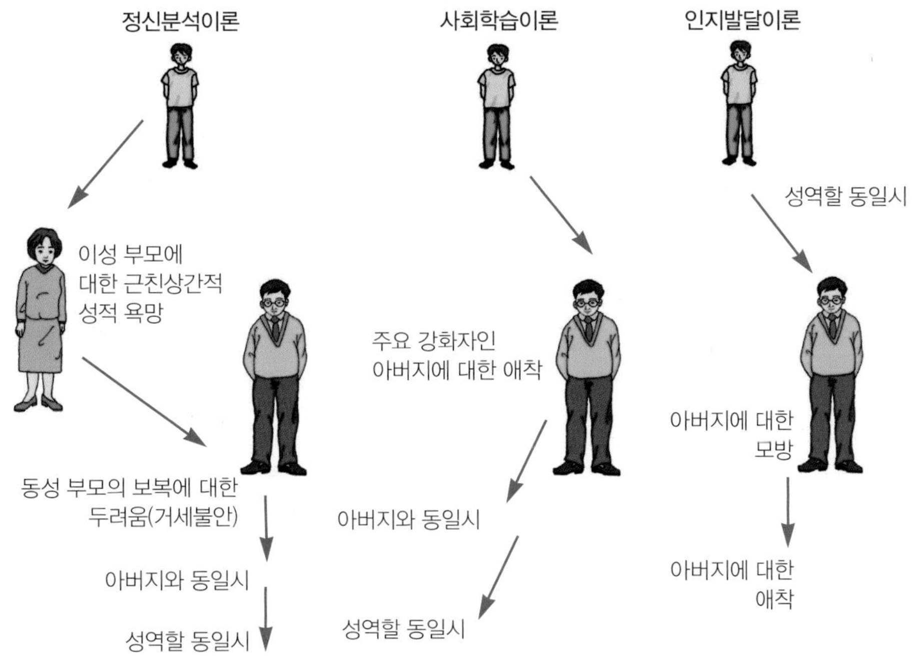

〈그림 3-7〉 Kohlberg가 해석한 심리성적 동일시이론

지발달이론에서는 성정체감이 형성된 이후에야 동일시가 이루어진다고 한다(〈그림 3-7〉 참조).

성 도식이론에서는 성 유형화가 성 도식화(gender schematization)과정을 통해 형성된다고 한다. Bem(1981)은 성 유형화의 기초가 되는 것은 성 도식에 근거해서 정보를 조직하려는 성향으로, 아동은 자신의 성 도식과 일치하는 정보를 선호하고 과대평가하는 반면 불일치하는 정보를 회피하고 과소평가하는 과정을 통해 성유형화가 이루어진다고 하였다. 즉, 여아에게 인형이 제시되었을 경우 이는 여아가 가지고 놀기에 적합한 것이라고 생각하고 이에 접근하고 탐색하여 인형과 관련된 정보는 보다 정교하게 기억되는 반면, 총이 제시되었을 경우 이와는 상반되는 결정이 이루어져 회피하게 되고 총에 대한 정보는 더 이상 얻을 수 없게 된다. 이처럼 성 도식이론에서는 자

Sandra Bem

신이 가지고 있는 성 도식에 근거한 선택적인 기억과정을 통해 성 유형화가 이루어진다고 한다.

3) 성에 대한 태도

성역할 사회화 과정을 통해 우리는 남성과 여성의 성역할에 대한 개념을 발달시키며, 이는 성과 관련된 태도나 행동에 영향을 미치게 된다. 혼전 성행동에 대한 태도는 그 대표적인 예라고 볼 수 있다. 혼전 성행동에 대한 기준은 사회·문화적 규범에 따라 차이가 있다. 혼전 성행동에 대한 태도는 역사적으로 억압되기도 하고 허용되기도 하였으며, 일반적으로 절제, 이중규범, 애정에 따른 허용, 무절제의 네 가지 기준으로 분류할 수 있다. 절제는 어떤 경우라도 혼전 성행동은 허용될 수 없으며 혼전순결은 반드시 지켜야 한다는 것이다. 이중규범은 남성은 혼전 성관계를 가져도 무방하지만 여성은 안 된다는 것이다. 다음으로 애정에 따른 허용은 결혼할 상대나 사랑하는 사이라면 혼전 성관계를 가져도 무방하다는 것이며, 무절제는 서로 육체적으로 매력을 느낀다면 혼전 성관계는 무방하다는 것이다.

이러한 네 가지 기준 가운데 이중규범은 전통사회의 보편적인 성규범으로 볼 수 있다. 특히 우리나라는 조선시대의 유교적 가치관의 영향으로 이러한 이중규범이 최근까지도 영향을 미치고 있다. 조선시대의 부부관계는 법도로 맺어진 관계였으며, 애정의 대상과 결혼의 대상이 분리되어 있었고, 이를 보상하기 위해 이중규범으로서 그 탈출구를 찾았다고 볼 수 있다. 남성은 성규범이 자유로운 반면, 여성은 가문의 보존을 위해 철저하게 정조를 중시하였으며, 이에 대한 보상으로 적처와 그 자손의 권한을 보장해 주었다. 이러한 성에 대한 이중규범은 신세대들의 애정관에도 그대로 지속적으로 나타나고 있으며, 결혼관에도 그대로 반영된다. 즉, 사랑의 대상으로서 이상적인 여성상과 혼인의 대상으로서 이상적인 여성상과는 차이를 두게 된다(이순형, 1996). 성폭행을 당한 여성이 경험하는 자아존중감의 손상이나 건강한 인간으로서의 삶을 유지하기 어려운 이유도 이러한 이중규범과 관련이 있다. 자신이 속한 문화가 순결과 정절을 강조할수록 이러한 문제는 심각하다. 우리 전통사회에서 여성들이 간직했던 은장도는 바로 이러한 정절의 상징이자, 그 중요성을 항상 깨우치고자 함이었다. 병자호란 당시 청나라에 볼모로 잡혀갔다 되돌아온 '환향녀(還鄕女)'들을 순결을 지키지 못했을 것이라는 이유로 받아들이지 않아 이혼문제가 정치·사회문제로 대두되었던 점은 우리 사회의 여성에 대한 정조관을 여실히 보여준다. 이는 불가피한 상황에서도 실절(失節)의 책임을 여성에게 돌리고, 이를 죽음으로 속죄해야 한다는 사회적인 기대의 단면을 보여주는 것이다.

아직도 많은 청년들이 혼전순결을 지지하고 있지만 점차 성에 대한 의식이 매우 개방적인 경향을 보이고 있으며 성을 경험하는 연령도 계속 낮아지고 있다. 또한 혼전 성행동에 대한 이중규범도 상당 부분 완화되어 양성 모두에게 평등하게, 동시에 점차 허용적인 방향으로 나아가고 있다. 이러한 경향은 결혼연령의 상승이나 독신율 증가, 대중매체의 영향, 피임방법의 발달로 더욱 가속화될 전망이다.

3. 사랑과 성행동

오늘날 청년 세대는 이전 세대보다 빠르게 성적 성숙이 이루어지고 있다. 여아가 초경을 경험하는 연령이 10년마다 3~4개월 정도씩 점차 낮아지고, 이로 인해 사춘기의 시작은 100년 전보다 3~4년 정도 빠른 것으로 나타나고 있다(Frisch, 1991). 우리나라의 경우도 여아의 초경 연령이 점점 낮아지고 있는데, 2024년 현재 초등학교 고학년 여학생의 상당수가 초경을 시작하며, 심지어 저학년에서도 초경을 하는 경우가 더러 있다. 이러한 성숙의 가속화 현상은 청소년들의 영양섭취가 과거보다 월등하게 향상되었으며, TV나 인터넷 등의 매체를 통해 성에 대한 정보나 자극에 쉽게 노출되는 등 영양과 환경요인에 기인하는 것으로 설명할 수 있다.

성적 자극이 온갖 종류의 상품 광고와 판매에 필요 불가결한 요소로 이용되고 있고, 성욕을 끊임없이 부추기는 현대사회에서 신세대가 성에 대해 관심을 가지고 더 많은 사실을 알고 있어 실제로 성행위를 거부감 없이 받아들이는 것은 자연스러운 결과이다. 문제는 사회가 지나친 성적 관심으로 가득 차 있고 이것을 마치 진보적인 것처럼 생각하고 많은 젊은이들이 이를 추종한다는 점이다. 이들은 자신을 적극적인 성적 주체로 규정함으로써 이전 세대와 차별성을 가지려 한다(조혜정, 1998).

1) 사랑과 혼전 성행동의 관계

사랑하는 감정과 성행동과의 관계는 여러 요인에 따라 다르게 나타날 수 있다. 일반적으로 근대사회의 중심적 가치인 낭만적 사랑관계에서는 성적인 절제를 중시하는데, 이는 운명적인 사랑을 위해 순결을 지킨다는 것이다. 그러나 이와 동시에 자신들이 운명적 사랑을 하고 있다고 생각함으로써 성행동에 대해 허용적인 태도를 갖기도 한다. 낭만적인 사랑관계에서 사랑은 성행동에 대한 의사결정에서 가장 중요한 요인이 된다. 그러나 탈근대 가족에서는 낭만적 사랑 대신 합의적 사랑이 보다 중요한 가치로 자리 잡았다. 합의적 사랑관계에서는 낭만적 사랑에서 중시하던 성적인 절제가 중요한 의미를 갖지 않으며, 성행동에 대해 보다 개방적인 경향을 보이게 된다. 이러한 경우 사랑과는 거리가 먼 방식으로 성을 경험하는 경우도 많다. 이들은 인격체가 아닌 단순한 육체적 파트너와 자유롭게 성행동을 경험하기도 한다.

일반적으로 여성은 남성에 비해 사랑이라는 감정에 따라 성행위를 허용하는 기준을 고수하는 경향이다. 그러나 사랑은 전적으로 주관적 현상이므로 이를 성행위의 전제조건으로 삼는 데에는 남녀 간에 차이를 보일 수밖에 없다. 여성의 입장에서는 사랑에 빠졌다고 자신을 규정함으로써 성행위가 가능할 수 있고, 남성의 입장에서는 필요에 따라 사랑의 감정이 없어도 사랑한다고 말하는 것이 언제나 가능하다. 성적 충동에 사로잡힌 남성은 단지 자신의 욕구를 받아들이거나 이에 협력하려는 상대를 구해서 자신의 충동을 만족시키기 위하여 사랑한다고 말할 수도 있다. 그러나 여성은 남성의 육체적인 성적 충동을 자신에 대한 관심, 사랑의 잠재적인 형태로 이해할 수 있다(Saul, 1979). 이와 같이 악용되기도 하지만 사랑이라는 기준은 전통적인 정조관과 개방적인 성의식 사이에서 가장 방어력 있는 역할을 한다. 연구결과, 청소년의 원하지 않는 성행동의 발생과 관련된 요인들 가운데 상대방에 대한

사진설명 사랑에 대한 남녀의 차이를 표현한 돌체 & 가바나의 청바지 광고

사랑이나 헌신은 중요한 영향요인이 되며, 결혼을 약속하거나 생각하는 경우에는 그 비율이 더 높게 나타났다(윤경자, 2002).

낭만적인 사랑관계에서 사랑은 이처럼 성행동이 이루어지는 과정에 중요한 요인으로 작용하고 있으나 객관적인 평가가 어려운 요인인 만큼 성관계에 대한 접근에서 쌍방이 원하는 성행동인지 여부도 중요한 요인이다. 특히 성적인 절제보다 개방적인 경향을 보이는 합의적인 사랑관계에서는 서로가 원하는 성관계인지에 대한 쌍방 간 합의가 더욱더 중요한 의미를 갖는다. 따라서 사전에 성관계에 대한 확고한 생각의 정립이 필요하며 이를 바탕으로 상대방의 성관계 요구에 대해 수동적 거절의 방법보다는 자신의 입장을 단호하게 표현하는 자세가 필요하다.

2) 혼전 성행동의 문제

근래에 와서 자유로운 성 의식의 영향으로 사랑에는 성행위가 수반되는 것이 당연시되는 분위기가 팽배해 있다. 최근 우리 사회는 성적 충동을 성숙의 결과로 자연스럽게 나타나는 현상으로 이해하고 이에 대해 허용적인 분위기이며, 그로 인해 성행위 시작 연령이 빨라지고, 여러 사람과 성관계를 맺으며, 약물남용 등 여러 가지 이유로 성병 감염 비율이 증가하고 있다. 특히 청소년의 경우 생식기가 충분히 성숙하지 못해 보다 심각한 문제를 유발할 수 있으며, 성병에 대한 지식의 부족이나 피임방법의 미숙으로 더욱 심각한 사회문제를 유발시키고 있다.

성욕은 인간의 기본적 욕구이고, 애정을 확인하는 수단이며, 자녀출산의 기능이라는 긍정적 측면도 있다. 그러나 무절제한 혼전 성행동의 결과로 성병이나 원하지 않는 임신, 미혼모 급증, 낙태로 인한 심리적 · 신체적 후유증, 결혼생활의 안정성을 위협하는 등 심각한 문제를 수반한다. 따라서 이에 대한 예방교육이 필요하다. 최근의 '성윤리 재건 운동'이나 '순결서약운동'도 이러한 맥락에서 이루어지고 있다.

(1) 성병

성병은 성적 접촉을 통해 감염되는 병이다. 히포크라테스는 일찍이 성병(임질)은 사랑의 여신인 '비너스와의 지나친 사랑'이 그 원인이라고 믿었다. 그래서 성병을 'venereal disease(Venus에서 따옴)'라고 부른다. 청년들이 주로 감염되는 성병은 임질, 매독, 클라미디아, 헤르페스, 에이즈 등이다. 성병은 쉽게 드러나지 않는 질병이기 때문에 정확한 사례를 파악하기 어려운 실정이나, 모든 연령에서 성병에 감염되는 비율은 매년 빠른 속도로 증가하고 있다.

① 임질

임질은 가장 흔하고 오래전부터 알려진 성병으로 구약성서 레위기 15장에 이미 그 증상이 묘사되어 있다. 임질은 입, 목, 질, 자궁경부, 자궁, 항문 등의 점막에서 자라는 임균 박테리아가 그 원인이다. 임균 박테리아는 감염된 점막을 통해 다른 사람에게 옮아가므로 모든 형태의 성적 접촉을 통해 감염될 수 있다. 여성은 남성보다 질의 점막 부위가 넓기 때문에 감염비율이 2배 정도 높다.

임질의 증상은 남성은 감염 후 3일에서 한 달 사이에 나타난다. 소변을 볼 때 통증과 더불어 요도에서 피나 고름이 나오고 샅부근의 림프선이 붓는다. 임질은 감염 초기에 항생제로 치료가 가능하다. 반면, 여성은 80%가 감염 초기에 아무 증상이 없으며, 서둘러 치료를 받지 않으면 2개월 내에 생식기관에 감염되어 나팔관이

손상되며 불임의 원인이 되기도 한다(Hook & Handsfield, 1999). 특히 청년 초기의 여성은 자궁의 미성숙으로 임질균에 약하다. 임질에 한 번 감염되면 자궁암에 걸릴 위험이 높으므로 정기적으로 자궁암 검사를 받아야 한다(Strong, Yarber, Sayad, & DeVault, 2009).

② 매독

매독은 매독균 박테리아가 성기나 구강, 항문을 통해 감염된 것이다. 일반적으로 성적 접촉에 의해 감염되지만 수혈에 의해 감염될 수도 있고, 임산부로부터 태아에게로 감염되기도 한다. 임산부가 4개월 이전에 페니실린 치료를 받으면 매독균이 태아에게 감염되는 것을 방지할 수 있다. 매독의 발병률은 다른 성병에 비해 낮지만 그 후유증은 심각하다.

매독은 4단계로 진행된다. 1단계에는 감염부위가 따끔거리며, 이러한 증상은 4~6주가 지나면 사라진다. 그러나 치료시기를 놓쳐 치료를 받지 않으면 다음 단계로 진행된다. 2단계에는 발열, 발진이 있고 목이 따가우며, 두통, 식욕부진 등 감기와 유사한 증상들이 나타나고 머리카락이 빠지기도 한다. 1단계와 2단계에서는 치료를 받으면 완치될 수 있으나 치료를 받지 않으면 수개월 후 3단계인 잠복기로 접어든다. 이 시기에는 매독균이 전신으로 퍼지고 감염된 사람의 50~70%는 수년간 그대로 잠복해 있으며, 나머지 30~50%는 마지막 단계로 진행된다. 이 단계에서는 매독균이 신경, 척수, 눈, 뇌로 침입하여 신경마비, 정신이상, 실명을 초래하게 된다(Strong et al., 2009).

③ 클라미디아

클라미디아는 임질이나 매독보다 덜 알려져 있지만 가장 흔한 성병이다. 남성은 감염 후 1~2주 이내에 배뇨 시 통증과 고름이 나오는 임질과 유사한 증상이 나타난다. 여성은 거의 증상이 없기 때문에 치료시기를 놓치면 클라미디아균이 골반으로 옮아가 불임, 자궁외 임신, 조산, 미숙아 출산의 원인이 되기도 한다(Weinstock, Dean, & Bolan, 1994).

④ 헤르페스

헤르페스는 여러 종류의 다양한 바이러스에 의해 감염되는 성병이다. 헤르페스는 수포가 생기는 것이 특징이며, 수포가 없어진 후에도 바이러스는 잠복해 있다가 또다시 나타난다. 바이러스가 신체에 잠복해 있는 동안 수포나 통증은 약해진다. 헤르페스는 임부로부터 태아에 감염되어 뇌손상이나 유아사망의 원인이 되기도 한다. 헤르페스에 감염된 여성은 그렇지 않은 여성에 비해 자궁암에 걸릴 위험이 높기 때문에 정기적으로 자궁암 검사를 받아야 한다. 그리고 헤르페스에 감염된 사람은 수포가 터질 때 인체면역결핍바이러스(HIV)에 감염될 위험이 높다(Strong et al., 2009).

⑤ 후천성 면역결핍증(AIDS)

에이즈는 인체면역결핍바이러스(HIV)에 감염되는 성병으로, 일단 감염되면 몇 단계의 과정을 거쳐 진행되는데 마지막 단계가 에이즈이다. 에이즈는 성교, 주사바늘, 수혈 등을 통해 감염되고, 임부에게서 태아로 수직 감염되기도 한다. 에이즈가 부모에게서 아이에게 수직 감염될 가능성은 25% 안팎이지만 임신부가 수직감염 예방약(AZT)을 먹으면 아이에게 옮길 가능성이 6~8%로 낮아진다. 에이즈 발병 환자의 90%가 동성애 남성과 정맥주사 사용자이지만 최근에는 여성, 청소년, 이성과의 관계에서도 발병률이 크게 증가하고 있다.

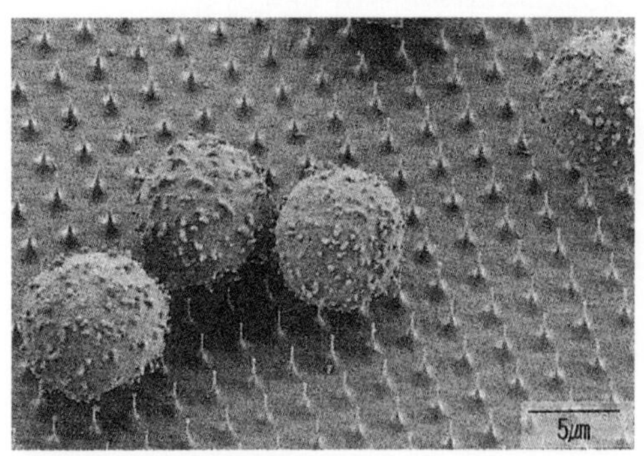

사진설명 전자현미경으로 본 T세포의 모습. 지름이 5㎛(마이크로미터 · 1㎛는 100만분의 1m)보다 조금 큰 수준이다. T세포는 몸속에 침입한 바이러스나 병원균을 죽이는 면역세포이다.

인체면역결핍바이러스는 면역체계 내의 T세포(사진 참조)를 공격하는데 T세포의 수가 감소하면 우리 인체는 감염에 매우 약하게 된다. 감염 초기에는 T세포의 수가 충분해서 증상이 거의 없으나 다른 사람에게 옮길 수 있다. 이 단계에서 20~30%가 5년 이내에 발병한다. 중기에는 T세포 수가 반으로 줄어들고, 림프선이 붓게 되며, 쉽게 피로하고, 체중이 감소하며, 발열이나 설사 등의 증세가 나타난다.

후기인 에이즈 발병단계에는 T세포의 수가 격감해서 면역체계가 정상적인 기능을 못하므로 폐렴과 같은 질병에 걸리게 되어 결국에는 사망하게 된다. 아직 에이즈를 완치하는 치료약은 개발되지 않았으며, 안전한 성관계만이 해결책이다(Strong et al., 2009).

성병으로부터 자신을 보호하는 방법 가운데 금욕과 절제는 가장 안전하고 효율적인 방법이다. 또한 성관계의 대상을 제한하고 반드시 콘돔을 사용하도록 해야 한다. 만약 감염된 경우에는 가능한 한 빨리 치료를 받도록 해야 한다.

(2) 혼전임신의 문제

혼전 성행동의 결과는 성병 감염의 위험성 외에도 원하지 않는 임신을 초래할 수 있다. 혼전 임신의 경우 이를 해결하는 방법은 결혼을 하거나, 인공임신중절을 하거나, 미혼모로 남게 되거나의 세 가지 가능성을 생각할 수 있다. 원하지 않는 임신으로 인한 강제적인 결혼은 이후의 결혼의 안정성을 위협하는 요인으로 작용할 수 있으며, 낙태나 미혼모라는 선택도 여러 가지 문제를 내포하고 있다.

① 인공임신중절

인공임신중절은 인위적으로 행하는 인공 유산(협의의 낙태) 중 대한민국법에서 허용한 의료인의 의료적인 낙태 행위를 말하는 것으로, 우리나라의 모자보건법에서는 이를 태아가 모체 밖에서는 생명을 유지할 수 없는 시기에 태아와 그 부속물을 인공적으로 모체 밖으로 배출시키는 것으로 규정하고 있다. 인공임신중절은 여성의 건강을 해칠 뿐 아니라 태아의 생명을 인위적으로 통제한다는 문제를 가지고 있으나, 한편으로는 여성의 선택권을 제한한다는 측면에서 오랜 기간 '태아의 권리(pro-life) 대 여성의 권리(pro-choice)'에 대한 논쟁을 불러일으켰다(사진 참조). 이에 따라 우리나라의 모자보건법에서는 임신 24주 이내에 한하여 아래와 같은 불가피한 사유에 해당하는 경우에만 인공임신중절수술을 허용하고, 그렇지 않은 경우 낙태를 한 임신부와 낙태행위를 한 의료인을 법에 따라 처벌하였다.

2019년 4월 11일, 헌법재판소는 낙태죄를 규정한 형법 조항에 헌법불합치 결정

사진설명 낙태에 대한 태아의 권리(pro-life) 대 여성의 권리(pro-choice) 논쟁

모자보건법

제14조(인공임신중절수술의 허용한계)

① 의사는 다음 각 호의 어느 하나에 해당되는 경우에만 본인과 배우자(사실상의 혼인관계에 있는 사람을 포함한다. 이하 같다)의 동의를 받아 인공임신중절수술을 할 수 있다.

1. 본인이나 배우자가 대통령령으로 정하는 우생학적(優生學的) 또는 유전학적 정신장애나 신체질환이 있는 경우
2. 본인이나 배우자가 대통령령으로 정하는 전염성 질환이 있는 경우
3. 강간 또는 준강간(準强姦)에 의하여 임신된 경우
4. 법률상 혼인할 수 없는 혈족 또는 인척 간에 임신된 경우
5. 임신의 지속이 보건의학적 이유로 모체의 건강을 심각하게 해치고 있거나 해칠 우려가 있는 경우

② 제1항의 경우에 배우자의 사망 · 실종 · 행방불명, 그 밖에 부득이한 사유로 동의를 받을 수 없으면 본인의 동의만으로 그 수술을 할 수 있다.

③ 제1항의 경우 본인이나 배우자가 심신장애로 의사표시를 할 수 없을 때에는 그 친권자나 후견인의 동의로, 친권자나 후견인이 없을 때에는 부양의무자의 동의로 각각 그 동의를 갈음할 수 있다.

을 내렸고, 2021년 1월 1일부터 낙태한 여성과 이를 도운 의사를 처벌하는 법은 폐기되어 역사 속으로 사라졌다. 그러나 낙태죄가 공식적으로 법적 효력을 상실했음에도 정부와 국회가 관련 법 제도를 만들지 않은 채 방치하고 있고 낙태약 도입도 뒤따르지 못하고 있어 낙태가 불법도 아니지만 합법도 아닌 상황이 지속되고 있다.

② 미혼부 · 모 문제

남녀 간의 혼전 성관계로 인해 나타나는 심각한 사회문제 가운데 하나는 미혼부 · 모 문제이다. 이 가운데서도 대부분을 차지하는 미혼모의 경우 대다수는 원치 않은 임신으로 인해 출산하며, 임신과 출산의 문제를 혼사서 감당한다는 점에서 사회적 관심을 필요로 한다.

십대 미혼모의 증가는 여러 가지 사회문제를 야기한다(사진 참조). 우선 미혼모 자신은 생물학적 미성숙으로 인하여 건강의 위험을 감수해야 하며, 죄책감이나 수치심으로 인해 우울증이나 약물중독에 빠질 가능성이 증가한다. 또한 학업의 중단으로 특별한 기술이나 직업을 갖기가 어려워 저소득층에 머물게 되는 빈곤의 악순환이 되풀이된다. 미혼모에게서 태어나는 아이들도 부적절한 산전관리와 불충분한 영양섭취로 인해 저체중이나 조산, 신체결함 등 태내결함의 확률이 높고, 사생아로 태어날 가능성도 높다. 이러한 경우 상대방 남성은 대부분 책임지기를 원치 않으며, 법률적으로도 육체적 관계로 인해 강제로 혼인이 이루어질 수 없음을 명시하고 있다. 그 결과 미혼모가 출산한 상당수의 아이들이 입양대상이 되거나 출생신고도 되지 않아 '출생미등록아동' 상태에서 학대나 유기, 극단적으로는 살해에 이르는 사건이 발생하여 사회적 물의를 일으킨 바 있다. 그러므로 미혼모와 그 자녀에 대한 사회 전반적인 인식의 변화와 아울러 이들의 경제적 · 정신적 자립을 도울 수 있는 정부 차원의 대책마련이 필요하다.

4. 피임방법

이상에서 살펴본 혼전 성행동의 문제점에 비추어 본다면 원하지 않는 임신은 피하는 것이 최상의 방법이다. 또한 혼전 성행동에 대한 태도는 개인의 선택이라 하더라도 적어도 이에 수반되는 결과에 대한 책임감은 인식해야 한다. 혼전 성행위와 이로 인한 문제점을 예방할 수 있는 가장 확실한 방법은 금욕과 절제이지만 불가피한 경우 적절한 피임방법을 사용하는 것은 차선책이 될 수 있다.

피임은 궁극적으로 정자와 난자의 결합을 방해하는 것을 그 원리로 한다. 가장 이상적인 피임방법은 첫째, 그 효과가 뛰어나 실패율이 낮아야 한다. 둘째, 부작용(건강이나 성생활에 지장을 주는 것)이 없어야 한다. 셋째, 사용이 간편해야 한다. 넷째, 성감에 해를 끼치지 않아야 한다. 다섯째, 성병 예방이 가능해야 한다. 여섯째, 임신을 원할 경우 복원가능성이 높아야 한다. 이러한 모든 조건을 만족시키는 피임방법은 없으며, 자신의 필요에 따라 적절한 피임방법을 사용하게 된다. 대표적으로 많이 사용되는 피임방법에는 다음과 같은 것이 있다.

1) 여성이 할 수 있는 피임법

여성이 할 수 있는 대표적 피임방법에는 주기적 금욕법과 호르몬 피임방법, 자궁내 장치, 차단피임법, 불임시술, 성교후 피임법 등이 있다.

(1) 주기적 금욕법(Periodic Abstinence)

주기적 금욕법은 배란일을 중심으로 가임 기간 동안 성교를 피하는 방법이다. 배란일을 예상하는 방법에는 월경주기법(calendar method)과 기초체온법(Basal Body Temperature: BBT), 점액관찰법(mucus method; billings or ovulation method)과 이들 모두를 이용한 증상체온법(symptothermal method)이 있다(대한산부인과학회, 1997).

① 월경주기법

월경주기법은 여성의 월경주기에 근거하여 배란기간을 피하는 방법이다. 오기노식 수태조절법이라고도 하며 우리나라에서 가장 널리 보급되어 있는 방법으로, 월경주기가 규칙적인 여성에게만 적용이 가능하다. 이 방법에서는 배란이 월경 시작일로부터 12~16일 사이에 일어나는 것을 전제로 하여, 정자의 생존기간 48시간과 난자의 생존기간 24시간을 고려하여 금욕시기를 결정하게 된다. 금욕기간은 월경주기의 길이에 따라 결정되는데, 지난 6개월간의 월경주기 중 가장 짧은 주기에서 18일을 뺀 날짜로부터 가장 긴 주기에서 11일을 뺀 날짜까지가 가장 수태위험이 높은 시기가 된다. 예를 들어, 월경주기가 28~30일인 여성의 경우, 월경 시작일로부터 10일째가 되는 날(28-18)에서 19일째가 되는 날(30-11)까지가 해당된다. 월경 주기가 불규칙한 여성의 경우에는 실패 확률이 높기 때문에 금욕기간을 더 길게 잡아야 한다(〈그림 3-8〉 참조).

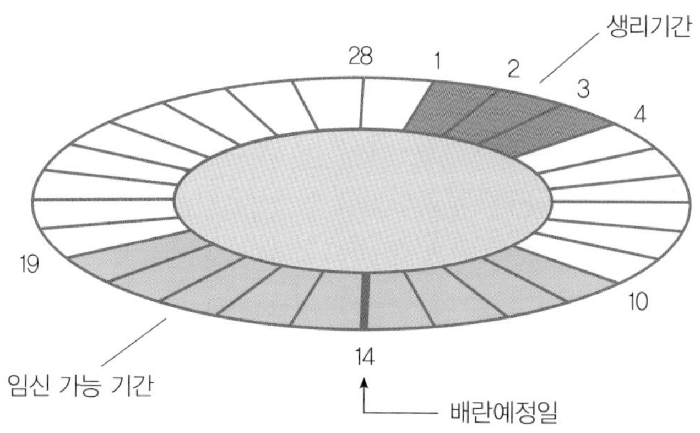

〈그림 3-8〉 **월경주기법에서의 임신가능기간(28일 주기인 여성의 예)**

② 기초체온법

기초체온법은 배란 후 황체호르몬의 분비로 인해 기초체온이 상승하는 것을 이용한 피임방법이다. 매일 아침 일어나기 전 잠자리에 누운 채로 5분간 체온계를 입에 물고 측정한 체온을 기초체온이라고 한다. 건강한 여성의 대부분은 월경 기간과

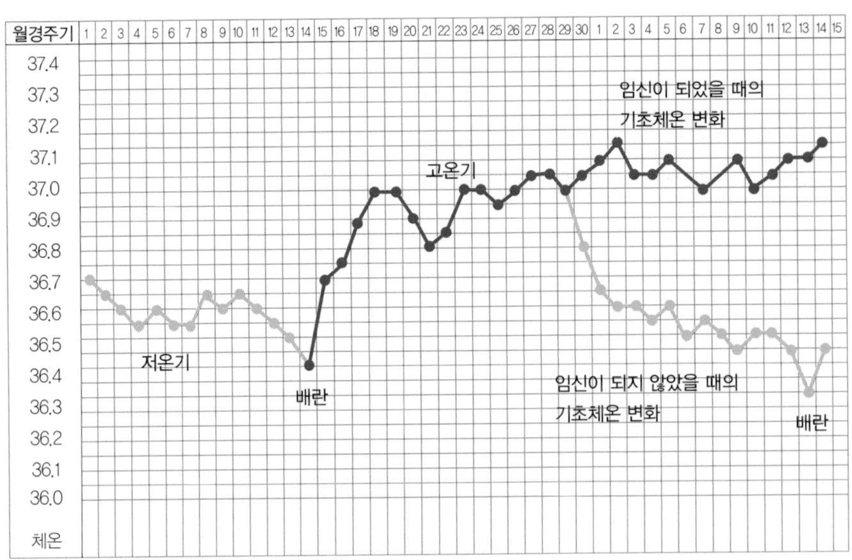

〈그림 3-9〉 **기초체온의 변화**

월경 후 1주일 동안은 저온기가 계속되고, 도중에 고온기로 이행한 후 다시 저온기로 이행하면서 다음 월경이 시작된다(〈그림 3-9〉 참조). 그런데 저온기에서 고온기로 이행하는 경계가 되는 날에는 기초체온이 특별히 낮아진다. 배란 후에는 체내에 증가하는 황체호르몬 프로게스테론의 작용에 의해 기초체온이 0.3~0.6도 정도 상승한다. 그러므로 피임을 원할 경우 매일 아침마다 자신의 체온을 측정하여 체온의 변화가 나타나기 전 4일부터 후 3일까지는 성교를 피해야 한다(Stubblefield, 2002). 저온기와 고온기의 체온변화를 나타내지 않거나 변화가 불확실한 여성은 이 방법을 사용할 수 없으며, 질병에 의한 체온의 상승에도 유의해야 한다.

③ 점액관찰법

점액관찰법은 자궁 경부의 점액으로 가임 기간을 판단하는 것이다. 여성의 질 내부는 월경이 끝난 후부터 며칠 동안은 점액이 분비되지 않아 건조한 상태이다. 그러나 배란 수일 전부터 배란기까지는 에스트로겐의 영향으로 점액의 양이 점차 증가하고 미끈미끈해지며, 배란 이후 다음 생리일 전까지는 프로게스테론의 영향으로 점액의 양이 줄어든다. 그러므로 임신의 위험이 없는 시기는 생리 직후부터 점액이 분비되기 이전까지와 점액 분비량이 최고조인 날로부터 4일이 경과한 이후가 된다. 이는 보편적으로 사용되는 방법은 아니지만 정확하게 진단할 수 있도록 교육을 받으면 상당히 안정성이 높은 방법이다(Stubblefield, 2002).

④ 증상체온법

증상체온법은 배란 시기를 생리주기와 체온변화, 점액분비로 추정하는 방법이다. 금욕 시작일은 월경주기법이나 점액관찰법에 근거하여 빠른 것으로 선택하며, 금욕기간의 끝은 기초체온법으로 예측할 수 있다.

이상과 같은 주기적 금욕법은 정자가 여성의 생식기에서 수일간 생존이 가능하고, 생리가 없는 경우에도 배란은 일어날 수가 있기 때문에 실패율이 높다. 월경주기법의 효과를 개선하기 위해 점액관찰법이나 증상체온법을 사용하도록 권장하고 있으나 문제는 거의 모든 여성의 배란주기가 일정하지 않다는 사실이다. 배란일 7일 이전에 이루어진 단 한 번의 성교로도 임신이 된 사례가 있다. 질의 감염은 가임 기간을 증가시켜 이 방법의 사용을 어렵게 한다. 정확한 배란일을 예측함으로써 주기적 금욕법을 보다 효과적으로 사용할 수 있으며, 일반적으로 배란일 이전 4일 이상, 배란일 이후 3일 이상 절제하는 것을 원칙으로 한다(Brown, Holmes, & Barker, 1991).

(2) 호르몬 피임법(Hormonal Contraception)

호르몬을 이용한 피임방법으로는 경구용 피임약이 대표적인 방법이며, 주사제나 피하이식 방법도 있다. 경구용 피임약(oral contraceptives)은 가장 널리 사용되는 피임방법 가운데 하나이다. 1920년대 오스트리아에서 시작하여 1960년 최초의 복합 경구용 피임제가 선을 보인 이후 에스트로겐(estrogen)과 프로게스테론(progesteron)을 함유하는 여러 종류의 경구용 피임제가 개발되어 널리 사용되고 있다(구병삼 외, 2001). 실패율은 1,000명당 2~3명에 불과하다(Stubblefield, 2002). 먹는 피임약은 성관계를 정기적으로 자주 갖는 사람이나 아기를 출산하지 않은 35세 미만 여성에게 적합하다. 출산경험이 없는 사람은 출산경험이 있는 사람보다 자극에 자궁이 예민하게 반응하기 때문에 기구를 삽입하는 방법보다 피임약이 보다 적절한 방법이다. 피임약을 복용할 경우 첫 달은 호르몬 변화에 적응하는 기간이어서 실패하는 경우가 많기 때문에 보조피임법을 사용하는 것이 바람직하다.

먹는 피임약은 대부분의 여성에게 대체로 안전하다고 볼 수 있다. 그러나 장기간 복용하기 때문에 의사의 지시에 따라 사용해야 하며, 부작용으로는 위장장애나 구토, 체중증가 등을 호소하는 경우가 있다. 또한 장기간 복용하면 혈전증이 생길 수 있고, 이러한 증상은 담배를 피우는 여성들에게서 더욱 심각하다. 또한 피임약의 복용과 유방암 발병률에 대한 연구결과는 논쟁의 여지가 있으나, 피임약 복용이 유방암 발병률을 다소 높인다고 한다. 그러므로 유방암 가족력이 있는 사람은 다른 대안을 찾거나 정기적인 검진이 필요하다. 특히 경구피임제의 장기복용은 유방암 발현빈도가 높은 45세 이상 여성의 유방암 발생률을 다소 증가시키는 것으로 나타났다(Stubblefield, 2002).

호르몬을 이용한 또 다른 방법으로는 피부에 붙이는 패치(patch)나 피임 호르몬 성분이 들어 있는 주사제를 허벅지나 엉덩이 근육에 주사하는 주사용 피임법(injectable hormonal contraceptives), 피하이식 방법(subdermal implants)도 있다. 2004년부터 국내에서 시판되고 있는 피부에 붙이는 패치는 1주일에 한 장씩 신체 부위를 달리하여 3주를 연속해서 엉덩이나 복부, 팔에 붙이고 월경주기가 되는 나머지 1주일은 붙이지 않는다(사진 참조). 주사용 피임약인 데포 프로베라(depo-provera, depo-medroxyprogesterone acetate)는 3개월마다 한 번씩 근육에 주사함으로써 피임효과를 지속시키는 방법으로 배란과 월경을 저해하는 부작용이 있어 장기간 사용하는 것은 피하는 것이 좋다. 또한 피하이식 방법으로 사용되는 임플라논(implanon)은 가느다란 대롱모양의 피임기구에 들어 있는 프로게스테론 성분이 조금

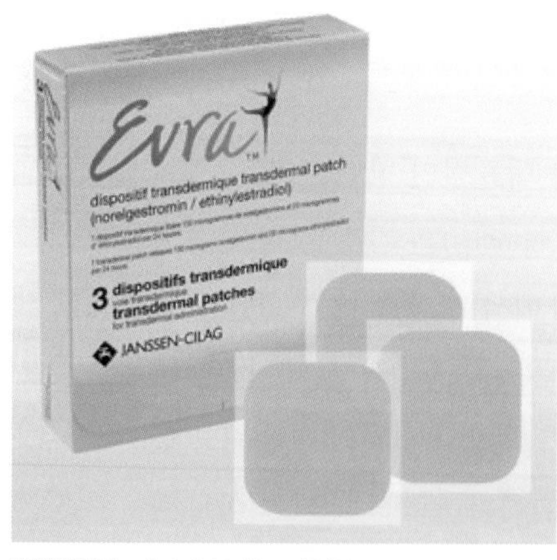

사진설명 피부에 붙이는 피임약

씩 분비되어 한 번 시술로 2~3년간 효과가 지속된다(사진 참조). 이 방법은 루프와는 달리 자궁을 직접 자극하지 않기 때문에, 출산한 지 6개월 미만인 산모도 사용할 수 있다는 장점이 있다. 생리통과 생리량이 줄어드는 효과가 있지만, 여드름, 두통, 체중증가 등의 부작용이 생길 수 있고 가격이 비싼 것이 흠이다.

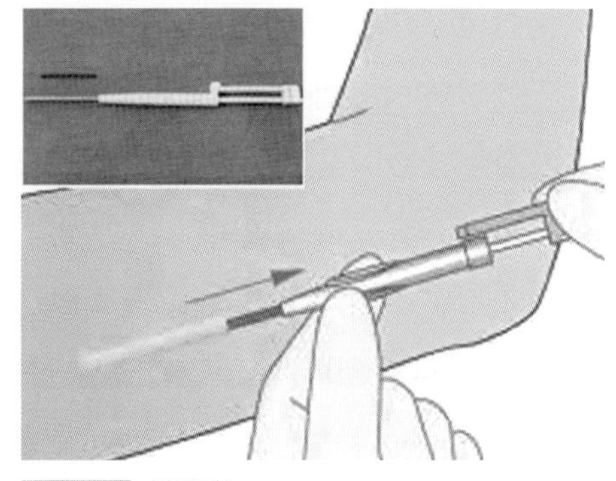
사진설명 임플라논

(3) 자궁내 장치(Intrauterine Devices: IUD; Intrauterine Contraceptive Devices: IUCD)

이는 일명 루프라고도 하며, 자궁강 내에 피임기구를 삽입하여 수정란의 착상을 막는 방법이다(〈그림 3-10〉 참조). 자궁내 장치는 피임실패율이 낮고, 삽입이 간편하며, 한 번 삽입하면 5~10년 정도의 장기적인 피임효과가 있고, 수태를 원할 경우 제거하기만 하면 된다는 장점이 있으므로 여러 가지 면에서 이상적인 피임방법의 하나라고 볼 수 있다. 단점은 자궁내 염증(골반염)이나 통증을 유발하거나 미혼 여성은 잘 빠져 나간다는 것이다. 또한 간혹 월경량이 증가하는 일이 있고, 약간의 출혈을 보이는 수도 있다. 하지만 이러한 증상은 처음 2~3개월 동안에 나타나며, 장기간 사용하면 저절로 없어진다. 출혈은 안정을 유지하고 약물투여를 병행하면 지혈된다.

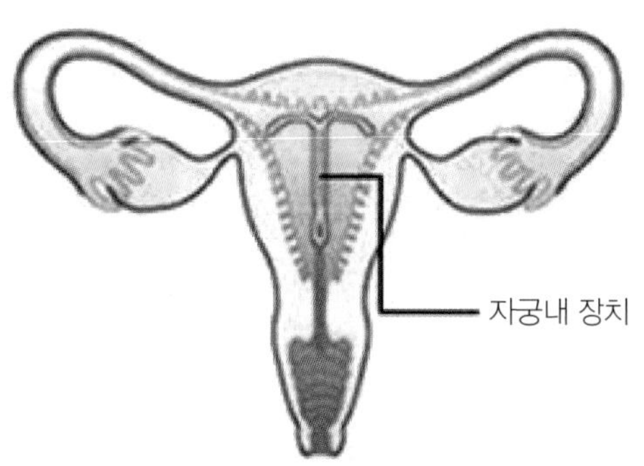

〈그림 3-10〉 **자궁내 장치**

미레나는 자궁 내에 넣는 새로운 피임장치로 황체호르몬이 들어 있어 불임수술만큼 우수한 피임효과가 있다. 또한 그 외에도 월경량과 월경기간을 감소시키는 이점이 있어 치료목적으로 사용되기도 한다.

(4) 질내 차단법(Vaginal Barrier)

질내 차단법은 질 내부에서 화학약품이나 고무막을 사용하여 정액이 자궁 내로 들어가는 것을 차단하는 방법이다. 대표적인 방법으로는 질내 살정제, 다이아프램과 여성용 콘돔이 있다.

질내 살정제(vaginal spermicides)는 여러 화학약품의 혼합물로 질 내부에 삽입하여 사정된 정액 속의 정자를 죽이는 방법이다. 살정제는 질 안에서 충분히 녹아서 확산되지 않으면 효과가 없으므로 성교 20~30분 전에 질 속에 삽입해야 하며, 시간

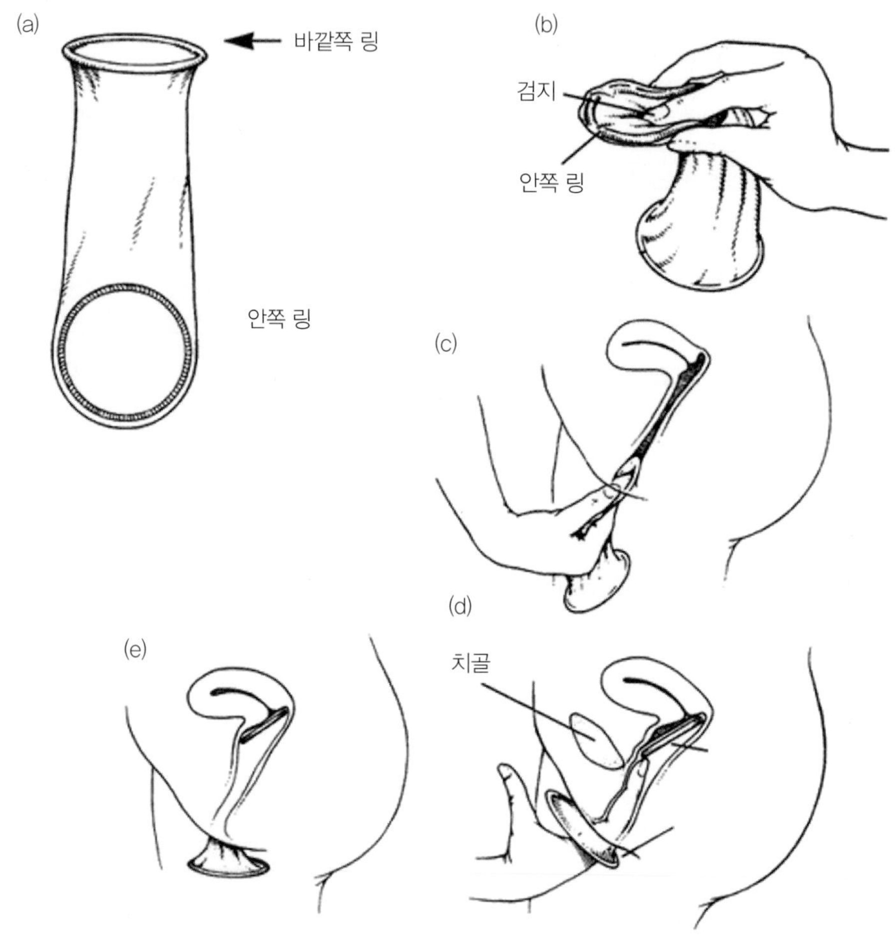

사진설명 여성용 콘돔과 삽입방법

이 경과하면 1정을 추가로 삽입해야 한다. 살정제 단독으로는 피임효과가 높지 않은 것이 단점이다. 그러나 살정제는 살정제 처리를 한 콘돔이나 다이아프램보다 피임효과는 낮지만, 세균성 질염이나 감염 위험을 감소시키는 것으로 나타났다(Jones, Eley, & Hicks, 1994).

다이아프램(diaphragm)은 원형의 얇은 라텍스로 만들어진 고무막으로 가장자리에 스프링이 장착되어 있어 질 안에 삽입하면 자궁경관을 꼭 덮게끔 만들어진 것이다. 스프링 가장자리는 말려 있는 모양, 납작한 모양, 활 모양의 여러 종류가 있으며, 활 모양이 보다 정확하게 삽입하기가 용이하다. 다이아프램은 개인에게 맞는 것을 사용해야 할 뿐 아니라 자궁경부와 질 상부를 정확하게 커버하도록 삽입하기 위해서는 훈련이 필요하다.

여성용 콘돔(female condom)은 일명 페미돔이라고도 한다. 이는 여성의 질벽 모양에 따라 폴리우레탄으로 만들어진 고무주머니로(사진 참조), 정액이 자궁경부로 들어가는 것을 방지하는 피임효과뿐 아니라 질병예방 효과도 있다. 실패율은 다이아프램보다 낮다(Trussel, Sturgen, & Strickler, 1994).

(5) 여성 불임수술(Female Sterilization)

여성 불임수술은 나팔관을 묶어 난소에서 생성된 난자가 자궁에 도달할 수 없게 하여 정자와 만나지 못하도록 하는 수술법으로, 난관결찰법(卵管結紮法)이라고도 한다. 이는 높은 피임효과를 보장하면서 성감에 영향을 미치지 않는다는 이점이 있다. 또한 복강경을 이용하면 하복부 절개를 하지 않고 간편하게 시술할 수 있으며, 출산 직후에는 더욱 시술이 용이하다. 그러나 복원가능성이 낮기 때문에 더 이상 출산할 필요가 없을 경우에 하는 영구피임법이다.

(6) 성교후 피임법(Post-Coital Contraceptives)

이상과 같은 사전피임법 외에도 임신이 된 이후에 사용할 수 있는 사후피임법도 있다. 사후피임약은 성교 후 72시간 이내에 두 차례 복용하면 75~90%까지 임신을 막을 수 있다. 이는 'morning after pill'로 잘 알려져 있는데, 강간이나 피임실패와 같이 단 한 번의 임신노출이 있었을 때 유용하다(구병삼 외, 2001). 이는 고농도의 에스트로겐을 복용하는 방법이기 때문에 월경주기도 불규칙해지고 메스꺼움을 유발하는 등 부작용이 우려되기 때문에 응급상황에서만 사용하여야 하며 의사와 상담하여 처방을 받아야 한다. 또한 이 방법은 다량의 호르몬제를 복용하는 것이기 때문에 피임에 실패할 경우 태아에게 미치는 영향도 배제할 수 없다.

또한 최근 낙태약으로 관심을 받고 있는 미프진은 1980년대 초 개발되어 2005년 WHO가 필수의약품으로 지정함으로써 현재 76개국에서 사용되고 있다. 그러나 우리나라에서는 식품의약품안전처의 허가가 나지 않아 아직은 합법적으로 사용할 수 없다.

이 외에도 전통적인 피임방법으로 모유수유기간 동안 임신이 되지 않는 원리를 이용한 수유부 피임법이 있으나 실패율이 높아 자주 사용되지는 않는다.

2) 남성이 할 수 있는 피임법

남성이 할 수 있는 피임법으로는 콘돔을 이용한 차단법, 질외사정법과 남성불임시술이 대표적인 방법이다.

(1) 콘돔(Condom)

콘돔은 성교 시 남성의 성기에 씌우는 얇은 고무봉지로, 남성이 이 안에 사정을 함으로써 수정을 방지하는 가장 일반적인 피임법이다. 1700년대부터 콘돔은 동물의 창자로 만들어져 유럽에서 사용되었으나, 1840년대에 이르러 고무로 만들어지기 전까지는 널리 사용되지 않았다(Haymes, 1963). 최근에는 보편적으로 라텍스 고무나 폴리우레탄으로 만들어진 것을 사용한다. 초기에는 성병방지 목적으로 사용되었으나 근래에는 피임용구로 일반화되어 있다. 콘돔은 성적 접촉을 통해 감염될 수 있는 질병을 차단해 주는 효과가 있다. 헤르페스 바이러스, 인체면역결핍바이러스, B형 간염은 라텍스로 만든 콘돔은 통과하지 못하며, 살정제 처리가 된 콘돔은 보다 효과가 좋다. 파손위험은 약 3% 정도이며 이는 주로 마찰로 인한 것이다(Lidegaard, 1995).

콘돔은 실패율이 낮고 일반적으로 쉽게 구할 수 있으며 누구나 사용할 수 있다는 점이 다른 방법에 비해 장점이다. 종전에는 하자가 있는 조잡한 제품이 많았으나 최근에는 고무의 질이 개량되고 제품의 품질이 향상되어 파손 가능성이 거의 없다. 그러나 사정 후에는 음경이 빨리 축소되기 때문에 음경과 콘돔과의 사이에 틈이 생겨 정액이 누출되기 쉬우므로 실패하는 일이 있다. 또한 라텍스 콘돔은 고무제품이라는 점 때문에 남성의 성감을 저하시킨다는 결점이 있으나 폴리우레탄 콘돔은 라텍스 특유의 냄새와 알레르기 반응이 없으며, 비교적 얇게 만들 수 있어서 남성의 성감이 저하된다는 결점을 어느 정도 보완할 수 있으므로 라텍스 콘돔보다 많이 사용된다.

(2) 성교 중절법(Coitus Interruptus)

성교 중절법은 사정을 질 외부에 함으로써 정액이 질 내부로 들어가지 않도록 하는 피임방법으로 질외사정법이라고도 한다. 이 방법은 비용이 들지 않고 특별한 기구를 필요로 하지 않으며 즉시 할 수 있다는 장점 때문에 아직도 가장 중요한 피임수단이 되고 있다. 그러나 피임이라는 목적 때문에 성감을 감소시키는 경향이 있으며, 더욱이 결정적인 결점은 실패율이 100명당 6.7명으로 높다는 것이다(Vessey, Lawless, & Yeates, 1982). 이 방법을 사용할 경우 주의할 점은 질 내부에 음경을 삽입하지 않고 외부에 사정을 했을 경우에도 임신이 가능한 경우가 있으므로 주의해야 한다.

(3) 남성 불임수술(Male Sterilization)

정관수술은 고환에서 생산되는 정자의 통로인 정관의 일부를 폐쇄하는 수술방법으로 아주 간단하고 수술 후 성기능에도 영향이 거의 없는 영구적인 피임법이다. 다만 수술 후 정관팽대부 및 정낭선에 잔존하는 정자가 배출될 때까지 피임효과는 없다. 따라서 수술 후 정액검사를 받아 정자의 소실을 확인해야 한다. 이 방법은 재혼 또는 자녀 사망 등의 원인으로 임신이 필요해졌을 때 복원수술이 가능하지만, 복원 비용이나 성공여부의 측면을 고려한다면 신중하게 결정해야 한다.

이성교제와 배우자 선택

배우자 선택에서 가문의 비중이 컸던 전통사회와는 달리 현대사회에서는 두 사람 간의 사랑이 중요한 의미를 갖는다. 또한 청년기에 접어들어 성적 성숙이 이루어지면서 사랑의 대상을 찾기 위한 욕구도 강하게 나타난다. 사랑과 성적 욕구는 성장과정에서 자연스럽게 나타나는 감정이며 욕구인데 반해, 이성교제는 이러한 감정이나 욕구를 사회가 인정해 주는 하나의 문화로 정착시킨 것이라고 볼 수 있다. 이성교제는 결혼 전의 청년들에게 이성에 대한 관심을 해소할 수 있는 통로를 마련해 주면서 동시에 애정적 유대를 발전시켜 나가고, 나아가 배우자 선택이라는 중요한 문제에 도움을 주기 위해 탄생한 문화라고 볼 수 있다.

최근 이성교제는 이성에 대한 탐색과 이해라는 본래의 모습에서 벗어나 오히려 성적 욕구충족의 목적으로 변질된다는 문제점도 지적되고 있으나, 배우자 선택의 선행단계로서 이성교제의 기능을 과소평가할 수는 없다. 청년이 인생에서 겪게 되는 현저한 변화 가운데 하나는 동성친구와의 친밀한 우정관계가 이성과의 우정과 낭만적인 애정관계로 확장되어 나가는 것이다. 동성 또래집단으로부터 이성에게로까지 관심이 확장되어 가는 것은 성인기로 가는 정상적이고 건전한 진행과정이며,

이를 통해 청년은 성인남녀의 역할을 접하게 되고 배우자를 선택할 기회와 아울러 이에 대한 안목도 키우게 된다.

이 장에서는 먼저 이성교제의 기능과 발전, 이성교제에 영향을 미치는 요인, 이성교제의 한계 및 종결과정에 대해 살펴보고 다음으로 배우자 선택의 유형과 이론, 배우자 선택과정에서 고려해야 할 요소들에 대해 살펴보고자 한다.

1. 이성교제

현대사회에서는 당사자 간의 합의가 결혼의 가장 중요한 요소이기 때문에 이성교제는 배우자 선택의 실질적인 준비과정으로서 다양한 기능을 가지고 있다. 또한 이성교제가 발전하는 과정에는 여러 요인이 영향을 미치게 되며, 이성교제의 발전과정뿐 아니라 종결과정도 이후의 관계형성에 중요한 의미가 있다.

1) 이성교제의 기능

이성교제(dating)는 서구에서 18세기 후반 낭만적 사랑이 확산되면서 시작되었다고 볼 수 있다. 그러나 1920년 이전까지 여성은 가정에서 폐쇄된 생활을 하였으므로 공식적인 이성교제는 활발하게 이루어지지 않았으며, 이성교제가 본격적으로 이루어진 것은 제1차 세계대전 이후이다. 제1차 세계대전 이후 미국의 경제적 번영과 성에 대한 자유로운 가치관의 팽배로 오락적 이성교제가 보편적인 구애제도로 정착되었으며, 이는 재즈, 블루진, 콜라, 히피문화와 같이 미국으로부터 유럽과 아시아로 수출된 중요한 사회적 수출품 가운데 하나이다(Broderick, 1992). 이성교제는 특정한 날짜에 함께 기분전환의 시간을 갖는 것을 의미하는 것으로, 이는 반드시 결혼을 전제로 한 것은 아니다. 그러나 배우자 선택의 권한이 부모로부터 당사자에게 이전되면서 이성교제는 새로운 배우자 선택문화로 자리 잡고 있다. 보편적인 구애제도로 정착된 이성교제 문화의 중요한 기능을 살펴보면 다음과 같다.

첫째, 인간은 친밀감을 필요로 하고, 이를 통해 정서적 안정감을 얻게 되며, 이성교제는 이를 충족시켜 주는 수단이 된다. 인간은 많은 사람 속에 있으면서도 외로움을 느끼는 순간이 있고, 사회적 동물로서 친밀감을 형성하고자 하는 욕구를 가지고 있다. 외로움은 자신이 원하는 것보다 대인간 상호작용이 덜 이루어지는 것에 기인하는 사회적 외로움(social loneliness)과 자신이 원하는 것보다 친밀한 관계형성이 부족한 것에 기인하는 정서적 외로움(emotional loneliness)으로 구분할 수 있다(Van Baarsen, Snijders, Smit, & Van Dujin, 2001). 정서적 외로움은 단순히 많은 사람과 상호작용을 한다고 해서 충족되는 것이 아니다. 정서적 외로움은 낭만적 관계나 가족 내 친밀감의 부족에 기인하므로 이성교제는 이를 충족시켜 주는 중요한 통로가 된다. 국내의 연구에서도 이성교제의 긍정적 영향 가운데 하나가 심리적 안녕감의 향상으로 나타났다(최지웅, 이은설, 최병섭, 2023).

John Gray

둘째, 사회화의 기능으로, 이성과 어울리는 법, 사회적 기술을 배울 수 있다. 청년기의 중요한 발달과업 가운데 하나는 지금까지 동성친구와의 관계를 확장하여 이성친구와의 관계에 적응해 나가는 것이다. 여러 연구들(정유진, 2017; 최지웅 외, 2023)에서도 이성교제를 통해 사회적 관계망이 확장되고, 대인관계 역량이나 의사소통 기술이 증진되는 등 사회적 능력이 향상되는 것으로 나타났다. 대부분의 사회에서 남성과 여성은 성역할 규범에 따라 상이한 사회화 과정을 거치며, 따라서 이성과의 관계형성에는 어려움이 많다. 이러한 차이를 Gray(1998)는 남자는 화성인, 여자는 금성인에 비유하여 남녀 간의 의사소통 방식이나 사고방식은 본래 차이가 있으므로 성숙한 관계를 발전시켜 나가는 데에는 상당한 어려움이 따른다고 하였다(사진 참조). 그러므로 이성교제를 통해 사람들은 다양한 성격의 이성을 경험하고 이성에게 관심을 표현하는 방법을 배우

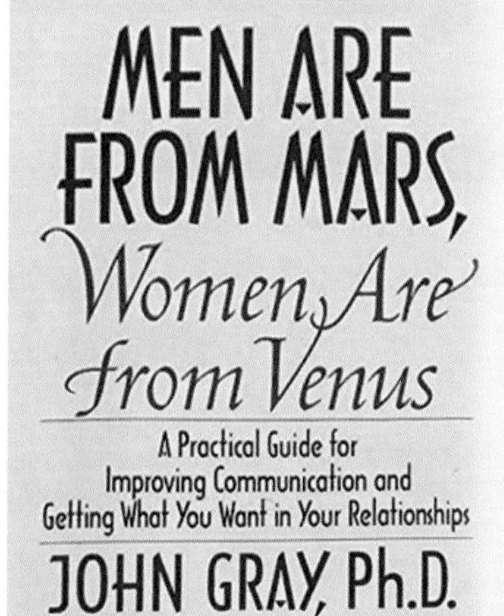

사진설명 John Gray의 저서, 『화성에서 온 남자, 금성에서 온 여자』

게 되며, 자신에게 맞는 상대방에 대한 안목을 키워나가게 된다.

셋째, 오락(recreation)의 기능이다. 이성교제는 잠시 일상적인 일로부터 벗어나 즐거움의 시간을 갖게 함으로써 인간이 가지고 있는 오락적 욕구를 충족시켜 주는 한 가지 방법이 된다. 청년 후기에는 다른 부가적인 목적이 있지만 특히 청년 초기에는 오락적 기능이 상당히 큰 비중을 차지한다.

넷째, 배우자 선택의 기능이다. 이성교제의 궁극적인 목적이 배우자 선택은 아니라고 하더라도 현대사회에서 이성교제는 배우자 선택의 중요한 수단이 된다. 이성교제를 통해 여러 다양한 대상 가운데 자신과 어울리는, 대화와 감정이 일치하는 특정인에게 범위를 좁혀 배우자 선택과정으로 나아가게 된다.

2) 이성교제의 발전

Ira Reiss

이성교제의 초기단계에는 주로 여러 사람과 자유롭게 교제하는 것이 특징이지만 점차 두 사람만의 관계로 한정된 형태로 발전해 나간다. 이성교제는 서로 매력을 느끼는 단계에서 출발하여 상대방을 탐색하는 단계, 서로를 독점하는 단계, 깊은 친밀감을 느끼는 단계, 결혼을 약속하는 단계로 발전해 나간다. 이성교제가 친밀한 관계로 발전해 나가는 과정을 Reiss는 사랑의 수레바퀴이론(wheel theory of love)으로 설명하였다(Reiss & Lee, 1988). 이 이론은 라포, 자기노출, 상호의존, 친밀감 욕구충족의 네 가지 요소로 구성되어 있으며, 이들 네 가지 구성요소가 상호 연관되어 있다는 점에서 사랑의 수레바퀴이론이라고 한다(〈그림 4-1〉 참조).

여기서 라포(rapport)는 두 사람이 이해와 친밀감을 발전시켜 나가는 의사소통의 과정을 의미하며, 두 사람이 의사소통의 주파수가 같을 때 라포가 형성된다. 타인과 용이하게 라포를 형성하는 사람들은 상대방에 대해 지나치게 판단적이지 않고 상대방을 이해하기 위해 경청을 하는 경향을 보인다. 두 사람 간에 라포가 형성되면 자신에 대한 사적인 정보를 노출하는 자기노출(self-revelation)이 이루어진다. 자

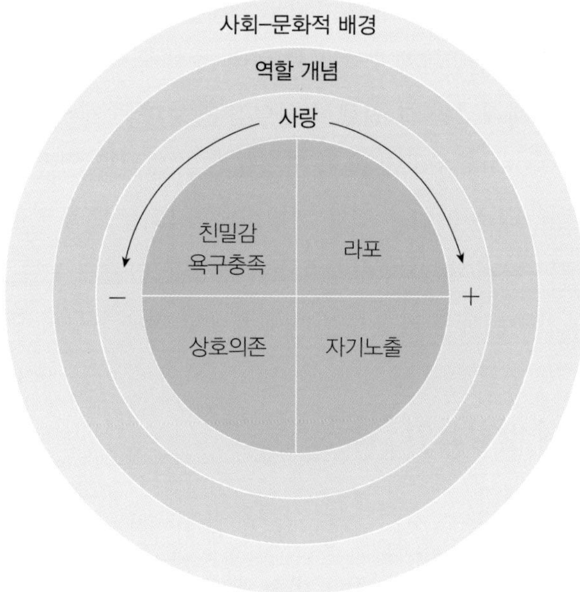

〈그림 4-1〉 **사랑의 수레바퀴모형**

기노출은 쌍방적인 과정으로서 한 사람이 자신에 대한 정보를 조금씩 노출하기 시작하면 상대방도 이에 상응하여 사적인 정보를 노출하게 된다. 두 사람이 처음 만나게 되었을 때는 상당히 조심스럽게 다가가지만 점차 비밀을 털어놓게 되고 상대방도 자신의 비밀을 털어놓게 된다. 개인이 관계에서 자기노출을 적게 할수록 관계를 결별하고자 하는 의도는 커지게 되며(표승연, 2011), 자신을 솔직하게 드러내는 것이 관계에 역효과를 초래할 것이라 생각하여 자신의 감정과 사고를 은폐하는 것은 친밀감을 저하시키고 관계에 대한 상호간의 헌신을 저하시키는 결과를 초래하게 된다(채지은, 박정윤, 2021). 두 사람 간에 라포가 형성되면 자기노출이 촉진되고, 이는 다시 상대방을 필요로 하는 상호의존감(mutual dependency)을 발전시키게 된다. 사랑이 발전해 나가는 마지막 단계는 정서적인 외로움을 충족시키는 친밀감 욕구의 충족(intimacy need fulfillment)이 이루어진다.

Reiss가 자신의 이론을 수레바퀴에 비유한 것은 이처럼 네 가지 구성요소가 상호의존적이어서 이 가운데 한 요소가 감소하면 전반적인 사랑의 발달을 저해하기 때문이다. 즉, 상호 간에 논쟁으로 인해 자기노출이 감소하면 상호의존성과 친밀감도 감소하게 된다. 친밀한 연인관계에서도 이들 네 가지 구성요소는 발전과 후퇴를 거듭하지만 건강한 관계에서는 그 진행이 친밀감을 보다 증진시키는 긍정적인 방향으로 이루어진다. 또한 바퀴의 네 가지 구성요소를 둘러싸고 있는 외측 바퀴는 사회문화적 배경이며, 내측 바퀴는 역할 개념이다. 사회문화적 배경은 역할 개념에 영향을 미치며 이는 다시 네 가지 구성요소에 영향을 미치게 된다. 나아가 이는 연인관계뿐 아니라 친구관계 등 다른 친밀한 관계에도 적용 가능한 모델이다.

3) 이성교제의 영향요인

상호 간의 근접성이나 유사성, 신체적 매력, 애착유형 등 여러 요인이 이성교제의 시작이나 발전에 직접적으로 영향을 미치게 된다.

(1) 근접성

상호 간의 끌림에서 가장 중요한 결정요인은 근접성(proximity)이다. 사람들은 이웃에 살거나, 같은 직장을 다니거나, 함께 휴가를 보내거나 종교활동을 하는, 보다 근접가능성이 있는 사람들 중에서 이성교제의 대상을 선택하고, 배우자를 구하려는 경향이 있다. 이처럼 특정한 지역이나 단체 내에서의 배타적인 상호작용은 공개적이고 경쟁적인 상황에서의 상호작용보다 상대에 대해 더 많은 관심을 유발시키는 경향이 있다. 그 결과, 모든 조건이 동일하다면 이러한 배타적인 상호작용은 보다 쉽게 좋아하는 감정으로 발전되는데, 이를 '근접성 효과'라고 한다.

이러한 근접성 효과는 여러 가지 관점에서 설명할 수 있다. 사회교환이론의 관점에서 볼 때 근접한 사람과의 상호작용은 그렇지 않은 경우에 비해 비용을 최소화하는 반면, 보상은 가장 많다는 이점이 있다. 인지적 관점에서도 자신이 좋아하지 않는 대상이 가까이 있다는 사실은 한 개인으로 하여금 상당히 혼란스러운 감정을 경험하게 하므로 이를 좋아하는 감정으로 전환시킴으로써 혼란스러움을 감소시킬 수 있다. 가까이 있는 사람과는 그렇지 않은 사람보다 기억에 남는 상호작용의 빈도가 높다는 점도 그 원인이 된다. 타인과의 기억에 남는 상호작용에 대한 연구결과, 대부분은 상대방이 같은 지역이거나 가까운 지역에 거주하는 것으로 나타났으며, 여러 지역을 대상으로 한 연구결과에서도 동일한 결과를 보인 것으로 나타났다(Latane, Liu, Nowak, Bonevento, & Zheng, 1995). 근접성 효과는 친숙함이나 단순노출효과(mere exposure effect)(사진 참조)로도 설명할 수 있다. 사람들은 가까이 있으면서 자주 보는 사람에게 보다 친숙해지며, 친숙한 대상에게는 편안함을 느끼는 반면, 친숙하지 않은 대상에 대해서는 두려움을 느낀다. 또한 상호작용 여부와는 무관하게 단순히 자주 보는 것만으로도 상대방에게 호감을 느낀다고 한다(Moreland & Beach, 1992).

사진설명 "눈에서 멀어지면 마음에서도 멀어진다"는 '단순노출효과'의 중요성을 강조하는 속담이다.

정보화 사회에서도 이러한 근접성의 원리는 그대로 접목이 되어, 현재 많은 데이팅 앱이 개발되어 있다. 비록 지리적으로는 떨어져 있다 하더라도 언제든지 상호교류가 가능하다는 점에서 데이팅 앱은 근접성을 보장해 주는 중요한 매개가 된다. 그러나 온라인상에서 형성되는 관계는 실생활에서 형성되는 관계와는 본질적으로 차이가 있으며, 온라인상에서 나타나는 언어적 단서만으로는 상대방을 파악하기가 어렵다. 2010년 이후 데이팅 앱이 국내 소비자 지출 상위 10위 앱에 매년 2개 이상 포함될 정도로 성장하고 있으나 설문조사 결과, 응답자의 과반수 이상이 유령회원이나 가짜로 의심되는 프로필을 본 적이 있으며, 애플리케이션 상 상대의 프로필을 신뢰하지 않는다고 응답하는 등 프로필에 대한 신뢰도가 낮은 것으로 나타났다(한국소비자원, 2020). 그러므로 이 방법을 효과적으로 활용하기 위해서는 친밀한 관계 형성과 관련된 더 많은 지식을 필요로 한다.

또한 갈등관계에 있는 사람과 근접성을 추구할 경우에는 역으로 오히려 부정적인 감정을 증폭시키게 되며, 지나치게 노출이 이루어지는 경우에도 단순노출효과와는 달리 역효과를 초래할 수 있다(Bornstein, Kale, & Cornell, 1990). 그러므로 친밀한 관계를 형성하고 유지하기 위해서는 상대나 상황에 따라 적절한 노출수준을 유지해야 할 것이다.

(2) 유사성

근접성은 친밀감 형성에서 가장 중요한 요인이지만 더 깊은 관계로 발전하는 데에는 또 다른 요인이 필요하다. 그 가운데 대표적인 요인이 유사성이다. 상호 간의 공통적인 기반은 안정감을 부여하며 적응을 용이하게 해 주므로, 상호 간에 유사한 요인이 많을수록 친밀감의 형성에는 유리하다.

가치나 태도에서의 유사성이 친밀한 관계를 형성하는 데 유리한 이유는 균형이론(balance theory)(Heider, 1958; Newcomb, 1961)의 관점에서 설명할 수 있다. 균형이론에서는 일반적으로 사람들은 균형상태에서는 긍정적인 정서상태를 경험하게 되지만, 불균형상태에서는 부정적인 정서상태를 경험하게 된다고 한다. 중요한 문제에서 상대방이 자신과 의견의 불일치를 보이면 균형상태가 깨어져 심리적 불안감이 증가하게 되므로 사람들은 자신과 의견이 일치하는 사람을 좋아하게 된다는 것이다. 또한 사람들은 상대방이 자신과 유사한 견해를 보이면 자신을 좋아하는 것으로, 자신과 의견을 달리하는 사람에 대해서는 자신을 싫어하는 것으로 생각하는 경향이 있다. 또한 중요한 문제에서 자신과 일치하는 태도를 보이는 사람은 자신의 생각이 옳다는 정당성을 부여해 주므로 이들이 주는 보상효과도 크다.

태도나 가치관뿐 아니라 사회계층, 연령, 종교나 인종 등에서도 유사한 사람을 좋아하는 경향이 있다(Brehm, Miller, Perlman, & Campbell, 2002). 이들 가운데 몇 가지 기준은 상당히 중요한 의미를 지니며, 어떤 사람은 그러한 기준에 맞지 않는 사람과는 아예 만나려 하지 않는다. 그러나 유사성의 원칙은 모든 영역에 적용되는 것은 아니며, 사회적 배경이나 인종이 다르더라도 유사한 태도나 가치관을 공유할 수 있으면 그러한 차이는 극복될 수 있다. 그러나 모든 조건에서 유사한 정도가 같다면 가장 손쉽게 접근이 가능한 사람이, 접근가능성의 정도가 같다면 여러 조건에서 자신과 가장 유사한 사람이 친밀감 형성에 유리하며 배우자로 선택할 가능성도 높다.

친밀감을 형성하는 데 있어서 유사성은 중요한 부분이다. 생활수준이나 성장환경 등 여러 측면에서 너무 다르다면 서로를 이해하는 데 어려움이 생길 수 있다. 이는 원자 간의 공유 전자쌍의 개수가 많아질수록 결합의 힘이 강해지는 '공유결합'과도 같다. 반면, 지나치게 닮은 것도 결합력이 약해질 수 있다. 혼자였을 때나 함께 있을 때나 별 차이가 없다면 밋밋해질 수밖에 없다. 그러므로 적당한 정도의 보완적인 부분이 필요하다. 이는 반대로 전하된 두 이온 간의 인력에 의해 형성되는 '이온결합'에 비유할 수 있다.

(3) 신체적 매력

근접성이나 유사성이 중요한 요인으로 작용하는 것은 분명하지만 이것이 이성교제와 배우자 선택의 결정적인 요인이 될 수는 없다. 상대방이 가까이 있고 유사성을 가지고 있다 하더라도 서로의 용모나 행동에서 끌리는 점이 없다면 이성교제는 이루어지지 못한다. 상대방에 대한 첫인상과 이후의 만남 여부를 결정하는 중요한 요인은 신체적 매력이다. "책의 표지로 그 책을 평가하지 말라"는 말이 있지만 외모로 사람을 평가하는 경우는 빈번하게 나타난다.

사람들이 신체적 매력을 지닌 사람을 좋아하는 이유는 이들이 사회적 능력이나 자신감이 뛰어나고 성적으로도 적극적일 것이라고 생각하는 고정관념 때문이다(Eagly, Ashmore, Makhijiani, & Longo, 1991). 매력적인 사람은 보다 안정적인 지위에 있으며 보다 바람직한 성격특성을 가지고 있는 것으로 평가받는다(Berscheid & Reis, 1998). 반면, 진화론적 관점에서는 신체적인 매력은 건강과 생식능력의 중요한 척도이며, 아름다운 외모는 우수한 유전자의 징표로 생각하기 때문이라고 한다. 이와는 달리 신체적인 매력과 건강은 상호관련성이 없다는 연구결과도 제시되고 있다(Kalick, Zebrowitz, Langlois, & Johnson, 1998).

신체적 매력은 이성 간의 만남에서 남녀 모두에게 중요한 요인이지만 특히 남성에게 중요한 요인으로 나타난다(Feingold, 1990; Jackson, 1992). 남성의 재력이나 지위와 여성의 젊음이나 외모의 상호교환이라는 공식이 다소 변하고는 있으나, 여전히 남성에게는 신체적 매력이 중요한 요인이다. 남성은 자신이 사귀는 여성의 아름

다움이나 용모에 의해 자신의 지위가 정해진다고 생각하는 경향이 있다(Broderick, 1992). 이러한 성별 차이는 성역할규범과 관련하여 설명할 수 있다. 전통적으로 남성은 생계유지자로서의 역할이, 여성은 가사와 육아담당자로서의 역할이 우선시되었기 때문에 여성은 경제적 능력이 뛰어난 배우자를 선호하며, 남성은 자녀출산이나 양육에 보다 적절한 젊은 여성을 선호한다는 것이다. 그러므로 최근 남녀 모두에게서 경제적 능력과 신체적 매력을 중시하게 된 것은 바로 성역할관의 변화와 밀접한 관련이 있다(Eagly & Wood, 1999).

외모에 대한 매력을 판단하는 문제는 개인차가 있으며, 여러 요인이 영향을 미치게 된다. 일반적으로 사람들은 자주 보는 얼굴에 친근감을 느끼며, 균형 잡힌 평균적인 얼굴(사진 참조)에서 매력을 느낀다(Lemley, 2000). 또한 자신과 닮은 외모를 가진 사람에게 호감을 느낀다. 상대방의 외모에 대한 선호도를 평가하는 실험에서,

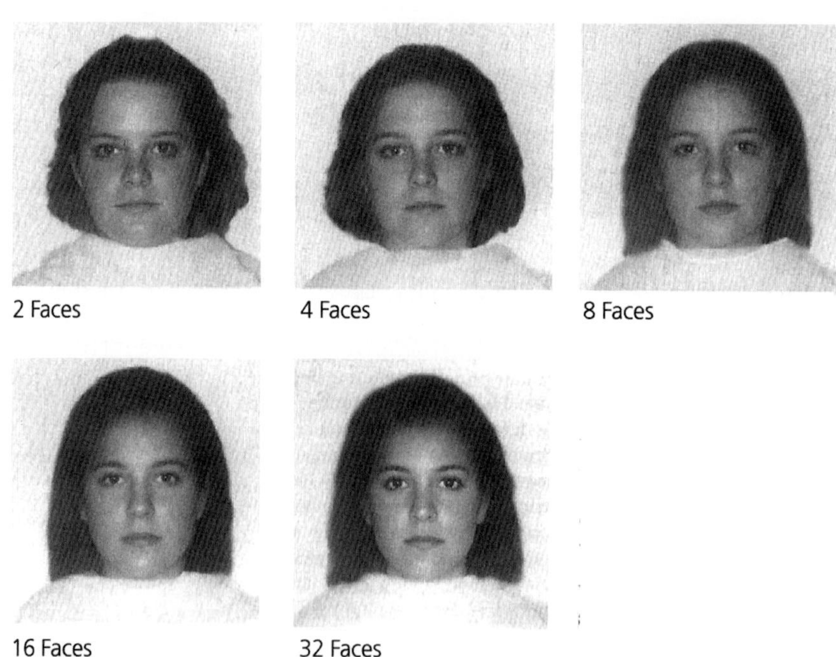

사진설명 우리는 각각의 개별적인 얼굴모습보다 여러 사람의 얼굴을 합성한 모습에 대해 더 호감을 갖는다. 합성한 얼굴이 많아질수록 호감도가 비례하여 증가한다.

출처: Lemley, B. (2000). Isn't she lovely? *Discover*, 42-49.

자신의 얼굴을 반대 성의 얼굴로 재합성한 사진을 보여주었을 때, 사람들은 상당한 매력을 느끼고 호감을 갖는 것으로 나타났다(Little & Perrett, 2002). 이성 부모의 외모와도 관련이 있는데, 어떤 사람이 이성 부모와 긍정적인 관계를 맺고 있다면 그 사람은 자신의 이성 부모와 유사한 외모를 가진 상대를 좋아할 것이다. 반대로 이성 부모와의 관계가 부정적인 것이라면 그 부모를 생각나게 하는 상대를 선택하지 않을 것이다(Jedlicka, 1982).

(4) 애착유형

사랑을 애착형성과정으로 설명한 Hazan과 Shaver(1987)는 이성 간의 친밀감 형성을 낭만적 애착(romantic attachment)으로 개념화하였다. 생애초기에 부모와 형성하는 애착은 양육자가 일방적으로 보살핌을 제공하며 안전기지를 제공해 주는 반면, 성인기의 애착관계는 상호호혜적인 관계이며 성적 특성이 강하게 작용한다는 차이가 있다. 그러나 두 관계 모두에서 애착대상과 가까이 있기를 원하며 애착대상이 자신의 욕구에 민감하게 반응할 때 안정감을 느끼고 애착대상과 분리될 때 불안을 느끼는 것은 공통적 속성이다. 실제 연구결과에서도 부모와의 애착이 안정적일수록 대학생들의 연인관계 유능성은 높게 나타났다(임정하, 김경미, 2022).

Brennan과 그 동료들(Brennan, Clark, & Shaver, 1998)은 이러한 애착유형을 불안과 회피라는 두 가지 범주를 기준으로 구분하였다. 〈그림 4-2〉에서 안정유형은 불안과 회피수준이 모두 낮고, 집착유형은 불안수준은 높은 반면에 회피수준은 낮고, 무시유형은 회피수준은 높은 반면에 불안수준이 낮고, 두려움유형은 불안과 회피수준이 모두 높게 나타난다. 따라서 안정유형은 불안과 회피수준이 모두 낮기 때문에 사소한 거절과 유기의 단서에는 반응을 보이지 않고 자율성과 친밀감을 편하게 수용하는 반면, 집착유형은 불안수준이 높아 사소한 거절과 유기의 단서에도 버려지는 공포를 경험하므로 관계에 집착하게 된다. 무시유형은 불안수준은 낮지만 회피수준이 높기 때문에 친밀감을 무시하고 의존을 거부하는 특성을 보이는 반면, 두려움유형은 불안과 회피수준이 모두 높기 때문에 사소한 거절과 유기의 단서에도 버려지는 공포를 경험할 뿐 아니라 친밀감을 두려워하여 회피하는 반응을 보이게

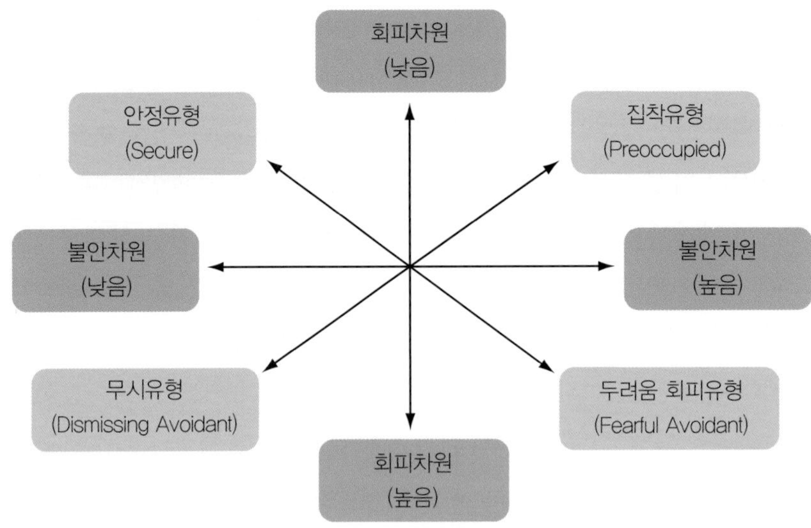

〈그림 4-2〉 **성인애착의 범주모형**

출처: Brennan, K. A., Clark, C. L., & Shaver, P. R. (1998). Self-report measurement of adult attachment: An integrative overview. In J. A. Simpson & W. S. Rholes (Eds.), *Attachment theory and close relationships* (pp. 46-76). New York: Guilford.

된다. 이성교제 중인 미혼남녀를 대상으로 한 국내의 연구에서는 성별에 따라 애착불안의 영향은 다소 차이를 보였다. 여성의 애착불안은 자기 스스로 높은 부정 정서나 행동을 표출함으로써 자신과 상대방 남성 모두에게 낮은 관계만족을 초래한 반면, 남성의 애착불안은 상대방 여성에게 높은 부정 정서나 행동을 유발하게 함으로써 여성의 낮은 관계만족을 예측하는 것으로 나타났다(백상은, 설경옥, 2021).

또한 Feeney와 Noller(1990)는 사랑의 유형, 애착의 내적 작동모델과 이성교제 시 갈등해결양식을 살펴본 연구에서 안정애착유형 가운데 에로스유형이 많은데, 이들은 갈등해결에서 타협, 배려와 같은 방법을 사용하는 경향을 보인다고 하였다. 회피애착유형은 루두스유형과 관련이 있으며 이들은 갈등해결에서 회피나 낮은 배려심을 보이는 경향이 있다고 하였다. 반면, 양가애착유형은 마니아와 관련이 있으며 갈등해결에서 공격성을 보이는 경향이 있다고 하였다.

4) 이성교제의 한계와 문제

이성교제는 여러 다양한 기능을 수행하기도 하지만 여러 가지 한계점도 있다. Harris(2003)는 이성교제가 미래의 배우자를 발견할 수 있는 방법이 되기도 하지만 다음과 같은 여러 가지 한계점이 있음을 지적하였다.

- 이성교제는 친밀감을 증진시키기는 하지만 책임감을 필요로 하지는 않는다.
- 이성교제는 안정된 관계의 기초가 되는 우정을 배제시키는 속성을 가지고 있다.
- 이성교제는 낭만적 매력에 초점을 맞추게 되므로 문제점이 발견된다 하더라도 이러한 감정이 유지되는 한 지속된다.
- 이성교제는 오락적 목적으로 사랑을 즐기는 데 초점을 맞춘다.
- 이성교제에서는 종종 육체적 관계가 사랑으로 잘못 간주된다.
- 이성교제는 종종 우정관계를 황폐화시키는 등 중요한 관계로부터 두 사람을 고립시킨다.
- 이성교제는 많은 시간과 노력을 필요로 하며, 결과적으로 청년으로 하여금 자신의 미래를 준비하는 것을 방해한다.
- 이성교제는 상대방의 특성을 평가하기 위한 인위적인 환경을 만들어낸다.

국내의 연구에서도 자기 감정적 소진, 대인관계 갈등, 연애에 대한 부적응적 태도, 자기계발 저해 등은 청소년기 이성교제의 부정적인 영향으로 나타났다(최지웅 외, 2023). 이성관계가 동성친구와의 관계를 단절시키거나 만나는 횟수나 시간을 한정할 수 있고, 이성교제에서의 반복적인 갈등은 감정적 소진과 관련된 부정적 영향을 경험할 수 있다. 또한 이성에 대한 편견 및 고정관념을 형성하거나 부정적 개념을 습득할 수 있고, 학업 소홀 및 학업 수행의 어려움 등 자기계발 저해 요인의 특성을 갖는 것으로도 나타났다. 이처럼 이성교제는 또래 관계에서 긍정적인 영향과 부정적인 영향을 동시에 지니는 이중적 속성을 지니고 있다.

이성교제가 내포하고 있는 이러한 한계점으로 인해 대두되는 가장 대표적인 문제는 성행위 통제문제이다. 이성교제는 그 관계가 어디까지나 피상적이며, 사랑의 감정이 개입되고 성행위가 이루어지기 시작하면 상대에 대한 이성적인 판단이 어렵게 된다. 이성교제는 그 목적이 전적으로 배우자 선택에 있는 것은 아니다. 배우자 선택 기능 못지않게 다수의 이성을 대상으로 다양한 경험을 하는 것은 중요한 의미를 갖는다. 그러므로 충분한 대화를 통해서 상대를 탐색하고 자신과 어울리는 상대라고 판단이 될 때, 두 사람의 관계를 진전시키는 것이 바람직하다.

최근 결혼뿐 아니라 연애까지 포기하는 현상이 나타나고 있는데, 결혼의향과 마찬가지로 이성교제에 가장 큰 영향을 미치는 요인도 경제적인 요인으로 나타났다. 지금까지는 이성교제가 주로 남성의 경제적 요인에 의해 영향을 받는다는 것으로 나타났으나, 최근에는 경제활동 여부나 소득 등의 경제적 요인이 남녀 모두에게 중요한 변수로 변화하고 있다(조성호, 변수정, 2020). 따라서 비용부담을 한 사람의 책임으로 돌리기보다는 공동으로 부담하려는 자세도 필요하다.

이러한 이성교제에서의 문제에서도 애착유형이 영향을 미치는 것으로 나타났다. 안정애착유형은 데이트 기간 중 사용된 비용을 실제로 소요된 비용보다 적게 인지하는 반면, 불안정애착유형의 사람들은 데이트 기간이 길어질수록 점점 소요되는 비용을 더 많게 인지하였다. 대화에서도 안정애착유형은 회피애착유형보다 신뢰, 수용성, 응시, 미소짓기, 유쾌한 말투, 대화에 대한 관심, 귀 기울이기에서 높은 점수를 보였다. 또한 불안애착유형은 파트너가 자신에게 흥미를 잃거나 떠나갈 것에 대한 두려움을 피하기 위해 안정애착유형보다 원하지 않는 성관계에 더 많이 응하는 것으로 나타났다.

그 외에도 최근 빈번하게 발생하고 있는 데이트 폭력(dating violence)도 이성교제의 문제점으로 대두되고 있다. 데이트 폭력은 서로 교제하고 있는 과정에서 한쪽이 가하는 폭력이나 위협을 말하는데, 성적인 폭력뿐 아니라 과한 통제, 감시, 폭언, 협박, 폭행, 상해, 갈취, 감금, 납치, 살인 등 복합적인 범죄로 나타날 수 있다. 최근에 와서 데이트 폭력은 그 발생빈도가 지속적으로 증가하고 있을 뿐 아니라 결혼 전에 시작된 데이트 폭력은 결혼 이후에도 지속되는 만성적인 특성을 보인다는 점에서 더욱더 문제시되고 있다.

청소년을 대상으로 한 미국 질병관리 및 예방 본부의 전국적 조사 결과 고등학생의 10%가 신체적 폭력을 경험한 적이 있는 것으로 나타났다(Centers for Disease Control and Prevention, 2016). 국내에서는 여성가족부(2022a)의 여성폭력 실태조사에 의하면 평생 동안 피해 당시 사귀고 있던 사람이나 과거 사귀었으나 피해 시점에서는 헤어졌던 사람으로부터 신체적, 성적, 정서적, 경제적 폭력 또는 통제 피해를 하나라도 경험한 비율은 전체 응답자의 5.0%로 나타났다. 교제폭력 피해를 입은 응답자들이 경험한 폭력 유형은 성적 폭력이 43.2%로 가장 높았고, 다음으로 신체적 폭력 37.8%, 정서적 폭력 36.4%, 통제 26.1%, 경제적 폭력 2.1% 순이었다(〈그림 4-3〉 참조). 이러한 데이트 폭력에 영향을 미치는 대표적인 요인으로는 어린 시절 폭력을 목격하였거나 폭력의 피해 경험과 같은 출생가족에서의 경험을 들 수 있다(김보라, 정혜정, 2009; 손혜진, 전귀연, 2003; 정혜정, 2003). 또한 폭력을 다른 형태의 애정표현으로 간주하여 심각하게 다루지 않는 인식의 문제도 주요 요인으로 작용한다.

2009년 영국에서 클레어법[1)]이 제정되어 시행되고 있듯이 전통적으로 데이트 폭력의 피해자는 남성보다 여성이 더 많은 것으로 나타나고 있다. 데이트 폭력의 가

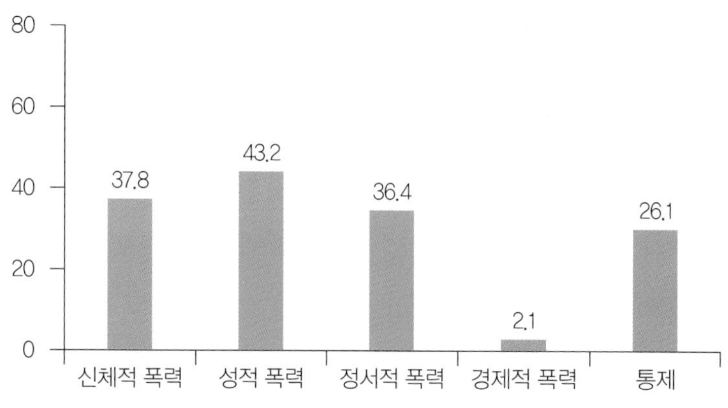

〈그림 4-3〉 데이트 폭력 피해 유형(%)

출처: 여성가족부(2022a). 2021년 여성폭력 실태조사.

1) 2009년 자신의 전 남자친구에 의해 살해당한 클레어 우드의 이름을 딴 클레어법은 데이트 상대의 가정폭력 전과 또는 폭력 관련 전과를 조회할 수 있게 한 법안이다.

해자인 남성은 여성을 자신의 소유물이나 부속물로 취급하는 경우가 많으며, 여성에 대한 의심이나 여성의 거절을 이유로 폭력을 행사한다.

데이트 폭력 가해자의 대부분이 남성이지만, 여성에 의해 가해지는 데이트 폭력 또한 심각한 문제가 될 수 있다. 남성이 피해자가 될 경우 사회적인 인식에 반하기 때문에 잘 드러나지 않을 뿐, 폭력의 유형 중 심리적 폭력은 상호적인 것으로 파악되고 있다(Cyr, McDuff, & Wright, 2006). 국내연구에서도 폭력 피해의 심각성에 있어서 남학생이 여학생보다 성폭력을 제외한 폭력에서 더 많은 피해를 입은 것으로 나타났다(김보라, 정혜정, 2009; 윤경자, 2007). 이처럼 남녀 모두가 데이트 폭력의 피해자가 될 수 있으므로 데이트 폭력에 대한 인식의 전환과 이를 사전에 예방하기 위한 노력이 필요하다.

실제로 대학생을 소집단으로 나누어 남녀의 차이와 관련된 단기과정 프로그램을 실시한 결과, 참가자들은 남녀의 차이에 긍정적으로 대처하는 구체적인 방법을 습득함으로써 이성교제에서 갈등은 감소시키고 친밀감은 증진시킬 수 있었다(이재림, 옥선화, 이경희, 2002). 또한 개인의 성격특성 가운데 불안애착은 부정적인 정서를 표출하게 함으로써 남성과 여성 모두에게 심리적 형태의 파트너 폭력 가해와 피해 위험을 높이는 것과 관련이 있는 것으로 나타난다. 그러므로 불안애착 유형을 대상으로 우울감이나 괴로움과 같은 부정적 정서를 조절할 수 있도록 도와줌으로써 파트너 폭력의 가해나 피해 위험을 경감시킬 수 있을 것이다(Kanemasa, Asano, Komura, Miyagawa, 2023). 또한 내현적 자기애 성향이 높을수록 역기능적 분노표현이 높아지고, 역기능적 분노표현이 높을수록 데이트 폭력 가해를 행사할 가능성이 높아지는 것으로 나타났다. 그러므로 내현적 자기애 성향을 가진 사람들이 분노를 적절하게 다룰 수 있는 분노조절 프로그램 등을 개발하여 데이트 폭력 예방 및 상담에 적용할 필요가 있다(남귀숙, 이수진, 2020).

5) 이성교제의 종결

이성교제 과정에서 우리는 필연적으로 몇 차례의 만남과 헤어짐을 경험하게 된다. 이성교제 과정을 통해 상대방이 자신에게 적합하지 않다고 판단될 때 그 관계는 종결되어야 한다. 그러나 헤어짐의 과정은 특히 거절을 당한 사람에게는 자아존중감에 손상을 주고 삶의 의미를 상실하게 하는 힘든 경험이 된다. 특히 실연에 대한 잘못된 생각은 이러한 어려움을 가중시키는 요인으로 작용한다. 그러므로 이성교제는 시작하는 것만큼 종결과정도 중요하며, 충격을 최소화하기 위한 노력이 필요하다.

(1) 종결의 단계

이성교제의 종결은 다음과 같은 과정을 거친다(Duck, 1982). 1단계는 개인 내적인 단계(intrapersonal phase)로서 상대방에 대한 불만스러운 점을 개인적으로 평가하고, 관계가 종결되었을 때의 부정적 측면과 새로운 관계를 시작했을 때의 긍정적 측면을 고려하게 된다. 2단계인 상호적 단계(dyadic phase)에서는 상대방과 관계를 종결하는 문제에 대해 논의하고, 자신들의 관계에 대한 재협상을 시도하게 된다. 3단계인 사회적 단계(social phase)에서는 상대방에게 관계의 종결을 통고하고 이별 후의 상황에 대해 협상한다. 마지막 4단계는 다시 개인 내적인 단계로서, 이별의 경험을 극복하기 위해 여러 가지 활동에 참여하게 된다.

어떠한 과정을 거쳐 이별이 이루어지든 관계의 종결은 두 사람에게 고통스러운 경험이 된다. 일반적으로 관계의 종결에서 책임감의 수준이 높은 쪽이 관계를 종결시키는 주체가 되며, 낮은 쪽이 거절을 당하는 쪽이 된다. 거절을 당한 쪽이 보다 심한 외로움과 우울, 분노를 경험하게 된다. 또한 이성교제의 종결이 합의된 것인지, 일방적인 것인지 또는 강요된 것인지에 따라서도 그 충격은 달라지는데, 쌍방 간에 합의가 이루어진 경우에는 부정적 감정이나 신체적 증상을 덜 경험한다(Akert, 1998). 이성교제 과정을 통해 상호 간에 부적절한 상대라는 판단을 내리게 되면 종결은 불가피한 과정이지만, 이로 인한 심리적 충격을 최소화하기 위해 다음과 같은 점들을 고려해야 한다(김정옥, 1999).

- 관계를 끝내는 것이 진정으로 원하는 것이라고 확신할 때 끝내도록 한다. 어떤

때는 기존의 관계를 조정하는 것이, 또 어떤 때는 끝내는 것이 현명할 수도 있다.

- 상대방은 상처를 받을 것임을 인정하고 받아들인다. 헤어지면서 상처주기를 원하지 않는다면 그 두 가지 감정은 모순이다.
- 관계를 끝내기로 결정했다면, 상대방에게 상처 주는 것은 피할 수 없으므로 종결 사유를 명확하게 이야기한다.
- 완전히 끝내도록 한다. 그래야 상대방의 상처도 빨리 치유된다.
- 새로운 관계를 시작하도록 한다. 새로운 관계는 상처를 치유하는 데 중요한 역할을 한다.

(2) 실연에 대한 왜곡된 사고

실연의 과정을 더욱 힘들게 만드는 것은 많은 사람들이 이성교제의 종결을 전적으로 자신의 책임으로 돌리고 자신을 책망하며 실패자로 단정하는 인지적 오류에서 비롯된다. 인지적 오류는 주변의 사건이나 개인적 경험을 체계적으로 왜곡하여 의미를 잘못 해석하는 것으로, 인간의 감정과 행동은 객관적인 현실보다 다음과 같은 왜곡된 사고에 영향을 받는다고 하였다.

① 과잉일반화

과잉일반화(overgeneralization)는 실연의 문제를 지나치게 확대시켜 모든 대상이나 행위에 적용시키려는 경향을 의미한다. 상대방에게 거절당한 경험을 가진 사람은 앞으로 이 세상의 모든 여자(남자)들이 자기를 거절할 것 같은 생각에 빠진다. 또한 자신의 특정한 성격특성이나 상호 간의 성격차이로 인해 사랑에 실패한 것을 마치 자신의 모든 특성이 문제가 있는 것처럼 생각한다. 이러한 왜곡된 사고를 가진 사람들은 한 번 사랑에 실패한 것을 두고 이후의 모든 사랑에서 실패할 것으로 생각한다.

② 개인화

개인화(personalization)는 사랑의 실패를 전적으로 자신의 잘못으로 돌리고 자책하는 것이다. 이성교제 과정에서 한 사람이 아무리 최선을 다한다 하더라도 불가피한 상황이나 이유로 관계가 종결되는 경우는 생길 수 있다. 그러나 개인화라는 왜곡된 사고를 가진 사람은 사랑의 실패를 무조건 자신의 탓으로 돌리고 자책함으로써 두 사람의 관계가 잘못된 원인을 제대로 파악하지 못하며, 결과적으로 이후의 관계에서도 실패할 수 있는 가능성이 높다.

③ 이분법적 사고

이분법적 사고(all-or nothing thinking, dichotomous thinking)는 모든 관계를 성공과 실패라는 양극의 논리로 설명하려는 것이다. 모든 인간관계는 그 결과 못지않게 과정도 중요한 의미를 가지고 있다. 그럼에도 불구하고 이분법적 사고를 가진 사람은 모든 관계를 결과를 중심으로 성공과 실패로 평가하며, 과정을 통해 얻게 된 개인적 성숙과 같은 긍정적인 측면은 인정하지 않는 경향을 보인다. 이러한 이분법적 사고는 개인의 정서반응까지 양극화시켜 상대방을 너무 좋아하여 이상화하거나, 극단적으로 미워하여 파괴적인 행동으로 이어질 가능성이 높다(사진 참조).

사진설명 모든 것을 성공과 실패라는 양극의 논리로 설명하는 이분법적 사고

④ 재앙화

재앙화(catastrophizing)는 어떤 일이 초래할 수 있는 부정적인 측면만을 비합리적으로 생각함으로써 불안감을 느끼는 것이다. 사랑에 실패한 것을 자신이 가진 성격상의 큰 결점으로 생각하고 앞으로의 만남에서도 절대로 성공할 수 없을 것이라는 불안감을 갖게 되는 것이다. 이러한 부정적인 생각은 그 자체만으로도 인간관계에서의 불안을 가중시키는 요인이 되어 궁극적으로는 긍정적인 인간관계 형성에 실패하게 된다.

Aaron Beck

Beck(1976)은 한 개인의 정서와 사고는 별개의 것으로 분리되어 있는 것이 아니라 상호관련이 있으며, 이상과 같은 비합리적인 사고가 실연의 문제를 더욱 힘들게 하는 요인이 된다고 하였다. 따라서 비합리적인 사고를 변화시킴으로써 정서적인 문제를 해결하기 위해 인지행동요법(cognitive behavioral therapy)을 발전시켰다. 인지행동요법은 역기능적인 사고를 탐색하여 보다 현실적이고 합리적인 사고로 변화시킴으로써 자신의 왜곡된 감정과 부적응적인 행동방식을 변화시키려는 것이다. 사랑의 실패는 인간의 성장과정의 한 부분이며, 이를 지나치게 확대시켜 과잉일반화, 재앙화, 이분법적 사고나 자신의 탓으로 돌려 자책하기보다는 이후 보다 만족스러운 관계형성의 발판으로 삼는 자세가 필요하다.

2. 배우자 선택

예로부터 혼인은 인륜지대사(人倫之大事)라 하였다. 혼인은 개인뿐 아니라 가족 모두에게 중대사로 인식되었기 때문에 배우자 선택에서 개인보다는 가족이 더 큰 권한을 가지고 있었다. 현대에 들어와 이러한 경향은 점차 개인의 선택을 중시하는 경향으로 변화하고 있다. 어떤 형식을 취하든 혼인할 배우자를 선택하는 문제는 이후 인생의 행복이나 안정성을 결정하는 가장 중요한 의사결정과정이다.

1) 배우자 선택유형

배우자 선택은 문화권에 따라 다양하게 이루어지지만 대부분 자유혼, 중매혼 그리고 절충혼의 세 가지 방식을 통해 이루어진다. 자유혼은 배우자 선택에서 개인의 의사를 가장 중요시하며, 배우자 선택조건으로는 개인적인 매력이나 사랑의 감정을 가장 중시하는 유형이다.

중매혼에서는 결혼을 개인과 개인의 결합이 아니라 가문과 가문의 결합으로 보기 때문에 배우자 선택에서 개인의 의사보다는 부모의 의사가 존중되고, 배우자 선택조건으로 사회경제적 지위가 가장 중요한 역할을 한다. 우리 전통사회의 배우자 선택유형이 이에 속하며, 친족관계가 약한 서구사회를 제외하고는 가장 널리 성행한 배우자 선택유형이다.

절충혼은 개인의 자유의사로 배우자를 선택하고 이후에 부모의 동의를 얻거나, 중매로 배우자를 선택한 후 자유로운 이성교제 과정을 거쳐 결혼에 이르는 형태이다. 이는 자유혼과 중매혼의 장점을 절충한 제도이지만, 부모와 자녀 간에 의견이 불일치할 경우 최종 선택권이 누구에게 있느냐에 따라 자유혼적인 성격이 강해지기도 하고, 중매혼적인 성격이 강하게 나타나기도 한다. 전반적으로 배우자 선택에서 부모의 결정권은 점차 약화되는 경향을 보이고 있으며, 본인이 결정을 한 후에 부모의 동의를 구하는 방식이 보편적이다.

2) 배우자 선택범위

배우자 선택을 개인의 문제가 아니라 가족의 문제, 나아가 사회의 문제로 보았던 전통사회에서는 배우자 선택기준을 일정 범위 안이나 밖으로 한정하는 일종의 사회적 규제가 있었다. 내혼제(endogamy)는 특정집단이나 일정 범위 안에서 혼인상대자를 선택하는 제도로, 동일한 민족(인종), 종교, 계층 간의 혼인을 이상적인 것으로 생각한다. 대부분의 사회는 연령 차이가 많이 나거나 사회적 신분, 사회계층, 종교, 인종, 피부색, 정치적 신념 등에서 불일치하는 결혼을 제한하거나 금기시한다. 고려조까지의 성골, 진골 간의 계급내혼제나 조선조의 양천불혼(良賤不婚)원칙, 미국 남부 주에서 백인과 흑인 간의 결혼을 인정하지 않았던 것, 유대교에서 타 종교인과 결혼을 인정하지 않는 것, 인도의 카스트 제도 등이 그 대표적 예이다.

외혼제(exogamy)는 특정집단이나 일정 범위 밖에서 혼인상대자를 선택하도록 하는 제도로 근친 간이나 동성동본 간의 금혼제도가 그 예이다. 모든 사회는 결혼을 하기에 너무 가까운 친족 간의 결혼에 대한 근친상간의 금기를 가지고 있다. 그러나 어디까지를 가까운 혈연관계로 보는가는 문화에 따라 차이를 보인다. 혈연관계가 없어도 사돈과 같은 특정한 친족과의 결혼도 금기시하는 경우도 있다.

일반적으로 내혼의 원리는 보다 큰 범위의 집단을 규정하는 것이고, 외혼의 원리는 좁은 범위의 집단을 규정하고 있다. 이러한 규정은 급격히 변화하는 현대사회에서 점차 완화되고 있는 추세이며, 최근에는 배우자 선택에서 개인의 자유로운 의사가 보다 존중되고 있다. 그러나 아직도 배우자의 선택은 이러한 배타적인 기준의 제약을 받아 그 사회에서 바람직하다고 생각되는 기준들의 결합에 의해 이루어지며, 그 결과 배우자 선택 관행은 각 사회의 문화적 특성을 반영하게 된다.

3) 배우자 선택이론

배우자 선택은 사회적 규제범위나 특정한 요인을 근거로 하여 즉흥적으로 이루어지는 것이 아니다. 배우자 선택과정에서 각 개인은 자신에게 가장 적합한 최상의 배우자를 선택하기 위해 복잡한 심리적 의사결정과정을 거치게 된다. 배우자 선택에서 어떠한 의사결정 과정을 거치는가에 대한 통합적인 설명은 불가능하지만, 이를 설명하고자 시도했던 여러 이론적 관점을 살펴보면 다음과 같다.

(1) 사회교환이론(Social Exchange Theory)

배우자 선택은 일종의 교환과정으로 설명할 수 있다. 사람들이 상호관계에서 가지게 되는 느낌은 그들 관계에서 주고받는 보상과 비용에 의해 결정된다. 사람들은 배우자 선택과정에서 비용(cost)보다는 더 많은 이득(benefit)을 얻으려 하는 경향이 있으며, 그 결과 자신에게 가장 많은 보상을 주는 사람을 배우자로 선택하게 된다. 교환과정에서 비용이나 보상은 시대나 사회에 따라 차이가 있지만, 일반적으로 사회계층이나 신체적 매력, 직업, 학벌 등이 중요한 기준이다.

여성은 주로 배우자 선택에서 남성의 경제적 능력을 중요한 보상요인으로 생각하고, 남성은 여성의 외모를 중시하는 것도 경제적 능력과 외모의 교환으로 설명할 수 있다. 전문직을 가진 남성에게 혼수로 열쇠 몇 개라는 우리의 혼인 풍속은 바로 결혼이 두 집안 사이의 거래라는 교환의 한 예로 볼 수 있다.

(2) 공평성 이론(Equity Theory)

사회교환이론과는 달리 공평성 이론은 배우자 선택과정에서 사람들은 가장 많은 보상을 추구하고 보다 적은 비용을 기대하는 것이 아니라 공평한 것을 추구하며, 이것이 가장 편안하고 행복감을 보장해 준다는 것이다. 지나치게 한쪽이 보상을 받게 되면 불편한 감정을 갖게 되므로 사람들은 자신과 유사한 가치를 가진 상대를 선택하려 한다는 것이다. 그러므로 가장 중요한 사회적 결합으로 간주되는 결혼의 경우, 사회적 지위에서 차이가 많이 나는 남녀일수록 그들의 결혼가능성은 낮아지며, 그 결과 사람들은 교육수준이나 사회경제적 지위, 종교나 가치관 등에서 자신과 유사한 사람과 결혼을 하려는 경향이 있으며 이를 동류혼이라고 한다(Blackwell & Lichter, 2000).

대부분의 사람들은 성공하고, 잘생겼으며, 사회적 능력이 있고, 장래가 촉망되며, 매너 있는 사람과 결혼하기를 희망한다. 그러나 이러한 기대와는 달리 대부분의 사람들은 자신과 여러 가지 조건이 유사한 사람과 결혼하게 되며, 이러한 동류혼적 원리는 누구도 손해 보았다는 느낌을 덜 받는 가장 안정되고 균형잡힌 배우자 선택 방법이다(사진 참조).

사진설명 정확히 무게중심의 균형을 맞추어 무게를 재는 천칭저울

재벌가 상호 간의 혼인과 같은 유사한 계층 간의 혼인 풍속은 바로 두 집안 간의 공평한 거래라는 관념이 작용하는 동류혼의 예로 볼 수 있다. 최근 결혼정보회사의 배우자 선택방식도 이에 근거한 것이다. 결혼정보회사는 많은 사람을 회원으로 가지고 있으면서 상호 간에 희망하는 요소를 갖춘 사람끼리 연결시켜 준다는 만남 주선 프로그램이다. 이처럼 결혼을 원하는 남녀를 소개시켜 주는 과정에서 학별, 재산, 외모 등의 기준에 의해 개인을 점수화하여 비슷한 점수대끼리 연결시켜 주는 것도 바로 동류혼적 원리에 근거한 것으로 볼 수 있다.

(3) 보완욕구이론(Complementary Needs Theory)

Winch(1958)는 사람들은 일반적으로 자신과 성격이 상이한 사람에게 끌리는 경향이 있다는 보완욕구이론을 주장하였다. 자신과 비슷한 특성보다는 서로의 성격이나 욕구가 다르다는 것이 보완적 역할을 하여 서로에게 매력을 느끼고 배우자로 선택하게 된다는 것이다. 특정 분야에 높은 성취욕구를 가지고 있는 사람은 그렇지 않은 대리성취형의 상대를 배우자로 선택하려는 경향이 있으며, 지배적인 성격은 의존적인 성격의 소유자를, 외향성의 성격을 가진 사람은 내향성의 성격을 가진 상대를 선택하려는 경향이 있다.

그러나 Winch의 보완욕구이론은 거의 지지를 받지 못하였다. 기혼자들을 대상으로 하여 자신과 배우자의 성격의 유사성과 보완성에 대해 연구한 결과, 성격이 유사한 경우가 다르다고 한 경우보다 많은 것으로 나타났다(유영주, 1997).

(4) 여과이론(Filter Theory)

여과이론에서는 배우자 선택이 단순히 사회적 배경의 유사성이나 보완욕구에 의해 결정되는 것이 아니라 일련의 여과망을 거치면서 이루어진다고 보았다(Kerckhoff & Davis, 1962). 이러한 관점을 발전시켜 하나의 모형을 제시한 Udry(1971)는 여러 가능한 상대자들 가운데 결혼할 배우자를 선택하는 데에는 다음과 같은 여섯 개의 여과망을 거치게 된다고 하였다(〈그림 4-4〉 참조).

Richard Udry

첫째, 근접성(propinquity)의 여과망을 통하여 가능한 모든 대상 가운데 지리적으로 가깝고, 만날 기회와 상호작용의 가능성이 많은 사람들로 그 대상이 제한된다. 둘째, 매력(attractiveness)의 여과망을 통하여 상호 간에 매력을 느끼고 끌리는 사람들로 그 대상은 다시 좁혀진다. 매력을 느끼는 요인은 개인차가 있지만 인성, 외모, 능력 등이 주요 요인이 된다. 셋째, 사회적 배경(social background)의 여과망을 통하여 인종, 연령, 종교, 직업, 교육수준 등의 사회적 배경이 유사한 사람들로 더욱 범위가 축소된다. 이 과정은 당사자보다는 부모에 의해 더욱 강조된다. 넷

〈그림 4-4〉 **배우자 선택의 여과망**

출처 : Udry, R. (1971). *The social context of marriage*. New York: Lippincott.

째, 상호일치(consensus)의 여과망을 통하여 인생관이나 결혼관 등 주요 문제에 대하여 동일한 가치관이나 견해, 태도를 가진 사람들만 남게 된다. 다섯째, 상호보완(complementarity)의 여과망을 통하여 상호 간의 욕구와 필요를 서로 충족시켜 줄 수 있고, 단점을 보완해 줄 수 있을 때 결혼가능성은 높아진다. 마지막으로 결혼준비 상태(readiness for marriage)의 여과망을 통과함으로써 비로소 결혼에 이르게 된다. 결혼에 대한 부모나 사회의 압력, 결혼에 대한 욕구 등이 결혼준비 상태에 영향을 주게 되며, 병역을 마치거나 취직을 하는 등 결혼을 위한 준비가 갖추어져야 실제적으로 결혼에 이르게 된다.

〈그림 4-4〉에 나타난 바와 같이 이러한 여과과정의 초기에는 유사한 특성이 보

다 중요하며 후기로 갈수록 상호보완적인 요인의 영향을 크게 받는다는 것을 알 수 있다. 그러므로 유사한 사회적 배경이나 태도, 가치관을 갖지 못한 남녀는 초기에 관계가 형성되기 어렵고 상보적 요인을 갖지 못한 경우에는 최종적으로 이루어지기가 어렵다.

(5) 자극-가치-역할이론(Stimulus-Value-Role Theory)

Bernard Murstein

Murstein(1987)은 Kerckhoff와 Davis(1962)의 여과이론을 기초로 배우자 선택의 자극-가치-역할이론을 제시하였다.

자극단계는 상호 간에 서로 매력을 느끼는 단계로 이는 상대방의 신체적, 사회적, 정신적 속성들과 관련이 있다. 우리가 배우자감을 만나면 외모나 직업, 사회계층과 같은 외적 특성에 기초하여 서로가 잘 맞을지를 검토하게 된다. 서로가 가진 자극 속성들이 공평하게 균형을 이룬다고 판단하게 되면 서로에게 끌리고 관계가 지속된다. 자극단계를 거쳐 가치단계로 옮아가면 서로의 태도나 가치가 일치하는지를 판단하게 된다. 직업, 종교, 생활방식, 자아실현 등에 대한 상대방의 태도나 가치를 탐색하여 서로의 가치가 일치하면 다음 단계로 진전된다. 가치의 일치는 결혼의 필요조건은 되지만 충분조건은 될 수 없기 때문에 다음 단계에서는 역할의 조화(role fit) 여부를 판단하는 과정이 필요하다. 역할단계에서는 상호 간에 역할에 대한 기대가 자신의 욕구나 성향과 일치하는가를 점검하게 된다. 상호 간에 역할기대가 일치하고 이를 수행할 능력이 있다고 생각되면 결혼으로 발전되며, 그렇지 못한 경우 관계는 종결된다. 이상의 세 단계는 연속적으로 단계적으로 이루어지기도 하지만 반드시 순서대로 진행되는 것만은 아니며 동시에 세 단계가 이루어질 가능성도 있다.

4) 배우자 선택의 실제

배우자 선택과정에서 나타나는 이러한 심리적 과정과는 별도로, 배우자 선택과정에는 경제력이나 가정배경, 신뢰와 사랑, 건강, 성격 등 여러 요인이 복합적으로 영향을 미친다. 결혼을 결정할 때 고려할 수 있는 사항을 〈표 4-1〉과 같이 총 9개 항목으로 제시하여 그 중요도를 조사한 결과, 경제적인 여건(본인의 경제적 여건, 본인의 일과 직장, 배우자의 경제적 여건, 배우자의 일과 직장, 안정된 주거 마련)이나 가정상황(공평한 가사분담 등 평등한 관계에 대한 기대, 각자의 집안과의 원만한 관계, 자녀계획 일치 여부)보다 더 중요하게 꼽은 것은 '부부간의 사랑과 신뢰'로 나타났다. 성별에 따른 두드러진 차이는 결혼을 결정할 때 남성은 여성에 비해 자신의 경제적인 측면을 더 고려해야 한다고 응답한 반면, 여성은 배우자의 경제적인 측면을 고려해야 한다고 응답하였다는 점이다(〈표 4-1〉 참조)(박종서 외, 2023). 실제로 결혼정보회사의 배우자 선택과정에서 일차적으로 고려되는 요인은 연령, 학벌, 직업, 가정배경, 장래성, 외모 등이며, 이러한 조건에서 벗어나면 아예 만남 자체가 이루어지지 않는다고 한다. 이러한 만남을 통해 어느 정도 상대방에 대해 호감을 갖게 되면 그 이후에 성격이나 기타 부모나 친구의 지지, 출신지역이나 취미 등의 요인들이 영향을 미치게 된다는 것이다.

성격은 결혼을 직접 눈앞에 두지 않은 미혼자 집단에서는 가장 중요한 요인으로 간주되지만 이는 일단 중요한 요인들 간에 일치가 이루어진 경우에 한정된다. 중요하게 비중을 둔 요인들에서 벗어나면 성격은 고려할 기회도 갖지 못하는 것이다. 남녀 모두에게서 성격이 배우자 선택에서 공통적으로 중요한 요인이지만 이는 평가가 쉽지 않다는 점에서 문제가 된다. 다음으로 경제적 능력은 교육수준과도 밀접

표 4-1 배우자 선택의 고려 요인

구분		본인의 경제적 여건	본인의 일과 직장	배우자의 경제적 여건	배우자의 일과 직장	공평한 가사분담 등 평등한 관계에 대한 기대	각자의 집안과의 원만한 관계	안정된 주거 마련	자녀계획 일치 여부	부부간의 사랑과 신뢰
전체		4.18	4.17	3.90	3.90	3.96	4.19	4.24	3.96	4.65
성별	남자	4.28	4.24	3.55	3.55	3.74	4.08	4.19	3.83	4.61
	여자	4.08	4.09	4.26	4.26	4.18	4.30	4.29	4.09	4.69

출처: 박종서 외(2023). 2021년도 가족과 출산조사. 세종: 한국보건사회연구원.

한 관련이 있다. 교육수준은 이후의 사회경제적 지위를 예측할 수 있는 중요한 변수로서 일반적으로 남성은 자신과 동등하거나 낮은 수준의 배우자를 선택하고 여성은 자신과 동등하거나 높은 교육수준의 배우자를 선택하려는 경향이 있다. 또한 여성보다 남성의 경제적 능력이 보다 중요시되는 점은 아직도 남성과 여성의 역할에 대한 전통적 기준이 적용되고 있음을 보여주는 예이다. 결혼시장에서의 상대적인 지위는 결혼 이후의 가사노동 분담과도 관련이 있다. 남성이 결혼 이후에도 지속적으로 가사노동에 더 적게 기여하는 것도 커플 간의 교환과정에서 상대적으로 더 많은 경제적 자원을 가지고 있는 것에 기인하는 것으로 볼 수 있다(Stauder & Röhlke, 2022). 그러나 남성의 경제적 능력만큼은 아니지만 여성의 경제적 능력도 점차 중요한 요인으로 대두되고 있다. 또한 신체적 조건은 여전히 남성의 배우자 선택에서 중요한 요인 가운데 하나인 것으로 나타났다. 신체적 조건은 성격과 마찬가지로 객관적인 기준이 없으나 첫눈에 반하는 감정을 불러일으킬 수 있는 단일요인으로서 배우자 선택을 설명할 수 있는 가장 강력한 요인이 되기도 한다.

5) 배우자 선택에서 고려할 점

행복한 결혼생활을 위해 배우자 선택에서 고려해야 할 요인들은 무엇일까? 이에 대해 유영주(1997)는 다음과 같은 세 가지 기준을 제시하였다. 첫째, 배우자는 본인이 원하는 사람이어야 한다. 결혼생활은 감정교환의 연속이므로 서로 원하고 호감이 가야 하며 감정의 교환이 가능해야 한다. 둘째, 본인이 필요로 하는 사람이어야 한다. 배우자를 통해서 경제적 · 감정적으로 안정감을 가질 수 있어야 하며, 원하는 생활수준을 유지할 수 있어야 한다. 감정의 교환은 용이하나 경제적 안정을 유지할 수 없다면 생활에 위협이 따르게 된다. 셋째, 배우자는 현실적으로 선택이 가능한 위치에 있어야 한다. 비교할 수 없이 차이가 나는 환경수준이라든가 너무 먼 거리에 있어 현실성이 없는 사람은 배우자로 적합하지가 않다.

또한 Stinnett 등(Stinnett, Walters & Kaye, 1984)은 배우자 선택에서 고려해야 할 사항을 다음과 같이 제시하였다. 첫째, 자신에 대해 알아야 한다. 자신의 욕구가 무엇이고, 어떤 상대를 원하며, 결혼을 하려는 동기가 무엇인지를 알아야 한다. 둘째, 결혼상대자를 알아야 한다. 상대방의 욕구, 성격, 관심, 가치를 알아야 한다. 셋째, 두 사람의 관계가 타인에게 어떤 영향을 미칠 수 있는지를 고려해야 한다. 넷째, 상호간의 일치성을 고려해야 한다. 다섯째, 사랑이 있어야 한다. 여섯째, 결혼의 지속성을 고려해야 한다. 이는 배우자 선택과정에서 자신이나 상대방과 관련된 여러 요소를 고려해야 함을 의미한다.

이 외에도 여러 학자들이 배우자 선택에서 고려해야 할 여러 가지 사항을 제시하였으며, 이를 종합해 보면 다음과 같다.

(1) 자신에 대해 알기

자신과 어울리는, 조화를 이루는 사람을 선택하기 위해서는 무엇보다도 먼저 자신이 어떤 사람인가에 대한 인식이 선행되어야 한다. Stinnett과 동료들(1984)은 배우자 선택에서 고려해야 할 가장 중요한 요인은 자신에 대해 잘 아는 것이라고 했다. 자신의 결혼동기가 무엇이며 결혼을 통해 얻고자 하는 것은 무엇인지를 알아야 한다. 자신의 성장환경, 부모와의 관계에서 경험했던 여러 가지 문제들은 배우자 선택에 영향을 미칠 수 있다.

어려서부터 우리는 무수한 정보를 통해 자신에 대한 인상(impression)을 형성하게 되고, 이러한 인상은 자신이 어떤 유형의 사람이며, 어떤 종류의 생활을 해야 하고, 타인과 어떻게 관계를 가져야 하는가에 대한 정보를 계속적으로 전달해 준다. 개인의 인생은 이러한 과거의 기록에 의해 프로그램된다고 볼 수 있다.

우리 모두는 자신이 걸어가는 인생행로에 대한 각본을 가지고 있다. 자신의 인생각본(life scripts)을 근거로 형성된 결혼각본(marriage scripts)에 비추어 자신이 어떤 사람이며, 자신에게 적합한 배우자는 어떤 사람인지를 판단해 보는 것은 필요한 과정이다.

(2) 자신과 조화를 이루는 사람

결혼각본은 상호작용의 본질에도 영향을 미치며, 실제로 이에 따라 자신에게 적합한 결혼상대자를 고르게 된다. 정상에 오르고자 하는 야망이 있는 남자는 자신이 그곳에 오르도록 도와줄 수 있는 여성을 결혼상대자로 선택하며, 여성도 마찬가지로 자신의 각본에 부합되는 남성을 선택하게 된다. 이러한 각본이 일치하지 않으면 아무리 노력해도 관계는 개선되지 않는다(Stinnett et al., 1984).

생활의 여러 측면에서 자신과 어울리는 사람, 조화를 이루는 사람과 결혼하는 것은 중요하다. 여가활동, 성생활, 역할분담, 가치관, 의사소통, 직업적 · 가정적 생활목표, 신체리듬과 같은 생활의 여러 영역에서 조화를 이루는 것은 결혼생활에 만족감을 주는 중요한 요인이다. 전통적인 역할관계에서는 남편은 직장에서 확고한 지위를 획득하고 부인은 가정에서 성실한 안주인의 역할을 수행함으로써 조화를 이룰 때에 보다 성공적인 결혼생활을 영위할 수 있었다. 그러나 현대사회에서는 보다 평등한 관계를 원하는 여성이 많아져 평등한 태도를 가진 남성과 결혼했을 때 성공적인 결혼생활이 가능해지는 경우가 많아졌다. 그러므로 결혼과 가정생활에서의 성공은 이러한 요소들이 상호 간에 얼마만큼 조화를 이루는가에 달려 있다.

(3) 자신이 필요로 하는 사람

결혼생활의 조화와 만족은 주로 정서적인 안정을 가져오지만 건강, 경제적 능력 그리고 학력 등의 요인들도 결혼생활에 큰 영향을 미친다. 현대사회의 특성 가운데 하나는 갈등상황에서 부부를 연결시켜 주는 외적 지원체계가 빈약하다는 것이다. 결혼을 유지하는 책임이 전적으로 당사자에게 맡겨져 있어 두 사람이 가진 자원이나 가치관 등에서 차이가 나면 결혼관계의 유지는 더욱 어려워진다. 결혼 초기에는 사랑하는 감정에 치우쳐 이러한 차이점들이 뒷전으로 밀려나지만 시간이 지나면서 큰 영향을 미친다.

배우자보다 월등하게 지성적인 사람은 상대에 대해 지루하고 귀찮은 감정을 가질 수 있으며, 상대방은 열등감을 가질 수 있다. 경제적 차이도 마찬가지이며, 좋지 못한 건강도 싫증을 느끼게 할 수 있다. 이러한 요인들은 정서적 불화를 심화시킨다. 청년들은 대개 사랑이라는 감정 때문에 다른 요인들을 직시하지 못하는 경우가 많다. 그러나 결혼은 분명 현실이다. 결혼은 가족을 돌보아야 하는 책임감을 필요로 한다. 연인 간에는 상호 간에 경외심을 갖지만 부부간에는 반드시 그렇지만은 않다. 결혼 후에는 여러 수준이 비슷하지 않으면 한쪽이 속았다는 느낌을 받게 되며, 동시에 상대방은 이에 적응해 나가느라 스트레스를 받게 된다. 사랑이라는 감정에 근거하여 서로를 선택하지만, 이러한 사랑의 감정이 사라지면 공통적인 요소가 서로에 대한 관심을 유지시켜 나가는 데 도움이 된다.

(4) 사랑하는 감정

전통사회와는 달리 현대사회에서는 당사자의 의견이 중심이 되고, 사랑은 배우자 선택의 중요한 요인이 된다. 사랑과 성을 포함해서 결혼생활에는 지속적인 로맨스의 기분이 있어야 한다. 사랑의 감정은 결혼의 필수조건이다.

이와 동시에 열정적 사랑을 잘 처리해 나가는 것도 필요한 과정이다. 열정적 사랑은 신체접촉에 대한 욕구를 포함하므로 신중하게 행동해야 한다. 결혼에 대한 확고한 결정을 내리기 전에는 관계가 진행되는 속도를 조절할 필요가 있다. 두 사람만의 친밀한 관계가 형성되는 과정에서 신체적 접촉을 통한 만족감이나 자극수준은 그 이전의 수준으로는 충족되기가 어렵기 때문에 확실한 한계를 설정하여야 한다. 또한 성적 접촉을 통한 자극이나 만족감으로 인해 자신들의 관계를 이성적으로 냉정하게 직시하지 못하는 경우도 많다.

(5) 부모의 지지

배우자 선택에서 부모나 친구의 지지도 고려해야 할 요인이다. 배우자는 자신이 선택하지만 얼마나 지혜로운 선택을 하는가는 상대방에 대해 얼마나 정확하게 알고 있는가에 좌우된다. 그러나 낭만적인 감정에 빠져있는 두 남녀가 상대방에 대해 정확한 판단을 한다는 것은 거의 불가능하기 때문에 부모나 친구의 지지를 받는 것은 중요한 의미가 있다.

동시에 배우자 선택에서 부모나 친지의 지나친 간섭과 진정한 도움에 대해 일정한 한계를 설정하는 것은 필요하다. 대체로 부모는 자기 자녀에 대해 객관적인 평가가 어렵고 이로 인해 자녀가 선택하는 배우자에 대해 실제로는 거의 만족하기 어려운 기준을 갖고 있다. 자신의 판단과 이들의 판단이 불일치할 경우에는 가능한 한 개방적인 태도를 유지하고, 적절한 시간적 여유를 갖고 서두르지 않는 것이 중요하다.

약혼과 혼례

자신에게 적합한 배우자를 선택하고 적절한 시기에 결혼할 것을 약속하는 것을 약혼이라고 한다. 현대사회에서 연애결혼이나 혼전동거가 증가하면서 약혼식이라는 공식적 절차는 덜 중요시되고 상견례로 대치되는 경우가 많다. 약혼이 어떠한 형식으로 이루어지건 약혼은 배우자와 그들 가족과의 친밀감을 증가시키고, 결혼생활을 구체적으로 계획하고 준비하며, 결혼에 앞서 적응여부를 재검토함으로써 시행착오를 줄일 수 있는 기회라는 의미가 있다.

결혼은 지금까지 생활해 온 출생가족에서 벗어나 자신이 중심이 되는 생식가족을 형성하는 전환점이 된다. 결혼을 통해 형성하게 되는 생식가족은 자신의 선택과 의지에 의해 만들어진다는 점에서 출생가족보다 더 중요한 의미를 갖는다고 볼 수 있다. 결혼을 할 것인지 안 할 것인지에 대한 결정은 개인의 자유의사에 달렸지만 일단 결정을 하고 나면 의무와 책임이 수반된다. 그러므로 결혼은 단순히 사랑하는 관계 이상의 의미를 가지게 되며, 신중한 선택과 판단을 위해 약혼기간을 통한 상호간의 탐색이 필요하다.

이 장에서는 먼저 약혼의 기능과 성공적인 결혼생활의 기초가 되는 결혼준비교육에 대해 살펴보고, 다음으로 전통혼례와 현대식혼례 및 혼례문화의 문제점과 혼인관련 법규에 대해 살펴보고자 한다.

1. 약혼의 기능

약혼은 단순히 결혼을 약속한다는 의미를 갖는 것이 아니라 여러 가지 기능을 가지고 있으며, 동시에 적응과정에서 문제가 있을 경우 파혼의 가능성도 고려해야 한다. 약혼의 기능을 구체적으로 살펴보면 다음과 같다.

1) 마지막 시험기간

약혼은 결혼에 앞서 뒤로 물러설 수 있는 마지막 시험기간으로서의 기능을 갖는다. 일단 결혼을 약속하게 되면 다른 이성과의 관계는 차단되고 두 사람만의 관계로 한정된다. 그 결과 상호관계는 이전과는 다른 양상을 띠게 되며 친밀한 관계로 발전되어 상대방의 인성 등 여러 요인을 검토하고 파악하는 것이 보다 용이해진다. 실제로 약혼을 한 많은 쌍들이 적응 문제로 파혼을 하고 있으며, 이는 결혼 후 이혼에 따르는 고통과 혼란을 감안한다면 훨씬 덜 고통스러운 과정이라고 볼 수 있다. 마지막 시험기간으로서 약혼은 적어도 성공할 수 있는 최소한의 가능성도 없는 쌍을 걸러낸다는 여과기능을 한다.

약혼기간을 충분히 활용함으로써 성격이나 교육수준, 신분 등의 차이에서 야기되는 부적합성의 위험한 패턴을 미리 인식하고 대처할 수 있다. 동시에 지금까지 피상적으로 알고 있던 상대방의 능력이나 재정상태 등을 고려해 보다 현실적인 판단이 가능하다.

2) 상대방 가족과의 관계형성

좁은 의미에서 약혼은 두 사람이 결혼을 약속하는 것이지만 넓은 의미에서는 가족끼리 결혼을 약속하는 의식이기도 하다. 약혼은 친지나 친척에게 두 사람의 관계를 널리 공포하는 기능을 가지며 이를 통해 상대방 가족이나 친척들과의 관계도 형성된다.

약혼을 하게 되면 상대방의 가정을 방문하는 것이 보다 용이해지므로 이를 통해 생활수준이나 가족관계, 가족 내에서의 배우자의 모습을 제대로 파악하고 적응가능성을 검토해 보는 것도 필요하다. 또한 두 사람은 비록 성장배경이 다르다 하더라도 사랑이라는 감정이 개입되어 있지만 상대방 가족과의 문제는 보다 복잡하다. 가정형편이나 출신지역, 종교 등 여러 배경요인들의 차이로 인해 모든 것이 생소하고 이질적인 느낌을 갖게 된다. 그러므로 두 사람이 약혼으로 보다 밀착된 관계를 형성하게 되면 상대방 가족과도 원만한 관계를 형성해 나가기 위한 노력이 필요하다. 최근에는 배우자 선택에서 당사자들의 의견이 중시되어 부모의 반대에도 불구하고 결혼을 강행하는 경우가 많다. 이러한 경우 약혼기간은 상대방 가족과의 관계형성에서 더욱 중요한 의미를 갖게 된다. 특히 우리나라와 같이 형식적으로는 핵가족이지만 직계가족의 이념이 깊이 뿌리내린 사회에서는 배우자 가족과의 관계는 배우자와의 관계 못지않게 결혼생활에서 중요한 의미를 갖는다.

3) 결혼계획과 준비

두 사람이 새로운 가족을 형성하는 데에는 여러 가지 계획과 준비가 필요하며 약혼기간은 이러한 계획을 세우고 이를 준비하는 기간으로서의 기능을 갖는다.

가족계획은 어떻게 할 것인지? 자녀를 갖기를 원하는지? 갖기를 원하면 첫 아이를 낳는 시기, 자녀의 수, 터울은 어떻게 할 것인지? 갖지 않기로 결정했다면 피임은 누가 할 것인지? 등의 문제에 대한 계획이 필요하다. 경제문제에 대해서도 보다 현실적인 계획이 가능하다. 상대방의 경제력을 학력이나 직업 등을 근거로 막연하게 추측하는 것에서 발전하여 재정문제나 주거문제에 대해 보다 세부적인 계획이 필요하다. 그 외에도 결혼식 형태, 비용, 시기, 신혼여행 장소, 기간, 비용 등 결혼 전반에 대한 계획이 필요하다.

약혼이 가지고 있는 이러한 다양한 기능으로 인하여 일반적으로 약혼 및 교제기간과 결혼에서의 적응은 상관이 있는 것으로 나타난다. 그러나 이는 단순히 약혼기간의 문제라기보다는 그 기간 동안 얼마나 상호 간에 적응이 잘 이루어졌느냐가 더 중요한 요인으로 작용한다. 약혼은 곧 결혼이라는 인식보다는 상호 간의 적응가능성을 시험해 보는 단계이며, 결혼생활을 계획하고 준비하는 기간이라는 인식이 필요하다.

4) 파혼

두 사람 간의 결혼 약속인 약혼을 파기하는 것을 파혼이라 한다. 상호 간의 적응에 문제가 있거나 일정한 사유가 있을 경우 자유롭게 파혼이 가능하며, 우리나라는 법적으로 다음과 같은 약혼해제의 사유를 명시하고 있다(민법 804조).

- 약혼 후 자격정지 이상의 형을 선고받은 경우
- 약혼 후 성년후견개시나 한정후견개시의 심판을 받은 경우
- 성병, 불치의 정신병, 기타 불치의 병질이 있는 경우
- 약혼 후 다른 사람과 약혼이나 혼인을 한 경우
- 약혼 후 다른 사람과 간음한 경우
- 약혼 후 1년 이상 생사가 불명한 경우
- 정당한 이유 없이 혼인을 거절하거나 그 시기를 늦추는 경우
- 그 밖에 중대한 사유가 있는 경우

약혼의 해제는 이혼과 달리 상대방에게 의사표시만으로 가능하며, 파혼사유가 법적으로 명시된 상대방의 과실로 인한 경우에는 예물을 반환할 의무가 없으며, 상

대방에 대하여 손해배상 청구가 가능하다.

2. 결혼준비교육

약혼기간 동안 적응상의 큰 문제가 없으면 결혼을 결정하게 된다. 결혼이 가문과 가문의 결합에서 남녀 간의 정서적 유대감을 중시하는 경향으로 변화하면서 상호 간의 적응은 보다 중요한 의미를 갖게 되었다. 따라서 결혼 이후 적응과정에서의 실패로 인한 여러 가지 문제점을 사전에 예방하는 차원에서 다양한 결혼준비교육이 이루어지고 있다.

서구에서는 1970년대 이후 예방차원의 결혼준비개념이 부각되면서 결혼준비교육에 대한 관심이 고조되었다. 이들 결혼준비교육은 결혼의 성공과 실패 여부를 80~90%의 정확도로 예측하는 것으로 나타났다. 성공적인 결혼을 위한 결혼준비교육 가운데 하나는 Gottman(Gottman & Silver, 1999)을 중심으로 이루어졌다. 이들은 부부간의 대화와 갈등해결방식의 비디오자료를 분석하여 네 가지 역기능적 의사소통방식을 모두 사용하는 커플의 이혼여부를 90% 정도 예측할 수 있다고 하였다. Olson을 중심으로 이루어진 또 다른 결혼준비교육은 비디오자료를 통한 상호작용방식보다 프로그램 초기단계에서 커플관계를 조사하기 위한 설문지를 통해 이루어졌다. 이 프로그램은 예비부부를 위한 PREPARE(Premarital Personal and Relationship Evaluation) 프로그램과 결혼한 부부를 위한 ENRICH(Enriching and Nurturing Relationship Issues, Communication, and Happiness) 프로그램이다. Olson과 동료들(Olson, Fournier, & Druckman, 1989)에 의해 개발된 PREPARE는 예비부부를 대상으로 관계의 강점과 향상시켜 나가야 할 점을 규명함으로써 예비부부들이 어떻게 의사소통하고 갈등을 해결해 나가야 할 것인지를 도와주고 결혼생활을 향상시키기 위해 필요한 에너지와 시간을 투자하도록 동기를 부여해 준다. Fowers와 Olson(1986)은 결혼 후 3년이 지나 행복한 결혼생활을 하는 사람들은 결혼 전 3~4개월 전에 실시한 검사에서 높은 점수를 받았던 집단이며, 행복한 결혼생활을 가장 잘 예측하는 요인으로는 관계에 대한 현실적인 태도, 상대방의 성격에 대한 만족, 즐거운 의사소통, 만족스러운 갈등해결방식과 가치관의 일치로 나타났다. 결혼 전 PREPARE 프로그램에 참여한 집단과 통제집단의 비교연구에서도 프로그램에 참여한 집단은 의사소통기술이나 갈등해결기술이 향상됨으로써 커플 만족도가 유의하게 향상되었으나 통제집단에서는 변화가 없었다(Knutson & Olson, 2003).

결혼의 성공을 예측하기 위해 연구대상에게 결혼 전 3~4개월(Fowers & Olson, 1986)과 결혼 후 3~4년(Larsen & Olson, 1989)이 되는 시점에 두 번의 종단연구를 실시한 연구결과에서도 PREPARE는 80~85% 정도로 결혼에서의 성공을 예측하는 것으로 나타났다. 이러한 연구결과를 바탕으로 PREPARE는 결혼준비정도를 측정하고 그 결과를 임상적 상담이나 결혼준비교육의 기초자료로 널리 사용하고 있다.

David Olson

결혼준비는 일반적으로 결혼식 절차나 혼수준비와 같은 협의의 개념으로 받아들여지고 있으나 이는 결혼생활의 다양한 측면을 고려하는 보다 포괄적인 개념으로 이해되어야 한다. 결혼생활에서의 순조로운 적응을 위해서는 단순한 혼례준비보다는 정서적인 측면이나 경제적, 법적인 측면 등 여러 다양한 영역에 대한 포괄적인 준비가 필요하다. 이러한 관점에서 결혼준비교육에서는 결혼에서의 책임감이나 의사소통기술, 자녀양육 등의 내용을 강의와 토론의 방식으로 교육하고 있으며, 이러한 교육은 이후의 성공적인 결혼을 예측하는 것으로 나타났다. PREPARE/ENRICH 프로그램(사진 참조)의 구체적인 내용을 살펴보면 〈표 5-1〉과 같다.

사진설명 PREPARE/ENRICH Program
출처: http://www.google.co.kr

이들 프로그램에서 지향하는 결혼준비교육의 목표는 크게 개인적 측면의 준비, 관계적 측면의 준비, 결혼생활 측면의 준비의 세 영역으로 분류할 수 있다. 첫째, 개인적 측면의 준비는 신체적인 건강과 성숙이 바탕이 되

표 5-1 PREPARE/ENRICH 프로그램의 내용

- 결혼에 대한 기대: 커플관계에서의 사랑, 헌신에 대한 기대
- 성격문제: 파트너의 성격 특성에 대한 만족 여부
- 의사소통: 의사소통에 대한 이해와 태도
- 갈등해결: 갈등의 존재와 해결에 대한 이해와 태도
- 재정관리: 경제적 문제를 관리하는 방식에 대한 관심과 태도
- 여가활동: 여가시간 사용에 있어서 각 개인의 선호도
- 가치관: 인생의 중요한 가치관에 있어서 개인의 성향
- 성관계: 파트너와의 애정과 성관계에 대한 감정과 관심
- 부모됨과 자녀양육: 자녀의 출산과 양육에 대한 감정과 태도
- 가족과 친구: 양가 부모, 친척, 친구와의 관계에 대한 감정과 관심
- 역할관계: 결혼과 가족 역할에 대한 신념과 태도
- 정신적 신념: 종교적 믿음과 실천에 대한 관심과 태도

출처: Olson, D. H., DeFrain, J., & Olson, A. K. (2007). **행복한 결혼, 건강한 가족**. 21세기 가족문화연구소(편역). 서울: 양서원. (원본발간일, 1999).

어 결혼이나 인생 전반에 대한 가치관이 확립된 상태를 의미한다. 둘째, 관계적 측면의 준비는 서로가 사랑하고 상대방의 성격 특성을 수용할 수 있으며, 의사소통을 통하여 갈등을 해결함으로써 관계의 지속적인 성장을 가져올 수 있는 상태를 의미한다. 셋째, 결혼생활 측면의 준비는 양가 가족이나 친척, 친구관계나 결혼 후 재정관리, 역할분담, 자녀 출산 및 양육, 성관계, 여가활동 등에 관한 구체적인 계획에 합의를 이룬 상태를 의미한다.

John DeFrain

다양한 결혼준비정도 측정도구의 평가자료를 근거로 예비부부를 위한 결혼준비교육을 실시한 결과, 프로그램 참가자들의 자아존중감, 평등한 역할분담의식, 의사소통에서 유의한 향상을 보여 결혼 전 커플의 관계를 향상시키는 데 결혼준비교육이 효과가 있는 것으로 나타났다.

3. 혼 례

결혼준비가 혼례준비로서의 협의의 개념이 아니라 보다 포괄적 개념인 것은 자명한 사실이다. 그러나 결혼식은 두 사람의 결합을 사회적으로 인정하는 중요한 통과의례이다. 그러한 의미에서 전통사회에서는 결혼식에 상당한 의미를 부여하였으며, 최근에도 이러한 형식은 답습되고 있다. 우리나라를 위시한 동양문화권에서는 의례를 특히 중요시하여 왔으므로 결혼식은 단순히 의례의 차원을 넘어 의식을 통한 가치관을 볼 수 있다는 데 그 중요성이 있다. 그러므로 우리의 전통혼례는 어떠했으며, 현대의 혼례문화는 어떠한지, 또 개선해 나가야 할 부분은 무엇인지에 대해 살펴보는 것은 단순히 혼례의식 이상의 의미가 있다.

1) 혼례의 의미와 기본정신

예로부터 혼례(婚禮)는 관혼상제의 4례 가운데 가장 으뜸이 되는 것으로 인식되었으며, 따라서 인륜지대사(人倫之大事)라 일컬었다. 혼인은 여자와 남자가 만나 서로 부부가 되어 일평생 고락을 같이하는 인격적 결합을 의미한다. 혼(婚)은 저물 '혼(昏)'에서 유래한 것으로, 혼인 예식이 해가 저무는 시간에 올리는 예라는 뜻이다. 남자와 여자가 만나 혼인하는 것은 양과 음의 만남이므로 그 시간도 양과 음이 교차하는 시간인 해가 저무는 때가 합당하다는 데서 유래하였다. 『예기(禮記)』의 「婚儀編(혼의편)」에서는 혼례란 두 성(性)의 좋은 것을 합쳐 위로는 종묘를 섬겨 제사의 주인이 되고, 아래로는 자손을 후세에 계승시켜 조상의 대를 끊기지 않게 하기 위해서이며, 군자는 이를 중히 여겨 소홀히 하지 않는다고 하였다.

혼인이란 장가가고 시집간다는 평등정신에 기초하고 있다. 따라서 부부는 서로 존중하여 공경하는 말씨로 대화하며, 호칭도 대인칭이 아닌 거처칭을 사용하였고, 남편이 출세하면 아내도 함께 작위가 올랐다. 또한 전통혼례 의식에는 삼서(三誓) 정신이라 하여 세 가지 맹세를 하였다. 세 가지 맹세란 신랑과 신부가 혼인 예식을 거행하기 전에 부모에게 서약하는 서부모(誓父母), 하늘과 땅에 서약하는 서천지(誓天地), 서로가 배우자에게 서약하는 서배우(誓配偶) 의식이다. 서부모는 자신을 있게 한 조상과 부모의 큰 은혜를 기리는 것이고, 서천지란 혼인이 천지의 음양의 이치, 즉 대자연의 섭리에 순응하는 것으로 하늘과 땅을 두고 부부의 사랑을 맹세하는 것이며, 서배우는 남편과 아내로서 상대방에게 도리를 다할 것을 서약하는 것을 말한다(김득중, 유송옥, 황혜성, 1998).

2) 전통혼례

우리나라의 전통혼례는 주자가례(朱子家禮)를 그 근간으로 삼고 있다. 주자가례는 송(宋)나라 때 주자가 주(周)나라 때의 육례(六禮)를 간소화시킨 사례(四禮)를 기본으로 하고 있다. 조선조의 사대부계층은 이를 근거로 우리나라 혼례의 이상형을 제시하였으며, 사례편람(四禮便覽)은 그 대표적인 것이다. 사례편람의 혼례는 의혼(議婚), 납채(納采), 납폐(納幣), 친영(親迎)의 네 단계로 이루어진다(〈그림 5-1〉 참조).

〈그림 5-1〉 **우리나라의 전통혼례**

(1) 의혼

의혼은 중매인을 통하여 양가를 왕래하게 하면서 신부집의 허락을 받아내는 과정이다. 사례편람의 의혼을 민간에서는 혼담(婚談)이 오간다고 한다. 신랑, 신부의 양가에서 중매인을 보내어 상대방의 집안이나 사람됨, 형제관계 등을 수소문하고, 친척 중에서 신임할 만한 사람을 보내어 탐색하게 하기도 한다. '간선'이라고 하여 지나가는 사람인 체하면서 상대방을 엿보는 수도 있다. 이러한 과정을 통해 집안어른들의 협의가 이루어지면 궁합을 본 다음 청혼을 하게 된다.

(2) 납채

납채(納采)는 신랑 측 혼주가 사주를 보내고 신부 측에 연길을 청하는 절차로서 민간에서는 이를 '사성(四星) 보내기'라고 한다. 양가가 수소문과 탐색이 끝나고 혼인을 하기로 결정하면 신랑 측에서는 신랑 될 사람의 '생년월일시'를 백지에 적은 사주단자(四柱單子)와 혼인을 청하는 납채문을 써서 신부 측에 보낸다. 신부 측에서 사주를 받으면 일단 혼인을 승낙한다는 것을 의미하므로 사주단자는 혼주가 나와 정중하게 받아들인다. 사주는 잘 보관했다가 혼수를 보낼 때 함께 보내어 신부의 옷장 속에서 평생 간직하도록 하였다. 사주를 받은 신부 측에서는 사주에 따라 운세를 가늠해 보고 길일을 택하여 혼인 날짜를 잡는데 이를 택일 혹은 연길(涓吉)이라고 한다. 양반가에서는 연길과 함께 허혼서를 보내게 된다.

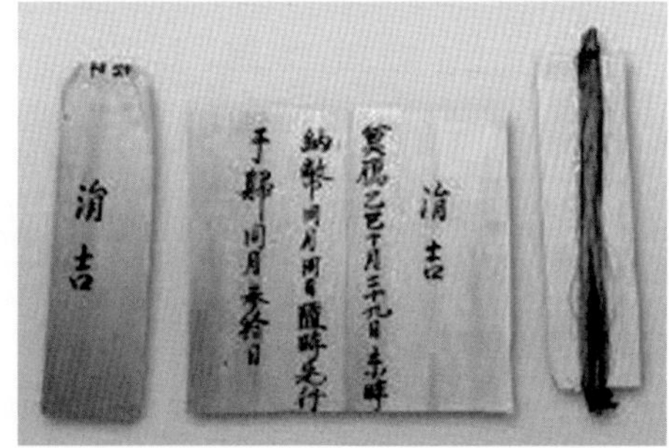

〈그림 5-2〉 **사주와 연길**

(3) 납폐

신부집에서 택일을 하여 신랑집에 보내면 신랑집에서는 혼서와 예물을 함에 넣어 신부집에 보내는데 이를 납폐(納幣)라 한다. 혼서(婚書)는 결혼문서로 소중하게 간직하여 죽을 때 관속에 넣어 간다고 한다. 신랑이 가난할 경우 혼서와 함께 채단(采緞)만을 보내는데, 채단은 청·홍의 비단 치맛감을 말한다. 여유 있는 집에서는

〈혼서 싸는 법〉

금전지가 달린 검정색 비단 겹보자기에 혼서를 싼다. 근봉띠를 끼워 잘 매만진 뒤 혼수함의 맨 밑에 넣는다.

검정색 비단 겹보에 싼 뒤 근봉띠를 끼운 혼서

〈혼수함을 보낼 때와 받을 때〉

① 신랑집에서는 봉치떡을 정성껏 싼 다음, 시루째 마루 위에 있는 소반에 갖다 놓고 그 위에 혼수함을 올려놓았다가 지고 가게 한다.

② 함을 지고 가는 함진아비(函父)는 아들을 낳고 내외간의 금슬이 좋은 사람으로 선정한다. 홍단령(紅團領)을 입은 함진아비가 함을 지고, 서너 사람은 횃불을 들고 길을 인도한다.

③ 신부집에서는 대청마루에 상을 놓고 그 위에 홍색 보자기를 깐 뒤 봉치떡 시루를 올려놓는다.

④ 함진아비로부터 혼수함을 정중하게 받아 떡시루 위에 얹어 놓는다. 신부집에서는 함진아비 일행에게 옷감이나 돈을 주고 음식을 후하게 대접한다.

⑤ 함을 옆에 내려놓고, 함을 싼 홍색 겹보자기를 벗긴다.

⑥ 함 뚜껑을 연다.

⑦ 함 속에 손을 넣고 채단을 꺼낸다.

⑧ 청색 종이에 싸인 홍단을 먼저 꺼내면 첫아들을 낳는다는 옛말이 있다.

〈봉치떡〉

신랑 · 신부집 양쪽에서 모두 준비한다. 찹쌀 두 켜에 팥고물을 넣고 가운데 대추와 밤을 박아 만든다. 대추와 밤은 따로 떠놓았다가 혼인 전날 신부가 먹도록 한다.

〈그림 5-3〉 **혼서와 함**

출처: 조선일보사(1989). 사진으로 보는 가정의례. 서울: 조광인쇄.

옷감을 더 넣어 보내기도 하는데 이를 봉채(封采) 혹은 봉치라고 한다(조선일보사, 1989)(〈그림 5-3〉 참조). 그러나 예물은 두 가지 이상으로 하되 많아도 열 가지를 넘지 않도록 '사례편람'에 규정되어 있다. 이는 사치를 방지하고 정성으로 예물을 보내는 풍습을 정착시키려는 의도에서 비롯된 것으로 볼 수 있다.

(4) 친영

마지막으로 친영은 오늘날의 결혼식에 해당하는 것으로 혼례절차 중 가장 중요한 의식으로 전안례, 교배례, 합근례로 이루어진다(사진 참조). 신랑은 성복하고 혼주와 함께 사당에 가서 고하고 집을 나서 신부집에 도착하여 대문 밖에서 기다린다. 이때 신부집 혼주는 사당에 고하고 신랑을 맞이한다. 신랑은 들어가 기러기를 드리고 북향재배하고 신부를 가마에 태운다. 신랑집에 도착하면 대례청으로 들어가 혼례를 올린다. 이튿날 신부는 시부모를 뵙고 사당에 고하며, 사위는 신부의 부모를 뵙고 인사를 올린다. 그러면 신부 측에서는 신랑에게 상을 차려 대접하는 것으로 사례편람의 혼례는 끝나게 된다.

우리나라의 전통사회에서 실제로 행해진 혼례는 주자가례에서 이상형으로 제시한 혼례의 내용과는 다소 차이가 있었으며, 그 정도는 지역이나 계층에 따라 상이하였다. 혼례의 절차를 표현하는 용어도 의혼이 아니라 혼담이며, 납채가 아니라 사성을 보내는 것이었다. 대례에 해당하는 친영례(親迎禮)에서는 신랑이 신부를 신랑의 집으로 데리고 가서 그곳에서 결혼식을 거행하고 영구적으로 살게 되어 있었지

사진설명 전안례(좌), 교배례(중), 합근례(우)

만, 실제 조선사회에서 대례는 신부집에서 결혼식을 올리는 것이 보편적인 관행이었다. 또한 유교적 절차라는 통념과 달리 민간신앙적인 요소가 지배적이었다(박혜인, 1988).

(5) 친영후 의례

대례가 끝난 후 의례는 폐백과 근친 등이 있다. 폐백은 혼례를 마친 후 신부가 신랑집에서 시부모와 시댁 친척들에게 첫인사를 올리는 의식으로 현구례라고도 한다(사진 참조). 폐백 음식은 시아버지에게는 대추, 시어머니에게는 편포나 육포를 상에 올린다. 시부모는 신부의 절을 받은 후 시아버지는 대추를 내리고 시어머니는 육포를 어루만지면서 시부모를 섬기는 도리, 형제나 친척과 화목하게 지내는 도리, 자식을 올바르게 양육하는 도리 등의 덕담을 한다. 근친은 신부가 시댁으로 들어간 후 처음으로 친정에 가서 부모를 뵙는 것을 말하며, 신랑이 처가에 가는 것을 재행이라고 한다. 이때 시부모는 며느리가 친정부모에게 드릴 술과 과일, 음식 등을 준비해서 보낸다.

사진설명 폐백을 올린 신부에게 덕담을 하는 시부모

3) 현대식 혼례

우리나라의 현대식 혼례는 전통혼례와 서구의 혼례문화가 혼합된 형태로 행해지고 있다. 우리나라에 서구식 혼례가 처음 소개된 것은 1920년 왕세자 이은과 방자여사의 혼인이다. 이후 청첩장이나 답례품, 피로연 등의 서구식 혼례문화가 우리의 전통혼례와 합쳐져 현대의 결혼문화를 형성하였다. 최근 개성을 중시하는 경향으로 결혼식에서 특정하게 정해진 절차나 형식은 점차 다양화되고 있으나, 여기에서는 일반적인 절차 및 고려해야 할 점을 살펴보기로 한다.

(1) 결혼 준비 설계

결혼식 날짜를 정하고 결혼 총예산과 혼수용품 예산 등을 세우고 결혼식장 및 피로연 장소를 정하는 시기이다. 과거에는 신부 측에서 택일을 하였으나 근래에는 신랑 측과 협의하여 정하는 것이 보편적이다. 특히 주말이나 길일(吉日)에 집중현상이 뚜렷하게 나타난다.

(2) 예식장소 예약

신부집 대청마루나 앞마당에서 혼례를 올리는 풍습은 거의 사라지고, 예식장이나 호텔, 회관, 야외나 사찰, 교회, 성당 등을 이용한다. 다른 나라와는 달리 우리나라는 예식장에서 결혼식을 올리는 비율이 상당히 높게 나타난다.

늦어도 3개월 전에는 예식장 예약이 끝나야 하며, 그렇지 않으면 원하는 날짜에 맞추기가 어렵다. 무엇보다도 예식장은 교통이 편리한 곳으로 선정하는 것이 좋다. 지하철 역 주변이 좋고, 주차시설도 넉넉한지를 살펴보아야 하며, 비용은 양가에서 공동으로 부담하는 것이 일반적이다.

(3) 신혼집 준비와 신혼여행지 선정

함께 살 신혼집을 알아보고 신혼집에 대한 내부수리나 인테리어에 대한 계획도 필요하다. 신혼여행지도 미리 알아보는 것이 비용을 절감하는 방법이다. 여행예산을 고려해 여행지를 선택하고 여행지가 외국인 경우 여권 및 비자 등을 미리 준비한다.

(4) 주례위촉

주례는 평소에 친분이 있고 존경하던 분으로 결혼 이후에도 여러 가지 문제를 상의할 수 있는 분이 좋다. 주례가 결정되면 최소한 2주일 전에는 직접 찾아뵙고 부탁을 드리는 것이 예의이다. 또한 결혼식 사회자를 결정하고 사진촬영이나 웨딩드레스, 신부화장도 예약한다.

(5) 청첩장

결혼식에 꼭 참석하여야 할 하객의 명단을 작성하고 청첩장을 준비한다. 청첩장은 결혼식 3주일 전쯤에 보내는 것이 적당하며 늦어도 1주일 전에는 도착하도록 해야 한다. 최근에는 스마트폰을 통해 자신들의 결혼식을 알리는 방법들도 선호하고 있다. 청첩장은 진심으로 축복해 줄 사람에게만 보내는 것이 예의이다. 최근 논의가 되고 있는 '작은 결혼식(small wedding)'도 이러한 생각을 반영해 주는 것으로 볼 수 있다.

(6) 최종점검 및 혼수, 예물 준비

결혼식과 관련된 제반 사항이나 신혼여행지에 대한 최종점검이 필요하다. 신혼 살림에 필요한 가구, 침구, 가전제품이나 그릇 등을 구입하고, 신혼집에 짐을 들이고 배치한다. 예단이나 예물을 예산의 한도 내에서 준비하고, 예복과 혼례 당일 사용할 자동차를 준비해 둔다.

(7) 함

전통혼례의 납폐에 해당하는 함은 일반적으로 결혼식 1주일 전쯤에 보낸다. 함은 그 형식은 달라져도 근본 목적은 신랑 측에서 신부 측에 허혼에 대한 감사의 표시로 보내는 것이다. 옛날에는 함진아비에게 수고의 대가로 '노자'를 주던 것이 이후 신랑 친구들에게 '함 값'을 주는 것으로 바뀌었으며, 최근에는 형식이 보다 간략하게 변화하고 생략하는 경우도 많다.

(8) 결혼식

결혼식의 진행에서는 일정하게 정해진 절차라는 것은 없다. 일반적인 절차는 개식–신랑입장–신부입장–신랑신부맞절–혼인서약–예물증정–성혼선언–주례사–내빈께 인사–행진–폐식의 순서로 진행되며, 신랑과 신부가 동시에 입장하거나 종교적인 의미가 있는 특별한 절차가 추가되기도 한다. 식이 끝나면 기념촬영이 있고, 이어 폐백실에서 폐백을 드린 후 피로연 장소에 나가 하객들에게 인사를 올리고 신혼여행을 떠남으로써 결혼의식은 끝나게 된다.

(9) 신혼여행

신혼여행은 공동생활에 앞서 두 사람이 심리적 · 신체적으로 적응하기 위해 두 사람만의 공간과 시간을 갖고 다른 번잡한 활동에서 벗어나 휴식을 취하는 기간이다. 이를 통해 앞으로의 생활에 대한 활력소를 마련하고 여러 가지 문제들에 대한 계획도 세우게 된다. 신혼여행에서 고려해야 할 점은 다음과 같다.

① 관광이나 휴양 중 부부가 원하는 신혼여행의 스타일을 먼저 정한 뒤 지역을 선택하는 것이 좋다. 예식으로 지친 몸을 이끌고 떠나는 신혼여행인 만큼 숙박시설이나 식사수준을 꼼꼼히 살펴보고, 무리한 일정을 잡기보다는 피로나 정신적 긴장에서 벗어날 수 있는 편안하고 한적한 곳을 택하는 것이 바람직하다.
② 신혼여행지로는 국내보다는 해외에 대한 선호도가 월등하게 높게 나타난다. 이는 일생에 한 번뿐인 여행이라는 점에서 대부분 해외를 선호한다. 그러나 과도한 지출은 이후의 생활에 경제적 부담을 주게 되므로 예산에 맞는 범위 내에서 선정하는 것이 바람직하다. 또한 신혼여행지를 결정하게 되면 일찍 예약하는 것이 보다 경제적이므로 미리 예약을 하도록 한다.
③ 신혼여행지에 도착하면 양가에 잘 도착했다는 전화를 드리고 그동안 키워주신 은혜에 감사를 드리는 예를 잊지 않는다.
④ 신혼여행에서 돌아올 때는 각자의 생활에서 공동생활에로의 적응이 용이하게 이루어질 수 있도록 마음을 가다듬고 양가 가족에게 간단한 선물을 준비하여 찾아뵙도록 한다.

4. 혼례문화의 문제와 개선

혼인의례가 지나치게 형식에 치우치면서 파생되는 문제점과 개선방안을 살펴보면 다음과 같다(권병숙, 2011; 이향숙, 2011; 임현정, 2012).

1) 혼례문화의 문제

인륜지대사(人倫之大事)라는 결혼의 중요성에 비추어 볼 때, 혼인의례에서 다소의 형식적인 절차가 필요한 것은 사실이다. 그러나 이러한 인식 때문에 지나치게 형식에 치우치면서 파생되는 문제점도 고려해 보아야 한다. 전통사회에서도 결혼식은 신성한 의례로서 종교적 축복과 주술적 의례를 수반하며,[1] 축하잔치는 여러 사람이 식사를 함께하는 간단한 형태에서부터 온 마을이 함께 오랜 기간 동안 축제를 베푸는 것에 이르기까지 다양하다. 그러나 자본주의식 시장경제의 발달로 점차 혼례의식 자체가 화려해지고 상업주의화 됨으로써 신성해야 할 결혼의 의미를 퇴색시키는 부작용도 없지 않다. 결혼식이라는 형식에 지나치게 몰두하다 보니 결혼을 앞두고 대부분의 사람들은 혼례준비를 위해 많은 시간을 보내며, 경제적 측면이나 양가부모, 역할분담 등 실제적인 적응을 위한 준비는 등한시되고 있는 실정이다.

다음으로 과다혼수의 문제이다. 혼수나 예단은 최근에 등장한 새로운 풍습은 아니며, 결혼과정에서 사회경제적 지위에 따라 예물을 주고받는 풍습은 역사적으로 존재해 왔던 풍습이다. 지방에 따라 다소 차이는 있으나 조선조에는 납폐 때 예물(함)로 신부 청홍단, 혼서지, 집안의 패물, 옷감을 신랑집에서 신부집으로 보냈으며, 신부 측에서는 폐백 때 시댁 식구의 선물로 시부모 옷이나 침구, 버선 등을 비롯하여 자신이 사용할 생활용품이나 의류, 침구를 가지고 왔었다. 신분이 높을수록 예물이나 돈을 많이 보내는 것은 격이 낮다고 하였던 점에 비추어 보면 혼수는 어디까지나 성의의 표시이지 신분 과시수단은 아니었음을 알 수 있다.

---

1) Westermarck(1922)에 의하면 혼인의례에는 긴장과 위기가 수반되므로 이를 피하기 위해 여러 가지 주술적 행위가 수반된다고 한다. 일반적으로 액을 막기 위해 손없는 날을 택하며, 귀신을 놀라게 하여 쫓아버리기 위해 폭죽을 터뜨리거나 짚불을 지피거나, 자손의 번창과 풍요를 위해 콩이나 색종이를 뿌려주고, 귀신에게 얼굴을 보이지 않으려고 면사포를 쓰거나 부채로 얼굴을 가리는 것이 보편적인 현상이라고 하였다(박혜인, 2000, 재인용).

그러나 최근에는 혼수문제로 결혼을 포기하는 경우도 많으며, 상당히 많은 사람들이 혼수시비를 경험하는 것으로 나타난다. 과다혼수는 교환혼적인 성격을 다분히 반영하는 것이기도 하다. 상대방의 능력에 상응해 혼수가 교환되는 양상을 띠고 있다. 동시에 이는 우리나라의 높은 주택마련비용과도 관계가 있다. 일단 주택마련에 목돈이 들어가고 대부분 주택마련을 남성 쪽에서 부담하기를 기대하고 있다. 그 결과 여성 쪽에서는 이에 상응해서 과다한 혼수를 마련하게 된다. 하루가 다르게 치솟는 우리나라의 주택가격은 이러한 문제를 더욱 어렵게 만들고 있다. 최근에는 주택마련까지 포함하여 결혼에 소용되는 모든 비용을 공동으로 분담하는 것이 추세이며, 이는 오히려 바람직한 현상이기도 하다.

또한 혼례비용에서 높은 부모의존도도 문제점으로 지적할 수 있다. 한국소비자보호원이 조사한 결혼비용 실태를 보면 우리나라의 결혼비용은 계속 증가추세를 보이고 있을 뿐 아니라 신랑과 신부 모두 결혼비용을 부모님으로부터 지원을 받고 있으며, 학력이 높을수록 의존도는 더욱 높게 나타나고 있다. 이처럼 과다한 혼례비용이나 부모에 대한 높은 의존도는 우리나라의 높은 주택가격도 그 요인으로 작용한다고 볼 수 있다. 폭등하는 주택가격으로 인해 부모의 도움을 받지 않고 출발하기에는 현실적으로 어려움이 많다. 최근 결혼연령의 상승도 결혼비용의 상승과 관련이 있다. 결혼비용을 주택자금과 살림살이를 포함한 신혼살림 준비비용과 각종 결혼관련 의례비용으로 나누어 보면, 주택마련을 제외한 소비성 비용도 여전히 높은 비율을 차지하고 증가추세에 있으므로 다소 줄여나가는 지혜가 필요하다.

2) 혼례문화의 개선

우리나라의 혼례문화는 혼인잔치를 통해 혈연은 물론 지연, 즉 마을공동체의식의 강화를 도모하는 것이었다. 또한 예물이 지나치면 품격이 떨어진다 하여 스스로 삼가고 절제함으로써 계층 간 위화감의 조성도 미연에 방지하는 건강한 혼례문화였다. 이러한 풍속을 전승하고 혼례문화의 본질을 되찾기 위해 개선되어야 할 부분은 다음과 같다.

첫째, 건전한 혼례문화가 정착되기 위해서는 무엇보다도 먼저 개인의 의식변화가 선행되어야 한다. 국민 개개인의 의식전환을 통한 올바른 가치관의 정립이 가장 중요하다. 즉, 전통혼례의 정신은 계승하되 형식은 현대사회에 맞게 실용적으로 변화시킬 필요가 있다. 언론 매체를 통해 국민들에게 건전한 혼례문화에 대한 가치관을 지속적으로 홍보하고, 향후 혼례 당사자가 되는 청소년들에게 학교교육을 통해 바람직한 가치관을 정립하도록 할 필요가 있다. 예물은 당사자들에게 기념이 될 만한 것으로 마련하고, 살림살이는 꼭 필요한 것만 구입하고 살아가면서 하나씩 구입하도록 하며, 간소하게 혼례를 치르고 여유자금은 주택마련에 보태는 등 개인의 의식변화가 선행되어야 한다.

둘째, 과다한 결혼비용과 높은 부모의존도를 탈피하기 위해서는 국가 차원에서도 값싼 임대주택의 건립과 같은 주택마련에 대한 지원이 필요하다. 우리나라의 과다한 결혼비용은 상당 부분 높은 주택가격에 기인하는 것으로 볼 수 있다. 그러므로 저렴한 임대주택의 공급 등 주거문제가 해결되지 않는 한 과다한 결혼비용은 피할 수 없는 문제이며, 결혼연령을 상승시키는 요인으로 작용할 것이다.

셋째, 사회계층 간 갈등을 조장하는 허례허식적인 요소들을 탈피하기 위해서는 사회지도층부터 솔선하여 실천하는 것이 필요하다. 정부차원에서는 형식적이고 판에 박힌 예식과 이를 위해 사용되는 혼례비용이 과다해짐으로써 '건전가정의례정착 및 지원에 관한 법률'을 제정한 바 있다. 이러한 제도적 접근의 강화는 사회지도층이 사회 전반에 미치는 영향에 비추어 볼 때에 효율적인 방법이 될 것이다.

5. 혼인관련법규

혼인을 통해 두 사람은 법적으로 부부가 되어 하나의 가족을 형성하게 된다. 가족은 사회를 구성하는 기본 단위가 되므로 대부분의 사회는 그 안정성을 유지하기 위하여 혼인에는 다음과 같은 최소한의 법적 통제가 수반되며, 이러한 법적 요건을 갖추었다 하더라도 혼인신고를 함으로써 비로소 법적인 부부로 인정을 받게 된다.

1) 혼인의 성립요건

혼인은 그 성립단계에서부터 법이 정하는 다음과 같은 요건을 충족시켜야만 합법적인 것으로 인정된다.

(1) 혼인적령의 도달

우리나라에서는 18세가 되어야 혼인할 수 있다(민법 제807조, 제808조). 미성년자가 혼인을 하는 경우에는 부모의 동의를 받아야 하며, 부모 중 한쪽이 동의권을 행사할 수 없을 때에는 다른 한쪽의 동의를 받아야 하고, 부모가 모두 동의권을 행사할 수 없을 때에는 미성년후견인의 동의를 받아야 한다고 규정하고 있다.

(2) 근친혼 금지

우리나라는 혈족이나 인척 간의 결혼을 인정하지 않는다(민법 제809조). ① 8촌 이내의 혈족(친양자의 입양 전의 혈족을 포함) ② 6촌 이내의 혈족의 배우자, 배우자의 6촌 이내의 혈족, 배우자의 4촌 이내의 혈족의 배우자인 인척이거나 이러한 인척이었던 자 ③ 6촌 이내의 양부모계의 혈족이었던 자와 4촌 이내의 양부모계의 인척이었던 자 사이에서는 법으로 혼인을 금하고 있다.

(3) 중혼 금지

우리나라는 일부일처제를 채택하고 있기 때문에 혼인 당사자 가운데 어느 한쪽이 배우자가 있으면 그 혼인은 성립되지 않는다(민법 제810조).

(4) 혼인의사의 합의

당사자 간의 합의가 없으면 혼인은 무효가 된다(민법 제815조의 1). 혼인에 대한 당사자 간의 합의가 없이 부모나 부부 중 일방의 강압에 의해 혼인이 성립된 경우에는 혼인무효의 조건이 된다.

2) 혼인신고

이상과 같이 법이 정한 혼인의 요건을 충족하였다 하더라도 우리 민법은 법률혼주의를 취하고 있으므로 혼인신고를 마쳐야만 법률상 부부로 인정한다. 결혼식을 올리고 혼인신고를 하지 않은 경우에는 혼인 의사를 가지고 동거하며 실질적으로 부부생활을 하고 있으며 친지나 이웃이 부부관계를 인정한다 할지라도 법적인 부부로 인정받지 못한다. 반면, 결혼식을 올리지 않아도 혼인신고를 한 경우에는 법적인 부부로 인정받을 수 있다. 혼인신고는 당사자 쌍방과 성인 증인 2명이 연서하여 서면으로 하여야 한다.

3) 혼인의 효과

혼인에는 일정한 법적 요건이 필요하기도 하지만 일단 혼인이 성립되면 법률적 관계를 형성하며 법적 의무나 권리도 가지게 된다. 우리나라의 민법은 부부는 동거하고 서로 부양하며 협조하여야 할 의무를 지님을 규정하고 있다(민법 제826조). 부부는 동거 · 부양 · 협조해야 할 의무가 있으므로 정당한 이유 없이 이러한 의무를 거부할 경우에는 심판을 청구할 수 있으며, 악의의 유기는 이혼사유가 된다. 또한 민법은 부정한 행위를 이혼사유로 규정하고 있으므로(민법 제840조) 부부는 혼인 후에는 서로 간에 정조를 지킬 의무가 있다.

또한 부부간의 재산권은 결혼 전의 계약에 의해 자유로이 약정할 수 있고, 계약을 하지 않은 경우 부부간의 재산관계는 법정재산제도에 따르게 된다. 법정재산제 규정에 의하면 부부 일방이 혼인 전부터 가진 것은 고유재산, 혼인 중 자신의 명의로 취득한 재산은 특유재산으로 하며, 누구에게 속한 것인지 분명하지 않은 재산은 공유로 추정한다(민법 제830조). 특유재산은 부부 각자가 관리 · 사용 · 수익하도록 한다(민법 제831조). 공동생활에 필요한 비용부담도 당사자 간에 특별한 약정이 없으면 부부공동으로 부담하도록 규정하고 있다(민법 제833조). 또한 이혼 시 재산분할에 관하여 협의가 되지 아니하거나 협의할 수 없는 때에는 가정법원이 당사자의 청구에 의하여 당사자 쌍방의 협력으로 이룩한 재산의 액수 기타 사정을 참작하여 분할의 액수와 방법을 정하도록(민법 제839조의2) 규정함으로써 아내의 가사노동도 생활비용으로 간주하여 이혼 시 재산분할청구권을 행사할 수 있는 근거를 마련해 놓고 있다.

제3부

가족관계의 형성과 적응

부부관계는 비혈연관계이면서도 가장 밀접한 인간관계이자, 편안하면서도 한없이 어려울 수 있는 관계이다. 상호 간에 적응을 위한 노력여하에 따라 성숙하고 만족스러운 관계를 유지할 수도 있지만, 동시에 고통스럽고 파괴적인 관계로 발전할 가능성도 있다. '부부싸움은 칼로 물 베기다' 또는 '부부는 돌아서면 남남이다'라는 말은 바로 이러한 부부관계가 가지고 있는 양면성을 보여주는 것이다. 그러므로 친밀한 부부관계의 형성을 위해서는 여러 영역에서 적응이 필요하다.

결혼만족도는 결혼생활 전반에 대한 개인의 주관적 감정이나 결혼의 질적인 측면에 대한 만족감을 나타내는 개념으로, 여러 요인이 결혼만족도와 관련이 있다.결혼만족도는 개인 요인, 부부관계 요인, 가족체계 요인이나 사회인구학적 요인 등 여러 요인의 영향을 받는다. 이들 가운데 부부 간의 의사소통과 성생활은 친밀한 관계형성의 핵심적인 요소이다. 또한 맞벌이가족이 증가하면서 역할분담도 결혼만족도에 영향을 미치는 중요한 요인으로 주목받고 있다. 특히 우리나라와 같이 형태상으로는 핵가족이지만 부계 직계가족의 이념이 뿌리 깊은 나라에서는 부부관계뿐 아니라 자녀와의 관계, 노부모와의 관계 등 가족체계 요인도 결혼만족도에 지대한 영향을 미치는 요인이다.

제3부에서는 먼저 부부간의 결혼만족도와 관련된 전반적인 요인들을 개괄적으로 살펴보고, 다음으로 결혼만족도에 영향을 미치는 요인 가운데 부부관계 요인인 의사소통, 성관계, 역할분담 그리고 가족체계 요인인 부모자녀관계 및 자녀결혼으로 새로운 가족구성원을 맞게 되는 중년기와 노년기의 가족관계에 대해 살펴보고자 한다.

부부관계와 결혼만족도

부부간의 적응을 위해서는 결혼 초기에 여러 측면에서 전환이 이루어져야 한다. 그러나 오랜 기간 동안 상이한 가정환경에서 성장한 두 사람이 '나의 생활'에서 '우리의 생활'로 전환을 이루는 과정은 손쉬운 일이 아니다. 부부는 각자 결혼에 대한 나름대로의 기대를 가지고 출발하지만, 대부분의 사람들은 이러한 결혼에 대한 기대와 실제 간의 괴리로 공동생활로의 전환에 어려움을 느낀다.

부부간의 적응여부, 부부관계의 질적인 측면을 평가하는 개념으로 결혼만족도는 널리 사용되는 개념이다. 따라서 부부관계를 향상시키기 위해 결혼만족도의 구성요소와 결혼만족도에 영향을 미치는 요인들에 대한 탐색이 필요하다. 또한 부부갈등은 결혼만족도와는 상반되는 불만족의 차원에서 주로 연구되어 왔다. 그러나 모든 갈등이 부부관계의 적응에 부적응적인 영향을 미치는 것만은 아니며 갈등상황을 회피하기보다 직면하는 것은 관계형성에 중요한 의미가 있다. 그러므로 부부갈등은 결혼만족도와 상반되는 것이 아닌 긍정적 · 부정적 측면을 동시에 포함하는 개념으로 접근할 필요가 있다. 또한 결혼생활에서 갈등을 해결하는 방식은 결혼만족도와 관련이 있을 뿐 아니라 이에 따라 특정한 부부관계 유형이 형성된다는 점에서 중요한 의미가 있다.

이 장에서는 먼저 결혼에 대한 기대가 부부간의 적응에 미치는 영향을 살펴보고, 부부간의 결혼만족도와 부부갈등에 대한 전반적인 내용과 부부관계 유형에 따른 결혼만족도의 차이를 살펴보고자 한다.

1. 결혼에 대한 기대

사람들은 많은 기대와 희망을 안고 결혼생활을 시작한다. 그러나 결혼생활의 실제는 기대와는 차이가 있고, 따라서 결혼 후 몇 년간은 힘든 시기를 보내게 된다. 결혼 후 부부들은 신혼여행에서 돌아와 현실생활을 접하게 되면서부터 많은 실망감을 경험하고 자신이 현실적이지 못했음을 깨닫게 된다. 이들은 자신들의 결혼은 남들과는 다를 것이고, 서로를 행복하게 할 것이며, 상호 간의 불일치는 심각하지 않고 쉽게 적응해 나갈 수 있을 것이고, 상대는 자신이 필요로 하는 것을 가지고 있다는 잘못된 기대를 가지고 있었기 때문이다.

왜 이처럼 잘못된 기대가 형성되며, 부부간에 상대방에 대한 기대나 열망에서 차이가 나타나는가는 Satir(Satir, Banmen, Gerber, & Gomori, 1991)의 빙산메타포로서 설명할 수 있다. 〈그림 6-1〉에서 수면 위로 드러나는 부분은 밖으로 드러나는 행동이나 언어적 · 비언어적으로 표현되는 부분이다. 그리고 수면 위로 드러나지 않는 더 큰 덩어리는 자신의 성장경험과 관련된 감정, 감정에 대한 감정, 지각, 기대, 열망과 자기의 부분이다. 이들 영역들은 상호 간에 긴밀하게 연결되어 있어서 한 부분의 변화는 다른 부분에 영향을 미치게 된다.

인간은 누구나 생리적 욕구나 안전감, 사랑을 주고받는 것과 같은 다양한 열망을 가지고 있다. 또한 자기 자신에 대한 기대와 상대방에 대한 기대, 상대방이 자신에게 갖는 기대를 안고 살아간다. 성장과정에서 자신의 기대나 열망이 적절하게 충족되었던 사람은 자기와 잘 연결되어 있어서 자신의 감정을 제대로 알고 있고 이를 솔직하게 표현할 수 있다. 그러나 많은 사람들은 그렇지 못한 상태이며, 이처럼 해결

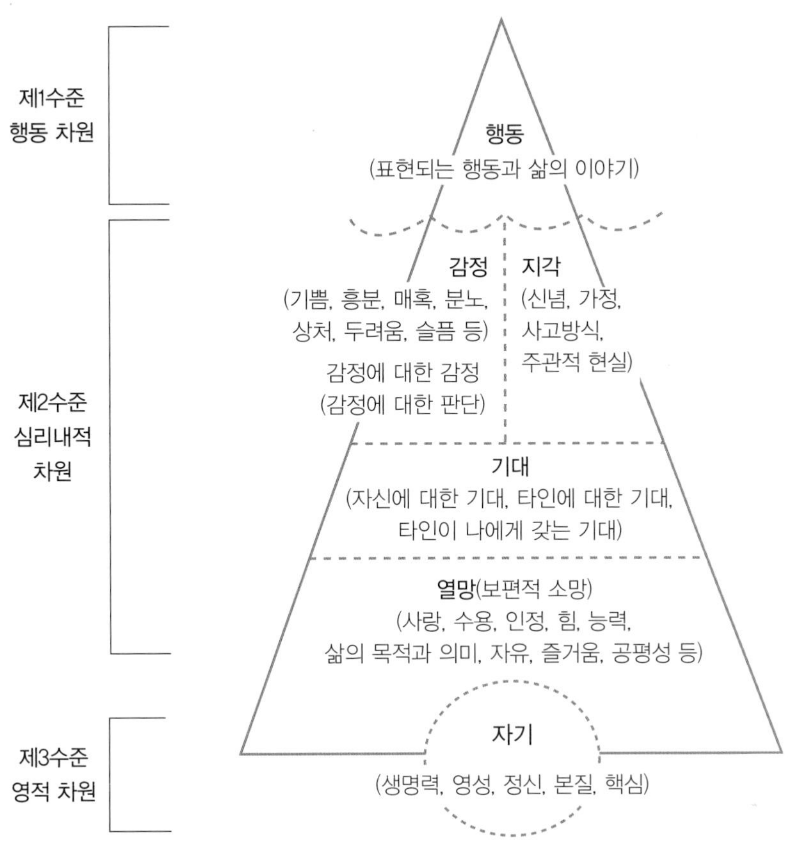

〈그림 6-1〉 **Satir의 빙산메타포**

출처: 김영애(2011). **통합적 사티어변형체계치료 이론과 실제**. 서울: 김영애가족치료연구소.

되지 못한 부분을 결혼생활에서 해결하고자 하는 무의식적 욕구를 가지고 있다. 부부갈등이 심한 가족의 자녀는 가족문제에 심리적 에너지를 사용하기 때문에 자기를 잘 형성하지 못하게 된다. 지속되는 스트레스에 신경을 쓰느라 자기 자신의 기대나 열망 등 내면의 신호에는 주의를 기울이지 못한다. 이러한 방식으로 출생가족에서 미처 해결되지 못한 심리적 요소는 결혼 이후 생식가족으로 전승되고 미해결된 것이 많을수록 본래의 자기와는 멀어지게 된다.

Phillip McGraw

표 6-1 내 속에 숨어 있는 '괴물'

1. 점수를 기록한다.
2. 사사건건 트집 잡고 잔소리를 한다.
3. 무엇이든 자기 방식이 최고라고 생각한다.
4. 대화 도중 갑자기 투견으로 변한다.
5. 수동적 공격성을 행사한다.
6. 진짜 문제를 회피하고 속인다.
7. 절대 용서하지 않는다.
8. 불안감: 아무리해도 채워지지 않는 밑 빠진 독이다.
9. 안전지대 속에 갇혀 있다.
10. 자포자기해 버린다.

출처: McGraw, P. C. (2003). 관계회복. 나명화(역). 서울: 상상북스.

이처럼 출생가족에서 해결되지 못한 욕구로 인해 많은 사람들이 결혼 이후의 부부관계에 대해 가지고 있는 잘못된 속성을 McGraw(2003)는 다음과 같이 제시하면서 각자가 가지고 있는 문제를 '내 속에 숨어 있는 괴물'로 표현하였다(〈표 6-1〉 참조).

결혼 초기는 부부관계에서의 적응을 위해 여러 측면에서 전환이 이루어져야 하는 시기이다. 결혼 전의 독립적인 생활에서 결혼 이후 부부로서의 공동생활로 가는 과정에서 출생가족 경험을 통해 형성된 잘못된 기대는 적응을 어렵게 하고 결혼만족도를 저하시키는 요인으로 작용한다.

2. 결혼만족도의 개념과 구성

결혼에서의 적응을 평가하기 위해 결혼만족도의 개념이 도입되고 이를 구성하는 요인들과 관련된 다수의 연구가 이루어졌다.

1) 결혼만족도의 개념

결혼만족도(marriage satisfaction)는 결혼생활 전반에 대한 개인의 주관적 감정, 결혼의 질에 대한 만족을 나타내는 개념으로, 결혼생활의 다양한 영역을 평가하기 위한 준거자료로 널리 사용되고 있다. 결혼만족도의 개념은 결혼생활의 지속성 여부를 지칭하는 결혼안정성(marriage stability)과는 개념적으로는 상이하지만 밀접한 상관관계를 가지고 있다. 결혼의 안정성이 높다고 해서 반드시 결혼만족도가 높다고 할 수는 없으며, 결혼생활을 유지하면서도 만족하지 못하는 부부들은 얼마든지 있다. 그러나 만족스러운 관계를 유지하는 부부가 이혼을 하지는 않는다. 즉, 결혼만족도는 결혼안정성에 영향을 미치는 중요한 변수이다.

Levinger(1965)는 안정성과 만족도라는 두 가지 요인을 중심으로 부부관계를 네 가지 유형으로 분류하였다. 이들 네 가지 유형은 안정성과 만족도가 모두 높은 '껍질 속이 꽉 찬 유형(full-shell marriage)', 안정성과 만족도가 모두 낮은 '껍질 없는 유형(no-shell marriage)', 만족도는 높은데 안정성은 낮은 '반 껍질 유형(half-shell marriage)', 만족감은 낮으면서 안정성은 유지하고 있는 '빈 껍질 유형(empty-shell marriage)'이다. 실제로 결혼생활에서는 이들 네 가지 유형들이 모두 존재하며, 이 가운데 '껍질 없는 유형'은 절반이 결혼 후 7년 이내에 이혼한다. 그리고 '빈 껍질 유형'은 애정은 없으면서도 의무감과 자녀문제로 인해 결혼생활을 유지한다(Lauer & Lauer, 2012). 네 가지 유형 가운데 가장 바람직한 패턴은 '껍질 속이 꽉 찬 유형'이며, 이를 구성하는 요인이 무엇인가에 대한 연구가 다수 이루어졌다.

2) 결혼만족도의 구성요인

결혼만족도의 구성요인은 다양한 관점에서 구분이 가능하다. 결혼만족도는 부부 개인의 심리적 특성이나 부부 상호작용뿐 아니라 가족구성원 전체, 나아가 주변의 모든 환경요인이 복합적으로 영향을 미치므로 단일 요인으로 설명하기는 어렵다. 여기서는 지금까지의 연구결과를 종합하여 결혼만족도에 영향을 미치는 요인을 개인 요인, 부부관계 요인, 가족체계 요인 그리고 사회인구학적 요인으로 구분하여 설명하고자 한다.

(1) 개인 요인

결혼만족도에는 개인의 심리적 특성이 일차적으로 영향을 미치게 된다. 결혼준비정도를 측정하고 교육하는 PREPARE가 이후의 성공적인 결혼을 예측하듯이 개인의 성숙도나 성격, 성역할태도, 자아분화수준, 자아존중감, 애착유형 등과 같은 심리적 특성이 결혼만족도에 영향을 미치는 주요 변인으로 알려져 있다.

일반적으로 성격의 5요인 가운데 외향성, 순응성, 개방성, 성실성은 결혼만족도에 긍정적인 영향을, 신경증은 부정적인 영향을 미치는 것으로 나타났다(강혜숙, 김영희, 2012; 장지영, 황순택, 2012). 부부의 자아분화수준이 높은 것은 결혼만족도에 긍정적인 영향을 미치며(나남숙, 이인수, 2017; 신현정, 홍혜영, 2018), 높은 자아존중감도 결혼만족도에 긍정적인 영향을 미치는 것으로 나타났다(박영화, 고재홍, 2005; 안연주, 최연실, 2021). 애착유형에서는 불안정애착은 결혼만족도에 부정적 영향을 미치는 것으로 나타났으며(우수정, 이영, 2010), 또 다른 연구(김현선 외, 2022)에서는 자아분화수준이 낮은 경우 불안정애착이 높게 나타나고, 이로 인해 결혼만족도가 낮아지는 것으로 나타났다. 결혼만족도에 영향을 미치는 요인들에 대한 메타분석 결과 특히 자아존중감은 가장 큰 효과크기를 보인 것으로 나타났다(송진아, 전세송, 2023).

또한 결혼만족도에 대한 자기 효과와 상대방 효과가 보고된 여러 연구들에서 배우자의 태도보다 자신의 태도가 자신의 결혼만족도에 더 큰 영향을 미치는 것으로 나타났다(박영화, 고재홍, 2005; 송진아, 전세송, 2023; 안연주, 최연실, 2021; 정민선, 최연실, 2023). 이는 남편의 태도 때문에 아내의 결혼만족도가 감소하고, 아내의 태도 때문에 남편의 결혼만족도가 감소한다는 일반적인 통념과는 달리 남편의 태도는 남편 자신의 결혼만족도에, 아내의 태도 역시 아내 자신의 결혼만족도에 더 큰 영향을 미친다는 것이다. 즉, 자신과 배우자의 차이가 필연적임을 알고 배우자를 있는 그대로 받아들이는 태도를 가질수록 자기 스스로 결혼생활에 더 큰 만족감을 느낀다는 것을 의미한다.

이들 개인 변인이 결혼만족도에 미치는 영향은 여러 다른 변인들에 의해 조절될 수 있으므로 그 영향을 단정적으로 논하기는 어렵다. 그러나 대부분의 개인의 심리적 특성은 개인이 노력하면 변화가 가능한 유동요인이라는 점에서 결혼만족도 증진에 시사하는 바가 크다.

(2) 부부관계 변인

결혼이 정서적 · 육체적 친밀감과 다양한 과업, 가치를 공유하기 위한 두 사람의 결합이라는 점에서 결혼만족도에는 개인 요인뿐 아니라 부부간 상호작용에서 보이는 태도나 반응 등의 부부관계 요인이 영향을 미친다. 부부간 의사소통방식, 갈등대처방식, 성적 친밀감, 배우자 지지, 역할분담 등은 결혼만족도에 영향을 미치는 대표적 요인이다.

부부간의 기능적 의사소통은 결혼만족도에 긍정적인 영향을 미치는 반면, 역기능적 의사소통은 부정적인 영향을 미치는 것으로 나타났다(송진아, 전세송, 2023; 한영애, 양혜정, 2020; 박유빈, 한그림, 정연우, 박선웅, 2018). 갈등시 사용하는 의사소통방식과 갈등대처행동도 자신의 결혼만족도뿐 아니라 상대방의 결혼만족도에 영향을 미쳤다(박영화, 고재홍, 2005). 공격형이나 철회형 등의 역기능적 갈등대처방식을 사용하는 경우 결혼만족도는 낮아지며(이보미, 2016), 주도형의 경우 공격형이나 철회형에 비해 남편의 결혼만족도, 아내의 결혼만족도, 부부의 평균적인 결혼만족도 수준이 가장 높은 것으로 나타났다(주수산나, 강미선, 정인혜, 조서진, 2023). 성적 친밀감도 결혼만족도에 유의한 영향을 미치는 것으로 나타났다(김수진, 2011; 박일연, 이미선, 임백호, 2019; 손강숙, 주영아, 2015). 역할분담에서도 남편의 가사노동참여와 양육참여가 결혼만족도에 긍정적 영향을 미치는 것으로 나타났으며(윤기봉, 지연경, 2017; 이예슬, 주수산나, 김현경, 박하영, 2021), 남편의 자녀양육참여율은 남편 자신의 결혼만족도에는 영향을 미치지 않았으나 아내의 결혼만족도에 유의한 영향을 미친 것으로 나타났다(오성은, 허수연, 2021). 남편과의 관계도 아내의 결혼만족도에 유의한 영향을 미치는데(송혜영, 배연희, 2022), 불안정애착유형의 결혼만족도가 안정애착유형에 비해 낮게 나타나지만 남편과의 관계가 양호할 경우 배우자 지지의 조절 효과를 보이는 것으로 나타났다(조민경, 2023). 또한 남성의 결혼만족도를 가장 잘 설명하는 변인은 성만족도였고, 그 다음이 의사소통으로 나타난 데 반해, 여성의 결혼만족도를 가장 잘 설명하는 변인은 의사소통이었고, 다음으로 성만족도로 나타났다(박태영, 2005).

(3) 가족체계 요인

결혼만족도는 개인 요인이나 부부관계 요인의 영향을 많이 받지만 가족구성원 간의 응집성이나 유연성, 나아가 원가족과의 관계, 배우자가족과의 관계 등 가족체계 요인도 영향을 미친다. 특히 가족구성원을 하나의 상호연관된 체계로 기능하는 것으로 간주하는 가족체계적 관점에서는 가족구성원에게 발생한 사건은 모든 가족구성원에게 영향을 미치며, 이러한 가족관계의 영향은 대를 이어 영속적으로 전달된다고 간주한다. 따라서 원가족 부모의 부부갈등과 같은 부정적인 경험은 이후 자녀의 결혼만족도에도 부정적인 영향을 미치게 된다. 이러한 과정에서 자기분화 수준에 따라 그 영향은 상이한데, 특히 남성의 경우 더욱 두드러지게 나타난다(고정국, 이정화, 오영은, 2022; 김경주, 김영혜, 2015). 이는 형태상으로는 핵가족이지만 부계직계가족의 속성을 많이 가지고 있는 우리나라 가족문화의 속성을 반영하는 것으로 볼 수 있다.

원가족 경험 외에도 가족에 대한 강한 응집성을 보이는 한국 문화의 특수성에 비추어 볼 때 배우자가족과의 관계도 결혼만족도에 영향을 미친다. 그 가운데 대표적인 관계가 고부관계와 장서관계이다. 배우자 부모와의 갈등 수준은 아내가 남편에 비해 높게 나타나며, 이는 결혼만족도에 부정적인 영향을 미친다. 또한 일반적인 통념과는 달리 남편의 장서갈등은 본인뿐 아니라 아내의 결혼만족도에도 영향을 미치는 것으로 나타났으며, 아내의 고부갈등이 남편의 결혼만족도에 미치는 영향보다 남편의 장서갈등이 아내의 결혼만족도에 미치는 영향이 더 큰 것으로 나타났다(이은진, 이인수, 2017). 이는 기혼여성의 경제활동이 증가하면서 처가와의 교류가 확대되고 처가 부모와의 상호작용이 빈번해지고 있는 시대적 배경과 관련된 것

David Olson과 Karen Olson

으로 볼 수 있다. 또 다른 연구에서는 아내의 고부관계만족도는 아내본인뿐 아니라 남편의 결혼적응에도 영향을 미쳤으며, 남편의 장서관계만족도 역시 본인과 아내의 결혼적응에 모두 영향을 미친 것으로 나타났다(전세송, 2020). 이처럼 연구결과에 따라 다소 차이는 있으나 우리나라 가족문화의 특성상 배우자 부모와의 관계는 결혼만족도에 상당부분 영향을 미치는 것으로 볼 수 있다.

Olson과 Olson(2000)은 가족체계 요인이 결혼만족도에 미치는 영향을 응집성(cohesion)과 유연성(flexibility)으로 설명하였다. 가족응집성은 가족구성원들 간의 정서적 유대감의 정도를 나타내는 것으로, 개별성과 집단성 간의 균형이 핵심이다. Bowen(1976)은 인간에게는 자신의 의지에 따라 독립적이며 개별적인 실체로 존재하고자 하는 개별성(individuality)의 욕구와 타자의 의지에 따라 의존적이며 공동체로서 존재하고자 하는 집단성(togetherness)이라는 두 가지 상반되는 욕구가 존재한다고 하였다. 가족구성원들은 상호 간에 가깝고 친숙한 느낌을 필요로 하며 동시에 개인의 성장을 위해서는 독립도 필요로 한다. 그러므로 가족이 적절하게 기능하기 위해서는 이 두 가지 욕구를 조절하고 관리하는 것이 필요하다.

아주 친밀한 관계에서도 사람들은 적절한 분리를 필요로 한다. 사랑에 빠졌을 때 연인들은 모든 것을 함께하고자 하며 상당히 밀착된 관계를 형성하지만 지나치게 밀착된 관계에서는 서로가 상대방의 행동을 구속하게 되며, 이는 장기적으로는 친밀감을 저해하는 요인이 된다. 지나치게 개별성이 강조되는 것도 문제가 된다. 최근 젊은 세대들은 상대적으로 개별성이 발달되어 있는 반면, 정서적인 유대감은 부족한 편이다. 그러나 지나친 개별성의 발달은 지나친 밀착과 마찬가지로 친밀한 관계의 형성을 저해한다.

유연성은 가족체계가 상황이나 문제에 따라 가족 내의 권력구조나 역할관계 등을 변화시킬 수 있는 능력을 의미하는 것으로, 안정(stability)과 변화(change) 간의 균형이 핵심이다. 가족 내에는 안정감도 필요하지만 필요한 경우 변화를 위해 개방적인 자세를 갖는 것도 필요하다. 가족은 본질적으로 변화에 저항하며 이를 최소화하려는 경향을 보이며, 변화가 이점(利點)보다는 손해를 초래할까 봐 두려워한다. 그러나 변화는 위기상황에 적응하는 데 중요한 의미가 있다. 지나치게 경직된 관계에서는 권위주의적인 관계가 형성되며 훈육은 엄격하고 역할도 매우 고정적이다. 반면, 극적으로 변화가 심한, 지나치게 혼돈된 상태에서는 가족리더십에 문제가 생기고, 훈육도 일관성이 없으며, 가족 내 규칙이나 역할에도 문제가 생긴다.

가족체계의 응집성과 유연성의 수준을 중심으로 가족관계유형을 도식화해 보면, 균형 잡힌 가족, 중간 수준의 가족, 불균형적인 가족유형으로 구분할 수 있다. 〈그림 6-2〉에 제시된 바와 같이 응집성이 지나치게 높거나 낮은 극단적인 양상을 보이면서 동시에 유연성도 지나치게 높거나 낮은 극단적인 양상을 보이는 가족은 불균형적 가족으로 분류되는 반면, 극단적인 유연성을 보이지만 적절한 수준의 응집성

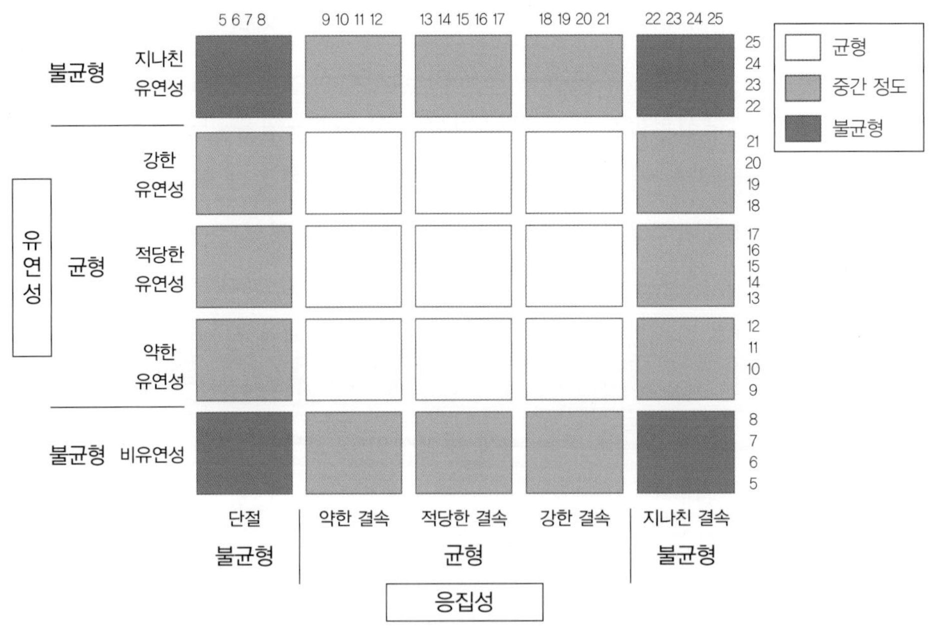

〈그림 6-2〉 응집성과 유연성의 커플 및 가족지도

출처: Olson, D. H., DeFrain, J., & Skogrand, L. (2008). *Marriages and families: Intimacy, diversity, and strengths* (6th ed.). New York: McGraw-Hill Higher Education.

을 보이거나 극단적인 응집성을 보이지만 적절한 수준의 유연성을 보이는 가족은 중간 수준의 가족으로 분류된다. 반면, 응집성과 유연성 모두 적절한 수준을 유지하는 경우는 균형 잡힌 가족으로 분류된다.

이러한 가족체계의 특성은 시간이 경과하면서 변화한다. 〈그림 6-3〉에 제시된 모형은 이성교제에서부터 결혼을 하여 자녀가 한 살에 이르기까지 관계의 변화양상을 보여준다. 이 모형에서는 이성교제 시점에서 부부는 상당히 유연성 수준이 높고 응집력도 높지만 부부가 결혼을 하여 자녀를 출산하고 자녀가 첫돌이 되면서 아내는 주로 자녀양육과 관련된 일에, 남편은 직업적 역할에 몰두함으로써 부부간의 체계는 유연성 수준도 낮아지고 공유할 활동이 감소함으로써 응집성 수준도 낮아지는 형태로 변화하였다.

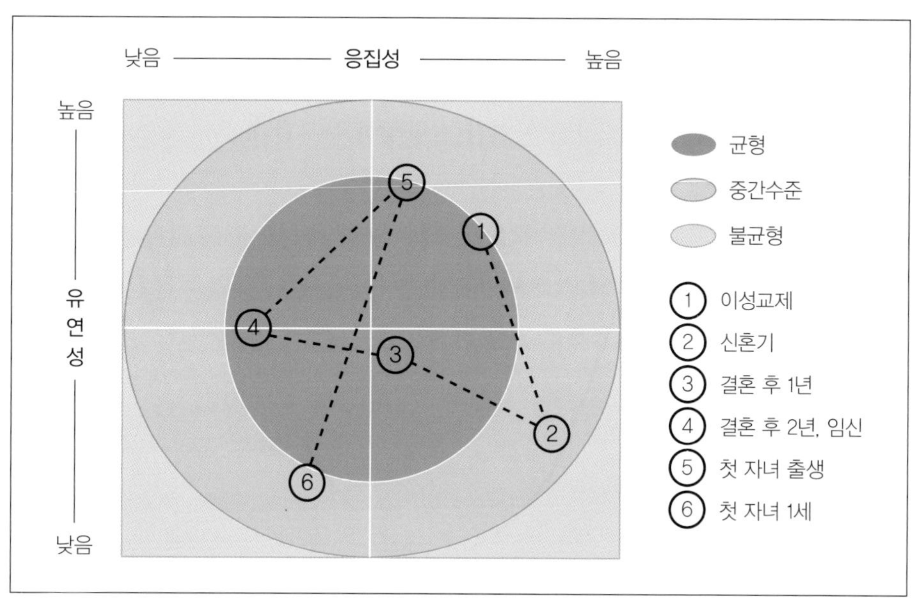

〈그림 6-3〉 **시간의 경과에 따른 관계의 변화**

출처: Olson, D. H., DeFrain, J., & Skogrand, L. (2008). *Marriages and families: Intimacy, diversity, and strengths* (6th ed.). New York: McGraw-Hill Higher Education.

(4) 사회인구학적 요인

결혼만족도에는 개인 요인, 부부관계 요인, 가족체계 요인 외에도 연령, 성별, 가정의 사회경제적 지위, 자녀수, 맞벌이 여부 등과 같은 사회인구학적 요인이 영향을 미친다.

먼저, 연령과 결혼만족도와의 관계에 대한 연구결과, 결혼기간이 증가하면서 결혼만족도는 점차적으로 감소하는 것으로 나타났다(김미령, 2009; 정기선, 김혜영, 2013; Vaillant & Vaillant, 1993; Van Laningham, Johnson, & Amato, 2001). 그러나 이와는 달리 결혼만족도는 결혼 초기에는 높지만 이후 점차 감소하다가 자녀가 결혼하여 집을 떠나는 자녀독립기를 전환점으로 다시 증가하는 경향을 보이기도 한다(Homish & Leonard, 2007; Kurdek, 1998)(〈그림 6-4〉 참조). 이는 부모역할의 과중함이나 역할긴장이 부부관계에 부정적인 영향을 미치다가 자녀가 독립함으로써 자녀로 인한 짐을 덜고 두 사람만의 관계에 보다 충실해졌기 때문인 것으로 볼 수 있다. 결혼만족도가 어떠한 형태로 진행해 나가는가는 두 사람이 형성하는 결혼의 질에 달려 있다. 상호 간에 신뢰감과 친밀감을 형성한 부부관계에서는 결혼생활이 지

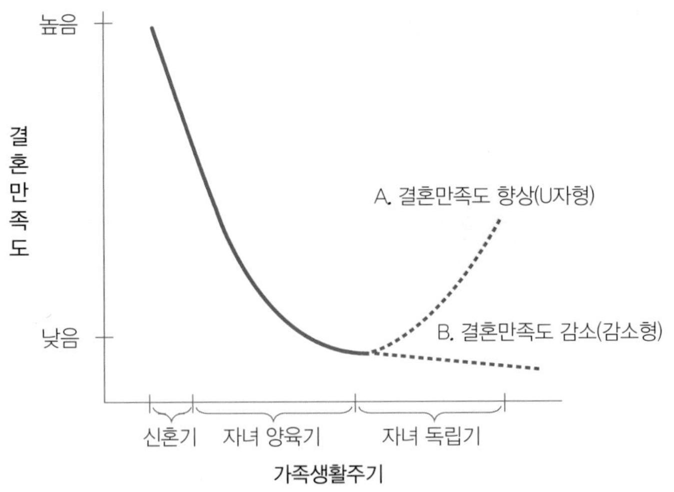

〈그림 6-4〉 가족생활주기와 결혼만족도

출처: Vaillant, C. O., & Vaillant, G. E. (1993). Is the u-curve of marital satisfaction an illusion? A 40 year study of marriage. *Journal of Marriage and the Family, 55*, 230-239.

속됨에 따라 신혼기의 낭만적 · 열정적 사랑은 감소하지만 동료적 · 동반자적 사랑은 오히려 깊어지며, 결혼만족도도 증가한다고 볼 수 있다. 반면, 불신감이나 갈등이 누적된 결혼생활에서는 오히려 두 사람의 연결고리인 자녀가 독립하는 빈 둥지 시기에 상호 간에 아무런 유대감을 발견할 수 없으며, 결혼만족도는 감소하고 결혼생활은 오히려 위기를 맞게 된다. 이는 결혼연수가 결혼만족도에 영향을 미친다는 Gottman(1999)의 주장과도 일치하는 것이다. 그는 결혼생활에서는 뚜렷하게 취약함을 보이는 두 번의 시기가 존재하는데, 첫 번째 시기는 결혼 이후 첫 7년간으로 이 시기에는 갈등수준이 최고조라는 특성을 보인다. 두 번째 시기는 결혼 16년 이후의 시기인데, 이 시기는 의사소통의 결여로 이혼을 하는 비율이 높아진다고 하였다. Gottman은 결혼 기간이 남편과 아내에게 상반되는 영향을 미친다고 하였는데, 아내는 첫 7년간 결혼만족도가 감소하는데 이 같은 아내의 결혼만족도 감소는 단순한 생활주기상의 문제라기보다는 결혼 초기의 자녀양육이나 가사노동 등 과중한 역할부담과 관련된 문제로 생각할 수 있다. 또한, 아내와는 달리 남편은 결혼 16년 이후 결혼만족도가 오히려 증가하고 갈등수준은 감소한다고 하였다.

성별에 따른 결혼만족도는 〈그림 6-5〉에서 보듯이 대부분의 연구에서 남성이 여

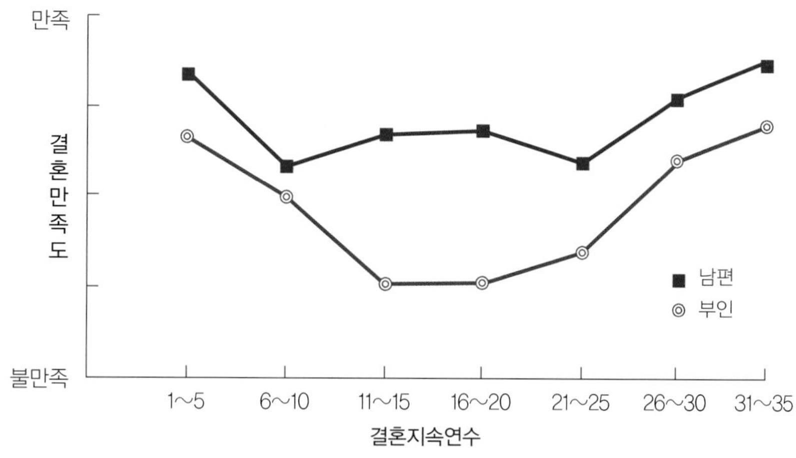

〈그림 6-5〉 **가족생활주기와 성별 결혼만족도**

출처: Vaillant, C. O., & Vaillant, G. E. (1993). Is the u-curve of marital satisfaction an illusion? A 40 year study of marriage. *Journal of Marriage and the Family, 55*, 230-239.

성보다 높게 나타난다(안연주, 최연실, 2021; 정민선, 최연실, 2023; Vaillant & Vaillant, 1993). 이는 대부분의 사회가 가부장적 가치관 속에서 여성에게 더 많은 역할과 희생을 요구하기 때문에 나타나는 결과이기도 하며, 동시에 남성이 직업이나 사회적 역할에 더 비중을 두는 반면, 여성은 어머니나 주부로서의 가정적 역할에 더 큰 비중을 두기 때문인 것으로 해석할 수 있다. 또한 결혼에서 남성은 배우자를 '도움관계망'으로 인식하는 비율이 높은 반면, 여성은 '갈등관계망'으로 인식하는 비율이 상대적으로 높은 것과도 관련이 있다. 또 한편으로는 부부간 차이에 대한 수용 태도에서 남성이 여성보다 높게 나타났는데, 이는 남성이 여성보다 자신과 배우자의 차이가 필연적임을 알고 배우자를 있는 그대로 받아들이고자 하는 태도를 반영하는 것이며 결과적으로 결혼만족도가 더 높게 나타나는 것으로도 볼 수 있다(정민선, 최연실, 2023). 그 결과 남성보다는 여성에게 결혼이 덜 만족스러운 경험으로 인식되는 것이다. 우리나라의 성별 가족관계 만족도 조사결과(통계청, 2023a)에서도 자녀와의 관계를 제외한 전반적인 가족관계에서 남성이 여성보다 만족도가 높은 것으로 나타났다(〈그림 6-6〉 참조).

사회경제적 지위도 결혼만족도와 상관이 있다. 일반적으로 가계소득수준이 높을수록 결혼만족도는 높은 것으로 나타난다(강경희, 2023; 김소영, 2023; 송혜영, 배연희, 2022; 임선영, 2016). 이는 소득수준이 높은 계층에서는 의식주나 문화생활 등 일

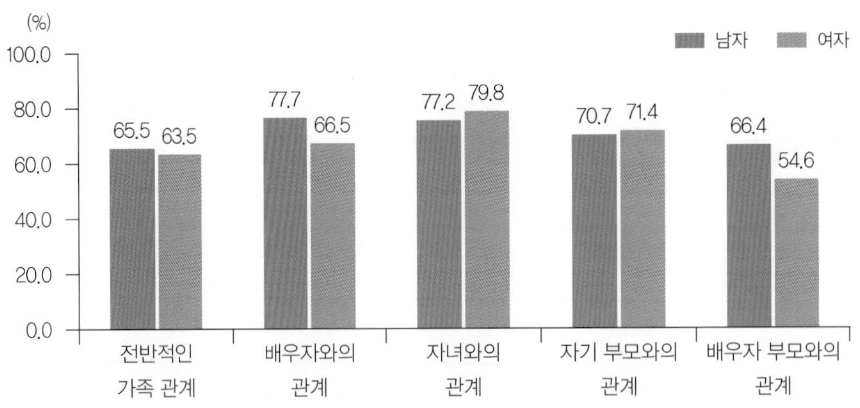

〈그림 6-6〉 성별 가족관계 만족도

출처: 통계청(2023a). 2022년 사회조사 결과.

상에서 누릴 수 있는 선택의 폭이 넓어지고, 이로 인한 만족감이 일상생활에서의 불만족스러운 점들을 상쇄시키기 때문일 것으로 생각할 수 있다. 이러한 이유로 남편이나 아내의 실직은 실직자가 누구이든 가계의 경제수준에 무관하게 가족관계를 취약하게 만든다(Nallo, Lipps, Oesch, & Voorpostel, 2022). 또한 경제적 어려움은 금전 사용과 관련된 가족내 갈등을 증가시키는 것으로 나타났다. 기존의 가족갈등모델에서는 경제적 어려움이 부모의 갈등수준을 높임으로써 간접적으로 어린 아동에게 영향을 미치는 것으로 간주하고 있으나 최근의 연구들에서는 경제적 어려움은 어린 아동의 삶에도 직접적으로 영향을 미치며 부모와 아동 모두의 복지와 금전 사용과 관련된 가족내 갈등에 영향을 미친다고 한다(Chzhen, Howarth, & Main, 2022; Treanor, 2020).

그러나 연령대나 사회계층, 맞벌이 여부에 따라 이러한 경향은 다소 차이를 보인다. 베이비붐 세대를 대상으로 한 연구에서는 남성의 경우, 학력이 낮고 소득수준이 낮은, 즉 전반적으로 사회경제적 지위가 낮은 사람은 결혼만족도가 낮게 나타났으나, 여성의 경우 소득수준보다는 배우자의 취업여부가 결혼만족도에 더 큰 영향을 미치는 것으로 나타났다(손정연, 한경혜, 2014). 또한 최상류층에서는 수입보다도 가족 내 화합이나 역할수행이 결혼만족도에 큰 영향을 미치는 것으로 나타났다. 맞벌이가족에서는 여성의 상대적 소득수준이 높아질수록 결혼만족도는 낮아지는 것으로 나타났는데(김소정, 2021), 이는 여전히 남성 가장을 바람직하게 여기고 여성에게 전가되는 가정역할 책임과 같은 사회문화적 요소들로 인해 여성이 남편의 소득을 앞지를수록 결혼의 메리트가 감소됨을 시사한다. 이러한 연구결과는 결혼만족도가 자원의 양으로만 설명할 수 없는 복잡한 문제임을 시사한다.

그 외에도 자녀수와 여성의 결혼만족도는 부적 상관을 보이는 것으로 나타났는데(박성호, 2001), 이는 양육스트레스와 관련하여 생각해 볼 수 있다. 양육스트레스가 증가할수록 결혼만족도는 감소하는 것으로 나타난다(임선영, 2016). 즉, 돌보아야 할 자녀수가 많다는 것은 시간적 · 심리적 · 경제적 부담을 가중시켜 양육스트레스를 증가시키며, 이로 인해 결혼만족도가 낮아지는 것으로 설명할 수 있다.

그러나 다른 요인들과 마찬가지로 사회경제적 요인들도 그 자체만으로 결혼만족도에 미치는 영향을 평가하기 어렵다. 또한 결혼만족도가 시간이 경과하면서 점차적으로 감소하기도 하지만 이후 다시 증가 양상을 보이기도 한다는 사실은 결혼만족도에 많은 점을 시사한다. 즉, 실제 소득이나 결혼 지속기간 자체는 변화시키기가 어렵거나 불가능하지만 이러한 요인들에 대한 인식이나 평가, 노력여부에 따라서는 부부관계가 향상될 수 있음을 의미한다.

3. 결혼만족도와 부부갈등

결혼생활에서의 만족과 불만족이라는 두 가지 차원에 대한 연구에서 불만족의 차원은 주로 갈등이라는 개념을 통해 연구되어 왔다. 그러나 결혼생활에서 갈등이 존재한다고 해서 반드시 불만족스러운 결혼인 것은 아니며, 갈등이 존재하지 않는다고 해서 만족스러운 결혼이라고 생각할 수는 없다. 그러므로 부부갈등은 만족과 상반되는 개념이 아닌 결혼생활의 긍정적, 부정적 측면을 동시에 포함하는 개념으로 접근하여야 한다(Fincham & Bradbury, 1987).

1) 갈등의 개념

부부간의 갈등에 대한 개념은 다양한 관점에서 논의될 수 있다. 부부간에 이익이 상충할 때 자신의 이익을 추구하려는 쟁취의 과정에서 갈등의 개념을 파악할 수도 있고, 오히려 갈등의 개념을 가족체계의 기능을 유지하고 통합하는 기능적 측면으로 간주하는 긍정적 관점도 있다(이미숙, 고선주, 권희경, 2000). 이러한 상이한 개념적 접근은 갈등이 반드시 만족이나 적응과 대립되는 부정적 측면을 의미하는 것이 아님을 의미한다. 갈등이란 인간관계에서 자신과 상대방이 서로 대립되는 감정이나 욕구, 사고방식을 가지고 있을 때 발생한다. 갈등이 없다고 해서 가족이 잘 기능하고 있는 것은 아니고, 모든 가족에서 갈등을 경험하지만 기능적인 가족은 갈등을 보다 긍정적인 방향으로 진행시킨다. 모든 갈등이 부부관계에 부정적인 영향을 미치는 것만은 아니며 갈등을 야기하는 문제에 직면하는 것은 그것을 회피하는 것보다 결혼생활을 건강하게 만드는 데 도움이 된다. 부부간에 친밀감을 향상시키려는 확고한 의지가 있다면 '비 온 뒤에 땅이 굳어진다'는 말처럼 갈등은 오히려 의미 있는 관계형성의 중요한 과정이 될 것이다.

결혼생활에서 갈등은 피할 수 없는 요소이다. 대부분의 사람들은 결혼에 대해 비현실적인 기대를 가질 뿐 아니라 부부간의 기대도 차이가 있기 때문에 갈등은 필연적이다. 성생활과 대화방법, 성격, 시가/처가와의 관계, 본가와의 관계, 자녀양육방식, 경제문제, 습관, 가치관 등 모든 것이 갈등의 요인으로 작용한다. 또한 현대사회에서는 전통사회와는 달리 개인이 어떻게 행동해야 할 것인가에 대한 엄격한 규칙과 제약들이 사라져 감에 따라 선택의 여지나 가능성이 많아졌다. 이러한 변화는 우리들 각자가 수많은 의사결정에 직면해야 함을 의미하며, 의사결정이 복잡할수록 더 많은 갈등을 경험하게 된다.

부부간의 문제는 갈등여부가 중요한 변수라기보다는 이러한 갈등을 건설적으로 해결하는 데 실패한 경우에 발생한다. 성공적인 부부관계에서 중요한 요소는 갈등을 경험하지 않는 것이라기보다 갈등을 경험하되 이를 어떻게 효과적으로 해결하느냐의 문제라고 할 수 있다. 싸움을 소모적인 논쟁이라고 한다면 갈등은 서로 다른 감정이나 욕구, 사고방식의 충돌을 의미하는 개념으로, 부부관계의 만족도는 갈등에 대처하는 방법에 좌우된다.

2) 갈등대처양식

부부는 서로 다른 환경에서 성장하였고 타고난 기질적 속성도 다르기 때문에 상호작용과정에서 갈등은 필연적으로 발생하며, 각자 이에 대처하는 독특한 갈등대처양식을 가지고 있다. 이는 성장과정을 통해 출생가족에서의 갈등해결과정을 통해 끊임없이 이루어진 학습의 산물이라고 볼 수 있다. 다양한 갈등대처양식은 일반적으로 타인에 대한 관심과 자신에 대한 관심이라는 두 가지 대립되는 목표로 구성되어 있고, 자신에 대한 관심은 얼마나 공격적인가에 의해 측정되며, 타인에 대한

Ralph Kilmann

관심은 협력수준으로 측정된다(Kilmann & Thomas, 1975).

회피유형(avoidance style)은 자신이나 타인에 대한 관심이 모두 낮은 유형이며, 이러한 경우 갈등을 유발시키는 문제에 대해 대화조차 이루어지지 않고 묻어두게 된다. 회피유형은 갈등상황을 보다 잘 해결하기 위해 생각할 시간적 여유를 가지게 되는 이점은 있으나, 갈등을 회피함으로써 보다 갈등을 심화시키기도 한다. 조절유형(accommodating style)은 자신에 대한 관심은 낮은 반면에 타인에 대한 관심은 높은 유형으로, 이러한 경우 타인의 욕구는 충족되지만 자신의 욕구는 외면하게 된다. 조절유형은 자신에게 잘못이 있는 경우에는 문제가 없으나 그렇지 않은 상황에서는 궁극적으로 분노를 유발하게 된다. 경쟁유형(competitive style)은 타인에 대한 관심은 낮은 반면에 자신에 대한 관심은 높은 유형으로, 이러한 경우 타인의 욕구는 염두에 두지 않고 자신이 필요한 것만을 추구하게 된다. 경쟁유형은 힘은 가지게 되지만 친밀감을 발전시켜 나가는 데에는 실패하게 된다. 협력유형(collaborative style)은 자신에 대한 관심과 타인에 대한 관심이 모두

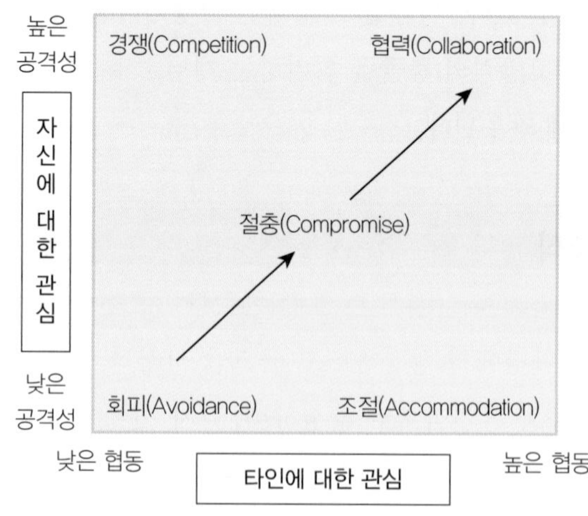

〈그림 6-7〉 **갈등대처양식**

출처: Kilmann, R., & Thomas, K. (1975). Interpersonal conflict: Handling behavior as reflections of Jungian personality dimensions. *Psychological Reports, 37*, 971-980.

높은 형태이며, 이러한 경우 쌍방은 자신과 타인 모두 피해를 보지 않고 중요한 문제를 성취했다고 느끼게 된다. 그러나 현실생활에서 이러한 경우는 많지 않다. 절충유형(compromise style)은 주어진 상황에서 각자의 욕구를 부분적으로 만족시켜 줌으로써 쌍방이 모두 수긍할 수 있는 방법으로 부부간의 친밀감과 응집력을 높여줄 수 있다(〈그림 6-7〉 참조).

또한 Straus(1979)는 갈등대처양식을 갈등을 유발하는 문제에 대해 의논하거나 정보를 이용하는 이성적 방법, 상대방에게 상처를 주는 말이나 행동을 하는 언어적 공격, 육체적 힘이나 완력을 사용하는 폭력의 세 가지 형태로 분류하였다. 국내 연구에서도 갈등 자체보다는 갈등대처양식과 결혼만족도가 관련이 있는 것으로 나타났다. 남편과 부인 모두가 이성적 대처방안을 사용할 경우 결혼만족도가 높게 나타났고(조유리, 김경신, 2000), 회피적 대처방안을 사용할 경우 결혼만족도가 낮게 나타났다(최규련, 1995).

4. 부부관계유형과 결혼만족도

Olson과 동료들(Olson, Olson-Sigg, & Larson, 2008)은 결혼한 부부 5만여 명을 대상으로 이들의 부부관계를 활기찬, 조화로운, 전통적, 갈등적, 활기 없는 커플의 다섯 가지 유형으로 구분하였다. 그리고 이들 부부관계 유형별로 결혼만족도의 차이를 ENRICH 프로그램에서 부부관계를 측정하는 데 사용되는 9개의 영역별로 살펴보았다(〈그림 6-8〉 참조).

〈그림 6-8〉에서 전체 대상의 18%를 차지하는 활기찬 유형(vitalized couples)은 결혼생활의 모든 영역에서 전반적으로 높은 만족도를 보인다. 이들은 의사소통과 갈등해결, 성관계, 재정관리 능력이 뛰어나고, 대다수가 이혼을 고려한 적이 없는 것으로 나타났다. 조화로운 유형(harmonious couples)은 전체 대상의 24%를 차지하며, 이들은 자녀양육을 제외한 대부분의 영역에서 전반적으로 만족도가 높지만 활기찬 유형에 비해 강점은 덜 가지고 있다. 전체 대상의 17%를 차지하는 전통적 유

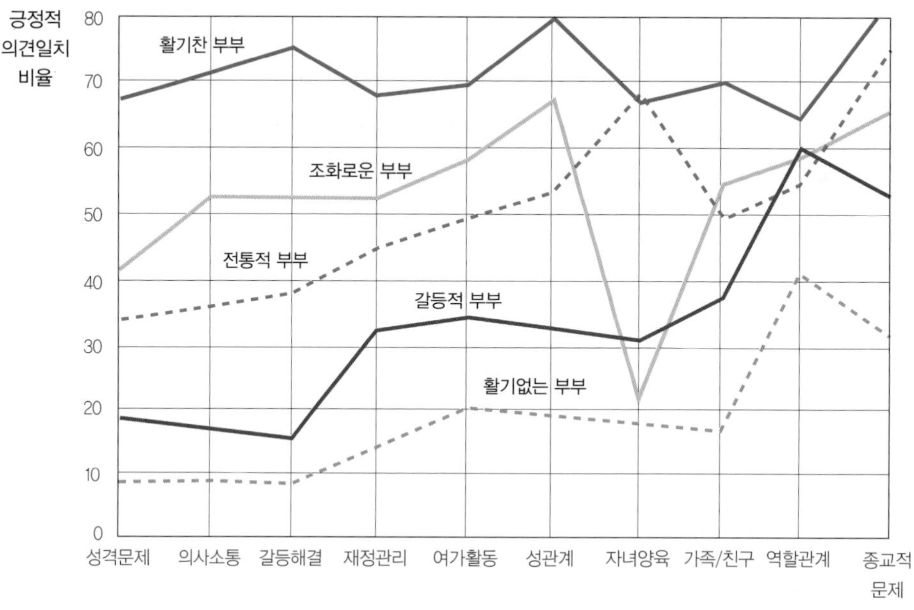

〈그림 6-8〉 결혼한 부부의 유형

출처: Olson, D. H., Olson-Sigg, A., & Larson, P. J. (2008). *Couple checkup: Find your relationship strengths*. Nashville, TN: Thomas Nelson.

형(traditional couples)은 전반적으로 행복하지만 성격의 조화나 의사소통기술, 갈등해결기술은 활기찬 유형이나 조화로운 유형만큼 만족스럽지 못한 것으로 나타났다. 이들은 자녀양육과 종교적 신념에 대한 만족도가 높고, 결혼이 불만족스러워도 이혼은 고려하지 않는다는 특성을 보인다. 전체 대상의 22%를 차지하는 갈등적 유형(conflicted couples)은 전반적으로 행복하지 않고 여러 영역에서 거의 강점이 부족하며 관계의 성장을 필요로 한다. 이들은 의사소통과 갈등해결에서 문제를 보이며 절반 정도가 이혼을 고려한 적이 있는 것으로 나타났다. 마지막으로 활기 없는 유형(devitalized couples)은 전체 대상의 19%를 차지하며, 전반적인 영역에서 가장 만족도가 낮다. 불행하다고 느끼는 비율이 가장 높고 별거율이 다른 유형보다 많았으며 대다수가 이혼을 고려한 적이 있는 것으로 나타났다. 이들은 갈등해결에서 가장 낮은 수준을 보이는 집단이다. 또한 다섯 가지 부부관계 유형 가운데 갈등해결기술에서 가장 높은 수준을 보인 활기찬 부부의 결혼만족도가 가장 높은 반면, 갈등해결

기술에서 가장 낮은 수준을 보인 활기 없는 부부의 결혼만족도가 가장 낮게 나타났다는 사실은 갈등해결이 부부관계에 미치는 영향을 보여준다.

또한 결혼 전 커플을 대상으로 동일한 분석을 한 연구결과에서도 활기 없는 유형을 제외한 나머지 네 가지 유형이 발견되었다(Olson & Olson, 2000). 이들 네 가지 유형과 이후의 결혼관계와의 관련성을 살펴본 결과, 활기찬 유형의 커플이 결혼만족도가 가장 높게 나타났으며, 다음으로 조화로운 커플, 전통적 커플, 갈등적 커플의 순으로 나타났다(Fowers, Montel, & Olson, 1996). 이는 결혼 전의 커플관계에 근거하여 이후 결혼만족도나 안정성을 예측할 수 있음을 의미하는 것이다(〈표 6-2〉 참조).

표 6-2 결혼 전 관계유형과 결혼만족도 (단위: %)

결혼 전 관계유형	매우 행복한 결혼	덜 행복한 결혼	별거/이혼	전체
활기찬 유형	60	23	17	100
조화로운 유형	46	29	25	100
전통적 유형	34	50	16	100
갈등적 유형	16	30	54	100

출처: Fowers, B. J., Montel, K. H., & Olson, D. H.(1996). Predictive validity of types of premarital couples based on PREPARE. *Journal of Marital and Family Therapy, 22*, 103-119.

부부관계와 의사소통

현대사회에서는 가족의 기능 가운데 정서적 기능이 부각되고, 관계적 차원이 점차 중요시되고 있다. 의사소통은 인간이 언어적 · 비언어적인 방법으로 의미를 창출하고 공유하는 방식을 의미하는 것으로, 부부간의 친밀감 형성의 주요 요인으로 주목받고 있다. 의사소통은 일종의 상징적 상호교류과정이다. 의사소통이 상징적이라고 하는 것은 자신이 원하는 바를 전달하기 위해 상징을 사용하기 때문이며, 상호교류적이라는 것은 의사소통을 통해 서로에게 영향을 미친다는 것을 의미한다.

결혼생활에서 상호 간의 갈등은 불가피한 요소이며, 부부간의 원활한 의사소통은 갈등해결의 도구로서 중요한 요소 가운데 하나이다. 의사소통방식에서는 남녀의 성별에 따른 차이뿐 아니라 개인적인 차이도 존재하므로 이러한 차이를 이해하는 것은 효율적인 의사소통을 위한 첫걸음이 될 것이다. 또한 부부간 갈등을 증폭시키는 부정적 의사소통방식과 효율적인 의사소통방식을 이해하는 것도 원활한 의사소통을 위한 필수적인 과정이다.

이 장에서는 먼저 부부관계에서 의사소통의 의미와 남녀 간 의사소통방식의 차이를 살펴보고, 다음으로 친밀한 관계형성을 저해하는 부적응적인 의사소통방식과 관계를 향상시키기 위한 효율적인 의사소통방식에 대해 살펴보고자 한다.

1. 부부관계에서 의사소통의 의미

여러 학자들은 의사소통이 부부간의 친밀감 형성에 미치는 영향을 강조하였다. 커플들 간의 의사소통에 대한 메타분석 결과, 의사소통방식은 이후의 관계의 질에 영향을 미치며, 부정적인 의사소통은 파경과 관련이 있는 것으로 나타났다(Kanter, Lavner, Lannin, Hilgard, & Monk, 2022). Gottman(Gottman & Silver, 1999)은 행복한 부부와 이혼하는 부부를 대상으로 한 방대한 실험결과를 토대로 부부를 이혼에 이르게 하는 것은 성격차이가 아니라 의사소통방식의 문제 때문이라고 하였다. 그는 이혼에 이르는 지름길이 되는 부정적인 네 가지 의사소통방식을 규명하고 이들 방법을 모두 사용하는 부부들은 이혼에 이르는 비율이 상당히 높다고 하였다. 또한 행복한 결혼에서는 한 번의 부정적인 언급의 영향을 상쇄하기 위해서는 최소한 다섯 번의 칭찬을 해야 한다고 할 정도로 긍정적인 의사소통이 친밀감 형성에 미치는 영향을 강조하였다.

John Gottman

Gottman(1999)은 결혼생활에서는 뚜렷하게 취약성을 보이는 두 번의 결정적 시기가 있으며, 그 첫 번째는 결혼 후 7년 정도로 이 시기에 이혼율이 매우 높고, 갈등수준이 상당히 높은 특성을 보인다고 하였다. 두 번째 취약성을 보이는 시기는 결혼 16~24년의 기간으로, 이 시기에 이혼하는 부부는 함께하는 시간이나 의사소통, 갈등표현의 결여로 인해 이혼을 하게 되는 특성을 보인다

사진설명 Gottman이 부부관찰을 위해 사용한 love lab

고 하였으며, 이 부부들을 캄캄한 밤중에 바다 위를 지나가는 두 척의 배(two ships passing in the night)에 비유하였다(사진 참조). 이러한 사실은 궁극적으로 부부간의 이혼이 갈등해결방식의 문제나 의사소통의 문제에서 비롯됨을 말해주는 것이다.

사진설명 캄캄한 밤바다 위를 지나가는 충돌 직전의 두 척의 배

또한 1998~1999년까지 ENRICH(Enriching and Nurturing Relationship Issues, Communication, and Happiness) 프로그램에 참석한 2만 501쌍의 부부 가운데 5,153쌍의 행복한 부부와 5,127쌍의 불행한 부부를 대상으로 한 Olson과 Olson(2000)의 연구에서는 행복한 부부는 부부간 긍정적 일치(positive couple agreement: PCA) 비율이 70~100%로 나타난 반면, 불행한 부부는 0~40%로 나타났다. 또한 행복한 부부들은 불행한 부부들보다 상호 간의 대화방식에 보다 만족하는 경향을 보이고, 배우자가 자신의 감정을 보다 잘 이해하고 자신의 감정을 배우자에게 잘 표현할 수 있으며, 상대방이 자신의 말을 잘 들어주고 자신의 기분을 상하게 하는 말을 덜 하는 경향을 보인다고 하였다. 또한 이들은 결혼한 대다수의 부부들이 공통적으로 인정하는 의사소통문제가 있는데(〈표 7-1〉 참조), 행복한 부부들은 불행한 부부들보다 이러한 차이를 보다 잘 극복하는 경향을 보인다고 하였다(Olson, Olson-Sigg, & Larson, 2008).

표 7-1 부부간 주요 의사소통문제

의사소통문제	비율(%)
1. 배우자가 보다 기꺼이 자신의 감정을 나와 공유했으면 좋겠다.	76
2. 배우자에게 내가 원하는 바를 요구하는 것에 가끔씩 어려움을 느낀다.	69
3. 배우자는 내가 느끼는 바를 종종 이해하지 못한다.	65
4. 배우자는 문제에 대해 나와 논의하기를 종종 거부한다.	64
5. 배우자는 나의 마음을 상하게 하는 말을 한다.	62

출처: Olson, D. H., Olson-Sigg, A., & Larson, P. J. (2008). *The couple checkup*. Nashville, TN: Thomas Nelson.

의사소통과정에서 우리는 내용(content)과 메시지(message)라는 두 가지 종류의 정보를 보내게 된다. 내용은 의사소통에서 분명하게 드러나는 구성요소로서, 사실이나 의견, 함께 나눈 경험을 포함하는 의사소통의 표현적 요소(report component)이다. 이는 비교적 직접적인 방식으로, 언어적인 형태로 표현된다. 또 다른 구성요소인 메시지(message)는 그 당시의 관계에 대한 정보를 포함하는 의사소통의 관계적 요소(relationship component)이다. 이는 일반적으로 비언어적인 방식으로 전달되며 내용 정보에 비해 보다 민감한 특성을 갖는다. 언어적 의사소통(verbal communication)은 말이나 글로 표현되지만, 말의 음조나 크기, 속도, 글씨체 등에 따라 다양한 비언어적 요소를 내포한다. 비언어적 의사소통(nonverbal communication)은 표정이나 눈맞춤, 몸짓 등 보다 다양한 방식으로 표현되며, 관계적 요소는 이러한 비언어적 메시지의 정확한 해석에 지대한 영향을 미친다. 특히 전달되는 메시지의 언어적 요소와 비언어적 요소가 불일치하는 혼합 메시지(mixed messages)인 경우 사람들은 언어적 메시지보다 비언어적 메시지에 보다 의존하는 경향을 보인다. 따라서 동일한 의사소통의 내용을 전달한다 하더라도 두 사람의 관계에 따라 메시지는 상이하게 전달될 수 있다. 특히 부부관계와 같은 친밀한 관계에서 의사소통의 의미는 단순히 전달되는 내용 이상의 의미를 갖기 때문에 관계적 요소가 보다 중요한 의미를 지니게 된다.

2. 남녀의 의사소통방식

부부간 갈등을 유발하는 중요한 요인 가운데 하나는 의사소통방식에서의 남녀간 차이이다. 상대방을 변화시키려고 노력하거나 맞서는 대신 이러한 남녀 간의 차이를 이해하고 그 차이를 편안하게 받아들이고 존중하는 것이 친밀한 관계형성의 첫걸음이다.

Gray(1998)는 의사소통에서 나타나는 남녀의 대표적인 차이점을 다음과 같이 제시하였다. 첫째, 여성은 의사소통에서 자신의 감정표현에 충실한 반면, 남성은 사실전달에 치중한다. 그래서 동일한 단어를 사용해도 서로가 전달하려는 내용은 다른 경우가 많다. 둘째, 여성은 의사소통을 통해 이해받기를 원하는 반면, 남성은 인정받기를 원한다. 그래서 여성은 상대가 자신의 감정을 받아들여 주기를 원하며, 남성은 이에 대한 해결책을 제시하기 위해 노력하게 된다. 셋째, 여성은 자신이 원하는 것을 직접적으로 요구하지 않는 반면, 남성은 직접적으로 표현한다. 여성은 자신이 원하는 것을 표현한다 하더라도 직접적인 표현을 하지 않고, 우회적이며 간접적으로 표현을 한다. 여성은 상대가 자신을 사랑한다면 자신이 굳이 말하지 않아도 원하는 바를 상대가 알아서 자발적으로 충족시켜 줄 것으로 기대한다. 심지어는 상대방이 자신을 정말로 사랑하는지 시험해 보려고 일부러 직접적으로 말하지 않는 경우도 있다. 넷째, 여성은 문제가 있을 때 자신의 감정을 말로 표현하는 경향이 있는 반면, 남성은 침묵으로 일관하는 경향을 보인다. 여성은 자신의 문제를 터놓고 이야기함으로써 이에 대처해 나가는 반면, 남성은 오히려 혼자 해결책을 찾고자 한다(사진 참조).

사진설명 Gray는 자신만의 세계에서 혼자 해결책을 찾는 남성의 특성을 동굴 안으로 들어가는 것에 비유하였다.

또한 Tear(Meier, 1991, 재인용)는 의사소통방식에서의 남녀의 차이를 듣는 방식과 말하는 방식으로 구분하여 다음과 같이 설명하였다. 먼저 듣는 방식에서 남성은 눈맞춤도 불규칙적이고, 수긍하는 반응을 거의 보이지 않으며, 말을 하면서 다른 활동을 하기도 하며, 자신이 말하기 위해 상대방을 방해하며, 상대방이 말하는 내용을 분석하기 위해 계획된 질문을 한다고 한다. 반면, 여성은 눈맞춤도 지속적이고, 수긍하는 반응을 빈번하게 보이며, 말하는 동안 다른 활동을 중단하며, 상대방이 말하다가 멈추는 때를 기다렸다가 자신의 말을 하며, 보다 많은 정보를 얻기 위해 상대방에게 질문을 한다고 한다. 이는 남성은 관계에서 지배성을 확보하기 위해 보다 경쟁적인 방식으로 의사소통을 하는 반면, 여성은 보다 친밀한 관계형성을 위해 우

Deborah Tannen

호적인 방식으로 의사소통을 한다는 것을 의미한다. 따라서 여성은 보다 훌륭한 청취자로서의 조건을 갖추고 있는 반면, 남성은 듣기보다는 반응에 초점을 맞추는 경향을 보인다는 것이다.

유사한 맥락에서 Tannen(2001)은 이러한 남녀 간의 차이를 '경쟁 대 유대(competition versus connection)'의 대립되는 구조로 설명하였다. 전통적으로 위계화된 사회에서 많은 시간을 보내야 했던 남성은 일반적으로 경쟁적인 태도에 길들여져 있고, 따라서 의사소통방식에서도 보다 상위의 지위를 차지하기 위한 의도가 내재되어 있다. 따라서 남성에게 있어 감정은 연약함의 표시로 해석되기 때문에 남성은 일반적으로 자신의 감정에 대해 이야기하는 것에 익숙하지 않다. 반면, 여성의 경우 경쟁적인 관계 못지않게 상호 간의 친밀한 유대감을 중시한다. 현대사회에서 여성도 보다 상위의 지위를 차지하는 데 관심이 없는 것은 아니지만 가족 내 역할도 여성의 삶의 중요한 부분을 차지한다. 따라서 여성은 관계를 중시하므로 관계형성을 위해 가족 내에서 여성은 주로 말을 하는 입장이라면 남성은 보다 경쟁적인 지위 추구에 관심이 있으므로 침묵하는 역할을 맡는다. 따라서 친밀한 관계에서 대부분의 남성들은 함께 대화를 나누기보다는 활동을 하는 경향이 있으며, 대화를 나눈다 하더라도 업무와 관련된, 보다 지배적인 지위를 차지하기 위한 논쟁을 하게 된다. 반면, 여성은 관계를 중시하므로 함께 점심을 먹고 대화를 나누면서 시간을 보낸다. 따라서 부부관계에서 의사소통은 남편이나 아내 중 한 사람이 일방적으로 상대방에게 맞추어야 하는 것이 아니라 융통성 있게 유대감과 경쟁적 욕구와의 균형을 유지하는 것이 필요하다.

부부의 의사소통방식에 대한 이러한 관점은 바로 남녀의 성역할의 차이를 반영하는 것으로 볼 수 있다. 그러나 이러한 남녀의 의사소통방식의 차이는 지나치게 성별에 따른 차이를 과장하고 양극화시켰다는 점에서 비판을 받고 있다.

3. 역기능적 의사소통방식

의사소통은 쌍방적인 과정으로 아무리 송신자가 분명한 메시지를 보냈다 하더라도 수신자가 그 의도를 정확하게 이해했다고 단정할 수는 없다. 의사소통의 문제로 인해 갈등이 생기면 사람들은 누구나 자신의 책임을 최소화하거나 부정하기 위해 상대방을 비난하는 경향이 있다. 이러한 대인 간 의사소통 모델 가운데 하나는 원인과 결과 간에 직선적인 관계를 가정하는 직선적 인과모델(linear causality model)이다. 예를 들어, 아내에게 상당히 중요한 문제에 대해 논쟁을 하는 상황에서 남편은 대꾸조차 하지 않는다고 하자. 이러한 상황에서 남편은 아내가 바가지를 긁기 때문에 자신이 대꾸를 하지 않는다고 말할 것이고, 아내는 남편이 대꾸를 하지 않기 때문에 자신이 바가지를 긁는다고 말할 것이다. 이러한 의사소통방식은 "당신이 그렇게 하지 않았다면, 나도 그렇게 하지 않는다"는 식으로 끝나기 때문에 생산적이기보다는 파괴적인 결과를 초래한다. 이처럼 역기능적 의사소통이란 부부간의 의사소통과정에서 상호 간의 갈등을 심화시키거나 긍정적 감정을 약화시키고 부정적 감정을 강화시키는 의사소통유형을 의미한다. 역기능적 의사소통방식은 관계를 파괴하는 위험신호로 작용하며, 한 번의 부정적인 상호작용으로도 이전의 많은 긍정적인 상호작용의 효과를 일소해 버릴 정도로 그 영향이 크다.

사진설명 빅토르 바스네초프 作(1887년)
〈묵시록의 4기사 – 죽음, 기근, 전쟁과 정복〉

Gottman(1999)은 커플 간의 상호작용에 대한 비디오 자료를 분석한 결과를 토대로 결혼생활을 와해시키는 부정적인 의사소통방식을 발견하고, 이를 '묵시록의 네 기사(the four horsemen of the apocalypse)'[1]에 비유하였다(사진 참조). Gottman

1) 묵시록(Apocalypse)은 성요한의 계시록으로 알려져 있는 신약성서 중 가장 마지막 책으로 네 기사는 성경에서 말하는 세계멸망을 불러오는 네 명의 존재로서 정복의 백기사, 전쟁의 적기사, 기근의 흑기사, 죽음의 청기사를 일컫는다.

이 말하는 네 가지 역기능적 의사소통방식은 비난(criticism), 경멸(contempt), 방어(defensiveness), 담쌓기(stonewalling)로서 이를 통해 부부의 이혼여부를 90% 정도 예측할 수 있다고 하였다. 비난이 상대방의 성격이 전반적으로 무언가 잘못되었음을 의미하는 표현을 하는 것이라면, 경멸은 말이나 비언어적 행동으로 자신이 상대방보다 더 우위에 있음을 표현하는 것이다. 방어는 상대방이 공격한다고 생각하는 것으로부터 자신을 방어하려 시도하는 것이며, 담쌓기는 청자(聽者)가 상호작용으로부터 아예 철회함으로써 반응을 하지 않거나 무시하는 것이다. 이러한 반응 가운데 여성은 비난의 방식을 보다 자주 사용하는 반면, 남성은 담쌓기의 방식을 보다 많이 사용한다고 하였다. 이러한 성별에 따른 의사소통방식은 남성이 도구적 역할을 수행하는 데 반해 여성은 표현적 역할을 수행하는 데 따른 결과로 볼 수 있다. 이처럼 갈등에 대한 상호작용에서 아내는 요구하고 남편은 반응하지 않고 철회하는 양상(demand–withdrawal pattern)은 관계만족도를 가장 감소시키는 요인으로 작용한다(Gottman & Levenson, 1992).

또한 Markman과 동료들(Markman, Stanley & Blurnberg, 2001)도 관계의 위험신호로 볼 수 있는 대표적인 파괴적 의사소통방식으로 확대, 평가절하, 부정적 해석, 철회나 회피의 네 가지 방식을 제시하였다. 확대(escalation)는 사소한 문제로 시작된 부정적 의사소통이 단순히 분노와 좌절감을 불러일으키는 것에서 끝나지 않고 서로에게 상처를 주는 언쟁으로 발전하는 것이다(〈표 7–2〉 참조). 통제할 수 없는 확대가 일어나는 과정에서 가장 위험한 일은 결혼생활의 활력의 근원을 위협하는 말을 하게 된다는 점이다. 분노할수록 사람들은 상대방에게 더 많은 상처를 주고자 한

표 7–2 파괴적 의사소통의 예: 확대

남편: (빈정대는 투로) 당신 치약 뚜껑 닫아 놓을 줄 몰라?
아내: (역시 빈정대는 투로) 당신은 한 번도 뚜껑 닫는 걸 잊어버린 적이 없어?
남편: 없어. 나는 항상 닫아 놓지.
아내: 그렇지. 내가 당신이 얼마나 강박적인 사람인지 잊어버렸네.
남편: 당신은 왜 그렇게 매사에 부정적이야. 내가 왜 당신하고 사는지 모르겠어.
아내: 마음대로 해. 나도 왜 당신하고 사는지 모르겠으니까.

표 7-3 파괴적 의사소통의 예: 평가절하

아내: 당신 또 약속 잊어버렸네. 왜 그렇게 무책임해요? 당신 아버지처럼.
남편: 고맙군. 우리 아버지처럼 나를 대단찮은 존재로 알고 있어서.
아내: 아버지하고 당신은 똑같아.
남편: 미안해. 내가 책임감의 전형인 당신과 결혼한 행운을 잊고 있어서.

아내: 오늘 평가받은 것 때문에 속상해.
남편: 괜찮아. 그 정도면 됐어.
아내: 당신은 이해 못해. 나는 속상해.
남편: 그래. 그런데 당신이 지나치게 예민한 거야.

다. 그러나 이는 쉽게 되돌리기가 어렵고, 이러한 과정에서 내뱉는 말을 상대방의 진정한 감정으로 받아들이기 때문에 친밀감에 상당한 손상을 준다. 그러나 이는 실제로 자신이 상대방에 대해 느끼는 감정과는 차이가 있다. 부부간에 건강한 관계를 유지하기 위해서는 확대하려는 경향에 대해 대응책을 세우는 것이 중요하다. 모든 부부에게서 확대현상은 나타나지만 어떤 부부들은 보다 빨리 이를 인정하여 보다 긍정적으로 반응하게 된다.

평가절하(invalidation)는 상대방의 생각이나 느낌, 성향을 얕잡아보고 무시하는 것으로 다양한 형태로 나타날 수 있다. 〈표 7-3〉에서 첫 번째 대화는 상호 간에 멸시하는 분위기가 담겨 있고 상대방의 성격 자체를 공격하고 있다. 이는 다른 어떤 것보다도 위험한 방식이며 가장 파괴적인 형태이다. 이와는 달리 두 번째 대화는 상대방을 무시하는 태도는 나타나지 않고 있지만 아내의 감정을 무시하고 있다. 남편은 자신의 이러한 반응을 아내의 기분을 좋게 하기 위해 노력한 것으로 생각할 수 있다. 그러나 이 또한 아내의 기분을 인정하지 않은 것이다. 상대방의 감정에 대한 존중, 생각에 대한 존중이나 인정이 이루어지지 않고 있다.

부정적 해석(negative interpretations)은 지속적으로 상대방의 의도를 실제보다 부정적으로 받아들이는 것이다. 이 또한 관계를 파괴하는 위험한 의사소통방식이다. 〈표 7-4〉에서 실제로 남편은 예산을 염두에 두고 의사소통을 하고 있지만 아내의

표 7-4 파괴적 의사소통의 예: 부정적 해석

아내: 이번 연말에 우리 부모님 모시고 여행 가요.
남편: 그렇게 여유가 있겠어?
아내: 부모님이 나에겐 중요해요. 당신이 안 가도 나는 갈 거야.
남편: 나도 가고 싶지만 이번 달에는 지출이 많지 않소.
아내: 왜 그렇게 정직하지 못해요? 우리 부모님이 싫은 거죠?

부정적 해석으로 인해 의사소통 기회가 차단된다. 관계가 보다 고통스러우면 부정적 해석은 더욱더 빈번해진다. 부정적 해석의 문제는 이를 감지해 내고 대응하기가 어렵다는 점이다. 대부분의 사람들은 어떤 대상이나 사물에 대해 편견을 가지고 있기 때문에 이러한 부정적 해석은 자연스럽게 나타날 수 있고, 이는 쉽사리 변화시키기가 어렵다. 또한 상대가 적개심을 가지고 반응을 하면 부정적인 해석을 더욱 고수하게 된다. 상대의 행동에 대해 부정적인 해석을 하는 경우는 종종 나타날 수 있으나, 지속적으로 부정적인 해석을 함으로써 자신의 행동을 정당화하는 것은 부부관계의 위협적인 요인이다.

철회(withdrawal)는 논쟁 도중 나가버리거나 침묵을 지키거나 또는 대화를 끝내기 위해 마음에도 없으면서 쉽사리 상대방의 의견에 동의해 버리는 것이다. 반면, 회피(avoidance)는 아예 대화가 시작되지 않도록 하는 것이다. 회피하려는 사람은 아예 원하지 않는 대화가 시작되지 않기를 바라며, 만일 대화가 시작되면 의도적으로 철회의 방법을 택한다. 많은 부부들은 어려운 문제를 처리할 때 이러한 방식을 사용하며, 이는 다른 방법과 마찬가지로 부부관계에 파괴적인 영향을 미친다.

또한 Gray(1998)는 논쟁으로 상처받는 것을 피하기 위해 사람들이 취하는 자세는 기본적으로 네 가지가 있다고 하였다. 싸우고(fight), 도피하고(flight), 가장하고(fake), 접어두는(fold) '4F'가 그것이다. 싸우기는 공격이 최상의 수비라는 좌우명을 갖고 자신이 아닌 상대방이 잘못한 것으로 보이게 하려고 닥치는 대로 비난하고 힐책하고 비판한다. 도피하기는 말다툼을 하기보다는 차라리 입을 다물어 버리는 경우이다. 가장하기는 정면대결이 가져올 상처가 두려워서 마치 아무런 문제가 없는 척 행동하는 것이며, 접어두기는 시시콜콜 시비를 따지느니 차라리 양보하고 마는 행동양식이다.

4. 효율적 의사소통방식

부부관계를 향상시키는 데 있어서 의사소통의 기능이 강조되면서, 의사소통 능력을 향상시키기 위한 프로그램이 다수 개발되었다. 여러 학자들이 제시하는 효율적인 의사소통을 위한 지침을 요약하면 다음과 같다.

1) 경청하기

친밀감 형성에서 가장 중요한 의사소통 기술은 상대방의 말을 경청하는 것이다. 바쁜 일상생활 속에서 살아가는 현대인들은 대다수가 현재 일어나고 있는 일에 관심을 보이면서 동시에 재미있거나 중요한 다른 일에도 관심을 보인다. 따라서 의사소통과정에서 부분적 주의집중(partial attention)만 가능한 경우가 다반사이며, 결과적으로 상대방의 말을 제대로 경청하지 못한다. 친밀한 관계에서 이처럼 지속적으로 부분적 주의집중만 하게 되면 친밀감은 점차 감소하게 된다. 그러므로 많은 학자들은 중요한 의사소통 기술의 하나로 완전한 주의집중(full attention), 즉 잘 들어주는 것의 중요성을 강조하였다.

상대방과의 의사소통과정에서 주의집중하여 경청하지 못하는 이유 중 하나는 상대방의 말의 옳고 그름을 판단하려 하기 때문이다. 일반적으로 사람들은 상대방의 말을 들을 때 그 말이 옳은지 그른지를 판단하려는 경향이 있다. 옳다는 것은 자신의 견해와 일치한다는 것을 의미하며, 그르다는 것은 자신의 견해와 불일치한다는 것을 의미한다. 그러므로 상대방의 말을 잘 경청하기 위해서는 일단 판단을 유보하고 상대방의 말을 더 귀담아 들으려는 노력이 필요하다.

Miller(Miller & Miller, 2000)는 경청하기에는 세 가지 동기가 작용한다고 하였다.

첫째, 설득적 경청하기(persuasive listening)는 상대방의 말을 거의 듣지 않고 대화의 방향을 자신이 원하는 방향으로 끌고 나가는 데에만 관심이 있다. 둘째, 주도적 경청하기(directive listening)는 설득적 경청하기만큼 통제적이지는 않지만 대화의 방향을 주도하려 시도한다. 반면, 주의집중적 경청하기(attentive listening)는 듣는 사람이 대화를 통제하거나 방향을 주도하려 하지 않고 말하는 사람이 방해를 받지 않고 주도적으로 말하게끔 하는 것이다. 주의집중적 경청하기는 다소 시간은 걸리지만 상호 간의 라포나 신뢰감 형성에 가장 효과적인 방법이며, 이러한 기술을 가진 사람이 가장 훌륭한 청자(聽者)이다.

상대의 생각이나 느낌을 명확하게 이해하기 위한 중요한 경청기술 가운데 하나는 상대방의 말 속에 들어있는 생각이나 느낌을 제대로 수용해주는 것이다. Gordon은 상대의 감정을 수용하는 데 있어 경청은 기본적인 요소이며, 해결책을 제시해 주기보다는 귀 기울여 들어주는 것, 상대의 감정을 수용해 주는 적극적 경청(active listening)이 보다 효과적인 방법이라고 하였다(〈그림 7-1〉 참조). 일단 자신의 감정이 수용된다는 느낌을 받게 되면 사람들은 상대에게 더 많은 생각을 말로 표현하게 되며, 이를 통해 상대방의 의도를 보다 명확하게 파악할 수 있을 뿐 아니라 상대방과의 갈등의 소지도 감소하게 된다(Gordon & Gordon, 2000).

또한 상대방을 인정하는 태도도 경청의 중요한 기술 가운데 하나이다. 인정은 상대방에 대한 수용을 의미하는 것으로, 인정을 나타내는 데에는 다양한 방법이 있다(Galvin & Brommel, 1990). 독백보다는 대화가 상대방을 인정하는 것이며, 적절한 대

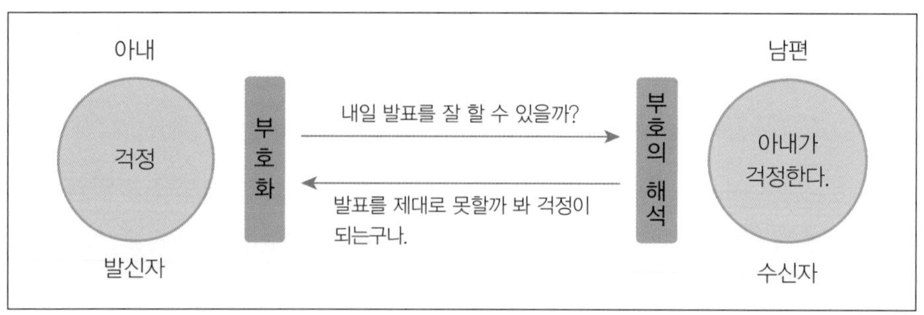

〈그림 7-1〉 **적극적 경청의 도식**

꾸는 인정을 나타내는 중요한 기술이다. 또한 상대방의 감정에 대한 해석보다는 감정 자체를 수용하는 것이 상대방을 더 인정하는 것이며, 통계치를 들먹이며 일반적으로 반응하기보다는 개인적으로 반응하는 것이 보다 인정하는 것이다.

2) 표현하기

경청하기만큼 중요한 의사소통의 또 다른 기술은 자신의 생각과 느낌을 표현하는 것이다. 큰소리 한 번 낸 적이 없는 부부가 돌연 이혼을 결정해 사람들을 놀라게 하는 경우가 있다. 이런 경우는 대부분 싸움을 피하려고 부부 중 어느 한쪽이 자신의 부정적인 감정을 지속적으로 억누르며 살아온 경우일 가능성이 높다. 부정적인 감정이 억압될 때는 긍정적인 감정도 함께 억눌리게 되고 이러한 억압이 한계에 달하면 관계는 위험에 처하게 된다.

우리나라의 부부관계에서는 서구문화에서 보기 힘든 '가슴응어리'나 '한'과 같은 독특한 정서가 나타난다. 이는 자신의 감정을 억압하면서 살아온 결과로 인해 나타난 현상으로, 중년여성의 우울증과도 관련이 있다(이창숙, 1998). 이러한 상황에서 벗어나기 위해서는 자신의 생각이나 느낌을 표현할 수 있는 훈련이 필요하다. 나-전달법이나 자기주장, 자기노출, 일치적 의사소통 등은 자신의 생각과 느낌을 표현하는 효율적인 방법이다.

(1) 나-전달법

자신의 생각이나 느낌을 분명하게 표현하는 것은 의사소통과정에서 중요한 요소이다. 동시에 이러한 표현은 어디까지나 상대를 비난하는 것이 아니라 자신의 생각이나 감정을 전달하는 데 초점을 맞추는 것이 효과적인 방법이다. 이러한 의사소통의 방법을 Gordon(2000)은 '나-전달법(I-Message)'으로 설명하였다. 나-전달법을 사용하기 위해서는 상대방에 대한 경청이 전제가 되어야 하며, 이는 상대방의 행위에 대한 비판단적 진술, 감정의 진술, 상대방의 행동이 미치는 영향의 세 요소로 구성된다(〈표 7-5〉 참조).

표 7-5 나-전달법의 구성

행위	감정	영향
남편이 아무 연락도 없이 밤늦도록 귀가하지 않는다.	나는 너무나 걱정이 된다.	무슨 사고를 당해서 다쳤을까 봐.

나-전달법에서 반드시 세 가지 요소를 포함시켜야 하는 것은 아니지만, 이러한 요소들에 답을 할 수 없다면 나-전달법을 사용할 필요가 없게 된다. 또한 나-전달법이 모두 효과적인 것은 아니다. 자신의 감정을 솔직하게 표현하지 못하거나 상대방에게 부정적인 감정을 전달하는 나-전달법은 효과를 기대하기가 어렵다. 그리고 화를 내면서 사용하는 나-전달법은 너-전달법과 동일하다. 기분을 나쁘게 하는 것은 상대방이 아니라 상대방의 행동이므로, 행동과 사람을 분리시켜 행동의 결과와 관련된 느낌만을 말해주어야 한다.

(2) 자기주장적 의사소통

Alberti와 Emmons(2008)는 주장훈련에 근거하여 의사소통방식을 주장적 의사소통, 소극적(수동적) 의사소통, 공격적 의사소통의 세 가지 유형으로 구분하였다. 이러한 세 가지 유형은 개인의 성격특성을 의미하는 것이 아니라 의사소통방식을 의미하는 것이다. 주장적 의사소통은 한 개인의 정당한 권리로서 자신의 생각, 느낌, 욕구를 표현하는 것이라면, 소극적 의사소통은 타인의 느낌이나 생각이 우선시되기 때문에 자신의 생각이나 느낌, 소망을 표현하는 것에 어려움이 있는 의사소통방식이다. 반면, 공격적 의사소통은 자신의 권리를 주장하기 위해 타인의 생각이나 느낌을 무시하고 침해하는 유형이다. 일반적으로 수동적 · 공격적 방식은 친밀감 형성에 부정적 영향을 미치는 반면, 자기주장적 방식은 긍정적인 영향을 미치게 된다. 부부 두 사람이 모두 수동적 유형인 경우 부부관계는 활력이 없고 지루한 반면, 두 사람이 모두 공격적 유형이면 갈등이 증폭된다. 반면, 두 사람이 모두 주장적 유형이면 그 관계는 활기차고 성숙한 관계로 발전할 수 있으며 친밀감 수준도 높아진다(〈표 7-6〉 참조). 자기주장을 통해 부부는 자신들이 원하는 바를 상대방에게 전달

표 7-6 대화내용과 친밀감 수준

대화유형		관계	승부	친밀감 수준
A	B			
수동적	수동적	활기 없는	모두 패자	낮음
수동적	공격적	지배적	패자와 승자	낮음
공격적	공격적	갈등적	모두 패자	낮음
자기주장적	수동적	절망적	모두 패자	낮음
자기주장적	공격적	적대적	모두 패자	낮음
자기주장적	자기주장적	활기찬/발전적	모두 승자	높음

출처: Olson, D. H., DeFrain, J., & Skogrand, L. (2008). *Marriages and families: Intimacy, diversity, and strengths* (6th ed.). New York: McGraw-Hill Higher Education.

함으로써 갈등의 소지를 감소시킬 수 있다.

(3) 일치적 의사소통

Satir(Satir, Banmen, Gerber, & Gomori, 1991)는 자신과 타인, 상황요인 가운데 어떤 요인을 중시하는가에 따라 부부간의 의사소통방식을 다음과 같은 다섯 가지 유형으로 구분하였다. 먼저 회유형(the placator)은 타인과 상황만을 중시하며, 자신을 중시하지 않는 유형이다. 이들은 타인의 필요나 욕구를 지나치게 중시한 나머지 자신의 욕구를 무시하는 유형으로, 결과적으로 자신이 희생한다는 느낌을 가지며, 상대방에게는 희생에 대한 책임을 지라는 메시지를 보내게 된다. 반면, 비난형(the blamer)은 회유형과는 반대로 자신과 상황만을 중시하며 타인을 중시하지 않는 유형이다. 이들은 실제로는 자신을 무가치하고 실패자로 생각하므로 상대방을 비난함으로써 자신의 가치를 느끼게 된다. 이들은 항상 자신이 옳고 더 많은 힘을 가져야 하고, 타인은 자신에게 순종해야 한다고 생각한다. 초이성형(the computer)은 자신과 타인은 무시하고 상황만을 중시하는 유형이다. 이들은 감정적인 개입을 자제하고 논리적인 차원에서 객관적인 상황만을 중시하며, 항상 자신의 생각이 옳다는 것을 증명하려 한다. 산만형(the distracter)은 자신과 타인, 상황을 모두 중시하지 않

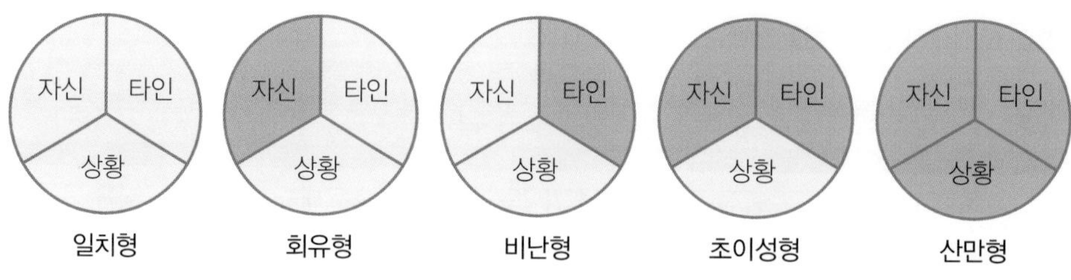

〈그림 7-2〉 Satir의 의사소통모형

는 유형이다. 이들은 한 가지 주제에 집중하기 어렵고 상대방의 이야기에 집중하지 못하며 자신의 생각에 대한 통찰력도 결여되어 있다. 이에 반해 일치형(the leveler)은 자신과 타인, 상황을 모두 중시하는 유형이다(〈그림 7-2〉 참조).

(4) 자기노출

자기노출은 상대방이 다른 대상을 통해 발견할 가능성이 없는 자신에 대한 정보나 감정을 자발적으로 드러내는 것을 의미한다. 자기노출은 친밀감을 형성하는 중요한 요인이 되며, 친밀감의 정도에 따라 자기노출도 상이한 수준으로 나타난다.

Taylor와 동료들(Taylor, Peplau, & Sears, 2003)은 자기노출이 관계의 발전에 어떤 영향을 미치는가를 '사회적 침투 모델(social penetration model)'로 설명하였다. 친밀한 관계를 형성하기 위해서는 상대방에 대한 피상적인 지식이 아닌 내면에 대한 더 많은 지식을 필요로 하며, 이를 위해서는 상대방의 내면으로 '침투'가 이루어져야 한다. '침투'의 두 가지 중요한 영역은 '깊이(depth)'와 '폭(breadth)'이다. 〈그림 7-3〉에서 친밀한 관계로 발전할수록 더 많은 개인적인 정보를 노출하게 되는데, 이는 '침투'의 '깊이'의 차원이다. 동시에 친밀한 관계로 발전할수록 다양한 화제나 활동을 공유함으로써 '폭'의 차원에서 광범위한 자기노출이 이루어지게 된다.

부부 가운데 한 사람에게서 자기노출이 이루어지면 상대방도 자기노출을 하게 되며, 상호 간의 노출은 관계의 발전을 돕게 된다. 그러나 친밀한 관계라고 해서 더 많은 것을 노출시키는 것은 아니며, 부부나 부모자녀관계에서 친구관계보다 자기노출이 덜 일어나기도 한다. 이러한 경우 친밀감이 당연히 존재한다고 간주하고 단

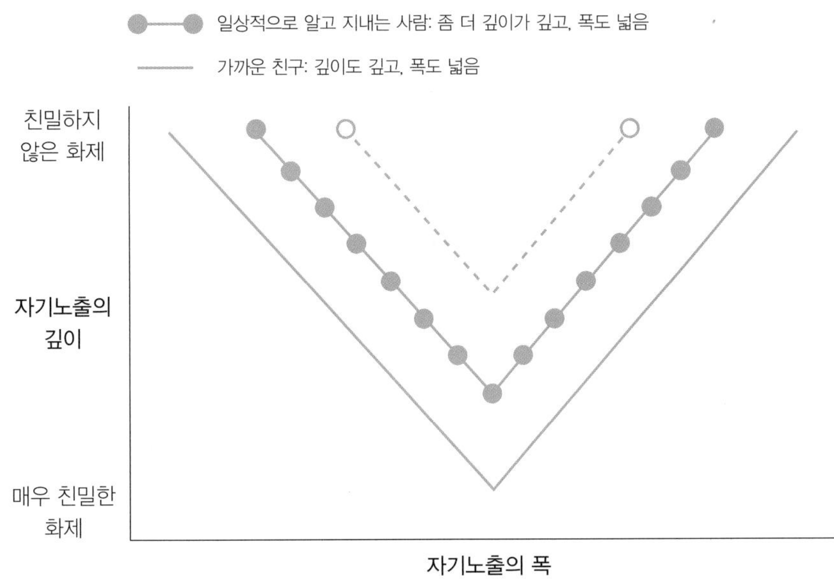

〈그림 7-3〉 **자기노출의 폭과 깊이**

출처: Taylor, S. E., Peplau, L. A., & Sears, D. O. (2003). *Social psychology* (11th ed.). New York: Prentice-Hall.

지 일상적인 이야기들만을 나눔으로써 친밀감의 발달을 저해하게 된다.

〈그림 7-4〉에는 여러 관계유형별 자기노출, 긍정적 언급, 부정적 언급에 대한 연구결과가 제시되어 있다. 가까운 친구관계에서는 자기노출과 긍정적 언급수준이 높게 나타나지만 이성교제 관계에서는 긍정적 언급수준은 높게 나타나지만 자기노출수준과 부정적 언급수준은 낮게 나타난다. 약혼에 이르게 되면 긍정적 언급은 최고조에 달하며 자기노출과 부정적 언급도 증가한다. 결혼 이후 행복한 결혼에서는 자기노출과 긍정적 언급, 부정적 언급 간에 적정한 수준을 유지하지만 불행한 결혼에서는 긍정적 언급과 자기노출 수준은 낮아지는 반면, 부정적 언급수준은 높아진다.

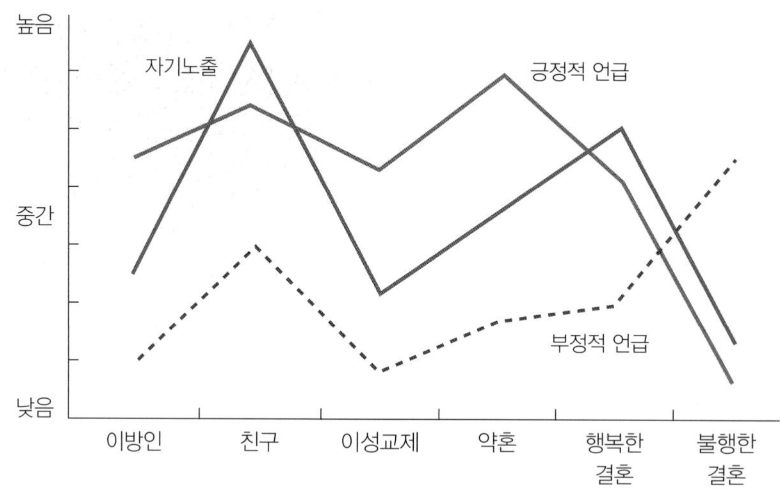

〈그림 7-4〉 **관계유형별 자기노출과 긍정적 · 부정적 언급**

출처: Olson, D. H., DeFrain, J., & Skogrand, L. (2008). *Marriages and families: Intimacy, diversity, and strengths* (6th ed.). New York: McGraw-Hill Higher Education.

5. 갈등해결과 의사소통

이러한 의사소통방식은 부부간의 갈등해결에도 그대로 접목시킬 수 있다. 먼저 부부간에 갈등이 있다면 이를 다음과 같은 단계별로 접근해 볼 수 있다(Olsen & Stephens, 2009).

1) 갈등 대처유형 이해하기

갈등상황에서 이에 대처하는 자신의 반응패턴을 이해하는 것은 갈등해결의 첫 단계이다(Olsen & Stephens, 2009). 고속 에스컬레이터(rapid escalators) 유형은 가장 위험한 유형으로, 이러한 유형에서 싸움은 사소한 의견대립에서 시작되지만 시간이 지나면서 작은 불씨에 기름을 붓는 것처럼 격렬해져 매우 빠르게 통제불능 상태가 된다. 이와 대조를 이루는 평화주의자(peacemaker) 유형은 갈등이 증가함에 따라 발생하는 불안을 견딜 수 없어 가급적 갈등을 빨리 끝내려 한다. 갈등회피(conflict avoidant) 유형은 가능한 한 갈등 없는 결혼생활을 원하므로 갈등을 일으킬지 모르는 문제는 회피한다. 이 경우 바로 눈앞의 갈등은 피할 수 있지만 너무 많은 갈등이 회피되어 왔기 때문에 진실한 친밀감도 자라지 않는다. 지배적/복종적(dominant/submissive) 유형은 한 사람은 지배하고 다른 사람은 복종함으로써 갈등이 끝나는 것처럼 보이나 복종하는 사람은 항상 포기하다가 결국 분노를 느끼거나 우울해져 상대방에게 복수할 방법을 찾는다. 객관적 사실 추구자(seekers of objective reality) 유형은 누가 무엇을 말했고, 그렇게 말한 사람은 당신이라는 문제들로 논쟁에 초점을 맞춘다. 누가 무엇을 말했는지로 논쟁이 변질되면 승자는 없게 된다. 마지막으로 해결사(Mr. Fix-it) 유형은 가능한 한 빨리 문제를 해결함으로써 갈등을 마무리하려 한다.

이상과 같은 다양한 반응패턴은 앞서 언급한 역기능적 의사소통방식의 사용이나 효율적 의사소통방식의 결여와 관련된 것이다. 그러므로 부부간의 갈등 대처유형을 이해하는 것은 갈등을 해결하기 위한 첫걸음이다.

2) 갈등 대처유형 지도그리기

갈등 대처유형을 더 잘 이해하기 위해서는 시작부터 끝까지 갈등 대처유형의 단계를 작성해 보는 것이 필요하다. 갈등을 누가 시작하며, 어떻게 시작하는지 등 시작단계에서부터 갈등이 어떻게 진전해 나가는지 그리고 어떻게 끝나는지 지도를 그려보는 것이 필요하다. 이를 통해 부부간 갈등을 돌이켜보면 상호 간의 정서적 관계의 회복을 위한 대책을 강구하는 것이 용이해진다.

3) 갈등 대처유형 변화시키기

갈등 대처유형을 변화시키기 위해서는 갈등의 시작과 단계적 확대의 첫 단계가 가장 중요하다. 갈등이 잘 시작되면 해결될 가능성도 커진다. 갈등을 잘 시작한다는 것은 대화를 시작하기 전에 충분히 생각한다는 것을 의미하며, 이처럼 갈등을 충분히 생각한 후에 비반응적으로 시작하는 것은 심각한 논쟁을 벌인 후에 관계를 재정립하려고 애쓰는 것보다는 용이한 일이 될 것이다. 또한 갈등을 비반응적으로 시작했을 경우라 하더라도 이에 대해 배우자가 방어적인 태도를 보일 수 있으므로 준비가 필요하다. 배우자의 방어적인 태도에 대해서도 배우자가 말하는 것을 인정하고 본래의 주제에서 벗어나거나 과거의 일로까지 확대시키지 않도록 하는 것이 필요하다.

또한 기존의 갈등해결방식을 변화시키려고 할 때 직면하는 위험지대를 인식하는 것이 필요하다. 갈등해결방식을 변화시키려는 과정에서 직면하는 두 가지 대표적인 위험은 신념체계와 출생가족 문제와 관련된 것이다. 갈등과 관련된 신념체계 가운데 먼저 자신이나 배우자가 가지고 있는 통념을 지각하는 것이 필요하다. 사람들은 무의식적으로 "갈등은 대화로 풀지 않아도 시간이 알아서 다 해결해 준다" 등과 같은 갈등에 대한 통념을 믿고 고수하려 하므로 이를 다루는 것은 무척 어려운 일이다. 또한 많은 신념은 출생가족 문제에서 해답을 찾을 수 있다. 모든 가족에게는 갈등을 다루는 고유한 방식이 있고, 이는 이후의 갈등해결방식에도 영향을 미친다. 그러므로 기존의 갈등해결방식을 변화시키는 데 있어서 자신의 신념체계와 출생가족의 갈등해결방식을 인식하는 것이 필요하다.

부부관계와 성적 친밀감

부부관계에서 친밀감은 다양한 방식으로 표현될 수 있지만 성은 다른 관계와는 달리 부부관계에만 국한되는 친밀감 형성의 중요한 수단이다. 성적 친밀감은 의사소통의 강력한 원동력이자 성생활을 통해 육체적 쾌락 및 성적 긴장을 완화시키고, 나아가 자녀 출산의 수단이 되기도 하는 등 다양한 기능을 가지고 있다. 그러므로 부부간의 성적 친밀감은 건강한 결혼생활의 핵심적 요소이다.

부부간 성관계는 전반적인 결혼만족도에 영향을 미치는 요인이 되기도 하지만 역으로 결혼만족도가 높으면 성관계에서의 만족도도 증가한다. 즉, 상당 기간의 금욕이나 성생활에서의 문제는 결혼생활의 부조화가 그 원인이라고 볼 수 있으며, 역으로 결혼생활에서의 부조화는 원만한 성생활을 방해하기도 한다. 이처럼 성적 친밀감은 부부간의 결혼만족도를 향상시키는 데 중요한 역할을 한다.

부부간의 성적 친밀감을 향상시키는 데 있어서 남녀의 성 반응이나 성기능장애에 대한 전반적인 이해와 개방적 의사소통, 관계의 향상은 필수적이다. 또한 최근 높은 비율로 나타나고 있는 외도의 문제가 단순히 성적 욕구와 관련된 문제라기보다는 관계에서의 문제가 주요 원인이라는 사실에 비추어 볼 때에 성적 친밀감이 관계향상과 밀접한 관련이 있음을 알 수 있다.

이 장에서는 먼저 부부관계에서 성적 친밀감의 의미를 살펴보고, 다음으로 일반적인 남녀의 성 반응과 성기능의 문제, 성적 적응을 위한 지침 및 외도에 대해 살펴보고자 한다.

1. 부부관계에서 성적 친밀감의 의미

성관계를 거의 갖지 않으면서도 행복하고 안정적인 관계를 유지하는 부부도 있지만 대부분의 부부에게 있어서 성관계는 친밀감 형성의 중요 수단이다. Olson과 동료들(Olson, Olson-Sigg, & Larson, 2008)은 행복한 부부와 불행한 부부를 비교한 연구에서 행복한 부부들은 불행한 부부들보다 상호 간의 애정표현방식에 보다 만족하는 경향을 보인다고 하였다. 행복한 부부들은 불행한 부부들보다 자신들의 성관계가 만족스러우며, 부당하게 성행위를 시도하거나 거부하지 않으며, 배우자가 외도를 할까 봐 걱정하는 비율도 낮은 것으로 나타났다. 또한 이들은 많은 부부들이 가지고 있는 공통적인 성과 관련된 문제는 애정표현의 양, 성적 관심수준, 성관계를 통한 즐거움과 만족감, 성문제에 대한 개방성 등이라고 하였다(〈표 8-1〉 참조).

〈표 8-1〉에서 부부간의 성관련 문제가 주로 기술적인 측면보다 관계적인 측면을 강조하고 있듯이, Fromm(1995)은 인간의 성행위는 단순히 Frued가 말한 성적 본능

표 8-1 부부간 주요 성관련 문제

성관련 문제	비율(%)
1. 배우자로부터 받는 애정표현의 양이 불만족스럽다.	68
2. 우리 부부는 성적 관심수준에서 차이가 있다.	66
3. 우리의 성관계가 점차 덜 재미있거나 즐겁지가 않다.	62
4. 우리의 성관계가 만족스럽지 않다.	58
5. 성적 주제에 대한 문제에서 상호 간의 개방성 수준이 불만족스럽다.	52

출처: Olson, D. H., Olson-Sigg, A., & Larson, P. J. (2008). *The couple checkup*. Nashville, TN: Thomas Nelson.

이상을 의미하는 것이라고 하였다. 특히 부부관계에서 성행위는 그 자체에 대한 욕구보다 친밀감의 욕구가 우선된다. 어떤 부부들은 성적 욕구가 생기면 단순히 이를 해소하기 위한 목적으로 일상적인 성관계를 갖지만, 많은 학자들은 친밀감이 수반되지 않은 성관계는 부부관계를 향상시키는 데 아무런 도움이 되지 못한다고 한다.

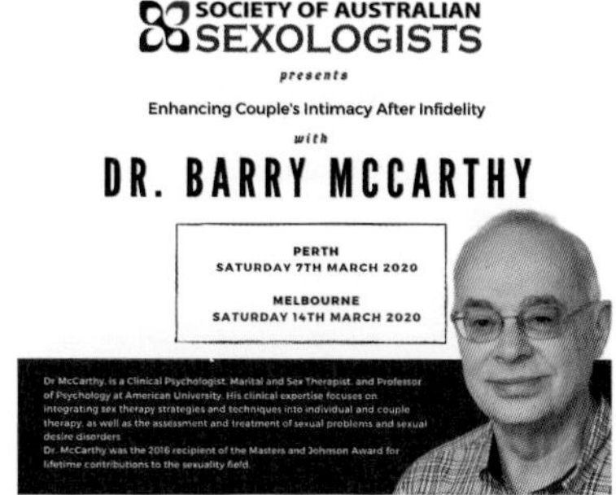

Barry W. McCarthy

McCarthy와 McCarthy(2009)도 성관계가 친밀한 관계 형성을 위한 모든 것은 아니지만 성생활이 원만하게 이루어질 때 이는 부부관계의 15~20%를 설명하는 데 그치는 반면, 성생활에 문제가 있는 경우에는 50~75%까지 영향을 미칠 정도로 친밀감의 중요한 요인으로 작용한다고 하였다. 이들은 결혼유형에 따른 성행동을 네 가지 유형으로 분류하였다. 첫째, 상보적 유형(complementary couples)은 가장 보편적인 부부유형으로 각 배우자는 특정 영역에서 힘을 가지고 있고 적절한 친밀감의 수준을 유지하고 있다. 이들은 상대방의 가치를 인정하고 결혼생활의 유대감에 가치를 부여하지만 이들에게 있어서 성관계는 우선시되지 않으며, 반복되는 일상적인 일처럼 여겨진다. 이러한 유형에서는 남성이 성생활에 책임감을 가지고 있으며, 연령이 증가하면서 성생활은 급격히 감소한다. 둘째, 갈등최소화 유형(conflict-minimizing couples)은 가장 전통적인 부부유형으로 부부에게서는 강한 정서적 표현은 차단되어 있으며, 남성이 성행위를 시작하고 방식을 주도하며, 이에 대한 대화는 거의 이루어지지 않는다. 셋째, 최상의 친구 유형(best-friend couples)은 친밀감에 가치를 두고 우정이 결혼의 기초라고 생각한다. 이들은 성생활을 그들의 부부관계에서 분리시켜 생각할 수 없고, 따라서 성생활이 관계의 활력소로 작용한다. 그러나 이러한 유형은 장기간 지속되기가 어렵고, 높은 기대와 동시에 기대에서 어긋나는 경우 환멸을 느끼게 된다. 마지막으로 정서적 · 표현적 유형(emotionally expressive couples)은 사랑뿐 아니라 분노에 이르기까지 강한 정서가 표현되는 유형으로, 이들 부부에게 있어서 성생활은 열정적이고 자극적이며 갈등을 해소하는 수단이 될 수도 있다. 이러한 유형은 부부간 갈등을 보상하기 위한 방편으로 성행위가 이루어질 수도 있지만, 동시에 갈등으로 인해 부부관계가 단절되고 이혼에 이르는 경우도 있다.

이처럼 결혼유형에 따라 성관계에 차이를 보인다는 사실은 성관계가 결혼생활에 미치는 영향을 반영해 준다. 각각의 유형은 부부간의 성관계에 긍정적 · 부정적 영향을 동시에 미치게 된다. 물론 이들 유형들은 지속적인 것이 아니며 시간이 경과하면서 변화하기도 하지만, 일단 부부간에 한 가지 유형이 만들어지면 이후 이 방식이 불만족스럽다 하더라도 변화시키기가 어렵다.

특히 성만족도는 남성의 결혼만족도에 더 많은 영향을 미치는 것으로 나타났다. 이는 여성이 정서적인 친밀감에 더 가치를 두는 경향이 있는 반면, 남성은 신체적 친밀감을 더 중요하게 여기는 것과 관련이 있다. 남성의 결혼만족도를 설명하는 제1의 변인이 성만족도, 제2의 변인이 의사소통인데 반해, 여성의 결혼만족도를 예측하는 제1의 변인이 의사소통, 제2의 변인이 성만족도로 나타났으며, 기혼남녀 모두에게 있어서 성만족도와 의사소통은 결혼만족도에 가장 큰 영향을 미치는 변인이라는 공통점을 가지고 있었다(박태영, 2005).

2. 남녀의 성 반응

William Masters와 Virginia Johnson

Masters와 Johnson(1966, 1980)은 자신들의 '성의학연구소'에서 1,000명 이상의 피험자들을 대상으로 인간의 전형적인 성 반응과 신체변화를 연구하였다. 이들의 연구는 자원자들을 대상으로 한 연구라는 점에서 피험자들이 보다 개방적이고 적극적인 성 반응을 보였을 가능성이 높을 뿐 아니라, 학력이 높은 백인 중산층이라는 점에서 일반화하기에는 한계가 있다. 그럼에도 이들의 연구는 기존의 성 반응에 대한 정보가 상당부분 잘못된 속설에 근거하고 있음을 밝혀 주었고, 성 반응에서의 전반적인 패턴과 남녀 간의 차이점 및 유사점에 대한 이해에 큰 공헌을 한 것으

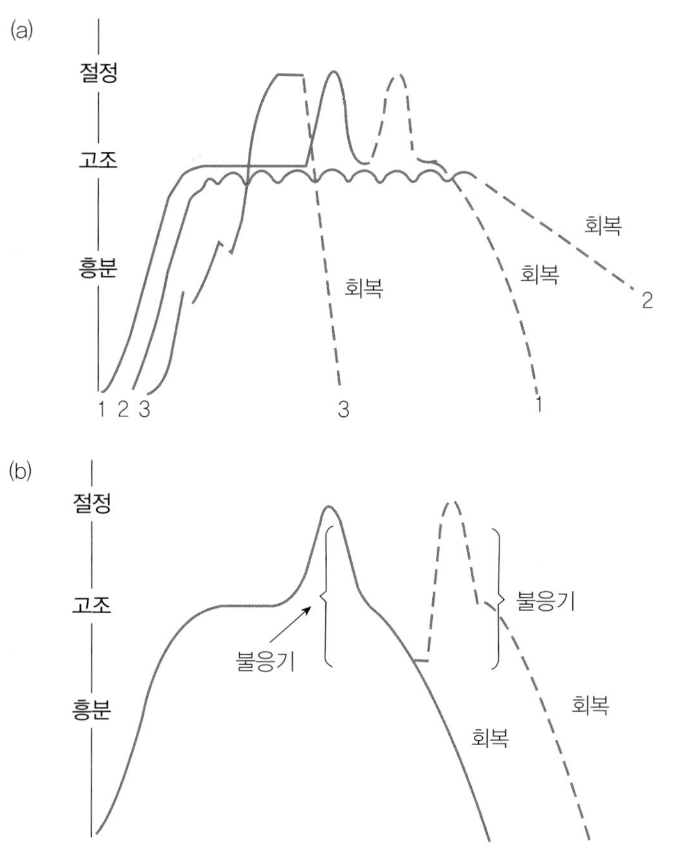

(a) 세 가지 형태의 여성의 성 반응. 1유형은 복수 오르가슴을 경험하는 유형. 2유형은 오르가슴을 경험하지 못하는 유형. 3유형은 흥분기에서 몇 차례의 흥분 수준의 감퇴와 동시에 급격하게 회복기를 경험하는 유형.
(b) 전형적인 남성의 성 반응. 점선은 두 번째 오르가슴과 불응기 이후의 사정을 나타냄.

〈그림 8-1〉 성별에 따른 성 반응 주기의 단계

출처: Masters, W. H., & Johnson, V. E. (1966). *Human sexual response*. Boston: Little Brown.

로 평가받고 있다. Masters와 Johnson은 인간의 성 반응을 흥분, 고조, 절정, 회복의 4단계로 구분하였다(〈그림 8-1〉 참조).

1) 흥분기

흥분기(excitement phase)에서 남성은 최초로 음경이 발기되기 시작하고, 여성은 질의 윤활화가 이루어진다. 이러한 반응은 성교를 위한 준비가 되었음을 의미한다. 인간은 오관을 통해 받아들인 다양한 자극에 대해 성적으로 반응할 수 있는 능력을 갖추고 있지만, 모든 사람을 흥분시킬 수 있는 일치된 자극은 없다. 어떤 상황에서는 개인을 자극시킬 수 있는 자극이 또 다른 상황에서는 오히려 방해 요인으로 작용할 수도 있다. 일반적으로 남성은 감각적 자극에 쉽게 반응하며 물리적인 자극이 없이도 수시로 발기하지만, 큰 소리나 불빛, 기온, 정신적 방해 등의 요인에 의해 급격히 영향을 받는다. 반면, 여성은 단순한 자극보다는 정서적 분위기에 좌우되는 경향을 보인다.

2) 고조기

고조기(plateau phase)에는 흥분이 계속되어 음경은 충분히 발기되고, 질은 충분히 윤활화되어 성교를 시작해도 무리가 없게 된다. 만약 이 시기 이전에 남성의 성기를 삽입하게 되면 남성은 발기부족으로, 여성은 질의 윤활화가 이루어지지 않아서 성교가 원만하게 이루어질 수 없고 다소 통증을 느낄 수도 있다. 여성의 질 자체는 신경이 분포되어 있지 않기 때문에 음핵을 자극하는 것이 보다 여성을 흥분시킨다. 그러나 이 부분은 매우 민감하기 때문에 강하게 자극하는 것은 피하는 것이 좋다.

3) 극치기

극치기(orgasm phase)에는 여성의 질 하위 $^{1}/_{3}$을 둘러싼 괄약근이 5~12회 정도 불수의적으로 수축이 일어난다. 남성의 오르가슴은 두 개의 요소로 구성되어 있다. 하나는 여성의 오르가슴과 병행하여 음경의 뿌리근육이 수축하는 것이고, 또 하나는 내부기관의 수축으로 정낭과 전립선에서 정액이 방출되는 것이다. 그러나 음경의 수축은 사정이 없이도 일어날 수 있고, 사정은 음경의 수축이 없이도 일어날 수 있다. 또한 남녀가 동시에 오르가슴에 도달하는 경우는 흔치 않으며, 동시에 일어나야 된다고 생각하는 성 각본은 오히려 만족감을 떨어뜨릴 수 있다.

〈그림 8-1〉에서 보듯이 여성은 보다 다양한 형태의 오르가슴을 경험하며 개인차도 남성보다 크다. 대부분의 남성은 4단계를 모두 경험하지만 여성은 오르가슴을 전혀 못 느끼는 경우도 있다. 또한 여성은 여러 번 오르가슴을 경험하는 것이 가능하지만 대부분의 남성은 연속적으로 두 번째 오르가슴에 도달하기가 어렵다. 남성은 사정 후 일정시간 경과해야 다시 사정이 가능하며, 그 시간 간격은 연령이 증가함에 따라 길어진다. 반면, 남성보다 여성이 오르가슴에 도달하는 데 걸리는 시간은 더 길다.

4) 해소기

성 반응 주기에서 마지막 단계인 해소기(resolution phase)는 모든 기관이 정상상태로 되돌아오는 시기이다. 남녀 모두 성적인 흥분상태가 사라지고 홍조현상이나 근육의 긴장이 감소하고 편안한 상태가 된다.

이상과 같은 성 반응 패턴은 남녀가 유사하게 나타난다. 그러나 일반적인 여성의 성 반응 주기는 남성에 비해 느리며 성행위만으로는 오르가슴을 경험하기 어렵고 성 반응도 신체의 여러 부위에 확산되어 일어난다. 반면, 남성의 오르가슴은 사정과 동시에 이루어지며, 더욱 분명하며 성기에 집중되어 있다.

한편, 최근의 연구결과는 여성의 성 반응이 Masters와 Johnson(1966)의 4단계 주기와 반드시 일치하지 않으며 보다 다양하게 나타난다고 한다(Whipple, 2002). 연구결과, 여성은 오르가슴이 없이도 성적으로 흥분하고 만족을 경험한다고 한다. 그러나 일반적으로 오르가슴을 동반하는 성관계가 오르가슴이 없는 성관계보다 성적 만족이 큰 것으로 알려져 있으며, 성적으로 만족하는 사람일수록 불만족스러운 사람보다 더 많은 오르가슴을 느낀다고 한다(Pearlman & Abramson, 1981).

3. 성기능 장애

성기능 장애는 자신의 의사와 무관하게 성교 시에 지속적, 반복적으로 문제가 나타나 자신이 원하는 만큼 만족스러운 성관계를 갖지 못하는 것을 말한다. 성기능 장애에는 다양한 형태가 있는데, 남성의 경우에는 조기사정이, 여성의 경우에는 성관계에 대한 흥미 부족과 불감증이 가장 빈번하게 나타나는 성기능 장애이다(〈그림 8-2〉 참조). 성기능 장애는 그 원인에 따라 신체적 성기능 장애와 심리적 성기능 장애로 분류할 수 있다. 이 가운데 대부분의 성기능 장애는 학습의 결핍이나 수행불안과 같은 심인성 요인에 의한 것으로 알려져 왔다(Masters & Johnson, 1980). 그러나 최근에는 신체적 요인이 더 높은 비율을 차지하는 것으로 밝혀졌다.

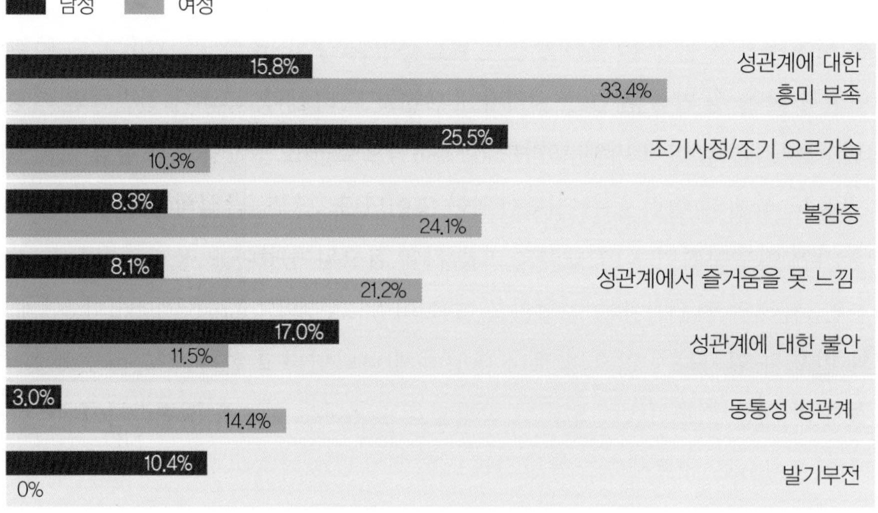

〈그림 8-2〉 다양한 성기능 장애

출처: Laumann, E., Gagnon, J. H., Michael, R. T., & Michaels, S. (1994). *The social organization of sexuality: Sexual practices in the United States*. Chicago: University of Chicago Press.

1) 남성 성기능 장애

우리나라 남성의 성기능 장애(male sexual dysfunction) 가운데 대표적인 것은 발기부전, 조루증 및 남성갱년기증후군으로, 남성 성기능 장애 평가를 위한 설문검사도 이들 영역을 중심으로 개발되었다(박현준, 박남철, 2010). 이를 구체적으로 살펴보면, 우리나라 남성의 성기능 장애는 발기부전이 43.9%로 가장 많았고, 조루증 39.9%, 갱년기 19.0% 순으로 나타났다. 연령별로는 40대가 52.1%, 50대 65.8%, 60대 73.8%, 70대 이상 79.0%로 연령이 증가할수록 성기능 장애 비율도 증가했다(〈그림 8-3〉 참조).

남성에게서 나타나는 가장 흔한 성기능 장애 가운데 하나는 조기사정(premature ejaculation)으로 일명 조루증이라고 한다. 이는 일정기간 고조기를 유지하지 못하고 성적 흥분상태에서 너무 빨리 절정에 도달하는 것이다. 빠르다는 것은 주관적인 느낌에 좌우되지만 질 내부에 음경을 삽입함과 동시에 사정이 되거나, 심한 경우에는 삽입 이전에 사정이 되는 경우도 있다. 이러한 현상이 반복되면 남성은 죄의식이나 무력감에 빠지며, 여성도 불만을 갖게 된다. 조기사정은 다분히 심리적인 요인의 영향을 받는다. 최초의 성 경험, 성행위에 대한 불안, 상대방의 반응에 대한 지나

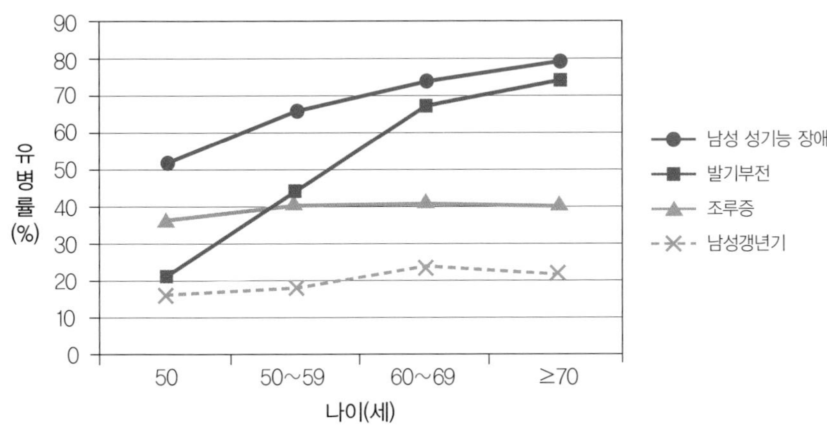

〈그림 8-3〉 **남성의 성기능 장애**

출처: 김영식(2012). 남성의 성기능장애. 세계가정의학회 학술대회자료집.

치게 민감한 태도나 상대를 기쁘게 해주어야 한다는 강박감 등과 같은 심리적 요인이 크게 작용한다. 빠른 시간 내에 사정을 해야 하는 상황이 반복되면서 이로 인해 학습이 이루어진 경우도 원인이 될 수 있다. 조기사정과는 달리 사정하는 데 지나치게 시간을 필요로 하는 지체사정(retarded ejaculation)이나, 발기는 가능하지만 사정을 할 수 없는 사정불능(ejaculatory incompetence)도 문제가 된다. 이러한 경우 여성의 비난은 더욱 문제를 악화시키는 요인이 된다. 성행위의 목적이 사정이 아니라 상호 간에 성 반응 주기에 맞추어 만족감을 극대화시키는 과정임을 인식한다면 이러한 문제는 쉽게 극복할 수 있다. 또한 부부의 노력만으로 이러한 문제를 극복하기 어려운 경우에는 함께 치료를 받는 것도 바람직하다.

발기장애(erectile dysfunction)는 성교를 할 만큼 충분히 발기가 안 되거나 발기된 상태를 계속 유지시키지 못하는 것을 의미한다. 발기장애도 여러 요인의 영향을 받는데, 발기는 혈관의 작용이므로 혈관, 신경, 내분비계에 이상이 생기면 발기장애가 생길 수 있다. 연령이 증가함에 따라 노화가 서서히 진행되어 중년기 이후에는 당뇨, 고혈압, 고지혈증에 의한 동맥성 발기장애가 주종을 이룬다. 과거에는 심리적 요인으로 알려진 많은 경우가 이러한 신체적인 문제 때문인 것으로 밝혀졌다. 동시에 발기는 어디까지나 두뇌가 관장하는 것으로, 심리적인 요인도 영향을 미친다. 특히 40대 이하에서는 과로나 스트레스로 인한 일시적 발기장애가 주로 나타나며, 어린 시절 성교육에서 금기사항이 많았거나 불안이나 심리적 부담으로 인해 신혼 첫날밤에 문제가 생기기도 한다. 불안해지면 신체 내에서 위험신호로 아드레날린이 분비되고, 이는 혈관을 수축시켜 발기부전을 초래하게 된다. 스트레스를 받게 되면 남성호르몬의 분비가 억제되거나 신경전달물질이 방출되어 말초혈관이 수축되어 발기장애를 초래하게 된다. 또한 고혈압치료제나 항우울제를 복용할 경우에도 발기장애를 초래할 수 있다. 과도한 음주는 남성의 발기장애를 유발하거나 여성의 오르가슴 능력을 감소시키며, 흡연도 혈액순환 장애를 초래하여 발기능력을 감소시킨다. 고혈압이나 심장질환, 당뇨병이 있는 사람이 담배를 피우면 이를 더욱 악화시키며, 방치하면 고질화된다.

일단 남성이 발기장애를 경험하게 되면 당황하여 다음에는 이에 더 집중하게 되는데 집중하면 할수록 실패의 악순환을 경험하게 된다. 그러나 발기장애는 다분히 심리적인 요인이 영향을 미치므로 아침이나 그 외의 시간에 발기를 경험하면 두려워할 필요가 없고, 보다 편안한 마음을 갖는 것이 중요하다. 그러나 신체적인 요인으로 인한 발기장애는 적절한 치료가 필요하다.

2) 여성 성기능 장애

여성 성기능 장애(female sexual dysfuction) 유병률은 남성 성기능 장애보다 높은 비율로 나타남에도 이에 대한 연구는 많지 않다(송효정, 허정식, 2007). 이는 여성 성기능 장애의 경우 남성처럼 성행위 자체가 불가능한 경우가 드물기 때문이다. 그러나 성행위 자체는 가능하다 하더라도 충분히 성적 욕구나 성적 흥분, 오르가슴을 느끼지 못하는 경우가 빈번하다면 이 또한 성기능 장애로 볼 수 있다. 여성의 성기능 장애 가운데 가장 대표적인 것은 성적 욕구의 부족과 불감증이다. 성적 욕구의 부족이 가장 높은 비율로 나타나는 것은 여성들의 경우 자녀양육, 수면부족 등으로 인해 성행위를 위한 에너지가 고갈되어 있는 것이 대표적인 원인이다. 이는 DINS(double income, no sex)라는 용어가 말해 주듯이 맞벌이가족에서 더욱 뚜렷하게 나타난다. 또한 성적 욕구의 결핍은 피로뿐 아니라 싫증도 중요한 요인이 된다.

불감증(orgasmic disorder)은 성행위 과정에서 오르가슴을 경험하지 못하는 것을 의미한다. 일부 여성들은 고원기와 오르가슴을 경험하지 못하고 성적 흥분기에서 바로 해소기로 진행되기도 한다. 불감증에 대해 어떤 여성은 개의치 않으나 어떤 여성은 좌절감을 느낀다. 불감증에 영향을 미치는 요인으로는 성에 대한 부정적인 태도나 잘못된 인식, 남성의 일방적 성행위, 질 삽입 전 충분한 성적 자극의 결여 등이 그 원인이 된다. 남성은 성감대가 성기에 집중되어 있을 뿐 아니라 사정까지 걸리는 시간도 짧기 때문에 남성이 일방적으로 기분이 내킬 때 갑작스럽게 성행위를 요구하게 되면 여성은 성적으로 만족하기가 어렵다. 성에 대한 부정적 태도나 잘못된 인식도 영향을 미친다. 실제로 여성은 남성보다 성적으로 더 반응적이지만 사회적으로 억압되어 실제와는 다르게 표현된다. 성행위에서 여성은 수동적이어야 한다는 사회적 통념도 불감증의 원인이 된다. 그 외에도 상대방을 성적으로 만족시키는 데에만 몰두하거나 상대에 대한 부정적 감정이나 지나친 기대도 그 원인이 된다.

불감증 치료를 위해서는 성행위를 함께 나누려는 태도나 질 삽입 전에 충분한 성적 자극이 필요하다. 여성의 성감대는 전신에 분포되어 있으므로 단순히 성행위에만 몰두하기보다는 성교 전후에 더 많은 애무를 필요로 한다. 특히 여성의 경우 성행위에서 즐거움의 반은 전희(foreplay)에서 얻는다고 할 만큼 성교 이전의 행동이 차지하는 비중이 크다. 또한 자위행위나 자신이 좋아하는 자극의 형태에 대해 상대방에게 피드백을 주는 것도 불감증 치료를 위한 효율적인 방법이다.

그 외에도 성교가 전혀 즐겁지 않은 것이나 성교 시의 통증(sexual pain disorder)이 빈번한 문제로 나타난다. 성교 시 통증은 성을 부도덕하게 생각하거나 성 행동에 대한 죄책감, 강간이나 성적 학대경험, 상대방에 대한 거부감이 그 원인이 될 수 있다.

이상과 같은 대부분의 성기능 장애는 단기간의 문제중심적 접근방법으로 호전될 수 있다고 한다(Rosen & Leiblum, 1995). 자위행위는 불감증이나 사정문제와 같은 성기능 장애를 극복하는 데 효과적인 방법이며, 그 외에도 여러 가지 행동요법들이 사용된다.

4. 성적 적응을 위한 지침

부부간의 성만족도는 결혼만족도와 상관이 높다. 성적인 만족이 결혼에서의 만족을 보장해 주는 충분조건은 아니지만 필요조건이며, 부부관계의 악화는 곧 바로 성생활의 문제로 직결된다. 부부관계에서 성만족도를 높이기 위해서는 성에 대한 지식과 솔직한 의사소통 그리고 관계의 향상이 필요하다.

1) 성에 대한 지식

성에 대한 올바른 이해와 정확한 지식은 성 문제를 예방하고 효과적으로 대처하는 데 도움이 될 뿐 아니라 보다 만족스러운 성생활을 영위하는 데 중요한 요소가 된다. 특히 남녀의 성 반응에서의 차이나 개인차에 대한 이해는 중요하다.

여성의 성 반응은 신체적 요인에 좌우되기보다는 정서적 측면이 강하게 작용하는 반면, 남성은 성관계에서 일차적으로 쾌락을 추구하며 정서적인 측면은 덜 중시한다. 여성은 성적인 감각을 느끼는 방식이 남성과 달라 흥분에 이르는 시간이 오래 걸리기 때문에 이에 대한 이해가 없으면 성적 갈등을 일으킬 여지가 있다(Whipple, 2002). 또한 성행위에 대한 만족감은 개인차가 크다. 어떤 사람들은 갑작스러운 성행위를 좋아할 수도 있고, 또 어떤 사람들은 분위기를 더 중시한다. 일반적으로 여성의 음핵을 자극하는 것은 쾌감을 주지만 때로는 그렇지 않거나 불쾌감을 주기도 한다. 그러므로 성생활에서의 적응을 위해서는 서로의 차이를 이해하고 이에 적응해 나가는 것이 필요하다.

2) 개방적 의사소통

사람들은 저마다 상이한 성적 욕구를 가지고 있으므로 친밀한 관계형성을 위해서는 성에 대한 분명하고 개방적인 의사소통이 필요하다. 만족스러운 성관계는 끊임없는 의사소통의 산물이다. 성행위 과정에서 자신의 불만스러운 점을 솔직하게 상대에게 전달하고, 상대방의 반응에 귀를 기울이고 이를 받아들이려는 태도가 필요하다. 성관계는 또 다른 형태의 의사소통이기 때문에 성관계에서의 문제는 대부분 의사소통의 문제와 관련이 있다. 자신들의 성관계나 성적 욕망, 환상에 대해 대화하는 것이 불편한 부부들은 성적인 문제를 조절하는 것이 어렵다.

점차 많은 여성들이 전통적 · 가부장적 성 규범의 영향에서 벗어나 성과 관련된 표현에서 개방적인 태도를 보이고 있다. 그러나 아직도 많은 부부들은 두려움이나 수치심 때문에 성에 대한 감정을 솔직하게 이야기하지 못하여 문제를 확대시킨다.

실제로 남성의 28%와 여성의 67%가 오르가슴을 느낀 것처럼 가장한다고 한다. 통계적으로 오르가슴을 위장하는 비율은 남성보다 여성이 더 높다. 어떤 여성들은 성적 자극이 고통스러운 상황에서도 오르가슴을 느낀 것으로 가장한다. 그러나 이처럼 성에 대한 느낌을 솔직하게 이야기하지 않고 가장하는 것은 결과적으로 불만족한 관계를 지속시켜 성생활을 더욱 악화시킨다. 부부간의 성생활이 결혼의 안정성을 보장해 줄 수는 없으나 성생활에서의 갈등은 부부관계를 파괴시킬 수 있다. 실제로 결혼 5년 이내에 이혼하는 부부의 중요 이혼 사유는 성생활에서의 갈등이 주요 이유이다. 그러므로 개방적인 의사소통을 통해 이러한 갈등을 해결하고 변화하는 성적 욕구에 적응해나가는 것이 필요하다(McCarthy & McCarthy, 2019).

인간은 누구나 성적 쾌락을 추구할 권리가 있다. 성을 죄악시하고 성에 대해 수치심을 조장하는 분위기에서 성장하면 이후 성기능 장애로 이어질 수 있다. 성적 충동은 부끄럽고 숨겨야 하는 사실이 아니라 오히려 자연스러운 과정이다. 성에 대한 솔직한 의사소통을 방해하는 주요한 요인은 엄격한 성 규범이다. 전통적인 성 규범에서는 성행위에서 여성은 수동적이고 남성은 능동적인 것이 당연시되고 있으나 이러한 생각은 최근 급격하게 변화하고 있다. Masters와 Johnson (1980)의 연구에서도 여성이 남성보다 성적으로 보다 다양한 반응을 보이며, 우리나라에서도 여성이 적극적으로 배우자에게 성행위를 요구하거나 표현을 하는 비율이 증가하고 있다. 모든 남성이 반드시 능동적인 역할을, 모든 여성이 수동적인 역할을 담당해야 하는 것은 아니며, 또한 그러한 역할을 담당하기를 원하는 것도 아니다. 어느 한 사람이 주도하는 일방적인 성행위가 아니라 서로의 욕구에 대해 이해하고 함께 나누려는 경향이 두드러지게 나타나고 있으며, 이는 성적 적응을 위해 필요한 요인이다.

3) 관계의 향상

많은 사람들이 결혼 전의 성관계에 비해 결혼 이후의 성관계에서의 만족감은 지속적으로 감소하며 덜 자극적이라고 한다. 그렇다고 해서 결혼 이후 두 사람 간의 친밀감이 지속적으로 감소하는 것은 아니다. 그리고 친밀한 관계에서의 성관계는 그렇지 못한 관계에서의 성관계보다 만족감을 준다고 한다. 이러한 사실은 부부간의 성만족도는 기술적인 면이나 빈도보다는 상호 간의 심리적 일치감이 보다 중요한 측면임을 말해주는 것이다. 성관계 빈도가 성만족도 및 결혼만족도와 밀접한 관련이 있다고 하지만 이는 빈도가 성관계에 영향을 준 것인지 성만족도가 성관계 빈도에 영향을 준 것인지 두 변인 간의 인과관계는 모호하다. 보다 중요한 것은 단순히 빈도가 아닌 관계의 차원이다. 또한 성기능 장애의 원인도 상당 부분 신체적 기능의 문제라기보다는 관계의 문제에 원인이 있다.

실제로 오르가슴을 경험하지 않고도 성만족감을 느끼는 여성들이 많으며, 이들은 그들의 관계에 만족하고 있는 경우가 대부분이다. 성 문제는 신체적인 문제라기보다 상호 간의 관계와 관련되므로 만족감을 향상시키기 위해서는 관계를 향상시키고 동시에 문제가 있을 경우 먼저 관계를 치료하는 것이 필요하다. Masters와 동료들(Masters, Johnson, & Kolodny, 1995)도 많은 사람들이 결혼 이후의 성관계가 덜 자극적이라는 등 다양한 성적인 문제로 고통을 받고 있으나 그렇다고 해서 이들 모두에게서 친밀감이나 편안함이 감소하는 것은 아니라고 하였다. 즉, 성생활은 그

건강한 성생활을 위한 지침

- 자신을 성적 존재로서 생각할 시간을 가져라.
- 자신의 성적 즐거움에 책임을 지라.
- 배우자와 성에 대해 이야기하라.
- 규칙적으로 함께하는 시간을 만들어라.
- 성생활이 일상적인 일이 되도록 하지 말라.
- 환상을 이용하라. 이는 최상의 최음제 가운데 하나이다.
- 성행위는 일이 아님을 이해하라.
- 침실에까지 분노의 마음을 가지고 가지 말라.
- 도움을 청하는 것을 두려워하지 말라.

출처: Masters, W. H., Johnson, V. E., & Kolodny, R. (1998). *Heterosexuality*. New York: Gramercy Books.

자체로서 친밀감 형성의 중요한 도구이기도 하지만 의사소통의 또 다른 형태로서, 성적 기술보다는 관계적 맥락에서 접근할 필요가 있음을 말해주는 것이다.

대부분의 사람들은 좋은 성관계는 적절한 체위와 기술을 알고, 몸매를 만들고 섹시한 의상을 입는 것과 관련시켜 생각하며, 격렬한 오르가슴을 느끼지 못하면 성관계는 실패한 것이라고 생각한다. 이러한 생각으로 인해 오르가슴이 모든 성관계의 목표가 되어 궁극적으로는 전반적인 관계의 맥락에서 성관계를 분리시켜 버린다. 두 사람 간에 앙금이 있는 상황에서의 성관계가 만족스럽지 못하다는 사실은 바로 성관계에서 전반적인 관계가 얼마나 중요한가를 말해준다.

5. 외 도

결혼 이후 남성과 여성 모두 이성과의 친구관계는 가능하다. 그러나 이것이 제대로 통제되지 못하면 결혼생활을 위협하는 요인으로 작용하며, 외도로 발전하기도 한다.

1) 외도의 원인

외도의 원인은 사회적 · 가정적 · 개인적 요인 등 여러 가지 요인이 복합적으로 영향을 미친다(양유성, 2008). 가족이나 친족관계가 중시되던 과거와는 달리 현대사회에서는 개인의 행복, 애정에 기초한 인간관계가 보다 중시될 뿐 아니라 대중매체 등을 통해 무분별하게 전달되는 불륜관계나 인터넷 사이트 등 여러 가지 사회적 요인이 외도를 부추기는 요인으로 작용한다. 가정적 요인 가운데 가장 대표적인 것이 부부관계에서의 문제, 낮은 결혼만족도와 관련이 있으며 성장과정에서 부모의 외도나 학대, 방임 경험도 외도 발생의 원인으로 작용한다. 개인적 요인으로는 개인의 심리적 특성이나 성격 등이 영향을 미치는데, 개인의 성격 요인 가운데 혼외관계를 예측해 주는 대표적인 요인은 애착의 문제, 자기애적 성격(narcissism), 낮은 성실성(conscientiousness), 정신병적 성격(psychoticism)이다.

그 외에도 남녀의 성별에 따라 외도 비율에서 차이를 보이는데 일반적으로 남성이 여성보다 높은 비율을 보인다. 이는 남성은 정서적 교감 없이 성관계를 맺는 경향이 있는 반면, 여성은 성관계가 없이도 서로 친밀한 관계를 맺는 경향을 보이기 때문이다. 또한 Sternberg(1986)의 사랑의 구성요소 가운데 열정은 결혼과 함께 감소하는데, 이것이 외도의 중요한 이유가 된다. 시간이 지나면서 점차 감소하는 열정을 외형적으로 지탱해 주는 역할을 하는 것은 책임감인데, 책임감이 사라지면 외도 위험은 증가한다. 실제로 사랑의 유형 가운데서도 열정 점수가 상당히 높은 반면에 책임감의 점수가 낮은 사람이 외도의 위험이 높다. 그러나 외도를 실제적으로 방어해 주는 것은 친밀감이다. 즉, 정서적 관계가 무너지면 열정과 책임감을 유발할 기본이 무너지게 된다. 최소한의 친밀감이라도 남아 있을 때 이를 근거로 사랑의 행동적, 인지적 요소인 열정과 책임감을 강화시킬 수가 있다.

2) 외도의 전반적 경향과 유형

Blow와 Hartnett(2005)은 외도에 관한 문헌연구를 통해 다음과 같은 외도의 전반적인 경향을 보고하였다. 첫째, 외도에 대한 태도는 행동과 관련이 있어서 외도에 대해 보다 긍정적인 태도를 보이는 사람들이 실제로 외도 가능성이 높다. 둘째, 외도에 대한 태도는 문화와 성별, 이전의 외도 경험 등에 따라 상이하다. 셋째, 남성은 여성보다 외도를 정서적인 문제가 아니라 단순히 성적인 것으로 간주하며, 성적 외도 비율이 높다. 넷째, 결혼생활에서의 불만족이 외도의 발생을 증가시킨다. 다섯째, 외도는 그 원인에 따라 정서적 외도(emotional-only infidelity), 성적 외도(sexual-only infidelity) 그리고 성적 원인과 정서적 원인이 복합된 외도(combined sexual and emotional infidelity)로 구분할 수 있으나 대부분의 연구는 성적 외도에 초점을 맞추고 있다. 일반적으로 남성은 성적 원인으로 인한 외도가 높은 비율을 차지하며, 여성은 정서적 요인으로 인한 외도가 높은 비율을 차지한다. 즉, 아내에 대한 불만 없이도 남편은 외도가 가능하지만 아내는 반드시 결핍동기가 있다는 것이다. 그러나 점차 외도에서 정서적 요인이 차지하는 비율이 높아지고 있다.

Brown(2001)은 외도 저변에 숨어 있는 쟁점과 배우자 간의 상호작용유형을 중심으로 외도유형을 다음과 같이 다섯 가지 유형으로 구분하였다. 첫째, 갈등회피외도(conflict avoidance affairs)는 갈등을 해결하는 방법을 몰라서 해결책을 찾지 못한 상태에서 부부간의 불만이 외도로 나타나는 유형이며, 이러한 종류의 외도는 대개 갈등을 어떻게 해결해야 할지 모르는 결혼 초기에 일어난다. 친밀회피외도(intimacy avoidance affairs)는 친밀감의 문제로 일어나는 외도 유형이다. 결혼을 하지 않았음에도 자신에게 많은 관심을 보이는 애인과는 반대로 배우자는 자신에게 관심을 가져주지 않는다는 생각으로 인한 상처와 실망으로부터 자신을 보호하기 위한 목적에서 비롯되는 외도이다. 이러한 경우 외도는 배우자로부터 받은 상처와 실망으로부터 자신을 보호해 주는 역할을 한다. 성적탐닉외도(sexual addiction affairs)는 성관계를 통해 공허감을 채우기 위한 목적에서 나타나는 유형이며, 이는 어린 시절의 정서적 박탈이나 방치, 학대의 경험과 관련이 있다. 자기분리외도(split self affairs)는 자신의 감정에 충실하기보다는 사회적으로 올바르게 행동하는 것이 더 중요하다고 교육받은 사람들이 오랜 세월 성실하게 살아오면서 등한시해 왔던 정서적인 자기를 찾고자 하는 노력에서 비롯되는 유형이다. 전형적으로 20년 이상 결혼생활을 유지해 온 가정적이라고 생각하는 중년 남성들에게서 많이 나타난다. 이들은 오랜 세월 결혼생활을 유지해 왔으나 배우자와 친밀한 유대감을 형성하지 못하였고 부부의 공통관심사였던 자녀가 독립하게 되면 결혼생활이 공허하게 느껴지며 다른 곳에서 만족감을 찾으려 한다. 결별형외도(exit affairs)는 결별을 원하지만 결혼을 먼저 끝내는 것에 대한 부담을 회피하고자 하는 의도에서 비롯되는 유형이다.

3) 외도의 단계

외도가 진행되는 과정을 Brown(2000)은 다음과 같이 6단계로 설명하였다. 1단계는 외도의 싹이 트는 단계로, 이 단계에서 부부는 서로에게 상처를 입히고, 불만족하며, 서로 간의 차이는 해결되지 않은 상태로 방치된다. 2단계에서는 두 사람 가운데 더 불만족스러운 사람이 상대방을 배신하고 외도를 하게 된다. 이 단계에서는 외도를 한 배우자는 이를 인정하지 않고 상대방은 분명한 외도의 표시들을 무시함으로써 이에 결탁하게 된다. 3단계에서는 외도가 탄로나고 쌍방은 모두 자신들의 관계가 예전과 같을 수 없음을 인식하게 된다. 이 단계에서는 부부 모두가 충격을 경험하고, 외도 사실에 분노하며, 외도의 이유와 의미, 그 근저의 갈등에 대해 생각하기 시작한다. 4단계에서는 결혼의 위기를 인정하게 되고, 5단계에서는 외도와 관련된 모든 문제들에 대한 의사결정을 내리게 된다. 부부관계를 청산하거나 외도 사실을 묻어두고 결혼생활을 다시 구축하고자 하는 결정을 내리게 된다. 마지막으로 6단계에서는 외도 사실에 대한 용서가 이루어진다. 이 단계는 앞의 다섯 단계가 모두 성공적으로 이루어졌을 때 가능하다. 일반적으로 외도는 부부관계를 황폐화시키는 위기로 받아들여지지만, 이와 동시에 많은 부부들은 외도 이후에도 결혼생활을 지속하며 보다 친밀하고 강한 관계를 형성하는 것으로 나타났다(American Association for Marital & Family Therapy, 2010).

부부관계와 역할

결혼 이후 공동의 생활을 영위해야 하는 부부관계에서 가장 일차적으로 직면하는 문제는 누가 어떤 역할을 수행하며, 어떻게 분담해야 할 것인가의 문제이다. 역할은 이를 수용하는 정도에서 개인차나 성차가 크게 나타나기 때문에 상당한 적응을 필요로 하는 부분이다. 부부간의 역할분담은 주로 성역할 사회화 과정의 산물로 파악할 수 있다. 그러나 최근 사회변화로 기존의 전통적인 성역할 구분에 대해 많은 문제점이 제기되고 있으며, 이러한 과정에서 부부간의 역할에 대한 상호 간의 기대와 수행이 일치하지 않아 갈등이 증폭되고 있다.

부부간에 누가 어떠한 역할을 담당하는가의 역할분담은 부부간 권력구조와도 밀접한 관련이 있다. 또한 전통적으로 남성과 여성의 역할은 도구적 역할과 표현적 역할로 구분되어 있었으나 맞벌이가족의 경우 여성이 표현적 역할과 아울러 도구적 역할을 동시에 수행하게 됨으로써 자녀양육과 가정 내 가사노동에 대한 역할분담 문제는 심각한 갈등을 유발하는 요인으로 작용할 뿐 아니라 사회적으로는 저출산율의 요인으로 작용한다.

이 장에서는 먼저 부부관계에서 역할의 의미와 역할분담 실태 및 인식에 대해 살펴보고, 역할과 가족 내 권력관계 및 맞벌이가족의 최대 난제인 자녀양육역할에 대해 살펴보고자 한다.

1. 부부관계에서 역할의 의미

역할은 일정한 사회적 지위를 점유한 사람에게 주어지는 권리 · 의무의 총체로 규정할 수 있다. 역할과 관련된 개념에는 역할기대, 역할수행, 역할인지, 역할만족, 역할갈등과 같은 여러 다양한 영역이 있다.

역할기대는 상대방이 어떤 역할을 수행해야 하는가에 대한 개인의 기대를 반영하는 것으로, 중요한 의미를 가진 사람의 역할에 대한 기대는 한 개인의 역할수행에 큰 영향을 미치게 된다. 남편은 아내가 어떤 역할을 수행해 주기를 원하는지에 대한 기대가 있고, 아내도 마찬가지로 남편이 어떤 역할을 수행해 주기를 원하는지에 대한 나름대로의 기대를 가지고 있다. 역할수행은 이러한 기대와는 무관하게 실제 자신이 수행하는 역할을 의미한다. 우리는 자신에게 기대되는 역할이 무엇인지에 대해 알고 있지만 그러한 상대방의 기대대로 행동하는 것만은 아니며, 이러한 역할기대와 역할수행 간의 차이에 대한 주관적 평가가 역할만족이다. 그러므로 부부 중 한 사람의 기대가 지위지향적인 유형이고 다른 사람은 인간지향적인 경우, 유사한 기대를 가진 사람들보다는 역할만족도는 낮아지고, 결과적으로 많은 갈등을 경험하게 될 것이다. 동시에 역할인지는 상대방의 기대나 자신의 수행수준과는 별도로 자신이 일정한 역할을 수행해야 한다는 것에 대한 인식을 의미하며, 이러한 역할인지와 역할수행 간의 차이에 대한 개인의 주관적 평가에 근거하여 역할만족이 결정된다. 즉, 상대방의 역할기대에 일치하는 역할수행이 이루어지고, 자신이 지각하는 역할인지와 일치하는 역할수행이 이루어지는 경우에는 만족감을 느끼게 되며, 반면에 일치하지 않을 경우에는 역할갈등을 경험하게 된다.

Olson과 동료들(Olson, Olson-Sigg, & Larson, 2008)은 행복한 부부와 불행한 부부를 비교한 연구에서 행복한 부부들은 불행한 부부들보다 부부 모두가 기꺼이 결혼

표 9-1 부부간 주요 역할문제

역할문제	비율(%)
1. 불공평한 가사분담에 대해 관심을 보이지 않는다.	49
2. 가사분담이 개인의 관심사보다 전통적인 역할구분에 의해 이루어진다.	44
3. 남편은 아내만큼 역할적응을 위한 의지가 없다.	44
4. 자녀가 어린 경우 아내의 취업여부에 대해 의견의 일치를 보이지 않는다.	43
5. 평등한 관계유지를 위해 부부 모두 일해야 한다는 데 의견의 일치를 보이지 않는다.	36

출처: Olson, D. H., Olson-Sigg, A., & Larson, P. J. (2008). *The couple checkup*. Nashville, TN: Thomas Nelson.

생활에서의 적응을 위해 노력하는 경향을 보인다고 하였다. 행복한 부부들은 불행한 부부들보다 동등한 관계를 유지하기 위해 함께 일을 해야 한다고 생각하며, 가사분담에 관심을 보이고, 공동으로 의사결정을 하며, 전통적인 역할분담보다는 관심사에 따라 역할분담이 이루어져야 한다고 생각하는 경향을 보인다. 또한 이들은 결혼한 대다수의 부부들이 공통적으로 직면하는 역할분담 문제를 불공평한 가사분담에 대한 무관심, 전통적인 역할구분에 근거한 가사분담, 남편의 적응의지 부족, 아내의 취업여부에 대한 의견의 불일치, 공평한 역할분담에 대한 의견의 불일치 등으로 제시하였다(〈표 9-1〉 참조).

2. 역할분담 실태와 인식

구조기능론적 관점에서 Parsons(1955, 1965)는 남편이자 아버지로서의 역할을 도구적 역할(instrumental role)로, 아내이자 어머니로서의 역할을 표현적 역할(expressive role)로 구분하였다. 그리고 남성이 도구적 역할을 수행하고 여성이 표현적 역할을 수행하는 것이 가장 기능적인 역할분담이라고 하였다. 또한 Bernstein(1970)은 역할을 지위지향적(position-oriented) 유형과 인간지향적(person-oriented) 유형으로 구분하였다. 지위지향적 유형은 연령이나 성별, 지위에 따라 역할을 규정하므로 개인의 역할이 매우 고정되어 있는 반면, 인간지향적 유형은 정해진 역할규범이 아니라 개인적 특성이나 상황요인에 따라 역할을 규정하므로 개인의 역할은 상당히 융통성을 갖게 된다.

전통적인 역할 구분은 오랜 기간 우리 사회에 전해내려 온 역할규범이었으며 아직도 강한 영향력을 가지고 있다. 그러나 여성취업률의 증가로 성별에 따른 역할구분이 많은 문제를 야기하고 가족 간 갈등을 유발하는 요인으로 지목되면서 남녀의 역할구분은 보다 융통성 있는 형태로 변화되고 있다.

1) 역할분담 실태

부부간의 역할이 전통적 역할규범에 근거하고 있다는 사실은 역할분담 실태에서 뚜렷하게 나타난다. 〈그림 9-1〉에서 OECD 회원국 모든 국가에서 여성은 남성보다 더 긴 시간을 무급 근로에 할애하고 있는 것으로 나타났다. OECD 국가의 평균 가사분담률은 여성(66.4%)이 남성(33.6%)에 비해 2배 정도 높은 수준이나 우리나라의 경우는 성별 가사분담률의 차이가 가장 두드러지게 나타나 여성(83.5%)이 남성(16.5%)에 비해 4배 정도 높은 것으로 나타났다. 또한 남성의 평균 가사노동시간에서도 OECD 국가 남성의 평균노동시간이 138분인데 반해 우리나라 남성의 평균 가사노동시간은 45분에 불과한 것으로 나타났는데, 이는 OECD 국가 가운데 가장 낮

OECD 국가별 성별 가사분담률(단위: %)

	남	여
OECD	33.6	66.4
한국	16.5	83.5
일본	17.1	82.9
덴마크	43.4	56.6
프랑스	38	62
독일	37.9	62.1
노르웨이	43.4	56.6
스웨덴	42.7	57.3

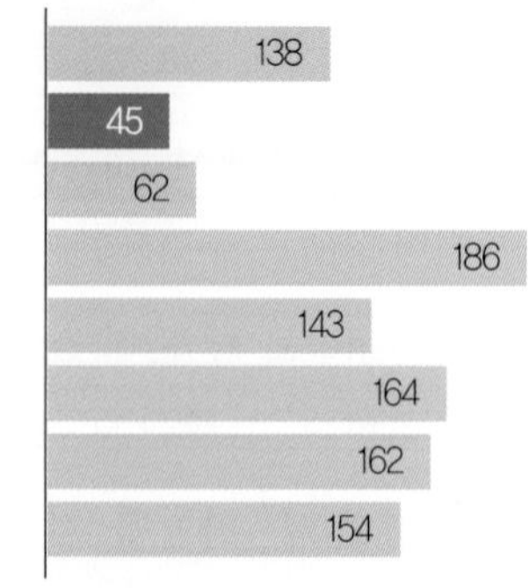

〈그림 9-1〉 OECD 국가별 성별 가사분담

출처: 고용노동부(2017). OECD 국가별 성별 가사분담.

은 수준이다. 자녀출산은 이러한 불균형을 보다 촉진시키는 요인으로 작용하여 어머니가 아버지보다 두 배 정도 많은 시간을 자녀양육에 할애한다고 한다. 아버지가 과거에 비해 자녀양육에 많은 시간을 할당하고 있으나 여전히 조력자의 역할만을 담당하는 것으로 나타났다.

우리나라의 맞벌이가구와 비맞벌이가구의 성별가사분담 실태에 대한 조사결과에서도 남편이 아내의 취업여부에 따라 가사노동에 소요하는 시간이 그다지 차이를 보이지 않는 것으로 나타났다(〈그림 9-2〉 참조). 이와 같은 결과는 가사노동을 분담하기보다는 도와주는 것이라는 소극적 수준에 머물러 있음을 보여준다. 그러나 맞벌이와 외벌이 가구 모두 5년 전보다 남편의 가사노동시간은 증가한 반면, 아내는 감소한 것으로 나타났다. 또한 〈표 9-2〉에서 보듯이 연령대가 낮을수록 가사를 공평하게 분담하는 비중이 높은 것은 성별 역할분담에서 나타나는 긍정적인 변화이다. 실제로 20대 이하에서는 가사분담 비중이 41% 이상으로 60세 이상과 비교할 때 2.5배 이상인 것으로 나타났는데, 이를 통해 성역할 태도에서 점차적으로 변화가 나타나고 있음을 알 수 있다.

대부분의 연구들이 가사노동이나 자녀양육에서의 역할분담에 초점을 맞추고 있으나 최근에는 가족 내에서 서로의 생각이나 감정에 귀기울여 주고, 인정해 주며,

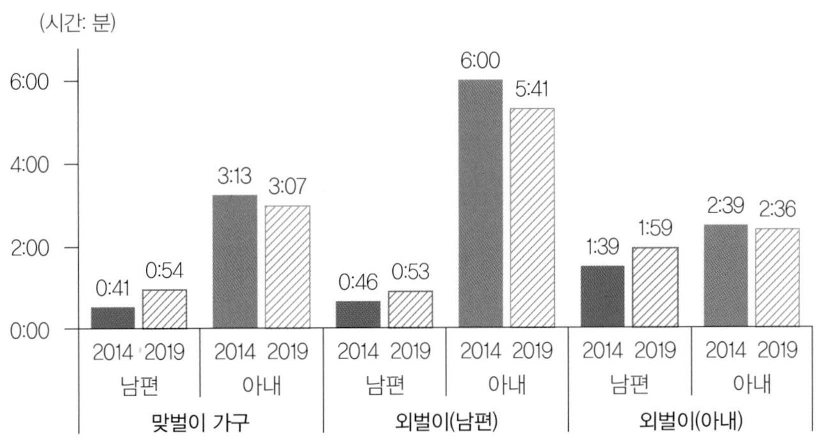

〈그림 9-2〉 맞벌이 및 외벌이 가구의 가사노동시간

출처: 통계청(2020b). 2019년 생활시간조사 결과.

표 9-2 가사분담 실태 (단위: %)

		계	아내가 주도	아내가 전적으로 책임	아내가 주로 하지만 남편도 분담	공평하게 분담	남편이 주도	남편이 주로 하지만 아내도 분담	남편이 전적으로 책임
남편	2020년	100.0	75.6	21.1	54.6	20.7	3.7	2.7	1.0
	2022년	100.0	74.6	18.2	56.4	21.3	4.1	3.3	0.8
	19~29세	100.0	48.8	4.7	44.1	41.4	9.8	6.6	3.2
	30~39세	100.0	57.5	7.3	50.2	36.4	6.1	5.4	0.6
	40~49세	100.0	73.7	15.0	58.7	23.2	3.1	2.5	0.6
	50~59세	100.0	78.9	18.5	60.4	17.6	3.5	2.9	0.6
	60세 이상	100.0	79.4	24.6	54.8	16.3	4.3	3.3	1.0
아내	2020년	100.0	76.8	25.1	51.7	20.2	3.0	2.5	0.4
	2022년	100.0	76.1	23.7	52.4	20.5	3.4	2.9	0.5
	19~29세	100.0	48.2	9.2	39	47.5	4.3	3.6	0.7
	30~39세	100.0	65.1	11.8	53.3	30.1	4.9	4.2	0.6
	40~49세	100.0	77.0	23.1	53.9	21.0	1.9	1.7	0.2
	50~59세	100.0	79.8	26.5	53.4	17.5	2.7	2.4	0.2
	60세 이상	100.0	80.5	29.3	51.2	15.2	4.3	3.4	0.9

출처: 통계청(2023a). 2022년 사회조사 결과.

격려해 주는 것과 같은 정서적 노동(emotion work)을 개념화하고 이에 대한 역할분담을 규명하고자 하는 시도가 이루어지고 있다(Erickson, 2005). 또한 자녀문제나 집안을 걱정하고 계획하고 감독하고 해결하는 것과 같은 정신적 노동(mental work)에 대한 관심도 증가하고 있다. 이러한 정신적 노동은 측정하기도 용이하지 않을 뿐 아니라 대부분의 경우 여성이 담당하고 있는데, 이러한 노동에서의 불평등한 분담이 여성의 결혼만족도를 감소시키는 것으로 보인다(Meier, McNaughton-Cassill, & Lynch, 2006).

2) 역할분담 인식

역할분담에 대한 인식에서는 역할분담 실태에 비해 변화가 뚜렷하게 나타나고 있다. 가사를 공평하게 분담해야 한다고 생각하는 비중은 64.7%로 증가한 반면, 아내가 주도해야 한다고 생각하는 비중은 33.3%로 감소한 것으로 나타났다(〈표 9-3〉 참조). 그러나 이러한 인식과는 달리 실제로 가사를 공평하게 분담하는 경우는 20% 정도이고, 아내가 주도하는 경우가 75% 정도로 나타나 대부분의 취업여성은 역할 과부하로 인한 갈등을 경험하게 되며(사진 참조), 이는 결혼만족도에 부정적인 영향을 미치게 된다. 많은 취업여성들은 아침식사를 준비하고, 자녀를 학교에 보내고, 하루 종일 직장생활을 한 다음, 시장을 보고, 저녁을 준비하고, 자녀의 학습지도를 하고, 남편과도 의미 있는 대화를 나눌 시간을 가져야 하는 팔방미인이 될 수밖에 없다. '슈퍼우먼 콤플렉스(superwoman complex)'는 이처럼 아내나 부모, 직장인으로서의 모든 역할을 완벽하게 해내려는 여성을 묘사하는 용어이다.

사진설명 한 손에는 가사, 한 손에는 직장일로 힘든 여성의 모습

가사분담에 대한 공평성 인식은 실제 수행보다 부부갈등의 주요 예측요인으로 작용한다. 그러므로 연령대가 낮을수록 가사분담에 대한 인

표 9-3 가사분담에 대한 인식 (단위: %)

	계	아내가 주도	아내가 전적으로 책임	아내가 주로 하지만 남편도 분담	공평하게 분담	남편이 주도	남편이 주로 하지만 아내도 분담	남편이 전적으로 책임
2020년	100.0	34.8	4.0	30.8	62.5	2.7	1.9	0.8
2022년	100.0	33.3	3.0	30.3	64.7	2.0	1.6	0.4
남자	100.0	38.0	3.6	34.4	60.0	1.9	1.6	0.4
여자	100.0	28.6	2.3	26.2	69.4	2.1	1.5	0.5

출처: 통계청(2023a). 2022년 사회조사 결과.

식뿐 아니라 가사를 공평하게 분담하는 비중이 높은 것은 성별 역할분담에서 나타나는 긍정적인 변화이다. 성역할 태도와 결혼만족도와의 관계 분석에서 남녀 모두 평등적 태도를 지닐수록 결혼만족도가 높게 나타났으며, 역할분담이 공평하다고 인식할수록 결혼만족도는 증가하는 것으로 나타났다(김태현, 박주희, 2005). 여성은 남성보다 평등한 성역할 태도를 보이며, 남성의 성역할 태도가 보수적일수록 남성 자신의 결혼만족도도 낮은 것으로 나타났다(이정은, 이윤형, 2012).

3. 역할과 가족 내 권력관계

역사적으로 대부분의 사회에서 가족 내의 권력은 상당 부분 남성에게 주어졌으나 역할에 대한 인식의 변화로 가족 내 권력의 소유자나 권력구조의 형태는 점차 변화하고 있다.

1) 가족 내 권력의 근원

가족 내의 권력은 한 가족구성원이 다른 가족구성원들의 행동을 변화시킬 수 있는 능력으로 정의할 수 있다(Olson & Cromwell, 1975). 권력은 개인의 성격적 특성이라기보다는 체계적인 속성을 가지고 있어서 가족 상호 간에 영향을 미치게 된다. 또한 권력은 고정적인 것이 아니라 동적인 속성을 가지고 있어서 상호작용의 형태나 시간의 흐름에 따라 변화하며, 동일한 권력에 대한 인식에서도 개인차가 있다.

가족 내 권력에 대한 초기의 연구에서 Blood와 Wolfe(1960)는 가족 권력의 근원에 초점을 맞추어 이를 자원이론의 관점에서 설명하였다. 자원이론에서는 가족관계에서 권력은 교육수준, 금전, 직업적 명성 등과 같은 각자가 가지고 있는 자원의 양에 좌우되므로 가장 많은 자원을 가지고 있는 사람이 가장 많은 권력을 가지게 된다고 주장하였다. 그러므로 교육수준이나 금전, 직업 등의 영역에서 보다 많은 자원을 가지고 있는 남성이 여성보다 많은 권력을 가지게 된다.

표 9-4 가족 내 권력의 근원

유형	자원	정의	예
합법적 권력	권위	의사결정권을 갖는 것	독신 여성이 유산에 대한 결정권을 갖는 것
보상적 권력	보상	적절한 행동에 보상을 하는 것	집안일을 도운 자녀를 칭찬하는 것
위협적 권력	처벌	부적절한 행동을 처벌하는 것	늦은 귀가에 대해 자녀를 벌하는 것
참조적 권력	존경, 사랑	타인의 신뢰를 얻는 것	장례식에 대한 부모의 의견을 따르는 것
정보적 권력	지식	전문적 지식을 가지고 있는 것	자동차 구매 시 이에 대한 지식이 많은 남편의 의견을 따르는 것
전문적 권력	경험	실제 경험을 가지고 있는 것	재무상담가인 아내의 충고를 따르는 것

출처: Raven, B. H., Centers, R., & Rodrigues, A. (1975). The bases of conjugal power. In R. S. Cromwell & D. H. Olson (Eds.), *Power in families* (pp. 217-232). New York: Wiley.

그러나 이후의 연구에서 여성이 남성보다 수입이 많음에도 여성의 지위가 이에 비례하여 증가하지 않는 것으로 나타났다(Tichenor, 1999). 그러므로 가족 권력은 단순히 교육수준, 금전, 직업적 명성 등과 같은 자원의 기능 이상을 의미하는 것으로, 지능이나 성격특성, 외모, 대인관계능력, 유머감각 등 다양한 요인이 이에 영향을 미친다고 볼 수 있다. Raven과 동료들(Raven, Centers, & Rodrigues, 1975)은 가족 내 권력의 근원을 다음과 같이 구체적인 방식으로 제시하였다(〈표 9-4〉 참조). 즉, 가족 내 권력은 개인이 가지고 있는 지식이나 경험, 권위뿐 아니라 보상이나 처벌, 존경심과 같은 다양한 자원의 복합적인 상호작용 결과라고 볼 수 있다.

2) 가족 내 권력관계의 인식

부부관계의 권력구조가 결혼만족도에 미치는 영향에서 평등한 유형이 전통적인 유형보다 결혼만족도가 높게 나타났다. 행복한 부부들은 불행한 부부들에 비해 자

표 9-5 부부간 권력관계의 인식

관계 인식	일치 비율(%)	
	행복한 부부	불행한 부부
부부 모두가 평등한 관계로 인식	81	19
남편은 전통적인 관계, 아내는 평등한 관계로 인식	50	50
아내는 전통적인 관계, 남편은 평등한 관계로 인식	37	63
부부 모두가 전통적 관계로 인식	18	82

출처: Olson, D. H., Olson-Sigg, A., & Larson, P. J. (2008). *The couple checkup*. Nashville, TN: Thomas Nelson.

신들의 권력관계가 보다 평등한 것으로 지각하는 것으로 나타났다. 〈표 9-5〉에서 행복한 부부들은 81%가 자신들의 관계가 평등한 관계로 인식하고 있는 반면, 불행한 부부들은 19%만이 자신들의 관계를 평등한 것으로 인식하는 것으로 나타났다. 또한 행복한 부부들은 18%만이 자신들의 관계를 전통적인 관계로 인식하는 반면, 불행한 부부들은 82%가 자신들의 관계를 전통적인 것으로 인식하는 것으로 나타났다. 또한 남편보다 아내가 자신들의 관계를 평등한 것으로 인식하는 것이 결혼만족도의 중요한 예측치인 것으로 나타났다.

3) 가족 내 권력관계의 유형

가족 내 권력에 대한 전통적인 구분은 다음과 같은 네 가지 유형으로 이루어졌다(〈그림 9-3〉 참조)(Herbst, 1952). 남편지배형(husband-dominant power pattern)은 남편이 우두머리인 권력구조이고, 아내지배형(wife-dominant power pattern)은 아내가 우두머리인 권력구조이다. 이들 두 가지 유형은 한 사람은 지시하고 상대방은 따르는 유형이므로 오래 지속되기가 어렵다. 협동형(syncratic power pattern)은 권력이 공평하게 분산되어 있고 대부분의 영역에서 의사결정도 공동으로 이루어지는 유형이고, 자율형(automatic power pattern)은 전반적으로는 권력이 균등하게 배분되어 있으나 남편과 아내가 각각 특정한 영역에서 독자적으로 의사결정을 하는 유형이다. 이러한 가족 내 권력관계의 유형을 그림으로 표시하면 〈그림 9-4〉와 같다.

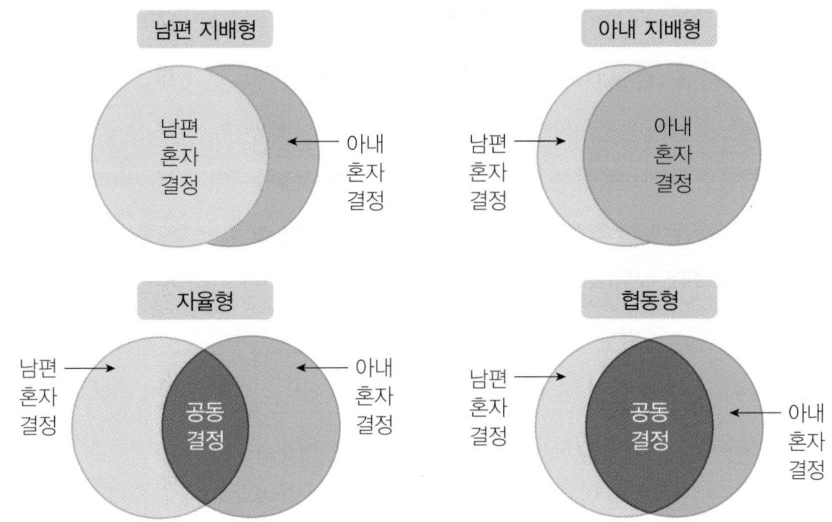

〈그림 9-3〉 **가족권력의 유형**

출처: Olson, D. H., DeFrain, J., & Skogrand, L. (2008). *Marriages and families: Intimacy, diversity, and strengths* (6th ed.). New York: McGraw-Hill Higher Education.

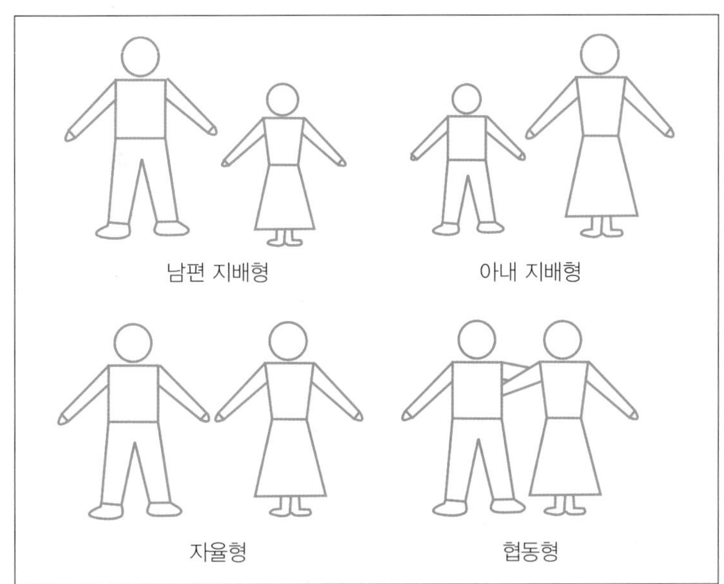

〈그림 9-4〉 **가족 내 권력관계 유형**

출처: Lauer, R. H., & Lauer, J. C. (2012). *Marriage and family: The quest for intimacy* (8th ed.). New York: McGraw-Hill.

4. 맞벌이가족의 자녀양육역할

최근 가족의 변화에 큰 영향을 미친 사건 가운데 하나는 기혼여성의 경제활동 참여비율이 확대되었다는 점이다. 농경사회에서는 가정과 일터가 분리되지 않아 부부가 공동으로 생계유지에 참여하였다. 이후 산업혁명의 영향으로 남성은 일터로 나가 생계부양자의 역할을 담당하고 여성은 가정에서 가사노동과 자녀양육에 종사함으로써 분리된 생활영역을 갖게 되었으며, 수행하는 역할도 뚜렷하게 구분되었다. 그러나 산업화가 진전되면서 여성노동력의 필요성 또한 증가하게 되었고, 부부가 모두 일터로 나가는 맞벌이가족(dual career family, dual earner family)은 앞으로도 지속적으로 증가할 것으로 전망된다. 그러나 이러한 사회적인 상황의 변화에도 가족 내의 가사노동 및 육아에 대한 역할분담이나 정책적인 지원은 미흡한 실정이며, 우리나라의 낮은 출산율도 이와 관련이 있다.

1) 맞벌이가족의 자녀양육문제

맞벌이가족의 최대 난제는 육아문제이다. 다른 가사역할에 비해 육아와 관련된 역할은 아직도 대부분이 여성의 몫으로 남아 있다. 실제로 첫 자녀가 3~4세가 되고 둘째 자녀를 출산하게 될 경우 여성이 노동시장에서 퇴장하는 비율은 급격하게 상승한다. 그 결과, 우리나라 여성의 취업패턴은 선진국과는 대조적으로 M자 곡선[1]을 보이게 된다(〈그림 9-5〉 참조). 어린 자녀의 존재여부는 여성들의 취업중단 경험에서 가장 많이 언급되는 요인이며, 최근의 저출산율은 이러한 갈등을 그대로 반영하는 것이다.

이는 여성의 역할 가운데 어머니로서의 역할이 가장 큰 비중을 차지하며, 어머니로서의 역할에 문제가 생기면 직업적 성취 자체가 비난을 받는 사회적 분위기와도

1) 2023년 통계청 자료에 의하면 여성의 혼인과 출산연령이 늦어지면서, 고용률이 떨어지는 연령대도 뒤로 밀린 것으로 보이며, 따라서 M자 곡선이 점차 완화하고 있는 모양새다.

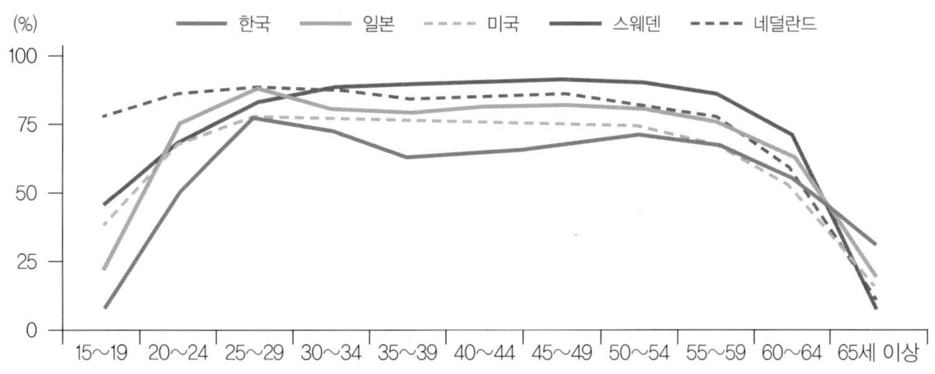

〈그림 9-5〉 **국가별 여성 생애주기 경제활동참가율**

출처: 김지연(2023). KDI 현안분석: 30대 여성 경제활동참가율 상승의 배경과 시사점. 세종: 한국개발연구원.

관련이 있다. 자녀를 성공적으로 양육하는 책임을 어머니에게 돌리는 우리 사회의 모성 이데올로기가 가장 일차적인 원인이라고 볼 수 있다. 그러나 최근에는 일이냐, 아이냐의 선택에서 일반적으로 아이 때문에 직업을 포기하고 싶지 않다는 생각이 주류를 이루고 있고 그 결과, M자 곡선의 중앙부 저점에서의 여성 경제활동참가

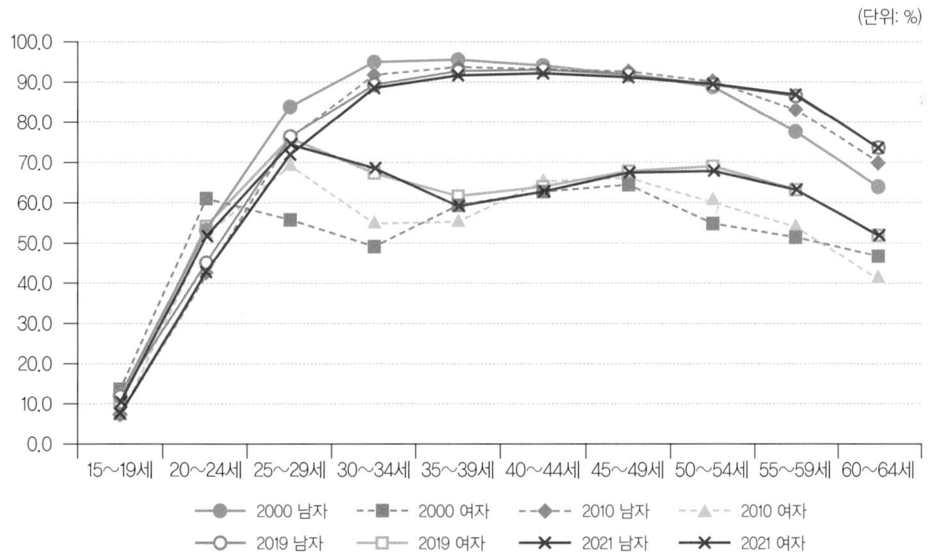

〈그림 9-6〉 **성별 연령별 경제활동참가율 추이**

출처: 최선영, 박종서, 이지혜, 김종훈(2022). 여성고용과 출산-선행연구 동향과 과제. 세종: 한국보건사회연구원.

율은 2012년 52.6%에서 2017년 58.3%, 2022년 61.2%로 상승하였으며, 저점에 도달하는 연령도 2012년 34세에서 2017년 36세, 2022년 38세로 상승한 것으로 나타났다(〈그림 9-6〉 참조). 기혼 여성이 취업한 경우, 자녀양육과 관련하여 과다한 육아시간뿐 아니라 다음과 같은 문제들에 직면하게 된다.

(1) 양육자 부재

가족형태가 핵가족화됨으로써 여성이 취업할 경우 이를 대체할 양육자의 부재가 가장 큰 문제로 대두된다. 양육자 부재는 출산율 하락과 가장 상관이 높은 변수이다. 세계에서 가장 낮았던 프랑스의 출산율이 다시 상승하기 시작한 것도 자녀를 안심하고 맡길 수 있는 어린이집에 대한 지원확대가 가장 큰 영향을 미친 것으로 나타난다. 특히 우리나라와 같이 가족원에 대한 의존도가 높은 반면에 어린이집에 대한 인식은 다소 부정적인 사회에서 양육자 부재현상은 여성 취업에서 가장 큰 문제점

(단위: 명, %)

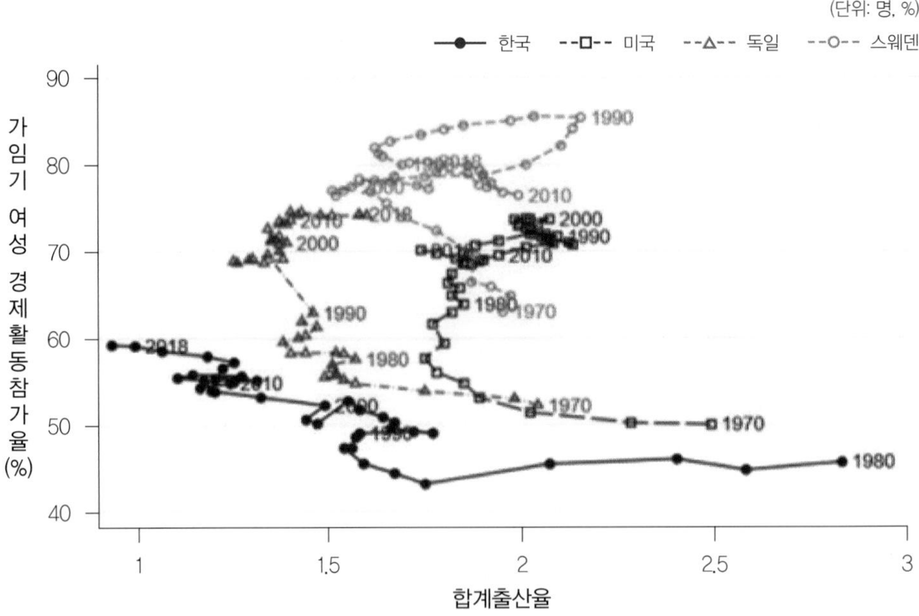

〈그림 9-7〉 주요 국가 여성 경제활동참가율과 출산율 추이

출처: 우해봉 외(2021). 인구변동과 지속 가능한 발전: 저출산의 경제, 사회, 문화, 정치적 맥락에 관한 종합적 이해와 개혁과제. 세종: 한국보건사회연구원.

으로 지적된다. 이러한 이유로 여성의 경제활동과 출산율 진작을 고민하던 선진국들이 일 · 가정 양립 지원제도를 도입하고 양성평등 고용 문화가 갖춰지면서 여성의 경제활동참가율과 출산율이 동반 상승하였다(〈그림 9-7〉 참조). 그 결과, 과거 여성의 경제활동 참가율과 출산율은 음(−)의 관계로 나타났으나 1990년 이후부터 여성 경제활동 참가율과 출산율은 양(+)의 관계로 바뀌었다. 우리나라에서도 일 · 가정 양립 지원제도를 확대하면서 출산과 육아로 인한 여성의 노동시장 이탈은 감소하고 자녀가 있는 여성의 경제활동 참여가 다소 상승 추세이나 출산율은 지속적으로 하락 추세이다.

(2) 어린이집의 양적 · 질적 수준

1991년 영유아보육법 제정과 1995년 보육시설확충 3개년 계획으로 어린이집의 수는 지속적으로 증가하였으나 저출산율로 인해 현재는 감소하는 추세이다. 특히 영아 대상 가정어린이집에 폐원이 집중되고 있으나, 국공립 어린이집이나 직장어린이집은 아직 부족한 실정이므로(〈그림 9-8〉 참조) 공급구조의 전환이 필요하다. 또한 취업모의 다양한 욕구를 충족시켜주기 위해서는 어린이집의 질적 수준이나 보육교사의 자질 면에서도 개선이 필요하다. 「제3차 중장기 보육 기본계획(2018~2022)」의 시행으로 보육의 공공성 강화나 부모 양육지원 확대 등 여러 가지 가시적인 성과를 거두었으나 아직도 보육서비스의 질에 대한 높은 사회적 요구를

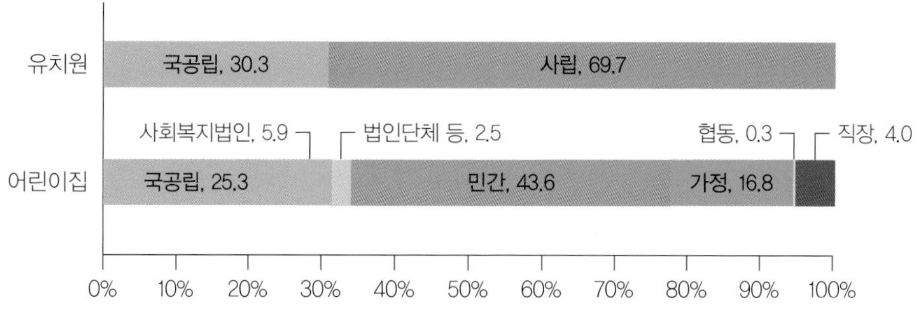

〈그림 9-8〉 설립유형별 유치원 및 어린이집 영유아 비중

출처: 육아정책연구소(2022). 2022 영유아 주요통계.

충족시키기에는 미흡하고 보육교직원 전문성 함양과 근무환경 개선에 한계가 있는 것으로 지적되고 있다. 특히 어린이집에서 발생하고 있는 영유아학대 사건은 보육교사의 자질에 대한 부모들의 우려를 더해주고 있다.

(3) 자녀양육 의식

핵가족화와 여성취업으로 인한 양육자 부재현상에도 불구하고 대부분의 여성들은 자녀양육을 자신이 전담해야 하는 일로 생각하는 경향이 있다. 또한 취업모들은 자녀를 충분히 돌보지 못한다는 사실에 대한 죄책감이나 불안감으로 자녀를 과잉보호하거나 물질적으로 보상하려 하는데 이는 취업모 가정의 또 다른 문제점으로 지적된다.

Jay Belsky

영아기의 보육경험이 발달에 미치는 영향에 대한 연구결과, 생후 1년 이내부터 시작된 보육경험이 아동의 불안정 애착이나 불복종 행동 및 공격성을 증가시키는 등 문제행동과 관련이 있다는 주장도 제기되었다(Belsky, 2001). 그러나 이와는 대조적으로 영아기의 보육경험이 오히려 긍정적인 요인으로 작용한다는 결과도 제시되었다. 어머니의 취업이 자녀에게 성취동기를 부여하고, 자율성과 독립심을 고취시키며, 일하는 어머니를 자랑스러워하고, 경제적 여유를 갖게 되는 점은 오히려 긍정적인 측면으로 평가할 수 있다는 것이다. 실제로 취업모의 자녀들, 특히 여아는 어머니를 역할모델로 삼아 보다 독립적이고, 높은 교육적 · 직업적 목표를 세우게 되며, 남녀의 역할에 대해 고정관념을 덜 가진다. 즉, 보육경험이 아동의 발달에 어떠한 영향을 미치는가는 보육의 양이나 시기보다는 보육의 질이나 양육행동, 기타 가정의 심리적 요인 등 여러 환경요인들의 영향을 받는다고 볼 수 있다(박성연, 고은주, 2003).

2) 맞벌이가족의 자녀양육지원

맞벌이가족이 급격하게 증가하고 있는 반면에 여성의 출산과 양육 부담을 경감시켜 주는 정책은 아직 미흡한 것이 현실이다. 맞벌이가족의 육아문제를 해결하기 위해 개선해 나가야 할 점을 살펴보면 다음과 같다.

(1) 어린이집의 확충과 질적 개선

우리나라의 어린이집은 민간시설의 빠른 증가세에 힘입어 양적으로 확대되었으나 각 가정의 필요에 따른 다양한 어린이집은 절대적으로 부족한 실정이다. 그러므로 맞벌이가족의 자녀양육 문제를 해결하기 위해서는 국공립어린이집, 직장어린이집, 공동육아협동조합, 방과후 교실 등 다양한 형태의 어린이집을 실제 필요에 따라 확대해 나가는 것이 급선무이다.

이에 따라 정부차원에서도 「제4차 중장기 보육 기본계획(2023~2027)」에서 '보육·양육서비스의 질적 도약으로 모든 영유아의 행복한 성장 뒷받침'이라는 비전을 제시하고, 가정과 어린이집에서의 영유아 보육의 질적 도약을 실현하기 위해 공공보육 이용률을 2027년까지 50% 이상으로 제고하고 지역별 편차를 완화하는 등 16대 주요 목표를 제시하였다.

직장어린이집은 어린이집 가운데 취업모의 만족도가 가장 높은 형태이다(〈그림 9-9〉 참조). 우리나라의 직장어린이집에 대한 규정은 남녀고용평등과 일·가정 양립 지원에 관한 법률 그리고 영유아보육법에 근거를 두고 있다. 영유아보육법에는

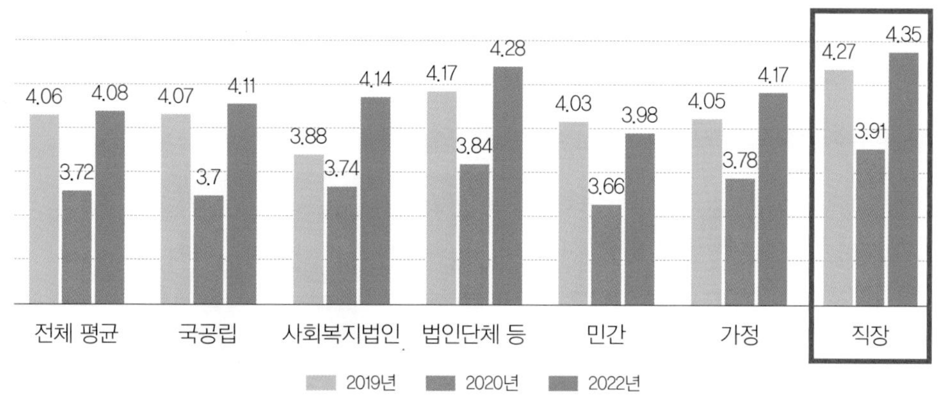

〈그림 9-9〉 **어린이집 유형별 만족도**

출처: 보건복지부(2023). 2022년 어린이집 이용자 만족도 조사.

사진설명 직장어린이집에서 다문화 수업을 받고 있는 유아들의 모습

상시 여성근로자 300인 또는 근로자 500인 이상을 고용하고 있는 사업장은 직장어린이집을 의무적으로 설치하도록 되어 있다. 공동육아협동조합은 보육프로그램이나 급식관리, 시설보수 등 모든 운영에 부모가 참여함으로써 양질의 육아서비스를 제공하고자 하는 목적에서 설립된 것이다. 순번을 정해서 한 가족이 교대로 일주일 단위로 식단을 짜고 보육활동에 참여한다. 이는 자녀양육에 대한 부모의 의견이 그대로 반영될 수 있다는 점에서 부모들의 만족도가 높다(사진 참조). 따라서 부모들

공동육아협동조합 어린이집: 우리, 참나무, 성미산, 또바기

- 운영: 조합 이사회는 전체 운영, 어린이집 교사회는 교육 전담
- 소통: 교사대표가 이사회 참석, 연령별 방모임, 조합원 총회, 각종 위원회
- 특징: 유기농 식단, 매일 나들이, 통합 교육(연령, 성별)
- 어린이집: 우리(1994. 9월), 참나무(2002. 9월), 성미산(2005년), 또바기(2005년)

사진설명 성미산마을 공동육아협동조합 어린이집

의 만족도가 높은 직장어린이집이나 육아협동조합어린이집의 설립이 보다 확대되어야 할 필요가 있다.

영유아를 대상으로 한 보육프로그램 외에도 초등학생을 대상으로 한 방과후 교실 프로그램도 확충이 필요하다. 방과후 교실은 1990년대에 공식적으로 그 필요성

표 9-6 제4차 중장기보육기본계획 전략과 핵심성과지표

전략	핵심 성과지표	'22년	'27년
1. 종합적 양육 지원 강화	• 부모급여 지급	영아수당 만 0세 30만원	(만 0세) 100만 원 (만 1세) 50만 원
	• 시간제보육 이용률	5% 내외	10%
	• 지역거점 양육지원 어린이집 육성	시범사업	200개소
	• 부모교육 실시 인원	17만 명	25만 명
	• 육아종합지원센터 확충	130개소	지속 확대
2. 영유아 중심 보육 서비스 질 제고	• 교사 대 아동비율 • 표준보육과정 내실화	1:3(0세반) 1:15(3세반)	교사 · 아동비율 개선 전문컨설턴트 양성
	• 어린이집 평가체계 개편	관 주도 평가 A–D 등급제	질 중심 지표 부모, 교직원 참여 알권리 제고
	• 장애아 보육인프라 강화	1,561개소	지속확대
3. 보육교직원 전문성 제고 및 역량 강화	• 보육교사 양성체계	학점제	개편안 마련
	• 보수교육/자격기준 개편	대면중심 집합교육(3년주기)	교과목 개편, 관리효율화(수시 이수)
	• 연장, 보조, 대체교사 지원	6.6만 명 지원	지속 확대
	• 보육교사 처우 개선	민간, 가정/국공립 비용지원 상이	시설 간 격차 완화
4. 안정적인 보육서비스 기반 구축	• 공공보육 이용 확대	36.8%('22. 10월)	50% 이상
	• 표준보육비용 고도화	조사년도 기준 표준보육비용 (3년 주기 산출)	고도화된 연도별 표준보육비용 (매년 보정)
	• 보육취약지역 지원	농어촌 기준 준용, 사업별 지원	보육취약지역 선정 및 통합적 지원

출처: 보건복지부(2022). 제4차 중장기보육기본계획.

이 대두되었고, 1996년 12세까지 아동보육을 위한 법적 장치가 마련됨으로써 공식적 보육의 한 영역으로 자리 잡게 되었다. 앞으로 방과후 교실을 더욱 활성화하여 방과후 보육을 희망하는 모든 아동에게 교육시킬 수 있는 제반 여건을 확충하는 것이 필요하다.

또한 다양한 형태의 어린이집의 양적 확충 못지않게 어린이집 평가인증을 지속적으로 실시하는 등 어린이집의 질적 수준을 높이고 나아가 전문적인 보육교사 양성과정 및 체계적인 보육프로그램의 개발과 시행도 병행해서 이루어져야 할 것이다.

이러한 인식 하에 정부에서는 제4차 중장기보육기본계획에서 '종합적 양육 지원 강화' '영유아 중심 보육서비스 질 제고' '보육교직원의 전문성 제고 및 역량 강화' '안정적인 보육서비스 기반 구축'이라는 4개 전략을 설정하고 이를 달성하기 위한 세부 지표를 〈표 9-6〉과 같이 제시하였다.

(2) 제도적 지원

어린이집의 양적 확충이나 질적 개선뿐 아니라 제도적 보완이나 지원도 필요하다.

① 출산전후휴가제도

우리나라의 근로기준법에서는 아이를 낳은 여성 근로자에게 90일(다태아 출산의 경우 120일)의 출산전후휴가를 보장하고 있다. 휴가기간은 출산 후에 45일(다태아일 경우 60일) 이상이 확보되도록 부여하여야 하며, 휴가기간 중의 임금은 우선지원대상기업의 경우 90일(다태아 120일)의 급여가 고용보험에서 지급되고, 대규모 기업의 경우 최초 60일(다태아 75일)은 사업주가 그 이후 30일(다태아 45일)은 고용보험에서 지급받는다.

또한 우리나라는 출산한 여성의 남편을 위한 배우자 출산휴가에 대해 남성 근로자가 배우자의 출산을 이유로 휴가를 청구할 경우 사업주는 10일(2025년 2월 23일부터 20일로 확대 시행)의 휴가를 부여해야 한다고 규정하고 있다.

② 육아휴직제도

육아휴직제도는 자녀를 둔 근로자가 희망하는 경우 자신의 신분, 지위를 상실하지 않고 일단 중단했다가 다시 복직할 수 있도록 보장하는 제도를 말한다. 우리나라의 남녀고용평등과 일·가정 양립 지원에 관한 법률에는 사업주는 '만 8세 이하 또는 초등학교 2학년 이하의 자녀'가 있는 근로여성 또는 그를 대신한 배우자인 근로자가 양육을 위해 휴직을 신청하는 경우에 이를 허용하도록 한다고 규정하고 있다.

아버지에게 육아휴직제도를 시행하는 것은 선진국에서도 최근에야 도입한 것이지만, 우리나라는 이 제도를 이미 세종 때부터 실시한 것으로 기록되어 있다. 세종 때 실시한 육아휴가는 여성의 출산 휴가 130일, 남성에게는 30일의 육아휴가를 실시했다. 세종 16년(계유)에 형조에 전지하여 "사역인의 아내가 아이를 낳으면 남편도 30일의 휴가를 주도록 한다'고 하였고, 형조에 전교하기를 '경외의 여종[婢子]이 아이를 배어 산삭(産朔)에 임한 자와 산후(産後) 1백일 안에 있는 자는 사역(使役)을 시키지 말라함은 일찍이 법으로 세웠으나, 그 남편에게는 전연 휴가를 주지 아니하고, 그전 대로 구실을 하게 하여 산모를 구호할 수 없게 되니, 한갓 부부(夫婦)가 서로 구원(救援)하는 뜻에 어긋날 뿐 아니라, 이 때문에 혹 목숨을 잃는 일까지 있어 진실로 가엽다 할 것이다. 이제부터는 사역인(使役人)의 아내가 아이를 낳으면 그 남편도 만 30일 뒤에 구실을 하게 하라"고 하였다.

이처럼 유교이념이 강하게 자리 잡고 있었던 조선시대에도 남성에게 육아휴가가 주어졌다는 사실과 비교하면 우리나라가 2001년에야 남성의 육아휴직제도를 실시

표 9-7 출산전후 휴가자 및 육아휴직자 현황 (단위: 명)

구분	2011	2012	2013	2014	2015	2016	2017	2018	2019	2020	2021	2022
출산전후 휴가자	90,290	93,394	90,507	88,756	95,259	90,467	81,710	77,062	74,095	71,943	71,325	73,387
육아휴직자	58,137	64,069	69,616	76,833	87,339	89,795	90,123	99,199	105,165	112,038	110,555	131,129
여성	56,735	62,279	67,323	73,412	82,467	82,179	78,080	81,537	82,868	84,617	81,516	93,245
남성	1,402	1,790	2,293	3,421	4,872	7,616	12,043	17,662	22,297	27,421	29,039	37,884
여성비율	97.6	97.2	96.7	95.5	94.4	91.5	86.6	822	78.8	75.5	73.7	71.1
남성비율	2.4	2.8	3.3	4.5	5.6	8.5	13.4	17.8	21.2	24.5	26.3	28.9

출처: 고용노동부(2023). 고용보험 DB자료.

하였다는 것은 문제점으로 지적할 수 있다. 남성들의 육아휴직이 정착되기 위해서는 휴직기간 동안의 소득보장이 중요하다. 경제적인 이유로 맞벌이를 하는 가정에서 상대적으로 수입이 많은 남성이 그대로 직장생활을 하고 수입이 적은 여성이 휴직을 신청하는 비율이 높았으나 점차 육아휴직을 신청하는 남성의 비율이 증가하고 있다는 것은 고무적인 사실이다(〈표 9-7〉 참조). 지속적으로 남성 육아휴직의 비율이 증가하기 위해서는 소득보장 외에도 남성이 일정 기간 육아휴직을 담당하도록 의무화하는 파파쿼터제의 도입이나 육아휴직을 실시하는 기업에 대한 혜택의 확대 등 다양한 제도적 보완이 필요하다. 동시에 사회적 인식이나 기업의 인식변화도 필요하다. 남성이 육아휴직을 신청한다고 하면 주위의 눈총을 받을 수밖에 없는 것이 우리의 현실이다. 기업의 친가족정책은 비용이 아니며, 인력이 다른 곳으로 이탈하지 않고 계속 근무한다면 장기적으로는 이익이라는 사실을 인식해야 할 것이다.

(3) 가족원의 지원

어린이집의 확충이나 제도의 개선과 아울러 가족구성원의 역할분담은 실질적으로 가장 중요한 양육과 관련된 자원이라고 볼 수 있다. 전통적으로 여성의 전담영역이던 자녀양육에서 아버지의 역할분담이나 조부모의 지원은 가장 중요한 자원이다.

① 남편의 역할분담

전통적인 대가족과는 달리 핵가족 내에서 남편의 역할분담은 가장 중요한 자원이다. 남편이 아내의 직업을 인정하고, 집안일과 자녀양육의 역할을 분담하면 자녀양육 문제는 상당 부분 극복될 수 있다. 최근 아동의 성장과정에서 아버지 참여의 긍정적인 측면이 강조되면서 많은 아버지들이 자녀양육에 관심을 가지고 이에 참여하려는 경향을 보이고 있다. 맞벌이가족이 직면하는 가장 큰 문제가 자녀양육이며, 자녀양육에서 아버지의 참여가 미치는 영향을 고려한다면, 이는 상당히 고무적인 현상이다. 또한 부모역할에 대한 배우자의 지지가 결혼만족도에 영향을 미치는 중요한 변인이라는 점에 비추어 볼 때, 파파쿼터제의 도입 등 자녀양육에서 남편의 역할분담을 적극적으로 유도하는 사회, 기업, 정부 차원의 홍보 및 지원프로그램이 절대적으로 필요하다.

특히 우리나라와 같이 여성 취업률은 증가한 반면, 이로 인한 가족의 변화를 수용할 수 있는 사회적 환경은 성숙하지 못한 상황에서 자녀양육자 부재현상은 양육자로서의 아버지 역할이 보다 중요한 의미를 갖는다. 실제로 공동육아협동조합 참여경험은 자녀양육에 소극적인 아버지들까지도 어린이집 원아들과 친밀감을 형성하는 데 매개가 되었으며, 이를 토대로 자신의 자녀와의 친밀감도 증진될 뿐 아니라 나아가 부부관계도 보다 협력적 관계로 발전되는 것으로 나타났다(조윤경, 2010).

② 조부모의 지원

우리나라는 가족주의가 강한 나라이기 때문에 어린 영아의 양육에서도 많은 부모들이 어린이집보다는 조부모에게 자녀를 맡기는 것이 무난하다고 생각한다(사진 참조). 즉, 취업모의 필요에 따라 다양한 어린이집이 완비된다 해도 '제도'보다는 할머니의 '손끝'을 택하는 경향이 강하게 나타난다. 이러한 양상은 우리나라와 여성취업형태가 유사하게 M자형이지만 할머니 육아가 거의 없는 일본과는 대조를 이룬다. 그 결과 맞벌이와 이로 인한 육아문제를 해결하기 위한 젊은 세대들의 필요에 의해 외형적인 가족구조는 핵가족이지만 실제는 확대가족의 성격을 띠는 수정핵가족이나 수정확대가족이 점차 증가하고 있다. 보육교사의 아동학대사례가 방영되면

서 어린이집도 믿을 수가 없고, 입주보모는 비용이 부담이 되는 상황에서 대안이 바로 조부모양육이다. 그러나 이러한 형태가 예전처럼 노부모의 봉양을 위한 것이 아니라 노부모의 경제력이나 노동력에 대한 필요에서 생겼기 때문에 노년의 여유를 박탈하는 문제뿐 아니라 교육방법이나 가치관의 차이로 인한 문제점을 야기할 수 있다는 부정적인 측면도 있다. 그러므로 노부모가 개인적인 시간을 갖도록 배려하거나 양육비와 아울러 감사의 표시로 노후나 여가에 사용될 재정적 지원을 충분히 하는 것, 미리 부모와 조부모세대 간에 양육이나 교육의 기준을 협의함으로써 이러한 문제점을 극복하도록 하는 지혜가 필요하다.

부모자녀관계

우리나라와 같이 형태상으로는 핵가족이지만 부계 직계가족의 특성이 강한 문화에서 부모자녀관계는 부부관계 못지않게 큰 비중을 차지한다. 표면적으로는 부부관계가 가정의 중심적인 관계이지만 부모자녀관계에 문제가 생길 경우 부부관계를 위협할 정도로 부모자녀관계는 가족관계에서 차지하는 비중이 크다.

전통사회에서는 남녀가 결혼을 하면 자녀를 출산하고 부모가 되는 것을 당연시하였다. 그러나 현대사회에서는 모든 성인이 자녀를 출산해야 하고, 기꺼이 부모역할을 수행해야 한다고 생각하지는 않는다. 실제로 자녀를 갖는 시기를 늦추거나 자녀를 갖지 않겠다고 결정을 내리는 경우도 상당수 있다. 최근의 경제적인 상황이나 여성취업률의 증가는 이러한 상황을 더욱 촉진시키는 요인이 되고 있다.

그러나 일단 부모가 되기를 선택한 이상 효율적으로 부모역할을 수행하기 위해서는 부모역할의 특성이나 발달단계별 부모역할에 대한 지식의 습득이 전제가 되어야 할 것이다. 전통적인 확대가족에서는 성장과정을 통해 자연스럽게 부모역할을 습득할 수 있는 기회가 많았으며, 명확한 자녀양육 지침도 제시되었다. 그러나 현대의 핵가족 상황에서는 이러한 기회가 제한되고, 자녀양육에 대한 뚜렷한 방향

제시나 기준도 없다. 막연하게 개성적이고 창의적인 인간상을 요구하는 불확실한 시대에서 부모가 된다는 것은 만족감을 주기도 하지만 동시에 스트레스를 주고 좌절감을 경험하게 한다.

이 장에서는 먼저 부부관계에서 자녀의 의미를 살펴보고, 자녀양육에 있어 기본적인 부모역할의 지침을 발달단계별로 제시하며, 나아가 부모의 양육태도가 자녀에게 미치는 영향에 대해 살펴보고자 한다.

1. 부부관계에서 자녀의 의미

자녀를 출산함으로써 부모가 된다는 것은 커다란 즐거움의 원천이 되기도 하지만 동시에 무거운 책임감과 경제적 · 육체적 부담을 수반하는 일종의 도전이 되기도 한다. 일찍이 LeMasters(1957)는 부모가 된다는 사실에 대한 낭만적인 생각 때문에 대부분의 부모는 자녀가 출산하고 나서야 미몽에서 깨어나며, 따라서 자녀의 출산으로 부모가 되는 것을 결혼생활에서의 일종의 위기로 언급한 바 있다. 부모들에게 가장 놀라운 일 가운데 하나는 자녀양육과 관련된 비용의 증가이다. 주거비, 식품비, 교통비, 의복비, 보건의료비, 교육비 등이 대표적인 영역이며, 그 가운데 주거비가 자녀양육으로 인해 비용이 가장 높은 비율로 증가하는 것으로 나타났다(Lino, Kuczynski, Rodriguez, & Schap, 2017). 그 외에도 부모역할을 수행하게 됨에 따라 배우자로서의 역할과 같은 다른 역할이 우선순위에서 밀려나고, 자녀양육으로 인해 출생가족과의 관계도 소원해지거나 혹은 도움을 받기 위해 밀착되기도 하며, 자녀양육과 관련된 스트레스 요인의 증가 등 여러 가지 변화를 경험하게 되며 이로 인해 관계만족도가 점차 감소한다.

그러나 이와는 달리 부모가 되는 것을 일종의 위기로 간주하기보다는 많은 변화를 경험하게 되는 일종의 전환점으로 간주하기도 한다. 이처럼 자녀의 존재가 결혼만족도에 긍정적인 영향을 미치는지에 대해서는 논쟁의 여지가 있다. Wilcox (2011)는 동거 커플과 결혼한 부부 모두에서 자녀의 존재는 행복감에 긍정적인 영향을 미치는데, 결혼 연수가 증가하면서 결혼만족도는 일반적으로 감소하지만 자녀가 없는 경우 보다 급격하게 감소한다고 하였다. 그는 특히 자녀를 가짐으로써 결혼만족도가 증가하는 부부는 높은 교육수준, 경제적 자원, 책임감 분담, 가족이나 친구의 지지, 결혼과 부모됨에 대한 신념 공유, 높은 성관계 만족도, 서로에 대한 관대함 등과 같은 특성을 갖는다고 하였다.

Olson과 동료들(2008)은 행복한 부부와 불행한 부부를 비교한 연구에서 행복한 부부들은 불행한 부부들에 비해 두 배 정도 자녀양육의 역할분담에 만족하며, 배우자가 자녀 못지않게 자신들의 결혼생활에 관심을 갖는 것으로 지각하며, 자녀훈육 방법에 대한 견해에 일치를 보이며, 자녀출산 이후 보다 가까워지고 결혼생활에 만족하는 것으로 나타났다고 하였다. 문제를 가지고 있는 부부들의 자녀양육관련 주요 이슈는 자녀가 결혼만족도에 미치는 부정적 영향, 남편의 불충분한 자녀양육 개입, 자녀양육에 대한 배우자의 과다한 집중, 자녀양육 역할분담의 불만, 자녀훈육 방법에서의 의견 불일치 등으로 나타났다(〈표 10-1〉 참조).

표 10-1 주요 부모역할 관련문제

부모역할 관련문제	비율(%)
1. 자녀가 생기면서 결혼만족도가 감소하였다.	82
2. 남편이 자녀양육에 충분히 개입하지 않는다.	65
3. 배우자가 결혼생활보다 자녀양육에 집중한다.	64
4. 자녀양육 역할분담에 만족하지 않는다.	64
5. 자녀훈육방법이 일치하지 않는다.	63

*문제를 가지고 있는 커플 중 한쪽 혹은 모두가 문제로 응답한 비율

출처: Olson, D., Olson-Sigg, A., & Larson, P. (2008). *The couple checkup*. Nashville, TN: Thomas Nelson.

자녀를 출산함으로써 부모가 된다는 것은 어떤 의미에서는 결혼생활의 '위기(crisis)'라고 볼 수 있다. 그러나 부모기로의 전환과 관련된 교육프로그램에 참여하는 커플들의 경우 높은 관계만족도를 유지하며, 그 효과는 지속적인 것으로 나타났다(Cowan & Cowan, 2011). 또한 자녀양육이나 가사노동에서의 역할분담이 공평한 것으로 인식될 경우 오히려 갈등은 감소하며, 관계만족도도 증가하는 것으로 나타

났다(Chong & Mickelson, 2016).

2. 부모의 역할

아동은 의존적인 상태에서 출생하여 하나의 독립된 개체로 성장해 나가며, 이러한 과정에서 타고난 유전적 요인뿐 아니라 여러 환경요인의 영향을 받게 된다. 그중에서도 부모는 여러 가지 방식으로 아동의 성장과 발달에 지대한 영향을 미치게 된다.

1) 어머니의 역할

부모역할에 대한 초기의 연구들은 아동발달에서 어머니 역할의 절대성을 주장했다. Freud(1933)는 출생 직후 구강적 욕구를 충족시켜 주는 사람이 어머니이므로 어머니는 자녀의 성장에 가장 큰 영향을 미치는 인물이라고 하였다. Bowlby(1958)도 주양육자인 어머니로부터의 분리가 어린 영아의 발달에 미치는 연구결과를 토대로 아동발달에서 어머니 역할의 중요성을 강조하였다.

여러 연구결과에서 나타난 어머니 역할의 중요한 측면 가운데 하나는 자녀의 생존이나 신체발달과 관련된 것이다. 다른 포유동물보다 인간의 아기는 작고 미숙한 뇌를 가지고 태어나며 오랜 의존기간을 필요로 한다. 어머니는 수유를 통해 무기력하게 태어난 아기에게 생존에 필요한 영양분을 제공해 주며, 적어도 생후 1년까지 이러한 영양공급은 생존에 필수적이다. 또한 어머니는 단순히 영양공급뿐 아니라 신체접촉을 통해 발달을 촉진시키는 역할을 담당한다. 어머니와의 신체접촉이 결여된 아동은 비록 충분한 영양공급이 이루어진다 하더라도 체중미달 등 여러 가지 신체발달상의 문제를 보이게 된다. 모성 결핍의 영향을 조사한 Bowlby(1958)는 장기간 어머니와 격리되었거나 고아원 등의 시설에서 양육된 아동은 신체발달에서 지체를 보일 뿐 아니라 인지 · 정서 · 사회성발달에서도 문제를 보인다고 하였다.

어머니는 자녀의 신체발달뿐 아니라 정서발달에도 지대한 영향을 미친다. 정서발달에 대한 어머니의 영향은 태내에서부터 시작된다. 임신의 주체로서 어머니의 정서상태는 태아의 정서적 안정감과 직결되어 있다. 임신 중 어머니의 정서상태의 중요성을 우리 전통육아에서는 태교라는 용어로 강조하였으며(사진 참조), 이는 현대사회에서도 과학적인 것으로 증명되고 있다. 어머니의 스트레스 수준이 높을수록 태아의 동작이 증가하고 심장박동률의 변화가 크게 나타나며, 이는 출생 이후의 성격특성을 예언하는 것으로 나타났다. 어머니는 태내에서부터 태아에게 애착을 형성할 뿐 아니라 출산 직후에도 곧바로 애착관계를 형성하게 되며, 주양육자인 어머니와 형성하는 애착관계는 영아에게 정서적 안정감을 제공해 주는 안전기지의 역할을 한다. 출생 직후부터 울면 어머니가 즉시 안아주고, 이야기해 주며, 흔들어 주고, 입맞춤이나 눈맞춤을 한 아기는 울음은 줄어들고, 웃음은 더 많아지는 것으로 나타났다. 또한 산모의 팔이나 복부에 아기를 올려놓는 것도 어머니와 자녀의 유대감을 강하게 느끼게 한다. 이러한 유대감의 형성은 지속적으로 이루어지지만, 특히 초기의 유대관계는 이후의 부모자녀관계와 자녀의 정서발달에 장기적인 영향을 미치게 된다(Klaus & Kennell, 1983).

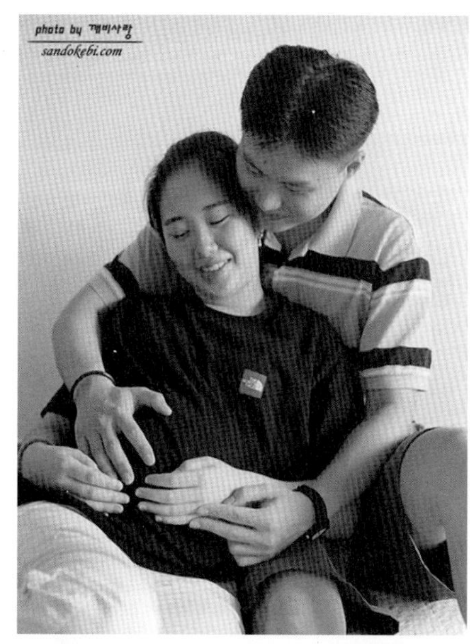

사진설명 태담태교를 하고 있는 예비 부모

또한 Erikson(1950)은 어머니와 기본적인 신뢰감을 형성한 아동은 이후의 다른 인간관계에서 신뢰감을 갖게 되며, 그렇지 못한 경우에는 타인에 대한 불신감으로 인해 원만한 관계를 형성하는 것이 어렵다고 하였다. 이처럼 어머니와 형성한 신뢰감은 이후 타인과의 사회적 관계를 형성하는 기초가 된다.

이 외에도 어머니는 여러 다양한 역할을 수행하며, 어머니가 취업한 경우에도 자녀와의 상호작용이나 애착의 질에는 차이가 없는 것으로 보인다.

2) 아버지의 역할

사진설명 계모의 박해에도 방관자적인 아버지의 모습을 보이는 〈콩쥐팥쥐〉와 〈장화홍련전〉

전통적으로 아버지의 역할은 어머니의 역할과 대비시켜 이차적인 역할(secondary role)이라고 한다. 이는 자녀양육에 있어 아버지의 역할은 어머니에 비해 미미하며, 최소한의 역할만을 수행한다는 것을 의미한다. Mead(1968)는 이러한 아버지의 존재를 '생물학적으로는 필연적이지만 사회화과정에서는 우발적인 인물'로 묘사하였다. 우리 전래동화 〈콩쥐팥쥐〉 〈장화홍련전〉에서 나타나는 방관자적인 아버지의 모습은 이러한 아버지의 역할특성을 잘 반영해 주고 있다(정순화, 김시혜, 1996).

종전에는 아동의 성장에 미치는 아버지의 영향은 무시되어 왔으나 이제는 양육자로서의 아버지의 역할이 주목을 받고 있다. 사회변화로 인해 아버지는 더 이상 가정에 물질적 도움을 주는 부양자로서의 존재가 아니며, 어머니 못지않게 자녀의 성역할발달, 사회성발달, 인지발달 등에 중요한 역할을 담당하는 것으로 인식되고 있다.

자녀의 성역할발달에서 아버지는 어머니보다 큰 영향을 미친다. 특히 여아보다 남아의 발달에 큰 영향을 미치며, 시기별로는 동일시가 강하게 이루어지는 남근기(phallic stage)에 가장 큰 영향을 미친다. 5세 이전에 아버지의 결손을 경험한 남아는 의존적인 성향을 보이며, 축구나 권투와 같은 거친 활동보다는 독서나 그림 그리기, 퍼즐 등과 같은 비육체적이며 비경쟁적인 놀이를 선호한다. 그러나 6세 이후에 아버지의 결손을 경험한 소년은 이러한 특성을 보이지 않는데, 이는 연령이 증가함에 따라 아버지를 대신할 다른 남성 모델을 접할 수 있기 때문이다(Parke, 2011). 전통적인 남성성이나 여성성이 최상의 성역할 모델이라고 볼 수는 없다. 그러나 적절한 성역할 기능의 학습은 필요하다. 자신의 성에 필요한 기본적인 능력을 학습한 아동은 전통적 성역할 개념에 얽매이지 않고, 보다 융통성 있는 성역할 개념을 발달시킬 수 있다.

아버지도 어머니 못지않게 아동의 사회성발달에 큰 영향을 미친다(이경희, 1993; 최경순, 1992). 어머니와 마찬가지로 아버지와의 관계형성에서도 출생 직후가 결정적인 시기이지만 상호작용의 형태에서는 다소 차이를 보인다. 어머니는 자녀와의 상호작용에서 수유를 하고 시중을 드는 데 대부분의 시간을 보냄으로써 타인에 대한 신뢰감을 형성하는 데 보다 큰 영향을 미치는 반면, 아버지는 놀이를 통해 타인과 적절하게 상호작용하는 방법을 습득케 한다(Hamner & Turner, 2001). 전형적으로 영아와 아버지의 관계는 애착욕구보다는 사교적인 욕구와 관련이 있으며, 사회화의 대상이나 놀이친구로서 아버지는 자녀에게 가족 이외의 사람과 어떻게 잘 지낼 것인가를 가르쳐 준다(사진 참조). 그 결과 아버지를 좋아하고 아버지와의 접촉이 많은 아동은 낯선 사람과의 관계가 우호적이고 활발하며, 이는 특히 남아의 경우 두드러지게 나타난다(Parke, 2011).

사진설명 놀이친구로서 아버지의 역할은 사회성발달에 큰 기여를 한다.

또한 아버지는 자녀의 인지발달에도 영향을 미친다. 아버지가 인지발달에 미치는 영향은 자녀의 연령이나 성별, 자녀와의 유대관계에 따라 상이하다. 아버지의 역할은 여아보다 남아의 인지능력과 더욱 밀접한 관련이 있으며, 특히 5세 이전의 아버지의 부재는 남아의 지적 능력에 부정적인 영향을 미치며, 수학보다는 언어능력이 높게 나타나는 전형적인 여성적 인지특성을 보인다(Lamb, 1995; Parke, 2011). 아버지와의 유대관계에 따라서 자녀의 인지발달에 미치는 영향은 상이하다. 부자간의 친밀한 관계는 자녀의 분석적 인지능력을 발달시키는 반면, 권위주의적인 아버지의 태도는 학습능력을 감소시키는 것으로 나타났다. 그러나 여아의 경우 아버지의 영향은 더욱 복잡하다. 딸의 학습에 대한 아버지의 관심이 딸의 지적 성장을 자극하지만, 어느 정도의 자립심과 아버지로부터의 거리감이 여아의 인지능력과 관련된 것으로 나타나기도 한다(Lamb, 1995). 전반적으로 자녀와 많이 어울리고 긍정적인 관계를 유지하는 아버지는 인지발달에서 좋은 모델이 될 수 있다.

3) 사회변화와 부모역할

최근 사회변화의 영향으로 부모역할에서도 많은 변화가 나타났다. 핵가족화, 소가족화로 인해 가족 내에서 자녀양육을 담당할 수 있는 성인이 제한되고, 여성의 사회참여로 인해 자녀양육이 여성만의 역할이라는 인식에 변화가 나타났다. 특히 급증하는 이혼율로 인해 한부모가정에서 이러한 역할에 재빨리 적응해 나가지 못하는 경우 아동발달에 심각한 문제를 초래하게 된다.

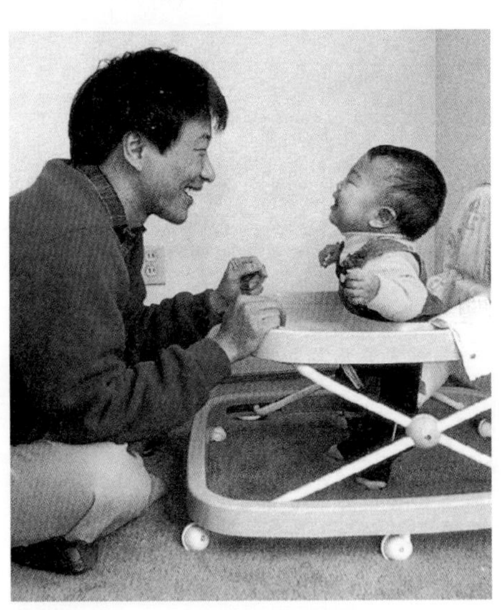

사진설명 현대사회에서는 양육자로서 아버지의 역할이 점차 강조되고 있다.

따라서 이제는 아버지는 거칠고 어머니는 부드러운, 아버지는 엄격하고 어머니는 양육적인 전통적 역할구분이 변화하고 있다. 생물학적 아버지로서의 역할비중은 점차 감소하고, 사회학적 아버지로서의 역할비중은 점차 증가하는 추세이다(Pleck, 2010)(사진 참조). 독립성과 개별성을 지향하는 서구사회의 아버지들에게서는 신체적 상호작용은 덜 빈번하게 이루어지는 것으로 나타나지만(Paquette, 2004) 전통적인 역할구분과는 달리 가정에서 자녀양육자 역할을 수행하는 아버지(stay-at-home father: SAHF)의 비율이 점차 증가하고 있다(Shaver, 2007; U. S. Census Bureau, 2009). 또한 아버지도 어머니와 마찬가지로 촉각적 자극 등과 같은 아기와의 상호작용에 따라 옥시토신 수준에 차이를 보이는 것으로 나타났다(Feldman, Gordon, Schneiderman, Weisman, & Zagoory-Sharon, 2010;

사진설명 '자녀사랑을 실천하는 아버지모임'에서 편찬한 『행복한 가정을 위한 아버지 자리찾기』

사진설명 자녀들과 함께 휴가를 보내고 있는 오바마 前 미국 대통령

Gordon, Zagoory-Sharon, Leckman, & Feldman, 2010).

이제 생계부양자로서의 역할뿐 아니라 가족 내에서 자녀양육자로서의 역할을 수행해나가는 새로운 아버지상이 등장하기 시작하였다. 대중매체를 통해 부각되는 아버지의 모습도 다정하고 친구 같은 아버지의 모습, 출산 휴가를 위해 정계를 떠나는 모습 등 보다 양육에 적극적으로 동참하는 모습으로 등장하고 있다(사진 참조). 슈퍼 대디(super daddy), 새로운 남성성(new manism), 프렌디(friend+daddy) 등의 용어는 이처럼 변화하고 있는 아버지의 모습을 반영해 준다.

4) 발달단계별 부모역할

부모의 적절한 역할수행은 아동의 발달이나 긍정적인 부모자녀관계 형성에 중요한 요인이 된다. 자녀의 발달을 돕고 긍정적인 부모자녀관계 형성을 위해 발달단계별로 부모역할을 살펴보면 다음과 같다.

(1) 영아기의 부모역할

자녀의 출생은 결혼생활의 많은 측면에 변화를 초래한다. 이러한 변화의 과정에서 성인 남녀는 부부관계 이외에 부모자녀관계라는 새로운 관계를 경험하게 되므로 부부 상호 간의 재적응과 부모역할에 대한 적응이 이루어져야 한다. 자녀의 출산은 모든 부부에게 만족스러운 경험이 되는 것은 아니며 하나의 위기로 인식되기도 한다. 따라서 배우자로서 부부관계의 재정립뿐 아니라, 가사노동자나 양육자로서의 과중한 역할부담에 대한 적응이 필요하다.

동시에 영아기의 부모자녀관계는 이후 발달의 초석이 된다는 점에서 중요한 의미를 갖는다. Freud(1933)는 출생 초기의 영아는 만족의 근원이 구강이며, 이러한 구강적인 욕구를 충족시켜 주는 사람에게 애착을 형성한다고 하였다. 또한 Erikson(1950)은 이 시기의 발달과업을 기본적 신뢰감 대 불신감(basic trust vs. distrust)이라는 양극의 개념으로 설명하였다. 출생 초기에 영아는 자신의 신체적·정서적 욕구를 충족시켜 주는 사람에게 기본적 신뢰감을 형성한다. 양육자가 아동의 욕구에 대해 민감하고 일관성 있는 태도를 보이면 기본적 신뢰감을, 그렇지 못한 경우에는 불신감을 형성하게 되며, 이는 이후의 대인관계에 영향을 미친다고 한다. Hamner와 Turner(2001)는 영아기의 부모역할을 수행하는 데 도움이 되는 다음과 같은 지침을 제시하였다.

- 신체접촉의 중요성에 비추어 볼 때 자주 안아주는 것이 필요하며, 빈번한 신체접촉이 자녀를 버릇없게 만들지는 않는다.
- 감각운동기의 특성에 비추어 이야기를 해주고 노래를 불러주는 등 자녀의 발달상황에 적절한 자극을 충분하게 제공해 준다.
- 자녀가 울 때 즉각적이고 지속적으로 반응을 해주면 자라면서 점차 울음이 줄어든다.
- 자녀의 상태를 고려하여 식사, 취침, 놀이시간을 예측할 수 있는 시간표를 정해서 실행한다.
- 하루일과에서 상호작용놀이와 환경탐색활동의 균형을 맞추어 준다.

- 언어학습경험을 할 수 있도록 일상적인 활동(목욕, 옷 입기, 수유)을 활용한다.

(2) 걸음마기의 부모역할

걸음마기에 접어들어 아동의 활동반경이 넓어지면 부모는 보호자로서 새로운 역할을 수행해야 한다. 지금까지 의존적이고 무기력하던 영아는 적극적이고 지칠 줄 모르는 호기심이 왕성한 상태로 변화하고, 적극적으로 자신의 주변 환경을 탐색하게 된다. 보호자로서 부모는 자녀가 자신의 자율성을 시험하고 학습능력을 증대시킬 수 있도록 가능한 한 안전한 환경을 제공해 주어야 한다. 양육자 역할로부터 보호자 역할로의 전환은 많은 부모들에게 심리적으로나 육체적으로나 어려운 일이지만 부부 상호 간의 지지는 이러한 어려움을 경감시키는 데 도움이 된다.

Freud는 걸음마기의 영아는 괄약근을 움직이는 것에서 가장 큰 쾌락을 느끼는 항문기로 옮아가게 되며, 항문기의 발달은 배변훈련 방식에 크게 영향을 받는다고 하였다. 또한 Erikson은 이 단계의 발달을 자율성 대 수치심과 회의감(autonomy vs. shame and doubt)이라는 양극의 개념으로 설명하였다. 걸음마기의 영아는 발달하는 근육을 사용하여 혼자 힘으로 걷고, 먹고, 배설하는 과정을 통해 자신의 능력을 향상시키고 자율성을 발달시켜 나가게 된다. 부모에 대한 의존에서 벗어나 자신이 독립된 개체로서 의사결정을 할 수 있음을 시험하고자 하는 반면, 한편으로는 자기능력의 한계를 깨닫고 자신의 능력에 대한 의심도 생기게 된다. Hamner와 Turner(2001)는 걸음마기의 부모역할을 수행하는 데 도움이 되는 다음과 같은 지침을 제시하였다.

- 자율성이 발달되는 시기인 만큼 자녀가 식사나 옷 입기 등을 혼자 힘으로 하도록 함으로써 자립심을 길러 준다.
- 간단한 것을 선택할 수 있는 기회를 준다.
- 자녀가 준비가 되었다고 여겨질 때 배변훈련을 시키도록 하며, 실수를 하더라도 혼내지 말고 잘했을 때 격려해 준다.
- 본격적인 걸음마가 이루어지는 시기이므로 놀이와 탐색을 위한 안전한 공간

과 장난감을 제공해 준다.
- 호기심을 억누르기보다는 격려한다.
- 반복, 확대, 본보기 등의 방법을 통해서 언어발달을 도와준다.
- 자녀와의 힘겨루기는 가급적 피한다.

(3) 유아기의 부모역할

유아기는 애정 어린 보살핌과 관심이 필요한 시기이다. 안전한 환경을 제공하는 보호자로서의 역할뿐 아니라 걸음마기에서는 그다지 필요하지 않았던 지속적이고도 주의깊은 관심을 필요로 한다. 유아기는 초등학교 입학에 대비하여 자신의 신변처리와 관련된 문제들에 대한 훈련이 필요하며, 인지발달을 위한 충분한 지적 자극이나 학습기회 및 언어적 상호작용의 기회를 제공해 주는 것이 필요하다. 이러한 과정에서 방해를 하지 않으면서 적절하게 감독하고, 개입하지 않으면서 도와주며, 과도하지 않게 관심을 표현하는 것이 필요하다.

Freud 이론에서 유아기는 남근기에 해당하며, 이 시기에는 동성 부모에 대한 동일시가 강하게 일어난다. Erikson은 유아기를 주도성 대 죄책감(initiative vs. guilt)이라는 양극의 개념으로 설명하였다. 자율성의 발달로 인해 부모에 대한 전적인 애착에서 분리되어 주변환경을 자유롭게 탐색하며, 이러한 시도에서 많은 실패를 맛보거나 제약을 받게 되면 죄책감을 형성하게 된다. Hamner와 Turner(2001)는 유아기의 부모역할을 수행하는 데 도움이 되는 다음과 같은 지침을 제시하였다.

- 자녀의 주도성을 침해하지 않으면서 한계를 설정해 준다.
- 주도성의 발달을 위해 스스로 시도하는 행동과 환경을 탐색하는 행동을 격려해 준다.
- 권위있는(authoritative) 양육방법을 사용한다.
- 처벌보다는 자연적 · 논리적 결과의 방법을 사용한다.
- 언어발달을 촉진시키기 위해서 자녀의 끊임없는 질문에 귀를 기울이고 반응해 준다.

- 자녀에게 날마다 책을 읽어준다.
- 긍정적인 자아개념의 발달을 촉진시킨다.
- 학습을 촉진시켜 줄 수 있는 적절한 놀잇감을 제공해 준다.
- 또래와 놀고 상호작용할 수 있는 기회를 제공해 준다.

(4) 아동기의 부모역할

아동기는 성격발달의 토대를 형성하는 시기로서, 성인기의 성격특성과 유사한 형태로 발달하게 된다. 또한 여러 능력이 빠른 속도로 발달하게 되어, 사회・정서・인지 능력의 확장과 통합이 빠른 속도로 이루어지는 시기이다.

Freud는 아동기를 지금까지의 격렬한 동요에 비해 상대적으로 조용한 잠복기(latency stage)로 명명하였다. 지금까지 외부로 표출되었던 심리적 에너지는 사회적인 기술과 문화적인 태도를 습득하고 급격한 인지발달을 이루는 데 사용된다. 따라서 Erikson은 아동기를 근면성 대 열등감(industry vs. inferiority)이라는 양극의 개념으로 설명하였다. 이 시기는 신체적・성적 측면에서는 비교적 잠재적인 시기이나 인지적인 면에서는 급성장의 시기이다. 아동은 더 이상 놀이에만 만족하지 않고 학업적 성취나 또래와의 상호작용, 학교생활을 통해 근면성을 발달시켜 나가게 되며, 그렇지 못한 경우 열등감에 빠지게 된다. 또한 아동기에는 학교생활을 통해 또래관계의 비중이 커지는 시기이다. 그러므로 아동이 여러 발달의 영역에서 보다 성공적인 경험을 할 수 있도록 적절한 배려와 지도가 필요하다. Hamner와 Turner(2001)는 아동기의 부모역할을 수행하는 데 도움이 되는 다음과 같은 지침을 제시하였다.

- 근면성의 발달을 위해 가정 안팎에서 자녀에게 풍부한 학습경험과 기회를 제공해 준다.
- 성취를 위한 압력보다는 자녀의 노력에 지지와 격려를 보내준다.
- 부모의 관심이나 기준을 강요하기보다는 여가활동에 대한 자녀의 관심을 지지해 준다.
- 아동기는 많은 어른과 또래집단의 평가에 노출되어 있는 시기이므로 아동의

자아개념이 쉽게 손상 받을 수도 있다는 사실을 인식해야 한다.

- 지지적인 양육방법과 귀납적인 훈련방법, 효율적인 의사소통방법을 사용한다.
- 자녀의 또래관계에 관심을 가지고 지도를 하면서 동시에 또래집단의 규준이나 수용의 중요성도 인정해야 한다.

(5) 청소년기의 부모역할

대부분의 부모들은 자녀가 청소년기에 접어드는 것에 대해 두려움을 가지고 있고, 청소년기의 자녀를 둔 부모는 부모역할에서 다소의 혼란을 경험한다. 부모와 청소년 자녀와의 관계에서 갈등은 불가피하다는 생각이 이러한 부모역할의 불확실성에 영향을 미치며, 동시에 청소년기의 급격한 신체적 · 인지적 · 심리적 변화나 빠른 사회변화로 인해 나타나는 세대차의 문제는 부모역할을 더욱 혼란스럽게 하는 요인이 된다.

Freud이론에서 청년기는 생식기에 해당한다. 청년기에는 신체적 변화와 호르몬 분비의 영향으로 잠복기에서 내면에 잠재해 있던 심리적 에너지가 외부로 표출되어 신체에 대한 관심이나 이성에 대한 성적 관심으로 표출된다. Erikson(1968)은 이 시기의 발달을 자아정체감 대 정체감 혼미(identity vs. identity confusion)라는 양극의 개념으로 설명하였다. 성인도 아동도 아닌 어중간한 상태(사진 참조)에서 자신을 찾아나가는 작업은 청년기를 더욱 혼란스러운 시기로 인식하게 하며 부모역할을 더욱 어렵게 만드는 요인이 된다. 그러나 이러한 갈등은 모든 부모자녀관계에서 보편적인 것은 아니며, 청소년 자녀와 부모와의 갈등은 부모의 양육태도나 청소년 자녀의 행동특성 및 사회적 상황에 따라 상이하게 나타난다. 다음과 같은 지침은 청소년기의 부모역할을 수행하는 데 도움이 된다(Hamner & Turner, 2001).

- 온정, 수용, 이해의 분위기를 유지한다.
- 자녀와 긍정적이며 개방적인 의사소통을 유지한다.
- 자녀가 당신에게 중요한 존재라는 사실을 알려준다.
- 자녀의 사생활에 대한 존중과 동시에 적절한 감독과 관심을 유지한다.
- 청소년의 자아정체감 형성은 다양한 이념적 탐색을 통해 보다 명확해질 수 있음을 인식한다.
- 또래집단의 범죄행동과 약물사용으로 나타날 수 있는 경고 신호에 민감해야 한다.
- 성에 대한 지식, 조기 성행위를 예방하기 위한 정보 및 이에 대한 부모의 생각을 솔직하게 말해 준다.

3. 부모의 양육태도

어떠한 양육방식이 자녀의 성장에 가장 긍정적인 영향을 미치는가는 사회문화적 요인이나 가족의 특성에 따라 상이하다. 그러나 부모의 양육행동이 자녀의 발달에 가장 큰 영향을 미치는 요인 가운데 하나라는 사실에는 여러 학자들이 공감하고 있다.

1) 양육태도에 대한 유형론적 접근

Diana Baumrind

부모의 양육태도에 대해 유형론적 접근을 시도하였던 Baumrind(1991, 2013)는 학령전 아동을 세 집단으로 구분하고, 이들 아동의 행동특성과 부모의 양육태도를 비교하였다. 이들 가운데 첫 번째 집단은 독립성, 성숙도, 자신감, 활동성, 자기통제, 탐구심, 사교성, 성취지향성에서 높은 점수를 받은 유능한 아동으로 구성되어 있고, 두 번째 집단은 어느 정도의 자신감은 가지고 있으나 불만스럽고, 위축되고, 불신감이 많은 집단이며, 세 번째 집단은 가장 자신감이 없고, 탐구심이 없으며, 자기통제 능력이 없는 집단이었다.

이들 아동에 대한 부모의 태도를 한계설정, 성숙에 대한 요구, 의사소통의 명료성, 반응성의 네 가지 측면에서 평가한 결과, 가장 유능한 아동집단의 부모들은 네 가지 측면에서 모두 다른 집단에 비해 높은 수준을 유지하고 있는 것으로 나타났다. 반면, 두 번째 아동집단의 부모들은 합리적인 한계설정보다는 권위주의적이고 위협적인 훈육방법에 크게 의존하고, 덜 반응적이며, 부모의 결정에 대해 의견을 제시하는 것을 허용하지 않았다. 세 번째 집단은 자녀에 대해 반응적인 태도를 보이지만 한계설정이 없으며, 성숙한 행동에 대한 요구도 전혀 없고, 부모의 결정에 대해 복종을 요구하지도 않았다. 동일한 집단을 대상으로 한 종단연구에서도 부모의 반응성(responsiveness)과 한계설정(demandingness)은 자녀의 행동에 지속적으로 영향을 미치는 것으로 나타났다. 이러한 연구결과를 토대로 Baumrind는 부모의 양육태도를 다음과 같은 세 가지 유형으로 구분하였다.

(1) 권위있는 양육태도(Authoritative Parenting)

권위있는 양육태도를 보이는 부모들은 아동의 행동에 대해 확고한 한계를 설정할 뿐 아니라 반응성도 높다. 이들은 아동의 행동에 대한 확고한 기준을 가지고 있으며, 필요한 경우 한계를 설정하지만 자녀의 의사도 존중한다. 이러한 부모 밑에서 성장한 자녀의 성격특성은 자신감이나 자제력, 탐구심, 책임감을 보이게 된다.

(2) 권위주의적 양육태도(Authoritarian Parenting)

권위주의적 양육태도를 보이는 부모들은 자녀의 행동과 태도를 절대적 기준이나 정해진 틀에 끼워 맞추려 노력하며, 질서나 전통을 고수하는 것 자체에 가치를 둔다. 언어적 의사소통을 장려하지 않으며, 기준에 위배되는 행동은 엄하게 한계를 설정하거나 벌을 준다. 이러한 부모 밑에서 자란 자녀는 불행하고 좌절감을 경험하고, 위축되어 있으며, 어떤 행동에 대한 자발적인 선택이 어렵고 의존적이다.

(3) 허용적 양육태도(Permissive Parenting)

허용적 양육태도를 보이는 부모들은 자녀의 행동에 대한 반응성 수준은 높지만 한계설정이 거의 없다. 자녀의 자유를 최대한 허용하며, 가끔은 부모를 화나게 하는 행동까지도 허용한다. 이러한 부모 밑에서 성장한 자녀는 미성숙하고 자제력이나 탐구심이 결여된 성격특성을 보이게 된다.

이와 유사한 맥락에서 Maccoby와 Martin(1983)은 부모의 양육행동을 권위주의적, 허용적, 방임적, 권위있는 유형으로 분류하였다(〈그림 10-1〉 참조). 이는 부모의 양육행동을 반응성과 한계설정이라는 두 가지 중요한 축을 중심으로 유형화한 것으로, 적절한 반응성과 한계설정이 있는 권위있는 양육행동을 가장 바람직한 유형으로 간주하였다.

우리나라의 청소년 상담원(1996)에서도 부모의 양육태도를 자애로움과 엄격함이

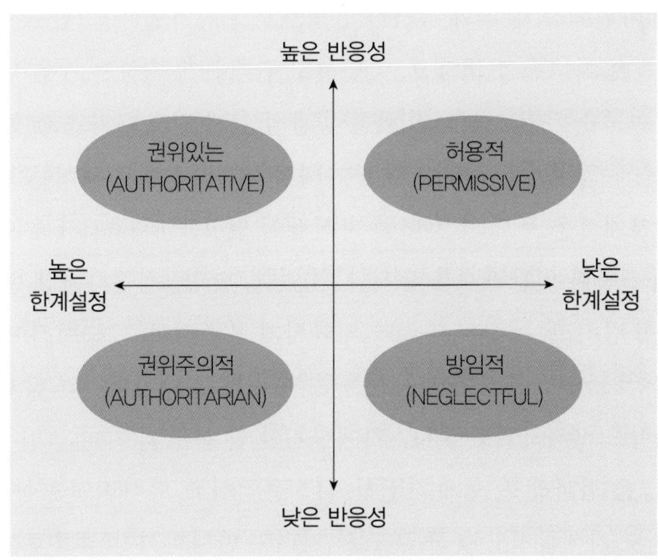

〈그림 10-1〉 부모의 양육태도 모형

출처: Maccoby, E. E., & Martin, J. A. (1983). Socialization in the context of the family: Parent-child interaction. In P. Mussen & E. M. Hetherington (Eds.), *Handbook of child psychology (Vol. IV): Socialization, personality, and social development* (pp. 1-101). New York: Wiley.

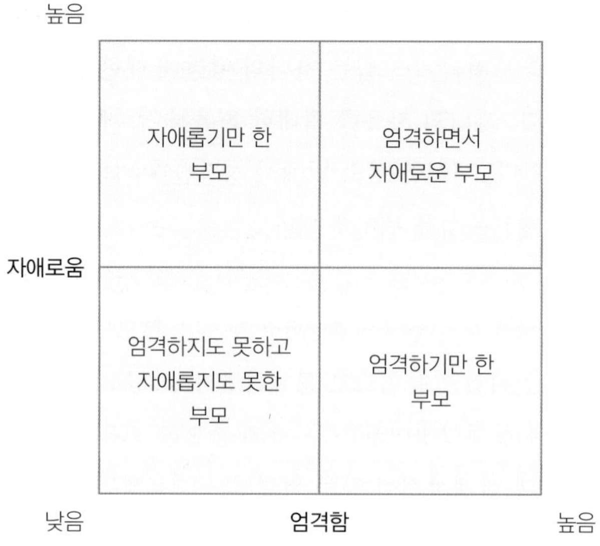

〈그림 10-2〉 **부모의 양육태도 유형(청소년 상담원)**

라는 두 가지 차원에 의해 이와 유사한 유형으로 분류하였다(〈그림 10-2〉 참조). 여기서 자애로움은 자녀를 신뢰하고, 따뜻하고 관대하게 대하는 것을 말하며, 엄격함은 확고한 원칙을 가지고 정해진 바를 일관성 있게 밀고 나가는 것을 말한다. 부모의 자애로움과 엄격함의 유형에 따라 자녀의 행동특성에서 차이를 보이게 된다. '엄격하면서 자애로운 부모'의 자녀는 자신감이 있고, 성취동기가 높으며, 사리분별력이 있고, 원만한 인간관계를 유지할 수 있다. 반면, '엄격하기만 한 부모'의 자녀는 책임감이 강하고, 예절이 바르나 지나치게 복종적이고, 순종적이며, 항상 걱정이 많고 불안해한다. 부정적 자아상을 가지고 있고 자기비하가 많으며, 우울하여 때로는 자살을 생각하기도 한다. '자애롭기만 한 부모'의 자녀는 인정이 많고 따뜻하지만 책임을 회피하고, 쉽게 좌절하며, 의존적이고, 유아적인 행동특성을 보인다. '엄격하지도 자애롭지도 못한 부모'의 자녀는 반사회적인 성격을 가지고 있고, 세상이나 타인에 대해 불신감이나 적대감을 가지고 있으며, 좌절감을 많이 느낀다고 한다.

이상의 네 가지 유형 가운데 가장 바람직한 유형은 '엄격하면서 자애로운 부모'

이지만 우리나라에서 가장 많은 유형은 '자애롭기만 한 부모'이다. 우리나라 부모의 양육행동 유형에 관한 연구(정옥분 외, 1997)에서, 엄부자모가 30.4%, 엄부엄모가 8.2%, 자부엄모가 15.1%, 그리고 자부자모가 46.3%로 나타나 전반적으로 자부자모형이 가장 많은 것으로 나타났다.

자녀의 발달단계에 따른 차이를 보면 초등학생과 중학생의 부모는 자부자모인 경우가 많고, 고등학생의 부모는 엄부자모인 경우가 다소 많은 것으로 나타났다. 이 결과는 부모의 연령이 젊을수록 자부자모의 유형이 많은 것으로 해석할 수 있다.

2) 반응성과 한계설정의 원리

자녀의 행동을 전적으로 부모의 양육태도와 관련시켜 설명한다는 것은 한계가 있다. 또한 부모의 양육태도도 고정적인 것이 아니며 시시각각 변하는 가변적인 특성을 가지고 있다. 그럼에도 여러 연구들에서 부모의 양육태도는 자녀의 성격형성에 영향을 미치는 중요한 변수로 나타났다. 학자들에 따라 양육태도의 유형화는 상이하지만, 일반적으로 애정이나 수용의 정도를 말해 주는 애정-거부의 차원과 통제의 정도를 말해 주는 통제-허용의 차원으로 구분할 수 있다. 애정-거부의 차원에서는 거부보다는 애정적인 태도가 보다 바람직한 부모의 태도로 인정된다. 그러나 통제-허용의 차원에서는 다소 상이한 결과를 보이고 있는데, 이는 통제의 개념상의 혼란에서 비롯된다고 볼 수 있다. 통제의 개념에는 방임이나 지나친 허용과 대별되는 긍정적 차원에서의 적절한 통제와 심리적 자율성과 대립되는 부정적 차원에서의 권위주의적 통제가 포함된다. 후자의 경우 통제는 자녀의 발달에 부정적인 영향을 미치는 것으로 볼 수 있으나 전자의 의미에 속하는 통제-허용 차원에서의 통제는 무조건적인 허용과 대립되는 적절한 한계를 설정해 주는 것을 의미하며, 이러한 의미에서의 통제는 자녀의 행동에 긍정적인 영향을 미치는 요인으로 볼 수 있다. 따라서 성공적인 자녀양육의 기본원리는 반응성의 원리와 한계설정의 원리라는 두 가지 개념으로 설명할 수 있다.

첫째, 반응성의 원리는 자녀에 대한 지지, 애정, 수용과 관련된 것으로, 가장 바람직한 결과를 보이는 양육의 원리이다. 이는 영・유아기의 자녀에게만 적용되는 것이 아니라 청소년기의 자녀에게도 적용된다. 반응적인 부모를 가진 아동들은 인지나 도덕성, 사회성, 자아존중감에서 또래보다 앞서는 경향이 있다. 반면, 반응성의 결핍은 다른 아동에 대한 공격, 비행, 학습능력 결여, 정서문제 등 발달상의 문제와 관련이 있다.

그러나 이러한 반응성의 효과가 항상 일방적인 것만은 아니다. 부모는 자녀에게 양육태도를 통해 일방적으로 영향을 미치는 것이 아니라 상호작용관계에 있으며, 따라서 부모의 양육태도 못지않게 자녀의 기질도 중요한 의미를 가지고 있다. 부모는 자녀가 태내에 있을 때조차도 기질적 차이를 경험한다. 각각 상이한 기질적 특성을 가지고 있는 자녀는 부모와 다른 사람들로부터 다른 반응을 이끌어낸다. 일반적으로 우리는 부모자녀관계에서 상호작용 유형을 결정하는 쪽은 부모라고 생각하지만 이와는 달리 자녀가 긍정적이거나 부정적인 방향을 주도하고 부모가 반응자가 되는 경우도 많다.

둘째, 한계설정의 원리는 사랑만으로는 충분하지 않다는 것이다. 자녀에게 온정적이기만 해서는 아동이 잘 될 것이라 확신할 수 없으며 부모가 적절한 통제기능을 수행할 때 보다 책임감 있는 성인으로 성장하게 된다는 것이다.

이는 온정적이면서 동시에 엄한, 즉 사랑이라는 정감과 두려움이라는 정감이 조화를 이루는 것이 인격발달의 실체이며, 이러한 사랑과 두려움은 '엄부자모(嚴父慈母)'로부터의 가정교육을 통해 자연스럽게 함양된다고 보았던 우리 사회의 양육태도와도 일치하는 것이다(이계학, 1995).

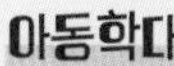

아동학대

아동학대(child abuse)란 아동의 복지에 책임이 있는 부모나 양육자가 아동의 신체적 · 정신적 건강이나 복지를 해치는 행위를 하는 것을 말한다. 아동학대의 유형에는 크게 신체적 학대, 정서적 학대, 성적 학대, 방임의 네 가지가 있다. 신체적 학대는 의도적으로 아동에게 신체적 해를 입히는 것을 말하며(사진 참조), 정서적 학대는 아동에게 협박을 가하고, 경멸, 모멸감, 수치심을 주는 등 적대적이고 거부적인 태도로 아동의 심리적 자아에 상처를 입히는 것을 말한다. 성적 학대는 아동에게 성인과의 성적 접촉, 애무 등을 강요하거나, 신체를 노출하게 하여 성인의 성적 자극에 이용하는 것을 말하며, 방임은 양육자가 아동발달에 기본적으로 필요한 환경을 제공해 주지 못해 아동의 건강과 안전이 위협받고, 정서적 박탈감을 경험하게 되는 상황을 말한다.

우리나라 보건복지부에서 발간한 「2021년 전국아동학대 현황보고서」에 따르면 아동 학대의 유형은 중복학대가 16,026건(42.6%)으로 가장 많았고, 다음으로 정서적 학대가 12,351건(32.8%)으로 많았으며, 신체적 학대가 5,780건(15.4%), 방임 및 유기가 2,793건(7.4%), 성적 학대가 655건(1.7%)의 순으로 나타났다(〈그림 10-3〉 참조).

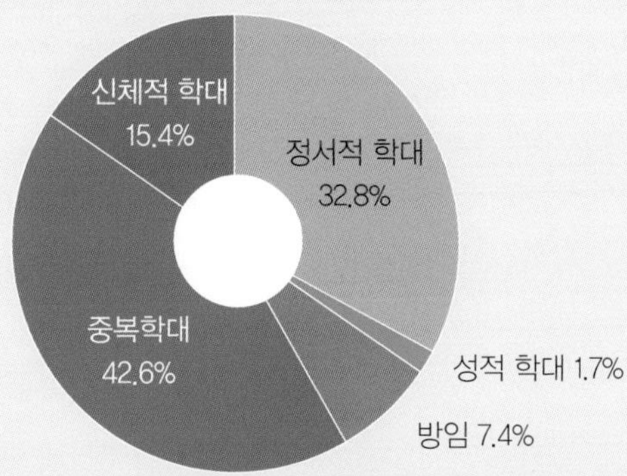

〈그림 10-3〉 **아동학대 유형**

출처: 보건복지부(2021). 전국아동학대 현황보고서.

2021년에 발생한 아동학대사례 37,605건 중에서 중복학대가 전체 사례의 42.6%에 해당하여 10명 중 4명 이상의 아동은 두 가지 유형 이상의 학대를 받았음을 확인할 수 있었다. 그러므로 학대피해 아동이 발견되었을 때에는 여러 유형의 학대피해를 의심해 볼 필요가 있으며, 다양한 학대행위가 동시에 발생하는 양상에 대한 다각적 사례 개입이 요구된다.

아동학대의 후유증은 심각하다(Trickett & McBride-Chang, 1995). 학대받은 경험이 있는 아동은 지능지수가 낮고, 언어발달이 지체되며, 공격성이 높고, 자아개념이 부정적이며, 사회적으로 위축되고, 또래관계문제, 학교적응문제, 우울증이나 비행 같은 심리적 문제를 유발한다(Cicchetti, 2013; Cicchetti & Banny, 2014; Dodge, Coie, Pettit, & Price, 1990; Hennessy et al., 1994; Mason, 1993; Salzinger et al., 1993). 아동기에 학대나 유기를 경험한 청소년들은 청소년비행, 약물남용에 빠져들고(Trickett et al., 2011; Wekerle et al., 2009), 18세 이전에 자살시도를 하는 비율도 높은 편이다(Jonson-Reid, Kohl, & Drake, 2012). 그리고 성인이 되어서도 대인관계의 문제해결 능력이 부족하고, 불안장애, 우울증, 자살, 약물남용, 정신질환의 발병률이 높다(Widom, 1989).

아동학대 문제는 가정에서 시작된다. 자녀를 학대하는 부모들은 충동적이고, 자기통제력이 부족하며, 부모역할을 제대로 수행할 준비가 되어 있지 않다. 오늘날 핵가족이 증가함에 따라 전통적 양육방식이 자연스럽게 전수되지 않는 상황에서 아동발달에 대한 기초지식도 없이 자녀를 양육하는 일은 스트레스와 좌절감을 야기한다. 부모역할을 효율적으로 수행하기 위한 방법 중의 하나가 부모교육이다. 부모교육은 부모역할을 하는 방법에 관한 지침으로서 자녀발달에 최적의 환경을 제공하고, 부모역할을 보다 만족스럽게 수행하는 데 길잡이가 되어 준다.

중년기의 가족관계

오늘날 중년기의 가족생활은 예전과 많이 다르다. 예전에는 평균수명이 지금보다 훨씬 낮았고, 출산하다가 사망하는 경우도 많았으므로 부부가 함께 30~40년을 사는 경우가 흔하지 않았다. 이른 나이에 결혼해서 늦은 나이까지 계속해서 자녀를 낳았으며, 대부분의 사람들은 자녀가 결혼할 때까지는 함께 사는 것으로 생각했다. 따라서 중년기에 부부 두 사람만 사는 경우는 비교적 드문 일이었다. 오늘날에는 막내가 결혼을 해서 집을 떠난 후 20년 이상을 부부가 함께 사는 경우가 많아졌다.

일반적으로 부모가 중년기가 되면 자녀들은 청년기에 접어든다. 흔히 정서적 위기와 연결되는 것으로 생각되는 두 시기, 즉 청년기와 중년기에 있는 사람들이 한식구로 산다는 것은 무척 힘든 일이다. 뿐만 아니라 평균예상수명의 증가로 인해 노부모를 모시는 기간도 길어졌다. 중년세대는 부모역할뿐만 아니라 자녀역할도 해야 하므로, 동시에 이중 역할을 수행해야 하는 책임이 무거운 세대이다. 그들은 흔히 '샌드위치' 세대로 묘사된다.

이 장에서는 중년기의 부부관계, 자녀와의 관계 그리고 노부모와의 관계에 관해 살펴보기로 한다.

1. 중년기의 부부관계

20년 이상을 부모로서의 역할과 의무감 속에서 바쁘게 살아온 중년기 부부는 자녀들이 독립하고 나면 부부관계에 대해 재평가를 하게 된다. 자녀의 성장으로 인해 시간의 흐름을 절감하면서 결혼의 의미를 다시 생각하게 된다.

1) 결혼만족도

결혼만족도는 가족생활주기에 따라 다르지만 일반적으로 U자형의 곡선을 그리는 것으로 보인다. 즉, 결혼 초기에는 결혼만족도가 높고, 자녀 양육기에는 만족도가 낮아지며, 자녀가 독립한 이후에는 다시 높아진다(〈그림 6-4〉 참조).

결혼만족도가 U자 곡선을 그리는 이유는 첫째, 자녀가 부부관계에 부정적인 영향을 미치기 때문이다. 부모기로의 전환이나 부모역할의 과중함, 역할 긴장 등이 부부관계에 부정적인 영향을 준다. 특히 십대 자녀를 둔 중년 초기에는 스트레스가 매우 심하다. 둘째, 결혼기간이 늘어나면서 부부 당사자 간의 활력과 만족도가 떨어지기 때문이다. 중년기의 정체감 문제(특히 아내의 경우)도 결혼만족도에 영향을 주는 것으로 보인다. 그러나 또 다른 연구(Vaillant & Vaillant, 1993)에서 여성의 결혼만족도의 변화 폭이 남성보다 더 크다는 새로운 결과가 제시되면서, 결혼만족도의 성차에 관한 새로운 탐색이 요구되고 있다(〈그림 6-5〉 참조).

중년기에는 부부 모두 결혼만족도가 비교적 낮은 편이지만 남편과 아내의 경우 약간의 차이가 있다. 남편들은 이 시기를 비교적 긍정적인 시기로 보는 반면, 아내들은 그렇지 못하다. 예를 들면, 중년부부를 대상으로 한 연구(Lowenthal, Thurnher,

& Chiriboga, 1975)에서 남성은 80%가 중년기 결혼생활을 긍정적인 것으로 평가한 반면, 여성은 40%만이 같은 반응을 보였다. 남편에 대한 아내의 주된 불만은 남편이 너무 의존적이라는 것이다. 흥미로운 것은 신혼기에는 남편 쪽이 아내가 너무 의존적이라고 불평한다는 점이다. 중년기 여성들은 친구나 성장한 자녀를 주된 의논상대로 여기는 반면, 남성들은 연령이 증가하면서 배우자를 더욱 중요하게 인식한다.

결혼만족도는 자녀가 독립한 후에 증가하는데 여성의 경우 더욱 그러하다(Rhyne, 1981). 특히 자녀가 집을 떠난 직후 몇 년간은 신혼기처럼 커다란 만족감을 느끼기도 한다. 자녀들이 독립하면서 부모의 의무로부터 해방되어 그동안 제대로 누리지 못했던 자유를 만끽하고, 남편과 시간을 더 많이 가질 수 있게 되어 서로를 한 개인으로서 알게 되는 새로운 기회, 즉 '제2의 신혼기'를 맞이하게 된다. 그러나 자녀의 독립 후에도 결혼만족도가 계속 낮아지는 부부도 적지 않다(〈그림 6-4〉 참조). 이 경우 부부는 한집에 살고 있지만, 정서적으로는 이혼상태에 있다. 많은 시간을 함께 보낸다고 해서 저절로 결혼만족도가 높아지는 것은 아니다(Liu, Elliott, & Umberson, 2010; Umberson, Williams, Powers, Liu & Needham, 2006).

중년기의 결혼생활이 얼마나 원만한가는 주로 지금까지의 결혼의 질에 달려있다. 지금까지 별 탈 없이 잘 지내온 부부는 중년기의 위기도 무난히 넘기는 편이다. 신혼기의 정열적인 사랑은 나날의 생활이 신비감을 잃으면서 사라지지만, 부부가 서로에 대해 더 잘 알게 되고 즐거움과 슬픔을 함께 나누면서, 동반자적 사랑은 오히려 깊어진다. 그러나 위태로운 결혼에서는 막내가 독립해서 떠나는 빈 둥지 시기가 개인적 위기와 결혼의 위기가 될 수 있다. 자녀들이 독립함으로써 부부는 그들에게 더 이상 공통되는 점이 없다는 것을 깨닫게 되면서 위기를 맞게 된다.

사진설명 미국 드라마, 〈위기의 주부들〉

지금까지 중년기의 결혼만족도에 관한 연구결과를 살펴보았다. 그러나 대부분의 연구가 방법론적인 면에서 결함이 있다는 지적을 받는다. 첫째, 많은 연구들이 부부를 함께 연구대상으로 하지 않고, 남편이나 아내 한쪽만을 대상으로 해서 연구함으로써 남성과 여성의 결혼만족도에 대한 포괄적인 분석이 이루어지지 않았다는 것이다. 둘째, 거의 모든 연구가 횡단적 접근법에 의한 것이기 때문에 같은 시대의 부부를 대상으로 하기보다는 다른 연령대의 부부간의 차이를 보여준다는 것이다. 셋째, 연구대상에서 이혼한 부부들은 제외된 채 결혼상태가 지속된 부부들만 포함되어 왜곡된 결과를 낳게 된다는 것이다(Blieszner, 1986).

2) 성적 친밀감

사진설명 성 연구가 William Masters와 Virginia Johnson

성욕은 인간의 기본적 욕구로서 자신의 성적 욕구를 표현하는 것은 자연스러운 일이다. 중년기가 되면 성에 대한 관심과 욕망이 변화하면서 중년기 특유의 성생활이 시작된다. 대부분의 남성들은 젊었을 때만큼 자주 성적 흥분을 느끼지 않는다. 자발적인 발기는 적어지고, 좀 더 직접적 자극에 의해서야 발기가 된다. 오르가슴은 점차 느려지며 때로는 전혀 도달하지 못하기도 한다. 그리고 한 번 오르가슴이 있은 후에 다시 사정하기까지의 회복시간도 길어진다. 폐경기 이후의 여성은 전만큼 쉽게 흥분되지 않으며, 질의 윤활액이 잘 분비되지 않아 성관계 시 통증을 느낄 수 있다.

중년기의 성욕 감퇴는 단조로운 성생활에서 오는 권태, 정신적 또는 육체적 피로, 과음이나 과식, 본인이나 배우자의 육체적 · 정신적 질환, 성관계 실패에 대한 두려움 등으로 인해 발생할 수 있다(Masters & Johnson, 1966).

중년기에는 여성의 경우 윤활액의 분비가 감소하고 질벽이 얇아져 성교시 통증을 유발할 수 있고, 남성의 경우에는 발기부전이나 지체사정으로 인해 성생활에 문제를 초래할 수 있다. 그러나 중년기 이후에도 친밀한 부부관계가 유지되고, 변화하는 성적 욕구에 대한 의사소통이 자유롭게 이루어지며, 완벽한 성행위에 대한 욕구만 고수하지 않는다면 성년기와 동일한 성적 만족감 수준을 유지할 수 있다(McCarthy & McCarthy, 2022).

성관계만이 사랑을 확인하는 방법은 아니다. 성관계는 애정표현의 한 방법일 뿐이다. 신체적 접촉, 애무 등 다른 방법을 통한 부부간의 친밀감과 애정의 표현도 가능하다. 중년기의 성생활은 횟수보다는 질에 초점을 두고, 애정을 바탕으로 한 동반자로서의 관계에 초점을 맞추는 것이 중요하다.

3) 이혼

성년기보다 중년기에는 이혼이 덜 보편적이지만 그 차이는 연령보다는 동시대 출생집단의 차이에서 오는 것 같다. 우리나라의 경우 최근에 와서 중년기 이혼이 급증하고 있다. 이혼을 결심하는 부부 중 30% 이상이 40대 이상일 정도로 중년기의 부부해체 현상이 두드러지고 있다. 통계청이 발표한 '2022년

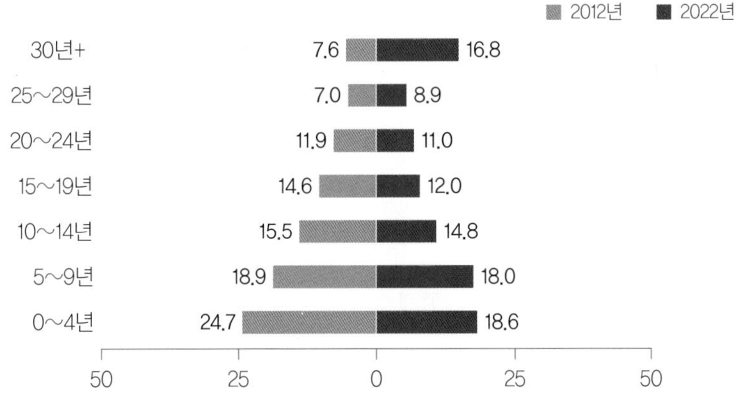

〈그림 11-1〉 혼인지속기간별 이혼 구성비(2012, 2022)

출처: 통계청(2023). 「인구동태통계연보(혼인 · 이혼편)」

이혼통계 결과'에 따르면, 결혼한 지 '20년 이상 된 부부'의 이혼 비중이 36.7%로 가장 많고, 다음으로 '4년 이하 함께한 부부'의 이혼 비중이 18.6%를 차지하였다(〈그림 11-1〉 참조).

20년 전에는 혼인지속기간이 길수록 이혼이 감소했으나, 최근에는 20년 이상 및 4년 이하가 전체 이혼의 55.3%를 차지하고 있다. 혼인지속기간이 30년 이상된 이혼도 지속적으로 늘어나 10년 전에 비해 2.2배가 되었다. 40대의 이혼이 늘어난 것은 자녀의 연령과 관계가 있는 것으로 보인다. 30대는 자녀가 어려서 부모의 도움을 필요로 하기 때문에 서로 불만이 있어도 참고 사는 경우가 많지만, 40대가 되면 자녀도 제 앞가림을 할 수 있을 정도로 성장했고, 또 부모의 이혼을 이해해주리라 믿기 때문에 이혼을 결심하는 경우가 많은 것으로 보인다.

중년기의 주된 이혼사유는 주벽, 불성실, 무책임, 의처·의부증, 성적 갈등 등 부부 간 불화가 60% 이상을 차지했고, 다음으로는 여성의 27%, 남성의 24%가 경제문제를 이혼사유로 제기했다. 그러나 전문가들은 이혼에 이른 부부갈등의 근원적 사유를 '대화단절'에서 찾는다.

물론 이혼은 쉽지 않은 일이다. 자신의 삶이 안정되기를 바라는 중년기 사람들에게 이혼은 괴로운 일이다(Chiriboga, 1982). 그러나 이혼을 함으로써 받게 되는 스트레스는 갈등으로 가득찬 관계를 지속하는 데 따르는 스트레스보다는 덜한 것으로 보인다(Pearlin, 1980). 그래서 불행한 결혼생활을 하는 많은 사람들이 이혼을 하기로 결심한다.

4) 재혼

중년기의 재혼도 증가하고 있는 추세이다. 우리나라의 경우 2022년 현재 평균 재혼연령은 남자 51.0세, 여자 46.8세로 10년 전에 비해 남자는 4.4세, 여자는 4.5세 각각 상승하였다(〈그림 11-2〉 참조).

이혼 혹은 사별 후 재혼여부를 결정할 때 가장 큰 영향을 미치는 요소로 남성은 경제적 여건(28.6%), 자녀의 동의(24.7%), 마음의 준비(21.4%)의 순으로 나타났고,

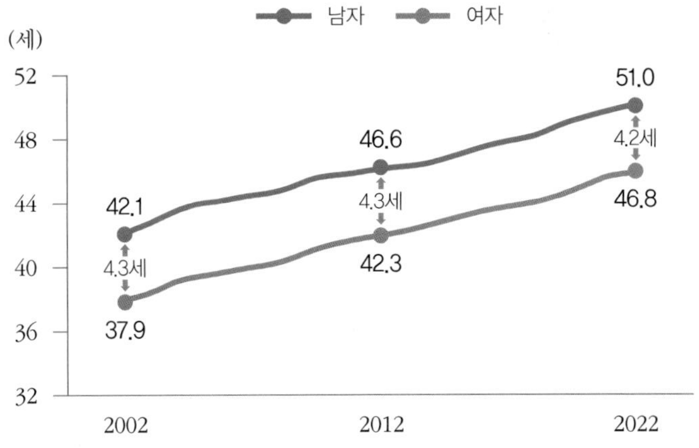

〈그림 11-2〉 **평균재혼연령, 2002-2022**
출처: 2022년 혼인 · 이혼통계(통계청, 2023)

여성은 마음의 준비(57.9%), 정서적 측면(15.8%), 경제적 여건(10.5%) 순으로 나타났다. 또한 재혼을 망설이게 하는 가장 큰 요인으로는 남녀 모두 '내게 맞는 사람이 있을까'(남성 32.3%, 여성 39.8%)를 최우선으로 지적하였으며, 재혼의 가장 큰 목적은 남녀 모두 정서적 안정(남성 58.3%, 여성 35.3%)을 꼽았고, 재혼은 이혼 후 1년이 적당하다(남성 29.2%, 여성 23.5%)는 응답을 가장 많이 하였다. 재혼상대 기피조건으로는 남성은 결혼 전의 빚 갚기(32.2%), 전 배우자 자녀양육(23.9%), 전 배우자와의 연락 · 만남(15.7%) 등을 가장 많이 꼽은 반면, 여성은 전 배우자와의 연락 · 만남(38.9%), 배우자가족 돌보기(16.9%), 전 배우자에 대한 경제적 지원(11.6%) 등을 피하고 싶다고 하였다(조선닷컴, 2006년 5월 3일자).

중년기 재혼의 긍정적인 측면은 노년기를 준비하는 중년기는 정신적으로 매우 불안한 시기이므로, 이 시기를 홀로 외롭게 지내는 것보다 재혼함으로써 심리적 불안을 줄이고, 다가올 노년기를 둘이서 함께 극복할 수 있다는 데 있다. 부정적인 측면은 성년기 재혼과 마찬가지로 사회적 편견이나 계부모와 자녀 간의 갈등 등이다.

2. 자녀와의 관계

일반적으로 중년기가 되면 자녀들이 청년기에 접어든다. 부모와 자녀 간의 유대관계가 아무리 강하다 할지라도 자녀가 청년기에 들어서면 부모와 청년자녀 간의 갈등은 불가피해진다(사진 참조). 청년과 부모의 갈등의 근원을 청년기 자녀의 발달상의 변화 때문이라고 생각해 왔으나, 부모의 요인들 또한 청년과 부모 간의 갈등에 영향을 주는 것으로 보인다. 청년자녀의 부모들은 자신의 인생에서 결정적인 시기에 접어든다. 그들은 십대자녀의 부모라는 사실을 떠나서라도 그들 스스로도 중년기 위기라는 힘든 시기를 맞이하게 된다.

1) 중년기 부모와 자녀와의 관계

흔히 정서적 위기와 연결된다고 생각되는 두 시기, 즉 청년기와 중년기에 있는 사람들이 한 식구로 산다는 것은 무척 힘든 일이다. 청년과 부모는 각기 자신의 인생에 있어서 결정적인 시기에 있지만 서로 반대 방향에 있다. 청년들은 흔히 인생의 '황금기'라는 성인기의 문턱에 서있지만, 부모들은 이제 인생의 절반을 보내고 내리막길로 접어들고 있다. 바꾸어 말하면, 청년들의 경우는 빠른 신체적 성장과 성적 성숙, 신체적 매력과 성적 매력이 증가하지만, 부모들은 중년기와 관련된 신체변화, 건강문제, 에너지 감소, 신체적 · 성적 매력 감소, 생식능력의 감퇴를 경험한다. 이때 청년과 부모 모두가 일종의 정체감 위기를 경험한다(Atwater, 1996).

많은 연구에 의하면 부부의 결혼만족도는 중년기에 가장 낮다고 한다. 이것은 어쩌면 결혼기간이나 중년기의 변화 때문일 수도 있고, 또 어쩌면 십대 자녀의 존재 때문일 수도 있다. 그리고 이때는 청년자녀의 교육비 등으로 경제적 부담 또한 가장 무거운 시기이다.

어떤 부모들은 자녀가 성인기의 문턱에 서 있는 것을 보면서 그들의 시대가 얼마 남지 않았다는 것을 절감한다. 그리고 직업에서의 자신의 성취를 재평가하게 되고, 젊어서 설정한 목표에 얼마나 도달했는지 검토해 보며, 앞으로 얼마나 시간이 더 남았는지도 생각해 보게 된다.

서구와는 달리 우리나라의 경우에는 부모자녀 관계가 비독립적이고 종속적이어서, 자녀들이 부모로부터 심리적으로 독립하는 시기가 상대적으로 늦을 뿐만 아니라, 자녀의 앞날에 대한 염려와 걱정이 보다 증가한다. 따라서 국내의 연구를 보면 중년기 부부의 가장 큰 관심사 및 당면문제는 자녀의 진로문제, 대학진학문제, 자녀의 앞날에 대한 염려(김명자, 1991)로 나타났고, 이로 인한 스트레스도 컸다(한미선, 1992). 특히 우리나라는 자녀가 고3이 되면 어머니 역시 '고3 증후군'에 걸리는 '입시 시집살이'라는 것이 있다(김명자, 1994).

중년기 후반이 되면 자녀가 청년에서 성년으로 성장함에 따라 자녀의 취업, 결혼, 자녀의 배우자, 손자녀와의 새로운 관계로 인해 새로운 부모역할이 요구된다.

2) 자녀세대의 과업

가족관계에서의 적응을 위해 자녀세대는 부모세대의 발달특성을 이해하는 것이 필요하다. 중년기 부모의 신체적인 변화에 따른 부모세대의 특성과 욕구를 이해하고, 빈 둥지 시기에서의 심리적 상실감을 정서적으로 지지해 주며, 아울러 관계형성을 위한 노력이나 적절한 역할수행의 기회를 제공하는 것도 필요하다.

(1) 중년기 신체변화의 이해

중년기는 대부분의 사람들이 자신이 늙어가고 있다는 사실을 신체의 변화를 통해 깨닫기 시작하는 시기이다. 외형상으로는 피부에 탄력이 없어지고, 모발이 희게 변하며, 심장이나 신경계, 호흡기와 같은 내부기관의 기능도 떨어지게 된다. 또한 시각이나 청각 등의 감각기관도 점진적으로 쇠퇴하며, 성기능이나 생식기능도 쇠퇴한다. 특히 여성의 경우 폐경기를 거치면서 생식능력을 상실할 뿐 아니라 여성 호르몬의 감소로 여러 가지 신체적 증상을 경험하게 된다. 이처럼 폐경으로 인한 다양한 생리적 변화를 경험하는 기간을 '갱년기'라고 하며, 이로 인해 발생하는 문제를 갱년기 장애라고 한다. 여성에 비해 남성의 갱년기는 10년 정도 늦게 시작되며, 그 변화도 보다 점진적이고 다양하게 나타난다.

갱년기에 나타나는 여러 가지 신체적 증상으로 인해 신체적 매력에 큰 비중을 두는 여성들에게는 중년기가 더욱 어려운 시기가 될 수 있다. 또한 신체적 변화에 수반되는 여러 심리적 증상들은 개인차가 있기는 하지만 전반적으로 중년기의 문제를 더욱 어렵게 만드는 요인이 된다.

(2) 빈 둥지 시기에 대한 심리적 지원

여성들은 자신의 인생주기를 자신의 연령이 아니라 남편과 자녀의 연령 또는 가족생활주기로 정의한다. 자녀가 모두 집을 떠나고 부부만 남게 된 '빈 둥지 시기(empty nest stage)'에 여성들은 인생이 무의미하고, 자신이 더 이상 쓸모없게 되었다고 느낀다. 자신의 삶을 오로지 자녀만을 위해 헌신해 온 어머니의 경우, 빈 둥지(사진 참조) 시기에 도달했을 때 고독감을 견디지 못하고 심한 우울증에 빠지게 되는데, 이를 '빈 둥지 증후군(empty nest syndrome)'이라고 한다. 자녀의 독립 이후에 경험하는 허탈감과 무력감, 미래에 대한 불확실성으로 인해 자아존중감이 낮아지고 불안과 우울을 경험하는 것을 중년기 위기감으로 규정한다.

그러나 중년기를 위기의 시기로 보지 않는 연구결과도 있다. 많은 사람들이 중년기에 자신의 삶에 대해 회의를 경험하지만 이러한 회의가 반드시 위기를 초래하지는 않으며(Schaie & Willis, 1996), 부모라는 책임에서 벗어난 '탈 부모기(post-parental stage)'를 행복하고 자유로운 시기로 생각하기도 한다(Fingerman & Baker,

2006; Gorchoff, John, & Helson, 2008). 20년 이상을 부모로서의 역할과 의무감 속에서 바쁘게 살아온 중년기 부부는 자녀들이 독립한 빈 둥지 시기를 부부관계를 재평가하고, 새롭고 흥미로운 탐색의 기회로 받아들인다. 이러한 측면에서 본다면 중년기는 부정적 위기가 필연적으로 수반되는 시기라기보다는 일시적 적응을 필요로 하는 전환기로 볼 수 있을 것이다. 중년기를 어떤 방식으로 인식하건 친밀한 가족관계나 사회적 지원망은 매우 중요한 의미를 가지고 있다. 특히 지지적인 부부관계 및 부모자녀관계는 중년기의 적응에 중요한 변수로 나타났다(김경신, 김정란, 2001). 중년기 부모가 경험하는 여러 가지 문제들은 그 정도에 차이가 있을 뿐 불가피한 것이다. 그러나 이들 문제에 대한 자녀의 이해와 지지는 이러한 문제들을 보다 수월하게 경험하게 해준다.

3) 부모세대의 과업

중년기의 신체변화와 더불어 자식들이 떠난 빈 둥지 시기의 위기감 여부는 궁극적으로 부모세대가 이를 얼마만큼 수용하고 적응해 나가는가에 좌우된다. 즉, 부모자녀관계나 부부관계, 경제적 자립이나 사회봉사, 여가활동 등을 통해 얼마만큼 빈 부분을 보완해 나가는가에 달려 있다고 볼 수 있다.

(1) 중년기의 적응

Paul B. Baltes

Baltes와 Baltes(1990)는 전생애에 걸쳐 나타나는 변화에 효과적으로 적응하기 위한 모델로 '보상을 수반하는 선택적 최적화의 원리(The principle of selective optimization with compensation: SOC)를 제시하였다. 즉, 선택(selection), 최적화(optimization) 그리고 보상(compensation)의 세 가지 책략을 적절하게 활용하는 정도에 따라 성공적인 적응이 이루어진다는 것이다. 여기서 선택이란 연령 증가에 따른 쇠퇴와 감소가 커지면서 높은 수행을 유지할 수 있는 몇몇 특정 영역만 선택하고 그 외의 다른 영역은 무시하는 책략이다. 최적화란 개인의 잠재능력을 최대한 활용하여 선택한 영역의 수행을 최대화시키는 행동이다. 보상은 여러 기능의 상실로 인해 문제해결 상황에서 원하는 결과를 얻을 수 없을 때 이러한 쇠퇴를 전략이나 기술, 사회적 지원으로 보완하는 것을 의미한다. SOC 책략은 성공적 노화를 위한 책략으로 처음 소개되었으나 이는 전생애에 걸쳐 사용할 수 있다. 특히 인간발달 단계에서 여러 가지 능력의 감소를 경험하는 중년기의 적응을 위해 유용한 모델이 될 수 있다.

연령이 증가하면서 자신이 가지고 있던 자원의 감소가 증가분을 능가하게 되면서 SOC 책략은 이를 보완할 수 있는 유용한 모델로 평가된다. SOC 책략의 사용이 증가할수록 중년기 위기감은 감소하고, 중년기에는 세 가지 책략 가운데 최적화 책략을 가장 많이 사용하며, 다음으로 선택 책략과 보상 책략의 순서로 나타났다. 특히 사회적 지원을 통한 보상 책략은 적응과 밀접한 관계가 있는 것으로 나타났으며(엄세진, 정옥분, 2001), 중년기의 생활만족도에서 사회적 지원망이 차지하는 비율은 생활만족도의 30%를 설명해 줄 정도로 높게 나타났다(임효영, 김경신, 2001).

(2) 부모자녀관계의 재정립

많은 부모들은(특히 어머니) 지금까지 자녀에게 많은 시간을 투자하고 온갖 정성을 다했다. 자신의 삶을 오로지 자식만을 위해서 헌신해 온 어머니의 경우, 빈 둥지 시기에 도달했을 때 고독감을 견디지 못하고 심한 우울증에 빠지게 되는데, 많은 연구들이 '빈 둥지 위기'를 강조해 왔다(Grambs, 1989; Kalish, 1989; Lewis, Volk, & Duncan, 1989).

그러나 최근의 연구에서는 어머니됨에 막대한 투자를 한 일부 여성만이 이 시기에 어려움을 겪는다고 한다. 대부분의 부부들에게 있어 자녀가 독립한 이후의 탈부모기는 인생에서 매우 행복한 시기이다(Fingerman & Baker, 2006). 부부관계는 더 향상되고, 어떤 부부에게는 둘이 처음 만났을 때의 행복감과 만족감을 이 시기에 다시 느낌으로써 제2의 신혼기가 찾아온다고 한다. Davidson과 Moore(1992)에 의하면 이 시기는 경제적 부담이 줄고, 자유시간이 많아지며, 부부가 함께하는 시간이 많아짐으로써 결혼만족도가 높아진다고 한다.

반면, 결혼생활이 행복하지 못한 부부들의 경우에는 자녀가 떠나고 난 빈 둥지에서 둘 사이에 공통된 것이 아무것도 없다는 것을 발견하고서 공허감을 느낀다. 그들은 이제 부모로서의 책임과 의무를 다했기 때문에 자신의 인생도 끝났다고 믿는다. 즉, 자신의 인생에는 남은 것이 아무것도 없으며 무의미하다고 느낀다. 이런 의미에서 보면 부모역할이 부부역할을 능가한다고 할 수 있다(Keith & Schafer, 1991). 따라서 이 시기에 부모역할 외에 다른 어떤 의미 있는 역할(예를 들면, 직업이나 학업, 사회봉사 등)을 찾도록 하는 것이 좋다. 그리고 무미건조해진 결혼생활에 활력을 불어넣기 위해 전보다 더 여유로워진 시간과 에너지, 경제적 자원을 부부관계에 투자해야 한다(Lamanna & Riedmann, 1991).

중년기 부모들이 극복해야 할 또 다른 문제는 있는 그대로의 자녀(부모가 희망하고 꿈꾸는 모습이 아닌)를 인정하는 것이다. 이러한 현실과 타협하는 데 있어서 그들이 자녀를 자기 마음대로 할 수 없으며, 부모의 복사본이나 개선된 모델로 주조해 낼 수 없다는 사실을 직시해야 한다. 많은 부모들이 이 같은 사실을 인정하는 것은 너무 힘든 일이고, 자녀세대와의 가치관의 차이로 가족 모두에게 어려운 시기가 될 수 있다.

어느 시대에나 세대차이는 존재한다(사진 참조). 부모들은 자녀세대를 무책임하고 제멋대로 행동한다고 생각하는 반면, 자녀세대는 부모를 시대에 뒤떨어졌다고 생각하는 경향이 있다. 부모를 구식이라고 생각하고 부모와의 대화를 기피함으로써 세대차이에 대한 왜곡된 견해를 가지게 된다. 흥미롭게도 자녀세대와 부모의 견해차이는 세대차이에 대한 그들의 지각에서도 나타난다. 부모들은 자녀와의 세대차이를 과소평가하는 반면, 자녀들은 부모와의 세대차이를 과대평가한다. 그러나 부모와 자녀의 견해차이는 그리 심각하지 않다.

사진설명 세대차이

3. 노부모와의 관계

중년기에 있어서 노부모와의 관계는 성년기와는 다른 국면을 맞이하게 된다. 성년기에는 새로운 가족을 형성함에 따라 자신의 출생가족과 얼마나 조화로운 관계를 맺는가가 중요한 관건이 되는 것이라면, 중년기는 부모세대가 신체적으로 노화나 질병 등으로 어려움을 경험하고, 경제적으로나 심리적으로 의존적인 시기이므로 이들에 대한 부양자로서의 역할이 강조된다.

1) 노부모 모시기

중년기 자녀는 이제 노인이 된 부모가 더 이상 의지할 수 있는 기둥이 아니며, 그들이 이제 자식에게 의지하기 시작한다는 사실을 깨닫는다. 중년기 자녀와 그들의 노부모에 관한 연구에 의하면, 양자의 관계는 인생 초기의 애착관계에서 발달한 강력한 유대관계가 오래도록 지속된다고 한다. 부모와 자녀들은 자주 만나고 대체로 잘 지낸다. 중년의 자녀들은 노부모를 경제적으로 부양할 뿐 아니라 돌봄을 제공하고 있다. 이들의 노부모에 대한 경제적 지원과 돌봄 제공에는 이타적 동기와 교환적 동기가 공존하고 있었다(고선강, 2012). 또한 자신의 부모와 친밀한 관계를 지속하고 경제적, 정서적 지원을 많이 하는 중년 남성의 경우 결혼생활도 원만하게 잘할 수 있을 것이라는 일반적인 예측과는 달리 자신의 결혼만족도는 낮게 나타난 반면, 노부모와 아내와의 친밀한 관계는 결혼만족도에 긍정적인 영향을 미치는 것으로 나타났다. 이는 남편의 경우와 반대되는 결과로서 노부모에 대한 아내의 부양의지와 감정적 결속도가 높을수록 결혼만족도가 높음을 의미한다. 이는 중년기에 접어든 부부의 결혼생활은 여전히 남편의 가족관계로부터 더 많은 영향을 받고 있음을 의미한다(문선희, 2015).

성인 자녀와 노부모는 대부분의 경우 부모가 너무 가난하거나 질병 때문에 혼자 살 수 없는 형편이 아닌 한 함께 살기를 원하지 않는다. 많은 노인들은 자녀들에게 잔소리를 안 할 수가 없고, 이것이 별로 환영받지 못하리라는 것을 알기 때문에 결혼한 자녀의 가족과 함께 사는 것이 힘들 것이라고 생각한다.

이러한 생각을 반영하듯 자녀와 같이 살고 싶지 않다고 응답한 사람은 78.8%로 지속적으로 증가하고 있으며, 특히 남성은 여성보다 비동거를 원하는 비율이 높게 나타난다(통계청, 2024d). 실제로 자녀와 동거하는 노인의 특징은 연령이 75세 이상이며 배우자가 없고 월소득이 백만 원 미만으로 낮은 경우로 나타났으며, 이러한 경우의 동거에서 여성노인의 생활만족도는 높게 나타났다(이신영, 2009).

또한 노년기 부모와의 관계에서 가장 중요한 부분은 노부모 봉양문제이다. 평균수명은 지속적으로 증가하는 반면, 노부모 봉양의식은 점차 약화되는 상황에서 노부모 봉양은 세대 간 갈등을 유발하는 중요한 요인으로 대두되고 있다.

세대 간의 관계는 노부모가 건강하고 활기찬 생활을 하고 있는 동안에 가장 원만하다. 노인들이 병약해질 때에는, 특히 정신적 쇠퇴나 성격변화를 겪게 된다면 이들을 돌보는 부담 때문에 양자의 관계가 위축되는 경우가 흔히 있다. 특히 딸이나 며느리들은 일반적으로 이러한 책임을 맡기 때문에 괴로움에 빠진다. 한 연구(Cicirelli, 1980)에 의하면, 노부모를 모시는 것과 관련하여 성인 자녀의 절반 이상이 다소의 스트레스를 받았고, $^1/_3$이 지속적인 스트레스를 받는 것으로 보고하고 있다.

Victor G. Cicirelli

노부모 봉양문제는 자녀양육문제와는 사뭇 다르다. 예를 들면, 새로 부모가 된 성인들은 아기를 돌보는 데 육체적, 경제적, 정서적으로 전적인 책임을 지지만 그러한 보살핌의 노고는 아이가 자라면서 점점 줄어들 것이라고 예상한다. 그러나 대부분의 사람들은 자신이 부모를 돌보리라고 예상하지 않으며, 부모가 병약해질 가능성을 고려하지 않고, 따라서 그에 대해 거의 준비하지 않으며, 그것을 거부할 수 없게 되었을 때 자신의 계획에 장애가 되는 것으로 여긴다.

이제 자녀에 대한 부모로서의 책임이 막 끝났거나 곧 끝날 예정이고 이제는 자신이 살 날도 얼마 남지 않았음을 절실히 느끼는 중년기의 부부들은 노부모를 돌보는

일로 말미암아 자신의 꿈을 이룰 마지막 기회를 빼앗긴다고 느낄 수 있다. 평균예상수명이 계속 늘어나면서 중년의 부부들은 이전 세대에서는 거의 볼 수 없었던 자신의 노부모를 모셔야 하는 위치에 있음을 깨닫게 된다. 일부 성인자녀들이 느끼는 '꼼짝없이 묶였다'는 느낌은 노부모를 모시는 일에서 가장 힘든 부분이다(Robinson & Thurnher, 1981).

노부모를 모시는 일은 쉽지 않다. 하지만 노부모의 봉양에 따른 보상은 있다. 노부모와의 관계가 증진되고, 노부모로부터 육아나 가사의 도움을 받거나 노화에 대한 지식을 습득하면서 인간적으로 성숙하게 된다. 뿐만 아니라 성인자녀가 노부모에 대한 봉양의 의무를 다하는 것을 법률적으로, 관습적으로 정당화하고 있으며, 자신의 자녀에게도 부모와의 관계를 보여줄 수 있는 좋은 모델이 될 수 있다.

2) 노인학대

사진설명 빈센트 반 고흐 作 '울고 있는 노인'

성인과 노부모 간의 친밀한 유대와 충격적인 대조를 이루는 현상이 노인학대이다. 노인학대는 종종 노부모를 '돌보는' 자녀에 의해 행해지는 유기나 신체적 또는 심리적 학대를 말한다(〈표 11-1〉 참조). 아동학대가 1960년대의 주요한 사회문제로 등장하고, 1970년대에는 배우자학대가 그러했던 것처럼 1980년대에는 노인학대가 심각한 사회문제가 되었다(Papalia, Olds, & Feldman, 1989).

우리나라는 전통적으로 노인공경의 문화가 뿌리 깊게 자리 잡고 있었으나 최근에는 노인학대의 비율이

표 11-1 노인학대의 유형

유형	정의
신체적 학대	물리적인 힘 또는 도구를 이용하여 노인에게 신체적 혹은 정신적 손상, 고통, 장애 등을 유발시키는 행위
정서적 학대	비난, 모욕, 위협 등의 언어 및 비언어적 행위를 통하여 노인에게 정서적으로 고통을 유발 시키는 행위
성적 학대	성적 수치심 유발행위(기저귀 교체 시 가림막 미사용 등) 및 성폭력(성희롱, 성추행, 강간) 등의 노인의 의사에 반하여 강제로 행하는 모든 성적 행위
경제적 학대	노인의 의사에 반하여 노인으로부터 재산 또는 권리를 빼앗는 행위로서 경제적 착취, 노인 재산에 관한 법률권리 위반, 경제적 권리와 관련된 의사결정에서의 통제 등을 하는 행위
방임	부양 의무자로서의 책임이나 의무를 거부, 불이행 혹은 포기하여 노인의 의식주 및 의료를 적절하게 제공하지 않는 행위(필요한 생활비, 병원비 및 치료, 의식주를 제공하지 않는 행위)
자기방임	노인 스스로가 의식주 제공 및 의료 처치 등의 최소한의 자기보호 관련 행위를 의도적으로 포기 또는 비의도적으로 관리하지 않아 심신이 위험한 상황이나 사망에 이르게 하는 행위
유기	보호자 또는 부양의무자가 노인을 버리는 행위

출처: 보건복지부, 중앙노인보호전문기관(2023). 2022 노인학대 현황보고서.

급격하게 증가하고 있어 노인학대에 대한 사회적 관심이 고조되고 있다.

노인학대는 음식, 주거, 의복, 의료혜택을 베풀지 않는 등 유기의 형태를 띠거나, 욕설을 퍼붓는 등 심리적 고문 또는 자신을 방어할 수 없는 노인에 대한 매질, 주먹다짐 혹은 화상 입히기와 같은 적극적인 폭력으로 나타날 수도 있다(사진 참조).

노인학대의 전형적인 피해자는 늙고 병약한 여자 노인이다. 학대자는 중년기의 아들이나 딸일 가능성이 많다. 자신의 힘없는 부모를 학대하는 사람들은 어린 시절에 아동학대를 경험한 사람들이라는 증거가 있다(Eastman, 1984; Pedrick-Cornell & Gelles, 1982). 이는 아동기 학대의 경험이 반복되는 폭력의 순환(cycle of violence)을 말하는 것이다(김신겸, 박인수, 2010).

사진설명 신체적 학대

사진설명 경제적 학대

사진설명 유기

우리나라의 경우 2023년 보건복지부 「2022 노인학대 현황보고서」에 의하면, 유형별로는 정서적 학대(43.3%), 신체적 학대(42.0%), 방임(6.5%), 경제적 학대(3.8%), 성적 학대(2.5%), 자기방임(1.6%), 유기(0.3%) 순으로 나타났다(〈그림 11-3〉 참조).

노인학대의 주체는 배우자(34.9%), 아들(27.9%), 기관(18.2%), 딸(8.3%), 며느리(1.4%)의 순으로 나타났다(〈그림 11-4〉 참조). 배우자 학대의 증가원인으로는 가구형태 변화가 자녀동거 가구에서 노인부부 가구로 증가하는 경향이 두드러지고 있고, 노인부부 간 돌봄 부담 및 부양 스트레스 등으로 인한 것으로 보인다.

노인학대를 유발하는 위험요인은 여러 가지가 있겠지만 그중에서도 가족 내적 요인이 그 대표적인 원인이라고 볼 수 있다. 우리 사회가 급속히 변화하고 있음에도 불구하고 전통적인 우리의 가치관에서 장남 중심의 노인부양, 더 나아가서는 가족 중심의 노인부양이 여전히 일반적인 현상이다. 노인부양의 책임문제를 놓고 가

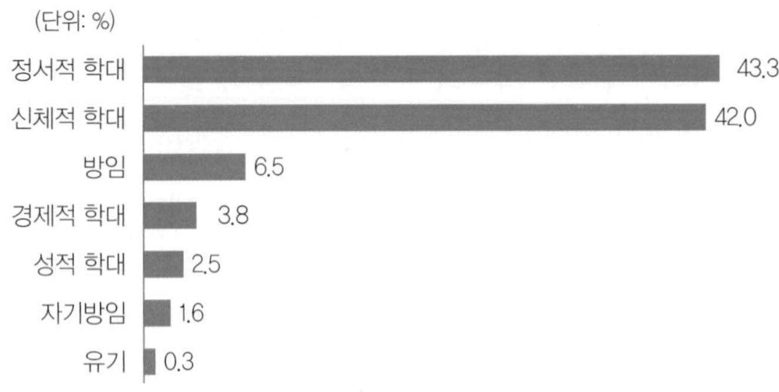

〈그림 11-3〉 **노인학대 유형(2022년 기준)**

출처: 보건복지부(2023). 2022 노인학대 현황보고서.

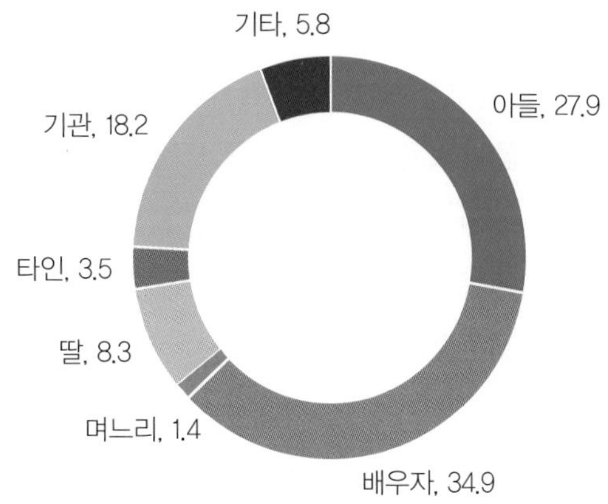

〈그림 11-4〉 **노인학대의 주체(2022)**
출처: 보건복지부(2023). 2022 노인학대 현황보고서.

족 내 구성원들 간의 불화가 빈번히 발생하고, 이 과정에서 노인은 가족의 천덕꾸러기로 전락하는 경우가 발생하고 있다. 이는 결국 노인학대로 이어지는 중요한 요인이 된다.

우리나라 노인학대의 또 다른 현상은 급속한 고령화로 인해 노인인구가 급증하면서, 배우자나 부모를 학대하는 노인이 크게 늘고 있다는 것이다. 노인에 의한 노인학대, 즉 노(老)-노(老) 학대가 그것이다. 2012년 보건복지부 노인학대 보고서에서는 "자식이 60~70대에 접어들면서 자기 몸을 추스르기가 힘든 상황에서 부모를 수발하기 힘들게 되자 학대가 나타나는 것 같다"라고 보고하고 있다. 또한 앞에서 살펴본 바와 같이 노인부부 가구 비중이 점점 증가함에 따른 것으로도 보여진다.

노인학대는 그 특성상 알려진 사례보다도 훨씬 많은 것으로 보고 있다. 대개 노인학대가 발생하여도 이를 가족의 문제로 치부하고 외부의 도움을 받아 적극적으로 대처하려 하기보다는 가족 내에서 해결하려 하는 특성이 있기 때문이다. 특히 학대를 직접 당하는 노인의 경우 학대의 원인을 '자신의 무능력'으로 생각하는 경우가 많기 때문에 그 학대를 참고 은폐하려는 경향이 강한 것으로 알려져 있다. 학대받는 노인들은 자신의 이러한 문제가 외부로 알려지는 것을 더 없는 수치로 생각하기 때문에 심한 좌절감을 느끼고, 우울증, 망각, 망상 등과 같은 정신질환 증세를 보이기도 한다.

노인학대는 노인들에게 있어서 매우 심각한 위기이다. 이 위기를 극복하지 못하면 노년기는 황폐해지며, 삶의 보람이나 의지를 보장받을 수 없고 하나의 인격체로서 사회의 구성원이 되기가 쉽지 않다. 이러한 위기가 발생했을 때, 일반적으로 노인은 약화된 가족 내 입지 때문에 독자적으로 이 위기를 타개하기는 어렵다. 노인들은 사회적, 경제적, 심리적으로 이미 많이 위축되어 있기 때문에 적절한 사회적인 개입과 중재가 필요하고, 필요한 경우 적절한 조치를 반드시 취해야만 한다.

노인학대의 문제를 해결하는 것은 학대의 원인과 결부시켜 접근할 수 있다. 노인에 대한 부정적인 편견이나 고정관념은 이를 변화시키도록 노인들 자신이나 사회적 차원에서 노력이 필요하다. 동시에 노인 자신의 소극적인 대처방식에서 벗어나 노인학대에 대한 인식을 하고 이에 적극적으로 대처할 수 있는 능력을 훈련시키는 것이 일차적인 문제이다. 가족 내에서 노인학대가 일어나지 않도록 사전예방을 위한 교육을 시키는 것이 우선적이지만 노인학대가 일단 발생한 경우에는 가족 내의 치부로 생각하고 감추려는 행동이 문제를 더 심화시킬 수 있음을 인식시키는 것이 중요하다. 또한 가족갈등이 노인학대의 중요한 예측변수라는 점을 감안하여 지역사회 차원에서도 노인 자신이나 노인부양가족을 대상으로 하는 교육이 지속적으로 이루어져야 할 것이다. 동시에 학대가 일단 일어나면 이에 적극적으로 지역사회가 개입하도록 하는 방안을 강구해야 할 것이다. 또한 노인들이 경제적인 능력을 유지할 수 있도록 정년제를 융통성 있게 운용하는 것이 필요하며, 개인적으로 지속적인 운동이나 균형 잡힌 식습관을 유지함으로써 신체적인 건강을 유지하도록 하는 노력이 필요하다.

노년기의 가족관계

신체적 변화나 직업적 은퇴는 그 시기의 차이는 있지만 발달과정에서 누구나 경험해야 하는 불가피한 문제이다. 반면, 가족 내의 인간관계는 가정마다 상이하며, 어떠한 상호작용이 이루어지는가에 따라 중요한 자원이 될 수도 있고 그렇지 않을 수도 있다. 우리나라와 같이 가족주의 이념이 팽배해 있고 가족부양에 높은 비중을 두고 있는 사회에서는 가족관계가 생활 전반에 미치는 파급효과는 그 어느 나라보다도 크다고 볼 수 있다.

우리나라의 전통가족에서는 부자관계가 가장 강한 관계로 부부관계는 이에 종속되는 특성을 보였다. 그러나 가문의 대를 잇는 것보다 개인의 사랑이 더 중요한 결혼의 동기가 되는 현대사회에서는 부모자녀관계보다 부부관계가 가족관계의 중심이 된다고 볼 수 있다. 특히 자녀들이 출가한 노년기에는 부부관계의 중요성이 보다 강조된다. 부부관계가 모든 관계의 중심이 되지만 성인자녀와의 관계나 손자녀와의 관계, 형제자매관계는 노년기의 생활만족도에 중요한 비중을 차지하고 있다. 친밀한 부부관계를 형성하고, 이와 동시에 자녀와 적절한 관계를 유지하며, 손자녀와의 안정적인 상호작용이나 형제자매 간에 적절한 교류를 하는 것은 노년기의 생활만족도에 가장 큰 영향을 미치는 요인이 된다.

이 장에서는 노년기의 가족관계에서 중요한 비중을 차지하는 부부관계, 부모자녀관계, 손자녀관계, 형제자매관계에 대해 살펴보기로 한다.

1. 노년기의 부부관계

자녀가 출가하기 전까지 대부분의 부부들은 가족관계에서 상당 부분의 시간을 자녀를 위해 사용하게 된다. 그러나 자녀가 출가한 빈 둥지 시기 이후로는 지금까지 부모자녀관계에 몰두해왔던 에너지는 부부관계를 재정립하기 위해 전환하는 것이 필요하다.

1) 결혼만족도

사진설명 82년을 함께 살아 세계에서 가장 오래된 로치오 부부

노년기의 결혼만족도는 중년기보다 높으며, 많은 노인 부부들이 해를 거듭할수록 결혼생활이 더 좋아진다고 보고하고 있다(Gilford, 1986). 그 점에 관한 한 가지 추정 가능한 이유는 최근에 와서는 이혼하기가 더 용이해졌기 때문에, 노년기까지 결혼생활을 유지하고 있는 부부들은 함께 살기로 결심한 사람들이기 때문이다. 여러 가지 어려움에도 불구하고 함께 사는 부부는 상호 만족스러운 관계에 도달할 수 있다. 또 다른 가능한 설명은 노년기가 되면 일반적으로 인생에 더 만족한다는 사실이다. 그들의 만족은 결혼보다는 직업, 자녀양육 부담의 감소, 혹은 보다 윤택해진 경제적 여건 등의 요소로부터 비롯될 수 있다. 일반적으로 노년기의 결혼만족도는 건강상의 문제로 위협을 받기 이전까지는 높은 편이다(Pearson, 1996). 은퇴 후 증가하던 결혼만족도는 점점 나이 들고 병 들면서 감소하게 된다(Miller et al., 1997).

노년기에는 결혼만족도뿐만 아니라 갈등 또한 증가한다. 우리나라 부부의 가족생활 주기에 따른 결혼만족도와 부부갈등에 관한 연구(박영옥, 1986)에 따르면, 신혼 초기부터 자녀를 양육하는 시기까지는 부부갈등이 증가하나, 자녀의 결혼에 즈음하여 감소하다가 다시 노년기에 들어 약간 증가하는 경향이 있는 것으로 나타났다. 노년기에 자녀와 동거하는 경우, 노인부부의 행동이 자유롭지 못하므로 결혼만족도가 떨어진다고 한다.

앞서 살펴본 바와 같이 결혼만족도에서 성차가 나타나는 이유는 여러 요인이 영향을 미칠 수가 있다. 그러나 상당 부분 이는 여성의 막중한 역할부담에 기인하는 것으로도 해석할 수 있다. 노년기 남성을 '젖은 낙엽'(사진 참조)으로 비유하는 것도 바로 이러한 노년기 여성의 역할부담으로 인한 어려움을 빗댄 표현이라고 볼 수도 있다.

또한 남편의 은퇴 후 부인의 남편에 대한 정서적 지지자로서의 역할은 중요하다. 부인의 결혼만족도는 자신이 건강하다고 지각할수록, 연령이 높을수록, 남편의 정서적 지지가 많을수록 높게 나타나는 반면, 남편의 결혼만족도는 아내로부터 받는 정서적 지지만이 영향을 미치는 것으로 나타나 은퇴 이후 남편의 결혼만족도에 가장 큰 영향을 미치는 요인은 아내로부터의 정서적 지지라고 볼 수 있다(신화용, 조병은, 1999).

2) 성적 적응

노년기는 자녀들이 독립해나가고 친구들도 하나씩 둘씩 세상을 떠남으로써 친밀한 감정을 나눌 수 있는 유일한 대상이 배우자로 좁혀진다. 즉, 인생의 반려자로서의 의미가 그 어느 때보다도 절실해지는 시기이다. 그러므로 부부간에 친밀한 관계를 형성하기 위한 노력이 필요하다. Sternberg(1986)의 사랑의 세모꼴 도식에서 열정과 친밀감, 책임의 세 가지 요소 가운데 열정은 처음 상태와 같이 강하지 않다 하더라도 친밀감은 노년기에도 지속시키는 것이 가능하다. 부부관계를 형성하는 데 있어서 사랑의 표현방법이나 성생활은 중요한 의미가 있다.

인간은 태어나면서부터 죽을 때까지 성적인 존재이며, 성욕은 인간의 기본적 욕구로서 자신의 성적 욕구를 표현하는 것은 자연스러운 일이다(Hyde, & DeLamater, 2020). 그러나 노년기에는 성에 대한 욕망이나 관심은 감소하게 된다. 대부분의 남성의 경우 성적 흥분이나 자발적인 발기는 감소하게 된다. 여성의 경우에도 폐경기 이후에는 쉽게 성적으로 흥분되지 않으며 질의 윤활액이 잘 분비되지 않아 성관계 시 통증을 느낄 수 있다. 그리고 오르가슴에 도달하는 속도도 점차 느려지며, 아예 도달하지 못하는 경우도 많게 된다. 그러나 성관계만이 사랑을 확인하는 유일한 방법은 아니다. 신체적 접촉이나 애무와 같은 방법을 통해서도 애정표현이 가능하며, 이러한 욕구는 노년기에도 지속되는 것으로 나타난다. 질병이나 신체가 쇠약해져 노인들이 자신의 성적 감정에 따라 실제로 행동할 수 없을지는 모르지만 그러한 감정은 유지된다. 노년기에도 적절한 성관계는 부부의 애정과 친밀감을 확인시켜 주고, 서로의 계속적인 생명력을 확인시켜 준다(Turner & Rubinson, 1993).

William Marsiglio

Denise A. Donnelly

60세 이상의 남녀노인에 대한 면담연구결과 Masters와 Johnson(1981)은 젊은 시절 활발하게 성생활을 했던 사람들이 노년기에도 지속적으로 활발한 성생활을 하는 것으로 나타났다고 하였다. Marsiglio와 Donnelly(1991)도 60세 이상의 노인들을 대상으로 한 부부간의 성적 친밀감에 관한 연구에서 연구대상의 53% 이상이, 특히 76세 이상 노인의 24%가 한 달에 한 번 이상의 성관계를 갖는 것으로 보고하였다.

우리나라 60세 이상의 남녀노인 250명을 대상으로 노인의 성의식을 조사한 이윤숙(1990)의 연구에서도 남성의 성적 능력은 정도의 차이는 있어도 89.4%가 지속되고 있으며, 80세 이상까지도 유지되고 있음을 나타내고 있다. 성적 욕구를 충족시키지 못한 이유에 대해서 남성의 경우는 상대가 응하지 않아서(21.0%), 체면 때문에(11.3%), 좋은 상대가 없어서(8.9%), 돈이 없어서(2.4%) 라고 응답하였고, 여성의 경우는 30.6%가 적당한 상대가 없어서 또는 체면 때문이라고 응답하였다.

보건복지부가 2012년 노인 500명을 대상으로 조사한 '노인의 성생활 실태조사'에 따르면 65세 노인 10명 중 6명이 활발하게 성생활을 하고 있는 것으로 조사되었다. 35.4%는 성 매수 경험도 있었다.

일반적으로 연령이 증가함에 따라 성 반응능력은 감소하지만 성기능은 계속 유지된다. 대다수의 남성들은 젊었을 때보다 자주 성적 흥분을 느끼지 않고, 자발적인 발기횟수는 줄어들지만 60대에도 적절한 기능을 갖고 있으며, 소수의 남성은 70대는 물론 심지어 80대에도 지속된다고 한다. 또한 여성들은 폐경 이후 질의 윤활액이 분비되지 않아 성관계 시 통증을 느낄 수는 있으나 보다 오랫동안 기능을 유지할 수 있다.

그러므로 남녀 모두가 노년기에도 성생활을 즐기는 것이 가능하다. 그리고 노년기의 성적 표현이 정상적이고 건강한 것이라는 점을 이해한다면 이러한 감정에 대해 수치심을 느끼거나 당황해하지 않고 성적인 감정이나 행동을 표현하는 것이 보다 용이할 것이다. 특히 우리 문화에서는 노년기의 성적 욕구를 표현하는 것을 금기시하고 있으므로 더욱더 중요한 문제가 된다. 성욕은 인간의 기본적 욕구로서 부부간의 적절한 성생활은 생기 있는 결혼생활의 중요한 요소이다. 그러나 성관계는 애정표현의 한 방법일 뿐 사랑을 확인하는 유일한 방법은 아니며, 신체적 접촉이나 애무와 같은 다른 방법을 통해서도 애정표현은 가능하며, 상호 간에 친밀감을 표현할 수 있다.

사진설명 노년기의 성적인 욕구를 다룬 영화, 〈죽어도 좋아!〉

특히 노년기의 삶의 질을 향상시키기 위해서는 무엇보다도 부부간의 사랑과 성에 대한 태도를 개선시키려는 노력이 중요하다(이혜자, 김윤정, 2004). 노년기 부부간의 성생활은 생활만족도에 영향을 미치는 중요한 요인으로 작용할 뿐 아니라 성생활 만족도가 높을수록 노화인지도가 낮게 나타난다는 점에서 성생활이 또 다른 삶의 의미를 부여하는 것으로 볼 수 있다(오현조, 2013).

3) 이혼

노년기의 이혼은 매우 드문 현상이다. 만약 부부가 이혼을 하려 한다면 그보다 훨씬 일찍 했어야 할 것이다. 그러나 최근에 와서는 수십 년간 함께 살아온 부부들이 노년기에 이혼하는 소위 '황혼이혼'이 증가하고 있다(〈그림 12-1〉 참조).

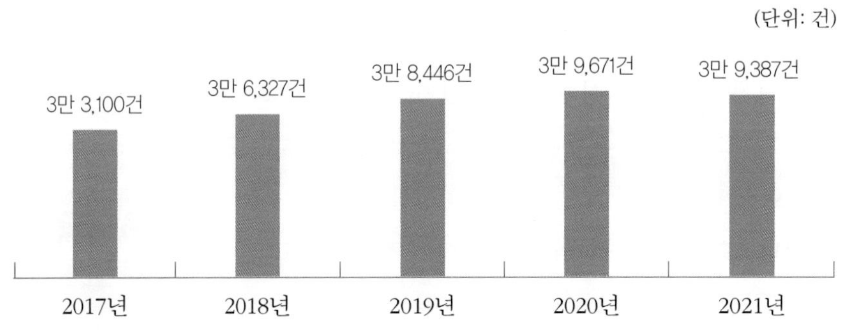

〈그림 12-1〉 **국내 황혼이혼 추이**

출처: 통계청(2023). 2022년 혼인 · 이혼 통계.

황혼기의 부부를 이혼에 이르게 하는 것은 자녀 출가 이후에 부부간에 새로운 문제가 발생하였다기보다는 오히려 우리나라의 강한 도구적 가족이념을 생각한다면 지금까지 자녀 때문에 참고 유지해온 결혼생활을 자녀 출가 이후에는 부모로서의 책임을 다하였다는 홀가분한 마음에서 결혼생활을 끝내는 것으로 해석하는 것이 보다 타당할 것으로 볼 수 있다.

노년기 이혼이 증가하는 이유에 대해 박재간 등(1995)은 다음과 같이 설명하고 있다. 첫째, 가족생활주기의 변화 때문이다. 자녀들이 독립한 뒤 부부만 함께 사는 '빈 둥지 시기'가 등장하면서 부부간의 문제가 발생한다. 이때 원만한 관계를 형성하면 '제2의 신혼기'가 되겠지만, 부부관계가 원만하지 못하면 남은 여생을 고통 속에서 보내는 것보다 다소 희생이 따르더라도 이혼을 선택하게 된다. 둘째, 여성의 경제적 능력이 증대되어 여성 쪽에서 그동안 누적된 불만으로 인한 이혼을 청구한다. 셋째, 결혼생활에 대한 남편과 아내의 사고 차이 때문이다. 남편은 가정을 피로를 풀고 활력을 찾기 위한 휴식의 공간으로 여기지만, 아내에게는 가정은 생활의 중심이기 때문에 그곳에서 자신의 욕구를 충족시키고자 한다.

이혼은 인생의 어느 시기에 하더라도 힘든 일이지만 특히 노년기의 이혼은 적응하는 데 큰 어려움을 겪는다. 더욱이 노인들은 장래에 대한 희망도 적은 편이다(Chiriboga, 1982).

이혼이나 별거 중인 노인들의 생활만족도가 다른 노인들에 비해 낮고 정신질환이나 사망률이 높다는 사실은 이혼한 노인들에 대한 적절한 지원체계가 없다는 사실에 기인한다고 볼 수 있으며(Bourassa, Ruiz, & Sbarra, 2019; Uhlenberg & Myers, 1981), 이는 노년기의 이혼문제에 대해 보다 신중한 접근이 필요함을 시사해주는 것이다.

4) 사별

노년기의 사별은 여성이 남성보다 빈번하게 경험하는 현상이다. 오랜 결혼생활 후에 배우자를 사별한 사람들은 정서적 문제와 실제적 문제에 부딪히게 된다. 배우자와의 사별은 스트레스 지수가 가장 높은 사건으로 볼 수 있다. 결혼생활이 원만하였다면 정서적 공허감은 더욱 크며 원만하지 못한 결혼생활이었다고 하더라도 그 상실감은 크다.

남녀노인 모두에서 사별 이후 경험하는 가장 큰 어려움은 고독감이다. 평생을 함께 살아온 친구이자 인생의 반려자를 상실하는 데서 오는 공허감이나 외로움은 극복하기 어려운 사건이다. 물론 자녀세대의 지원은 사별 이후의 적응을 용이하게 해

주는 중요한 자원임에는 틀림없으나 "효자보다 악처가 낫다"라는 우리나라 속담은 바로 부부간의 정서적 지지가 얼마나 중요한가를 말해주는 것이다. 게다가 남편을 사별하게 되는 여성 노인의 경우에는 경제적 어려움을 겪게 되며, 아내를 사별한 남성 노인의 경우에는 아내가 해주던 모든 가사노동의 대부분을 돈으로 해결하거나 다른 사람의 도움을 받아서 해결하기도 하지만 자신이 직접 이러한 일을 수행해나가는 것에 적응해야 한다는 어려움이 있다. 사별 후 겪게 되는 또 다른 문제는 의기소침해진다는 점이다. 그래서 사별한 남녀노인들은 높은 비율의 정신질환, 특히 우울증을 보이며, 아내와 사별한 남성은 6개월 이내에 사망할 가능성이 상당히 높게 나타난다(Parkes, Benjamin, & Fitzgerald, 1969).

5) 재혼

일반적으로 노년기의 재혼은 남성이 여성보다 3배 정도 많은 것으로 나타난다. 노년기에는 남성이 여성보다 재혼이 용이한데, 이는 평균수명의 차이로 인해 남성의 경우 결혼상대가 더 많을 뿐만 아니라 재혼의 필요성도 더 많이 느끼기 때문이다. 전통적으로 남성들은 도구적인 역할을 수행해왔기 때문에 혼자서 자신을 돌보는 일에 익숙하지 않은 반면, 여성들의 경우에는 오히려 가사활동이 자유로울 뿐만 아니라 남성을 부양하는 것에 대한 부담감을 갖기 때문에 재혼을 기피하는 경향을 보인다. 노년기 재혼의 가장 큰 이유는 남성은 자기부양문제로 인해 자녀로부터 재혼을 권유받거나 고독감 때문이라고 볼 수 있다면, 여성의 경우는 경제적인 어려움으로 인한 것이 가장 중요한 이유가 된다. 〈그림 12-2〉는 우리나라 65세 이상 재혼자의 증가 추이에 관한 것이다.

재혼 후의 결혼생활은 이전의 결혼보다 평온한 것으로 보인다. 서로 "나도 살고 상대방도 살게 하자"라는 태도이다. 이러한 평온한 태도는 주로 이전의 결혼생활에

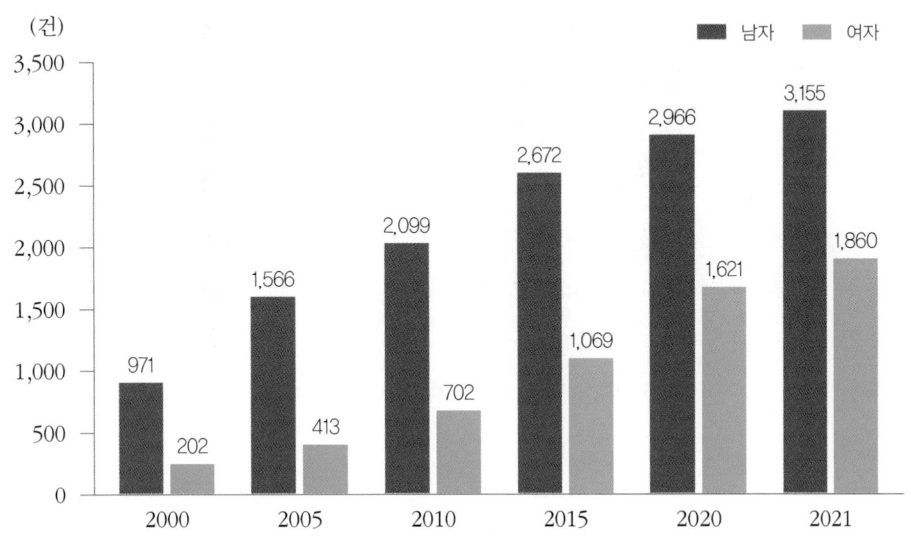

〈그림 12-2〉 **65세 이상 재혼자 증가 추이**

자료: 통계청, 인구동태통계연보(혼인, 이혼편) 각년도
출처: 통계청 보도자료(2022. 9. 29.). 2022 고령자 통계.

서 경험한 스트레스, 즉 자녀양육문제, 직업적 성공에 대한 노력, 배우자의 가족과 원만하게 지내야 하는 등의 문제가 없는 것에서 비롯되는 것 같다(Vinick, 1978).

노년기 재혼의 성공적인 요인은 다음과 같다(박재간 외, 1995).

① 상대방이 이미 낯익은 사람이거나 친구로 서로를 오랜 기간 잘 알고 있는 경우
② 부부 공통의 관심사와 흥미 그리고 함께 즐길 활동 등이 있는 경우
③ 주위 친구들과 자녀의 찬성을 얻어 축복받는 결혼을 하는 경우
④ 재정적 능력이 있는 경우
⑤ 이전의 배우자와 지내던 집에서 살지 않고, 새로운 생활 근거지를 마련하는 경우
⑥ 노화에 따른 역할변화에 순응적인 경우

2. 자녀와의 관계

강한 가족주의나 이와 관련된 부양의식이나 '효(孝)'의식은 우리나라 부모자녀관계의 특징적인 측면이라고 볼 수 있다. 가족관계 가운데 전통적으로 가장 강한 관계가 부자관계라면 가장 부정적으로 평가되어온 관계는 고부관계이다. 그러나 최근 핵가족화와 여성취업의 영향으로 장서관계가 고부관계 못지않게 부정적인 관계로 부각되고 있는 반면, 부자관계를 대신하여 모녀관계가 보다 강한 관계로 발전하고 있다. 최근 전통적인 '효'의 규범이 약화되면서 이러한 부정적인 가족관계는 노부모 봉양으로 인한 스트레스와 결부되어 노인학대의 문제를 유발하는 요인이 되고 있다.

1) 노년기 부모와 성인자녀와의 관계

부자관계는 전통적으로 우리나라 가족에서 가장 강한 관계였으며, 이러한 관계의 근저에는 '효'의식이 그 초석을 이루고 있다. 그러나 노부모와 성인자녀와의 관계는 '효'라는 규범적 차원에서가 아니라 호혜적일 때 갈등이 적게 지각되고 오랫동안 지속될 수 있다. 이러한 호혜성은 갑자기 형성되는 것이 아니라 어린 시절부터의 부모자녀간의 애정적 유대에 근거한다고 볼 수 있다. 부모와의 애착이 강할 때 그만큼 부모를 가깝게 느끼고 부모의 어려움이나 상태에 민감해진다.

부모자녀관계는 일생 동안 상호 간에 영향을 주고받으며 도움과 의존이라는 역동적인 관계를 갖게 된다. 자녀가 성인이 되고 부모가 노년기에 이르면 이들의 관계는 역할역전이 이루어져서 부모자녀관계에서의 도움과 의존의 균형은 뒤바뀌게 된다(김태현, 1994). 그러나 어느 한쪽이 도움의 제공자 또는 수혜자라고 단정할 수 없다. 오히려 여러 가지 면에서 호혜적인 관계이다.

노부모와 성인자녀와의 관계가 아무리 호혜적인 특성을 지닌다고 하더라도 그 기간에서 차이가 있을 뿐이지 인생에서 의존적인 노년기는 일정 기간 존재하게 된다. 그러므로 노부모와 성인자녀와의 관계는 호혜성과 동시에 부양이라는 부담을 가지는 양면적인 특성을 지니고 있다.

(1) 호혜적인 관계

우리나라 노부모와 성인자녀관계에서 대부분의 노부모들은 경제적인 여유가 있는 한 자녀에게 물질적인 혜택을 주고, 자녀에게 어려운 일이 발생하면 정서적으로나 경제적으로나 도움을 주고자 한다. 반면, 자신의 노후부양을 자녀에게 기대하는 호혜적인 관계이다.

가족구성원 간에 이처럼 도움을 주고받는다는 것은 노년기의 생활만족도를 증가시키는 중요한 요인이 된다. 즉, 노년기의 삶의 질은 객관적 · 물리적 상황보다는 개인의 주관적 차원이 보다 중요한 변수가 되며, 가족으로부터 도움을 받을 것으로 인지할수록 삶의 만족도는 높아진다(손화희, 정옥분, 2000). 특히 우리나라는 가족에 대한 가치를 높이 평가하는 문화이기 때문에 가족원의 지지는 어느 문화보다도 긍정적인 영향을 미치는 것으로 볼 수 있다.

세계 다른 문화권의 사람들은 우리나라에서 이루어지고 있는 남북 이산가족의 상봉장면에 대해 쉽게 이해하지 못한다(사진 참조). 6 · 25 동란을 즈음하여 가족이 이별을 하였으나 그간 50여 년의 세월이 흘렀고, 헤어진 당사자들이 이미 사망한 가족도 많지만 아직도 가족 간의 상봉에서 눈물바다를 이루는 것은 우리나라 가족 특유의 유대감을 보여주는 것이다.

사진설명 남북 이산가족 상봉장면

우리나라의 노인층이 독립된 주거공간을 희망하는 비율도 점차 증가하고 있으나 양로원을 선호하는 비율이 아직 낮다는 사실은 여전히 가족부양에 가치를 두고 있음을 보여준다. Le Play는 가족의 문화적 전통을 계승하여, 개인들에게 사회심리적 안정성을 도모하는 기능을 가장 잘 수행할 수 있는 형태가 직계가족이라 하였다(가족환경연구회, 1992). 이는 단순히 가족형태의 문제라기보다는 가족 내에서의 세대

간 유대의 의미를 강조한 것이라고 볼 수 있다. 그러므로 우리나라와 같이 외형상으로는 핵가족이지만 직계가족의 이념이 상당히 뿌리깊게 자리 잡고 있는 문화에서는 가족원 상호 간의 지지는 노년기의 적응에 중요한 의미가 있다.

우리나라는 아직도 노인부양의 근간이 가족이므로 이를 근거로 현시대에 적절한 가족부양체계를 계속 발전시켜나가는 것은 노인세대의 건강과 직결된다. 독립을 중시하는 서구사회에서도 성인자녀로부터 경제적, 정서적 도움을 받는 것이 일반적인 경향이다. 노부모세대에 대한 가족부양은 노부모와 자녀세대에게 부담도 되지만 만족감도 부여한다.

취업여성의 증가와 평균수명의 증가로 자녀세대의 욕구와 부모세대의 욕구가 맞물리면서 부모와 성인자녀 간의 동거가 적응적 형태로 이루어지고 있다. 특히 취업여성들은 부모와의 동거로부터 많은 도움을 받는 것으로 나타나고 있다(조병은, 신화용, 1992). 동거로 인한 혜택과 비용 지각에 가장 영향력 있는 변수는 부양자의 부양의식이다. 경제적이거나 도구적인 이유에서 동거한 경우 규범적 이유에서 동거한 경우보다 혜택 지각이 더 높고 취업주부는 시부모와의 동거로 인한 비용은 낮게, 혜택은 높게 지각한다(한경혜, 이정화, 2001). 그러므로 노부모 봉양을 전통적인 '효'의 논리에만 의존할 것이 아니라 호혜적인 관계 속에서 자연스럽게 이루어질 수 있도록 상호 간의 노력이 필요하다.

자녀와의 동거여부나 동거형태는 노부모의 생활만족도에서 일관성 있는 결과를 보이지 않는다. 자녀와 동거하는 경우 노인들은 더 큰 만족감을 보인다는 결과가 있는가 하면(신영희, 이혜정, 2009), 이와는 상반되는 결과도 보고되고 있다(이신영, 2009). 이는 동거여부가 노인자신의 자원이나 태도에 기초하여 자발적으로 선택한 것일 수도 있지만, 자신의 의지와는 무관하게 선택한 것일 수도 있기 때문이다.

(2) 노부모 모시기

자녀가 일찍이 부모의 보살핌을 받았듯이, 노인이 자녀로부터 보살핌을 받을 것으로 기대되는 전통사회에서 보편적이었던 보살핌의 순환과정 역시 순조롭지 못하다. 중년기 자녀가 노부모를 보살펴야 할 때가 되면, 이들은 애정과 분노, 부모에 대한 의무와 자신의 배우자 및 자녀에 대한 책임 그리고 효도하고 싶다는 생각과 자신의 현재 생활방식을 바꾸고 싶지 않다는 생각 사이에서 심한 갈등을 겪는다.

흔히 노년기의 四苦를 빈곤, 질병, 고독, 역할상실이라고 한다. 정도의 차이는 있지만 대부분의 노인들은 이러한 고통에서 자유롭지 못하다. 노인들이 자녀에게 의존하는 주된 이유는 건강과 경제적 취약성에 기인하는 것이지만, 이들이 가장 도움을 받고 싶어 하는 부분은 경제적 지원보다는 잦은 방문이나 정서적 지원이다. 이러한 문제에 직면해서 아직도 우리나라에서는 주된 의존대상이 가족이며, 사회적 지원보다는 자녀에 대한 의존도가 높고, 가족원으로부터의 지원은 노년기 생활만족도의 중요한 근원이 된다.

노부모와 성인자녀의 관계는 의무감에서가 아니라 애정적인 유대감에서 비롯될 때 만족스러운 것이다(Robinson & Thurnher, 1981). 세대 간의 유대관계 연구에서 전화통화나 방문과 같은 애착행동을 고무시키는 것이 자녀의 의무감에 호소하는 것보다 더 효과적인 것으로 나타났다(Cicirelli, 1980). 즉, 애정을 바탕으로 부모자녀관계를 수립함으로써 노년기의 생활만족도를 높일 수 있을 것으로 보인다.

부모가 노년기에 접어들면 성인자녀는 보편적으로 부모에게 여러 측면에서 도움을 제공한다고 생각한다. 즉, 동거와 부양을 동일한 개념으로 파악하여 노부모와 기혼자녀가 동거하는 것은 곧 기혼자녀가 노부모를 모시는 것과 동일한 의미로 간주한다.

최근 노인들의 의식이 변화하면서 자녀에게 의존하기보다는 독립적으로 노후를 보내려고 하는 노인들의 비율이 증가하고 있다. 60세 이상 고령자 중 현재 자녀와 따로 살고 있는 사람은 2019년 이후 다소 감소하였으나 향후에도 자녀와 같이 살고 싶지 않다고 응답한 사람은 지속적으로 증가 추세이다(〈그림 12-3〉 참조). 자녀와 같이 사는 주된 이유는 같이 살고 싶어서(35.9%), 자녀의 독립생활이 불가능(32.0%), 본인 또는 배우자의 독립생활이 불가능(21.3%) 순으로 나타났다. 즉, 같이 살고 싶어서 자발적으로 이루어지는 동거 비율보다 자녀세대나 부모세대의 독립생활이 불가능하여 불가피하게 이루어지는 동거 비율이 더 높게 나타난다(통계청, 2024d). 이처럼 독립적인 노년기를 희망하지만 평균수명의 증가로 대부분의 노인에게 의존적

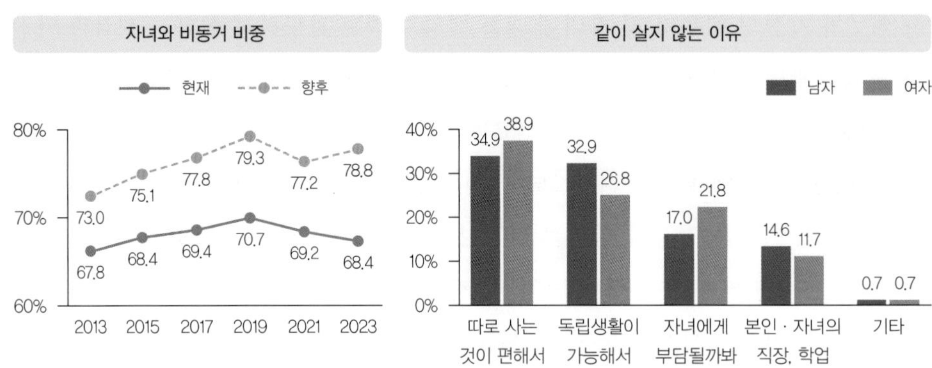

〈그림 12-3〉 **자녀와의 비동거 비율 및 이유**

출처: 통계청(2024d). 2023년 사회조사 결과.

인 시기가 찾아온다. 그러므로 모든 세대가 노인의 부양문제에 대한 타협점을 찾는 일이 중요한 과제이다.

2) 고부관계

고부관계는 가부장제 사회의 필연적 산물이다. 아버지에서 아들로 가장권이 계승되는 가부장제 가족에서 가족관계 가운데 부자관계가 가장 강한 관계이자 양지라면, 고부관계는 가장 취약한 부분이자 음지라고 볼 수 있다. 가부장제 사회에서 여성이 지위를 성취하는 데 있어 가장 중요한 요건이 남아의 출산이므로 모자관계는 가족 내에서 가장 밀착된 관계를 형성하게 된다. 결혼 후 며느리의 존재는 이처럼 밀착된 모자관계라는 아성에 대한 침범으로 볼 수 있으며, 그 결과가 고부갈등으로 표현된다. 전통사회에서는 가부장권의 영향으로 이러한 고부갈등은 표면화되지 않았으나 최근 가족 내의 인간관계가 보다 평등한 형태로 변화하면서 고부갈등은 공공연하게 표면화되어 가족 내의 갈등을 증폭시키는 요인이 되고 있다. 전통사회와는 달리 현대사회에서는 획득지위의 영향이 감소하였으며, 개인의 능력이 중시되고 있다. 자녀세대가 경제적으로 독립함으로써 주부권의 상징이던 '광 열쇠'가 갖는 상징적 의미가 없어졌으며, 그 결과 시어머니의 권력은 감소하게 되었다. 동시에 경로효친(敬老孝親) 사상의 약화로 인해 노인은 가정이나 사회에 부양부담을 주는 사회문제의 대상으로 인식되기 시작하였다는 점도 고부관계를 악화시키는 요인이 된다.

외형상으로는 핵가족이지만 내부 구조상으로는 여전히 부계 직계가족의 범주를 벗어나지 못하고 있는 우리나라 가족의 특성도 고부관계를 심화시키는 요인으로 작용하고 있다. 우리나라의 장남은 분가하여 핵가족을 이루고 살아간다 하더라도 심리적으로 평생 부모를 떠나지 못한다. 차남은 분가라는 형식으로나마 생식가족을 이루지만 심리적으로 의존적인 것은 마찬가지이다. 이처럼 여성은 출가외인 사상에 의해 출생가족을 떠나 생식가족에 전적으로 소속되도록 강요받았지만 남성은 출생가족과 생식가족이 분리되지 않은 채로 평생을 살게 된다. 자신의 출생가족과 생식가족 중간에 반쯤 걸쳐 있는 상태로 결혼생활을 하는 남편과 생식가족에 집착하는 아내의 불협화음이 고부갈등을 심화시키는 요인이 된다(박미령, 2003).

고부관계의 문제는 전통적인 가족윤리를 통한 해결방식으로는 더 이상 효과를 거두기가 어렵다. 그러나 한국가족의 위계상 며느리 측의 변화를 요구하는 것이 보다 효율적일 수 있으며, 며느리의 변화를 통해 시어머니의 변화를 기대할 수 있다. 이러한 관계개선을 위해 부정적인 사고체계의 변화나 인지체계의 수정을 통해 고부관계는 개선될 수 있다. 실제 부정적 사고체계를 전환시키는 데 효율적인 것으로 검증된 긍정적 사고훈련 프로그램을 적용한 결과 고부관계는 상당히 향상된 것으로 나타났으며, 그 교육효과도 지속적이었다(이정연, 2002).

3) 장서관계

친정에서는 출가외인, 남편으로부터는 자신의 생식가족에 충성하도록 강요받는 여성의 심리적 허탈감은 자신이 낳은 자녀에게 집착하는 자궁가족이라는 기형적 가족형태로 나타난다. 자신의 억울한 경험에 비추어 아들에 대한 집착이 초래하는 문제점을 너무나 잘 알고 있는 나머지, 우리나라의 여성들은 아들에 대한 집착을 끊으려고 노력한다. 그러나 대신 딸에게 집착함으로써 아쉬움을 달래려는 부모가

사진설명 신(新) 고부갈등, 사위 vs 장모

증가하면서 딸들을 떠나보내지 않으려는 친정어머니들이 많다. 아들에게 집착하는 것이나 딸에게 집착하는 것이나 자녀를 출생가족으로부터 분리시키지 않음으로써 자녀의 생식가족이 독립적으로 살아가는 것을 방해하는 것은 마찬가지이다(박미령, 2003). 분리되지 않은 모녀관계는 여성 취업률 증가와 맞물려 보다 굳건한 관계로 발전될 가능성이 있다. 여성 취업으로 인한 가사활동이나 자녀양육문제, 여권신장으로 인해 모계(처가)와는 자발적 · 친밀적 관계를, 부계(시가)와는 의무적 · 형식적 관계를 가지는 경향을 보이게 된다.

그러나 이러한 변화의 과정에 적응하지 못하고 갈등을 경험하는 장모와 사위가 늘고 있다. '사위는 백년손님'이라는 말은 옛말이 되었으며, 장서갈등이 전통적인 고부갈등보다 더 심각한 경우도 있다. 장모 · 사위 간 갈등이 증가하면서 한국가정법률상담소는 시가와의 갈등만을 포함시켰던 상담분류항목에 1999년부터 장모 · 사위갈등을 추가했다. 장서갈등은 장모의 심한 간섭, 의존적인 아내, 가부장적인 남편의 의식 모두가 총체적인 원인으로 작용하고 있다.

맞벌이 가족이 증가하면서 육아나 살림에 처가의 도움을 받는 경우가 많아지면서 장모의 간섭은 늘어나게 된다. 장모의 도움은 고맙지만 사위들은 그러한 도움이 궁극적으로는 자신의 딸을 위한 도움이라고 생각한다. 그러므로 이로 인해 장모의 간섭이 심해지면 장모와 갈등이 생기고 궁극적으로는 부부갈등으로 발전하게 된다. 부모와 성장한 자녀세대 간에 명확한 경계가 설정될 때 서로를 존중하고 배려하는 진정한 의미의 건강한 관계가 형성된다. 그러므로 부모는 성인자녀의 부부관계에 지나치게 개입하지 않고 든든한 지원자로서의 역할만을 수행하는 것이 바람직하다.

부모세대는 아들과 며느리, 딸과 사위의 독립된 부부관계를 인정하고 지나친 간섭이나 기대에서 탈피하는 것이 필요하다. 자녀가 독립하는 것은 너무나 당연하고 건강한 현상이며 이를 계속 출생가족에 묶어 두고 싶어 하는 것은 또 다른 노욕(老慾)이다. 자신의 출생가족을 결코 떠난 적이 없었던 남편들 때문에 경험했던 어려움을 생각하면 자녀를 떠나보낸다는 것은 심정적으로는 어려운 일이다. 그러나 부모가 청년기 자녀에게 줄 수 있는 두 가지 선물이 '뿌리'와 '날개'로 표현되듯이, 성인이 된 아들딸이 마음껏 날갯짓을 하면서 날아가도록 지켜봐주고 든든한 지지세력으로 남는 것은 중 · 노년기의 중요한 발달과업이다.

4) 자녀세대의 과업

노년기는 신체적으로 노화나 질병 등으로 어려움을 경험하고, 경제적으로나 심리적으로 의존적인 시기이므로 이러한 변화에 대한 이해와 공감이 필요하다.

(1) 노년기 신체변화의 이해

노년기에는 노화와 관련된 신체변화가 많이 나타난다. 외형상으로는 피부의 탄력성이 급격하게 감소하여 주름이 생기고 반점들이 생겨난다. 피하지방의 손실로 여윈 모습을 보이며, 모발은 탈모가 진행되며 성글게 되고, 남아 있는 것은 은발이나 백발이 된다(사진참조). 신체 내부기관도 노화와 관련된 전반적인 기능 감퇴가 나타난다. 또한 감각기능의 손상으로 인해 정보를 받아들이는 데 문제가 생기며 이로 인해 심리적 변화까지 생기게 된다. 청력손상이 있는 노인들은 타인의 말을 잘 이해하지 못하며, 이로 인해 사회적 고립이나 우울감을 경험하게 된다. 또한 일상생활에서 의존성이 증가하고 타인에 대해 의심을 하게 되며, 다른 사람들이 자신에 대해 험담을 하거나 자신을 대화에서 제외시키려

고 한다는 오해를 하게 된다. 그 외에도 중년기 이후부터 골밀도나 근육의 힘이 계속적으로 감소하여 보행에 불편을 느끼게 되고 결과적으로 행동반경은 축소된다. 행동반경의 축소는 노년기의 생활을 의존적으로 만들고 결과적으로 불만족스럽게 만드는 대표적 요인이다.

성공적 노화의 예측변인 중에서 가장 중요한 요인 가운데 하나는 건강이다(하정연, 오윤자, 2003). 인간은 자신의 신체와 관련된 문제들을 스스로 통제하기를 원하고 이로부터 만족감을 얻게 되므로 개인적 통제력(personal control)은 성공적 노화의 핵심적 요소이다(Schulz & Heckhausen, 1996). 그러므로 거동이 불편한 노인들에게 가능한 한 자신의 일을 스스로 해결할 수 있는 환경과 시설을 제공하고, 자발적인 선택권을 부여함으로써 통제력의 수준을 높여 준다면 생활만족도는 더 높아질 것이다.

(2) 노년기 인지변화의 이해

노년기 인지변화 중 중요한 두 가지는 지적 능력의 감퇴와 기억력의 감퇴이다. 노년기 지적 능력에 영향을 주는 요인들로는 교육수준, 직업수준, 생활양식, 건강상태 등이 있다.

교육수준이 높고, 중산층 이상이며, 지적인 배우자와 함께 살고, 신체적 · 정신적으로 활동적인 생활양식을 지닌 사람들은 지적 능력을 유지하거나 심지어 증가하는 것으로 보인다(Schaie, 1990). 일반적으로 교육수준과 정적 상관이 있는 직업수준 또한 지적 능력에 영향을 미친다. 사고와 문제해결을 요하는 직업에서 여전히 인지능력을 활용하고 있는 노인들은 그렇지 못한 노인들보다 지능의 쇠퇴가 적게 일어난다.

건강과 감각기능 또한 지적 능력에 영향을 미친다. 일반적으로 나이가 많을수록 여러 가지 건강문제가 발생한다. 따라서 노년기의 지적 능력 감소는 연령 그 자체보다는 건강과 관련된 요인일 가능성이 많다. 예를 들면, 동맥경화증으로 좁아진 혈관은 뇌의 혈액공급을 감소시키고 그 후유증으로 심장병을 일으킬 수 있다. 악성종양은 뇌와 다른 신체 부위로 전이되거나 혈액순환에 지장을 초래할지도 모른다.

심장혈관질환, 고혈압, 폐기종, 급성 전염병, 영양실조, 운동부족, 상해, 외과수술 등은 일시적으로 또는 영구적으로 뇌에 산소공급의 감소를 초래한다.

노인들은 보고 듣기가 어렵기 때문에 정보처리 과정이 젊은 사람보다 느리다(Schaie & Parr, 1981). 과제수행 또한 협응과 기민함이 부족하기 때문에 잘하지 못한다. 지적 수행에서의 속도감소는 노년기 신체적 수행에서의 속도감소와 유사하다. 이러한 감소는 노년기에 뇌와 중추신경계에서 일어나는 변화와 병행한다. 예를 들면, 정보처리속도와 반응시간이 점차적으로 느려진다.

노년기의 인지변화 중 가장 심각한 것이 기억력 감퇴이다(Poon, 1985). 노년기 기억력 감퇴에 영향을 미치는 요인에는 생물학적 요인, 정보처리의 결함 요인, 환경적 요인 등이 있다. 생물학적 요인을 강조하는 접근법에 따르면 기억력 감퇴는 뇌와 신체노화의 결과라고 한다. 즉, 대뇌 전두엽의 노화와 관련이 있다는 것으로 뇌의 뉴런의 수가 감소한 결과라는 것이다(Albert & Kaplan, 1980; Poon, 1985). 그러나 여러 종류의 기억력 감퇴는 생물학적 노화와 상관없이 많은 노인들에게 발생한다.

기억력 감퇴의 원인이 되는 환경적 요인이 노년기에 많이 발생한다. 기억력에 방해가 되는 약을 복용하는 경우가 많기 때문에, 기억력 저하는 어쩌면 연령 그 자체보다는 복용하는 약 때문일지 모른다. 또한 기억력 감퇴는 때로 노년기 생활의 변화가 그 원인일 수 있다. 예를 들면, 은퇴하여 더 이상 지적 자극을 주는 일에 종사하지 않음으로써 기억력을 활용할 기회가 적어진다. 또한 정보를 기억해야 할 동기가 적어진다.

노년기의 기억력 감퇴에 대한 또 다른 설명은 생활양식이나 동기부족과 같은 환경적 요인이 아니라 정보처리능력에서의 변화 때문이라는 것이다. 예를 들면, 우리가 노년기에 도달하면 불필요한 정보나 생각을 차단하는 능력이 감소한다. 이 불필요한 정보나 생각이 성공적인 문제해결에 장애가 된다. 정보처리속도 또한 감소하는데 이것은 노년기 기억력 감퇴를 초래한다(Hartman & Hasher, 1991; Salthouse, 1991).

(3) 경제적 지원

노년기의 가장 큰 문제는 경제적인 어려움이다. 수입이 줄어들고 이를 회복할 기회는 거의 드물다. 현대화이론(modernization theory)에 의하면 노인의 지위는 산업화 정도에 반비례하여, 사회가 현대화될수록 노인의 사회적 지위는 약화된다고 한다. 노인문제는 개인이 가진 경제적 자원과 밀접한 관련이 있다. 상류계층에서는 노인문제가 덜 심각하고 자녀세대와의 관계가 원만하며, 자녀세대는 부모세대로부터 재정적 지원을 받는다. 반면, 하류계층은 기본부양마저 걱정해야 하며, 자녀세대와의 관계에서 더 많은 갈등을 경험한다.

노인에 대한 복지, 경제적 지원이 충분하게 이루어지고 있는 선진국에서는 경제적 안정이 성공적 노화에서 그다지 중요한 요인이 아닐 수 있지만 노인 빈곤율이 OECD 국가 중 1위인 우리나라에서는 경제적 안정이 무엇보다도 중요한 요인으로 볼 수 있다.

우리나라의 노인인구는 〈그림 12-4〉에서 보듯이 2000년 7.2%로 고령화 사회(65세 이상 인구비율이 7% 이상), 2018년 14.3%로 이미 고령사회(65세 이상 인구비율이 14% 이상)에 접어들었고, 2025년경에는 20.3%로 초고령사회(65세 이상 인구비율이 20% 이상)로 접어들 것으로 예상된다. 이러한 노인인구의 증가속도는 다른 선진국에 비해 월등하게 빠르다. 고령화 사회에서 고령사회로 가는 데 프랑스가 115년으로 가장 길었고 미국 72년, 영국 46년, 일본 24년이 걸렸다. 세계에서 가장 빠른 속도로 진행되고 있는 한국의 고령화는 단순한 인구구성 변화만을 의미하는 것이 아니

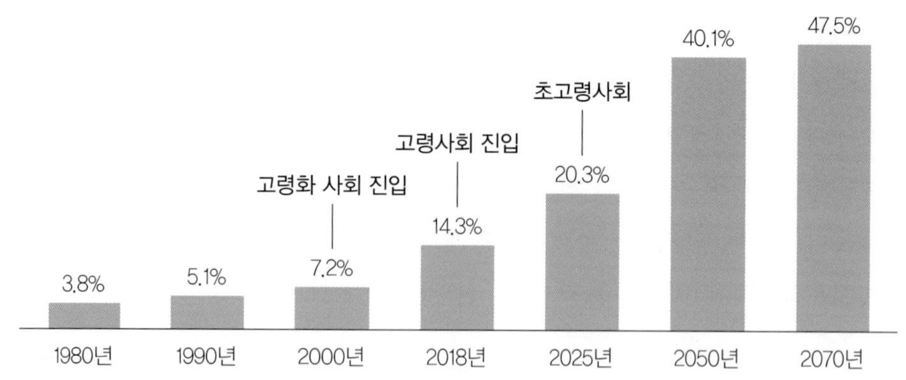

〈그림 12-4〉 65세 이상 노령인구추이

출처: 통계청(2024c). 장래인구추계.

라 경제성장의 최대의 장벽이 될 것임을 예고한다. 반면, 우리나라의 출산율은 세계 최저 수준으로 나타나 이대로 가면 노인 1명을 부양하는 생산인구(15~64세)는 2000년 10명에서 2050년에는 1.5명으로, 2070년에는 노인인구(47.5%)보다 부양인구(46.0%)가 감소할 것으로예상된다(통계청, 2024c). 이러한 인구문제는 경제성장의 걸림돌이 될 뿐만 아니라 세대 간 갈등을 증폭시키는 요인으로 작용할 것으로 예상된다.

(4) 정서적 지원

노년기의 '4고(苦)'를 가난, 질병, 고독, 역할상실이라고 한다. 정도의 차이는 있지만 누구도 이러한 고통에서 자유롭지 못하며, 노인들이 자녀에게 의존하는 주된 이유는 건강과 경제적인 이유이지만 도움을 받고 싶어하는 부분은 경제적 지원보다는 잦은 방문이나 정서적 지원이다(김태현, 1994). 우리나라에서는 주된 의존대상이 가족이며, 가족으로부터의 지원은 노년기 생활만족도의 중요한 근원이 된다. 그러나 실제 노부모와 성인자녀와의 관계에 대한 연구결과에서는 보상자원을 지니고 있는 노부모에 대한 정서적 지원이 보상자원을 지니지 못한 노부모에 비해 높게 나타나 세대 간 관계가 교환이론을 근거로 이루어지는 것으로 나타났다(정기원, 2001). 반면, 자녀출산율이 감소하면서 형제자매로부터의 정서적 지원도 노년기의 삶의 만족도를 높이는 데 기여하는 것으로 나타났다(김영순, 2006).

이처럼 성공적인 노화에서 가족관계 내에서의 만족이 중요한 순위를 차지한다는 사실에 비추어 볼 때, 생식가족뿐만 아니라 출생가족 구성원과도 지속적으로 관계를 유지하고 상호작용하려는 노력이 필요하다.

5) 부모세대의 과업

자녀세대가 부모세대의 발달특성을 이해함으로써 상호 간에 긍정적인 관계를 형성하도록 노력해야 한다면 노부모 세대도 자신들의 발달과업을 수행함으로써 자녀세대와 잘 적응할 수 있도록 노력해 나가는 자세가 필요하다.

(1) 성공적 노화

성공적인 노화의 지표로는 수명, 건강, 인지능력, 사회적 능력, 자아존중감 등의 여러 요인들이 있다. 이러한 요인들을 고려하여 Baltes와 Baltes(1990)는 중년기의 적응과 마찬가지로 성공적인 노화모델을 선택(selection), 최적화(optimization), 보상(compensation)의 세 요인을 기초로 하여 성공적인 노화를 '보상을 수반하는 선택적 최적화의 원리(The principle of selective optimization with compensation)'로 설명하였다. 이들은 개인이 노화를 경험하면서 선택, 최적화 그리고 보상의 세 가지 책략을 적절하게 활용하는 정도에 따라 성공적 노화가 결정된다고 보았다.

Schulz와 Heckhausen(1996)은 Baltes의 성공적인 노화모델에서 선택과 보상기제를 이끌어 가는 주된 동기를 개인적 통제력(personal control)이라 보고 이를 성공적 노화의 핵심적 요소로 보았다. 인간은 자신의 환경을 스스로 통제하기를 원하고 이러한 욕구는 생의 초기부터 시작하여 노년기까지 지속된다. 노년기의 신체적 노화나 주변환경의 변화는 이를 어렵게 만드는 요인으로 작용하지만 이러한 변화를 어떻게 조정하고 적응해 나가는지의 여부는 성공적인 노화의 핵심요소라고 볼 수 있다. 그러므로 일을 계속할지 아니면 그만둘지를 스스로 통제할 수 있고, 신체적으로 건강하여 보행이 자유로운 노인들은 심리적인 만족감이 매우 높은 반면, 비자발적 은퇴자들이나 거동이 불편한 노인은 생활만족도가 낮고 우울증을 더 많이 경험하는 것으로 나타났다(Herzog, House, & Morgan, 1991). 특히 노인환자의 경우 활동성에서 제약을 받게 되는 것은 우울증의 가장 강력한 예언 지표가 된다.

그러므로 노인 자신이 규칙적인 생활이나 지속적인 운동을 통해 신체와 관련된 문제들을 스스로 통제해 나가고자 하는 노력이 필요하다. 동시에 노화과정에서 통제력의 상실을 경험하는 것은 필연적이라는 사실에 대한 인식도 필요하다. 신체와 관련된 일차적 통제력에서의 감퇴를 받아들이지 못하고 노화를 필연적인 것으로 받아들이는 이차적 통제력도 제 기능을 하지 못하는 경우 대부분의 사람들은 생활만족도가 낮고 혼란스러워 하며 우울증에 빠진다. 노화로 인한 필연적인 상실감을 받아들이고 이러한 상실의 부분을 능력이 허락하는 다른 활동으로 보상해 나가려는 노력이 필요하다.

Erikson(Erikson, Erikson, & Kivnick, 1986)은 생의 여덟 번째이자 마지막 발달위기인 '통합감 대 절망감'에서 노인들은 자신의 죽음에 직면해서 자신의 삶을 되돌아보게 된다고 하였다. 어떤 노인들은 자신의 삶을 의미 있고 만족스러운 것으로 인식하는가 하면, 어떤 노인들은 원망과 씁쓸함, 불만족스러운 마음으로 자신의 삶을 되돌아보게 되며 이에 대해 다른 사람을 비난하게 된다. 인생에서 어느 정도의 절망감은 불가피한 것이다. 즉, 자기 인생에서 불행과 놓쳐버린 기회뿐 아니라 인간이라는 존재의 나약함과 무상함에 대한 비탄감은 피할 수 없는 것이다. 그러나 노년기의 위기를 성공적으로 해결하기 위해서는 통합감이 절망감보다 우위에 있어야 한다.

노년기의 고독이나 사랑하는 사람과의 이별, 죽음에 직면하여 노인들은 자주 과거로 도피하여 회상을 하는데 이처럼 노년기에 자신의 생을 되돌아보는 것은 중요한 의미가 있다. Butler(1961)는 이러한 심리적 과정을 '생의 회고(life review)'라는 용어로 설명하였다(사진참조). 인생을 되돌아봄으로써 사람들은 새로운 시각으로 자신의 경험과 행동을 관조해 보고 소원했던 가족관계나 친구관계 등 미해결 과제를 마무리할 기회를 갖게 된다. 이러한 과제를 완수한 후의 완성감이 남은 여생을 마음 편하게 살아가도록 해줄 수 있다. 인생회고 치료가 이 과정을 좀 더 의식적이고, 신중하고, 효과적이 되도록 도울 수 있다(Butler, 1961, 2002; Latorre et al., 2015; Lewis & Butler, 1974). 물론 인생회고가 인생을 낭비하였고 남에게 상처를 주었으며, 이제는 과거를 보상하거나 혹은 개선할 기회가 없다는 생각을 하게 만드는 위험도 있다. 그럼에도 불구하고 사람들은 성공과 실패를 모두 인지하고, 그들

Robert N. Butler

사진설명 꿈속에서 생의 회고를 통해 과거, 현재, 미래를 경험하고 변화하는 수전노 스크루지의 모습을 그린 Charles Dickens의 소설 『크리스마스 캐럴』

Myrna I. Lewis

의 가치를 이어나갈 수 있는 사람들에게 '전승'시키면서 균형 잡힌 평가를 할 수 있는 경우가 더 많다.

우리나라 연구에서도 자서전적 기억을 이용한 방법 가운데 '생의 회고' 방법으로 훈련을 받은 노인들은 우울증상이나 절망감의 감소는 물론 삶의 만족도가 증가하는 것으로 나타났다(박진희, 윤가현, 2009). 특히 여성 노인들의 성공적 노화수준이 남성 노인들보다 높은 것도 이와 유사한 맥락에서 이해할 수 있다(정순화, 임정하, 2013).

(2) 부모자녀관계의 재정립

성인자녀가 새로운 가족을 형성하여 적응하는 데 있어서 가장 중요한 발달과업 가운데 하나는 고부관계나 장서관계 등 상대방의 출생가족과 조화로운 관계를 유지하는 것이다. 특히 우리나라의 가족은 외형상으로는 핵가족이지만 이념적으로는 여전히 부계 직계가족의 속성이 강하기 때문에 출생가족과의 관계형성은 결혼만족도에 영향을 미치는 중요한 변수이다. 결혼한 부부에게 있어서 상대방의 출생가족과의 관계는 부부에게는 자원이 되기도 하고 때로는 위협이 되기도 하는 양면적인 속성을 가지고 있다. 고부관계나 장서관계는 적응이 잘 이루어지면 부부에게 큰 자원으로 작용하지만 적응이 잘 이루어지지 못한 경우에는 위협적인 요소로 작용한다. 어떤 부부들은 출생가족과 지나치게 밀착되어 있고 분화가 이루어지지 않아서 새로이 형성한 생식가족의 응집성을 방해하는 경우도 있는 반면, 어떤 부부들은 출생가족과 지나치게 분리되어 있어서 출생가족으로부터의 적절한 지원을 받을 수 없는 경우도 있다. 우리나라의 고부갈등이나 장서갈등도 그 근저에는 어머니로부터 분리되지 못한 아들과 딸의 존재가 중요한 요인 가운데 하나로 지목되고 있다.

부모세대는 아들과 며느리, 딸과 사위의 독립된 부부관계를 인정하고 지나친 간섭이나 기대에서 탈피하는 것이 필요하다. 자녀가 독립하는 것은 너무나 당연하고 건강한 현상이다.

성장한 자녀들이 집을 떠나서 성공적으로 그들의 생식가족을 구성하도록 도와주는 것은 중 · 노년기 부모의 발달과업이다. 결혼한 자녀가 배우자와 건강한 결혼관계를 발전시켜 나가는 것이 궁극적으로 부모와 좋은 관계를 지속시키는 밑바탕이 된다는 점을 이해해야 한다. 결혼한 자녀가 부모에게 종속되기를 원하는 것은 자녀의 결혼생활에서 불화의 원인이 되며 파탄에 이르게 할 수도 있다.

또한 노년기 부모와의 관계에서 가장 중요한 부분은 노부모 봉양문제이다. 평균수명은 지속적으로 증가하는 반면, 노부모 봉양의식은 점차 약화되는 상황에서 노부모 봉양은 세대 간 갈등을 유발하는 중요한 요인으로 대두되고 있다(〈그림 12-5〉 참조). 성인자녀는 일반적으로 신체적으로나 지적으로 최고의 수준에 있으며, 직업을 선택하고 폭넓은 관계를 형성하는 등 인간관계도 확장된다. 반면, 중 · 노년세대인 그들의 부모는 신체적 · 지적 능력이 감퇴하기 시작하고, 직업에서도 은퇴하는 시기가 되어 인간관계도 축소된다. 그러므로 세대 간 적응을 위해 성인자녀 세대에게는 중 · 노년기 부모세대에서 나타나는 여러 발달적 변화들을 이해하려는 자세와 부모세대를 실질적으로 지원하려는 노력이 필요하다. 또한 부모세대도 이전의 부모자녀관계나 부부관계를 재정립하고 손자녀와의 관계형성 등 중 · 노년기의 발달

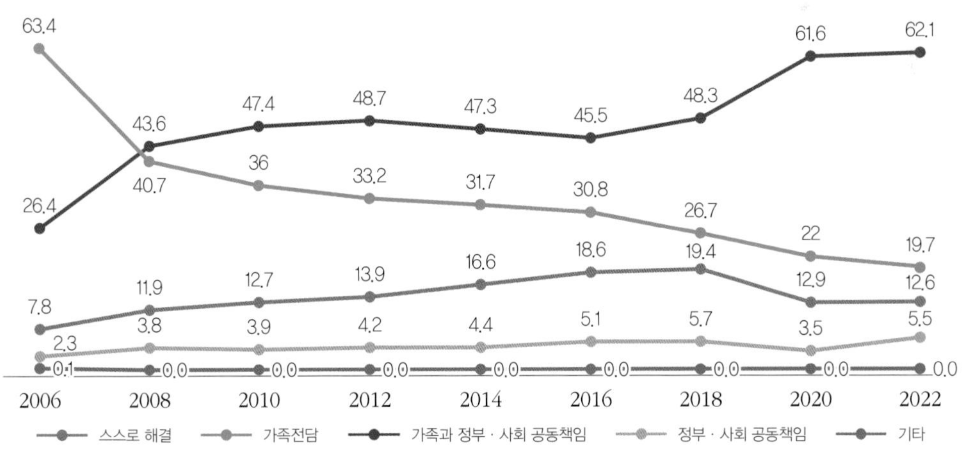

〈그림 12-5〉 **노부모 봉양의식**[1)2)]

출처: 통계청(2023). 2022 사회조사. 부모부양책임인식.

주석: 1) 2010년까지는 15세 이상, 2012년부터 13세 이상 인구를 대상으로 함

2) 13세 이상 인구의 노부모 부양책임(노부모 본인, 가족, 정부 · 사회)에 대한 의식

과업을 수행하고 성공적인 노화를 위한 적극적인 자세가 필요하다.

(3) 은퇴에 대한 적응

은퇴는 여성보다 남성에게 보다 심각한 문제이다. 오늘날과 같은 노동지향적 사회에서 직업은 생계수단일 뿐만 아니라 개인에게 정체감을 심어주고, 자신에 대한 가치와 자아존중감을 형성하게 해주기 때문에 일생을 바쳤던 직업으로부터의 은퇴는 전반적인 생활만족도를 감소시키는 요인이다. 특히 가족부양을 남성다움으로 여기는 남성이나 자신의 가치를 자신이 벌어오는 돈으로 정의하는 사람들은 직업을 잃음으로써 봉급 이상의 것을 잃게 된다. 이들은 자신의 일부를 잃으며, 자아존중감을 상실하게 된다(Brenner, 1991; Merva & Fowles, 1992).

은퇴에 대한 적응은 문화적으로도 차이를 보이는 부분이다. 서구의 경우 초기의 연구는 은퇴를 일종의 위기로 보는 입장이 강조되었으나 이후의 연구들에서는 은퇴가 중요한 전환기이기는 하지만 많은 사람들이 은퇴 이후의 상황에 비교적 적응을 잘하고 만족하는 것으로 나타났다. 이는 우리나라와는 달리 은퇴가 자발적인 경우가 많고 은퇴에 대한 준비나 사회보장제도가 비교적 잘 구비되어 있기 때문이다. 우리나라 중년남성을 대상으로 한 연구에서 은퇴 후의 생계문제가 자녀문제나 소외문제보다 더 높은 불안을 유발하는 요인으로 나타났다(강인, 2007). 또한 은퇴자를 대상으로 한 종단연구결과 우리나라의 경우 은퇴 이후 9년 이상이 지나서야 은퇴만족도가 증가하는 것으로 나타났는데, 이는 은퇴생활에 적응하는 데 상당히 시간이 소요됨을 의미한다(김지경, 송현주, 2010). 이처럼 은퇴 이후의 적응에 긴 시간이 걸리는 것은 상대적으로 낮은 은퇴연령이나 은퇴에 대한 준비부족, 사회보장제도의 미비에 기인하는 것으로 볼 수 있다. 특히 최근 회자되고 있는 '사오정'이나 '삼팔선'과 같은 조기은퇴현상은 개인이 기대하는 은퇴연령과는 사뭇 차이가 있으므로 이에 대한 적응이 제대로 이루어지지 못한 경우 어려움을 가중시키는 요인이 될 것이다. 그러나 은퇴 후에도 계속할 수 있는 여가활동이 있거나 여가활동을 할 수 있는 여유가 있다면 은퇴로의 전환이 보다 용이하게 이루어질 수 있다.

3. 손자녀와의 관계

조부모의 역할은 중년기에 시작되는 경우도 있지만 대부분의 경우 노년기에 시작된다. 조부모는 지식과 지혜 그리고 관용의 원천으로서 손자녀의 삶에 많은 영향을 미친다(McMillan, 1990; Orthner, 1981; Strom & Strom, 1990; Wood, 1982). 조부모는 손자녀에게 노화에 대한 긍정적인 태도를 심어줄 수 있으며, 조부모의 '무릎학교'를 통해 문화가 전수되기도 한다. 손자녀에 대한 조부모로서의 역할을 통해 조부모는 자신의 존재가치를 확인하고, 상실감을 극복하며, 삶에 대해 의욕적인 자세를 지닐 수 있다. 이처럼 조부모의 존재는 손자녀에게 중요하다. 그들은 지혜의 원천이고, 과거와의 연결자이며, 놀이친구이고, 가족생활의 영속성을 나타내는 상징이다. 조부모 역할은 Erikson의 생산성이 표현되는 한 방법이기도 하다. 즉, 다음 세대의 인생에 스스로를 바침으로써 자신의 불멸에 대한 인간의 갈망을 표현한다.

조부모와 손자녀와의 관계는 다양한 형태로 나타난다. Neugarten(1977)은 이를 공식적 유형, 기쁨추구형, 대리부모형, 지혜전수형, 원거리형으로 분류하였다. 우리나라의 연구에서는 조모역할은 훈계자 역할, 물질제공자 역할, 대리모 역할, 가계역사의 전수자 역할, 손자녀 후원자 역할, 생활간섭자 역할인 것으로 나타났다(서동인, 유영주, 1991). 이 중에서도 여성 취업률의 증가로 점차 대리부모로서의 역할이 증가하는 경향을 보이고 있다. 조부모와 손자녀 간의 관계가 어떠한 유형이건 조부모는 부모보다 자녀양육 경험이 많으므로 손자녀에게 정서적 안정감을 제공해 줄 수 있으며, 손자녀에 대한 직접적인 의무감이나 책임감이 없기 때문에 순수하게 애정적인 관계에서 유대감을 형성할 수 있다(사진 참조).

Bernice Neugarten

조부모와 손자녀의 관계는 손자녀에게만 일방적으로 긍정적인 영향을 미치는 것이 아니라 이를 통해 노인인구 증가로 인한 노인 소외나 고립을 방지하는 긍정적인 효과도 기대할 수 있다. 여러 학자들은 노년기에 상호관계에서 받는 것에 못지않게

주는 것의 의미를 강조하고 있다. 타인에게 도움을 줌으로써 얻을 수 있는 긍정적인 효과로 Hooyman과 Kiyak(2005)은 다음과 같은 점을 들고 있다.

첫째, 타인에게 도움을 줌으로써 자신감이 생기는 것과 같이 자신의 신체적 · 정신적 안녕에 도움이 되고, 둘째, 통제감과 자율성 · 유능성을 획득하게 되며, 셋째, 적극적이고 유연성이 있는 노년생활을 하게 되고, 넷째, 사별과 같은 스트레스를 주는 사건으로 인한 부정적인 결과를 최소화하며, 다섯째, 사망률도 감소한다는 것이다. 우리나라의 가족 내의 상호관계에서 노인은 손자녀에게 많은 도움을 줄 수 있는 위치에 있다. 손자녀와의 관계를 통해 조부모 세대도 자신의 존재가치를 확인하고 상실감을 극복하며 삶에 대해 보다 의욕적인 자세를 가질 수 있다. 또한 여성취업으로 인한 자녀양육에 대한 부담을 감소시켜줄 수 있는 긍정적인 측면도 있다.

그러나 손자녀와의 관계가 항상 긍정적인 것만은 아니며 양육방법에서 자녀세대와 갈등을 경험하기도 한다. 동시에 조부모의 여가나 노후생활을 침해한다는 부정적인 측면도 고려해야 할 것이다. 자녀세대의 기대와는 달리 손자녀를 돌보는 것을 유일한 낙으로 생각하는 조부모는 거의 없다. 가사노동이나 육아로 젊은 시절을 보낸 중 · 노년기의 부모는 자녀출가 이후 얻은 자유를 포기하고 싶어하지 않는다.

4. 형제자매관계

형제자매와의 관계는 가장 오래 지속되는 관계이며, 나이가 들수록 훨씬 더 중요해진다. 어린 시절의 경쟁심이 성인기까지 지속될 수도 있지만, 대부분의 형제자매들은 서로에게 친밀감을 느끼며, 상호관계에서 상당한 만족감을 얻는다. 일반적으

로 노인들은 형제자매보다는 자녀나 손자녀와 더 가깝게 느끼고 도움을 많이 받지만, 앞으로 자녀를 점점 적게 갖는 경향이 있으므로 노년기의 형제자매관계는 정서적 지원과 실제적 도움의 원천으로서 보다 의미 있는 역할을 할 것이다.

노년기의 형제자매관계가 성공적 노화에 미치는 영향에 대한 연구에서 형제자매의 특성 가운데서도 정서적 지원이 노년기의 삶의 만족도에 기여하는 바가 큰 것으로 나타났다(김영순, 2006). 형제자매관계에서도 형제관계는 접촉 빈도가 낮은 반면, 자매관계는 접촉이 빈번하고 친밀하다. 그러므로 여자형제들은 가족관계를 유지하는 데 중요한 역할을 한다. 여자형제가 있는 남자 노인들은 여자형제가 없는 남자노인들보다 노화에 대해 덜 걱정하며, 생활만족도도 높은 편이다(Connidis, 1988; Lee, Mancini, & Maxwell, 1990). 반면, 직업적인 이유로 지리적으로 멀어지는 것이 형제간의 친밀감 형성을 저해하는 대표적인 요인으로 나타났다(강우영, 2009).

Deborah T. Gold

Gold와 그 동료들(Gold, Woodbury, & George, 1990)은 친밀감과 상호간의 관련도, 접촉빈도, 시기심, 적개심을 중심으로 형제자매관계를 다음과 같은 다섯 가지 유형으로 구분하였다. 친밀형(14%)은 친밀도와 관련도, 접촉빈도는 높은 대신 시기심과 적개심은 낮은 유형으로 주로 자매관계에서 많이 나타나는 유형이다. 우정형(30%)은 친밀도와 관련도는 높은 반면, 접촉빈도는 보통 수준이며 시기심과 적개심은 비교적 낮은 유형으로 남매간에서 많이 나타나는 유형이다. 충실형(34%)은 친밀도, 관련도, 접촉빈도는 보통 수준인 반면, 시기심과 적개심은 비교적 낮은 편이다. 무관심형(11%)은 서로 무관심한 관계이며 다섯 가지 요인 모두가 낮은 수준이다. 냉담형(11%)은 적개심과 관련도는 높은 수준인 반면, 친밀감이나 접촉빈도, 시기심은 비교적 낮은 수준이다. 남자형제관계는 주로 충실형, 무관심형, 냉담형에 속한다. 형제자매관계의 유형에서 나타나는 성별에 따른 차이는 노년기에 여성이 남성보다 왜 적응이 용이한지를 설명해주고 있다.

앞으로 평균수명은 점차적으로 증가하는 동시에 무자녀가족이나 한자녀가족이 증가할 것이다. 따라서 노년기의 정서적 지원을 노부모와 성인자녀관계를 통해 충족시키기에는 한계가 있으므로 형제자매관계를 노년기의 정서적 지원을 위한 자원으로 적극적으로 활용하고자 하는 노력이 필요하다.

제4부

가족의 위기와 전망

서로 상이한 가치관과 행동양식을 가지고 있는 두 사람이 만나 가족생활을 영위하는 데에는 의사소통이나 성생활, 역할분담, 자녀양육 및 출생가족 부모와의 관계 등 여러 영역에서 적응을 위한 노력이 필요하다. 그러나 이러한 적응에 실패하는 경우 가족은 해체의 위기를 맞게 된다. 정보화 사회로 진입하면서 개인적 가치가 우위를 차지하고 가족이라는 단위의 응집력이 약화되면서 이혼율이 증가하고 다양한 포스트모던 가족의 비율도 증가하고 있다. 이러한 가족의 변화양상에 대해 한편에서는 가족위기론의 시각이 대두되고 있는 반면, 이와 동시에 가족건강성이나 적응성을 높이기 위한 연구들도 다수 이루어지고 있다.

이혼에 대한 관점은 이혼이 문제의 해결책이 될 수 없고 또 다른 문제의 시작이므로 가급적 피해야 하는 부정적인 사건으로 보기도 하지만, 더 이상 유지하기 어려운 불행한 결혼생활에서 벗어날 수 있는 해결책이라는 긍정적인 관점에서 볼 수도 있다. 어떠한 관점에서 보건 이혼은 당사자는 물론 자녀를 포함하여 관련된 가족들에게 심각한 영향을 미치는 중요한 개인적 · 가족적 · 사회적 생활사건이라 할 수 있다. 또한 이혼으로 인해 파생되는 한부모가족이나 새부모가족 그리고 자녀교육문제로 인한 분거가족이나 가족의 대안적인 형태인 동거나 독신의 비율도 꾸준히 증가하고 있어 이에 대한 고찰이 필요하다.

제4부에서는 먼저 가족이 직면하는 대표적인 위기상황인 이혼과 관련된 전반적인 문제를 살펴보고, 다음으로 다양한 포스트모던 가족의 유형을 살펴본 후, 앞으로의 미래가족에 대한 전망을 제시해 보고자 한다.

이혼

전통적으로 가족해체의 주된 원인은 배우자의 죽음이었다. 결혼서약에서 '죽음이 우리를 갈라놓을 때까지 함께한다'고 맹세하듯 가족의 해체는 배우자의 죽음으로 인해 자연적으로 발생하는 사건이었다. 그러나 최근에는 가족해체에서 사별이 차지하는 비율은 점차 감소하는 반면, 이혼이 차지하는 비율은 증가하고 있다.

이혼에 대한 관점은 이혼이 인생의 실패라는 부정적인 시각에서 볼 수도 있으나 한편으로는 불행한 결혼생활이나 파괴적인 관계를 종식시키는 대안이라는 긍정적 관점에서 볼 수도 있다. 부정적 관점에서는 서구에서도 이혼은 배우자의 죽음 다음으로 고통스러운 사건이며, 우리나라에서도 자녀사망, 배우자사망, 부모사망 다음으로 스트레스가 높은 사건이라는 것이다. 그러므로 이혼은 문제의 해결책이 될 수 없고 또 다른 문제의 시작이므로 가급적 피해야 하는 부정적인 사건으로 보는 것이다. 반면, 긍정적인 관점에서 본다면 이혼은 더 이상 유지하기 어려운 불행한 결혼생활에서 벗어날 수 있는 해결책이라고 볼 수 있다. 이혼에 이르기까지 오랜 기간 갈등이 누적되어 있으므로 부정적인 상호작용이 이루어지는 결혼생활을 유지하는 것보다는 차라리 헤어지는 것이 낫다는 것이다. 어떠한 관점에서 보건 이혼은 당사자는 물론 자녀를 포함하여 관련된 가족들에게 심각한 영향을 미치는 중요한 개인적 · 가족적 · 사회적 생활사건이라 할 수 있다.

이 장에서는 먼저 이혼의 현황, 사유를 살펴보고, 이로 인한 파급효과와 적응을 위한 지침을 제시해 보고자 한다.

1. 이혼의 현황

사회변화에 따라 나타난 가족의 변화를 보여주는 주요한 지표 가운데 하나로 단연 높은 이혼율을 꼽을 수 있다. 오늘날 높은 이혼율은 우리 사회에만 국한되는 현상이 아니라 세계적인 현상이다.

1) 전반적 이혼현황

우리나라의 이혼건수는 2003년을 정점으로 다소 감소추세를 보여 2023년에는 9만 건, 조이혼율(인구 천 명당 이혼건수)은 1.8건으로 나타났다(〈그림 13-1〉 참조).

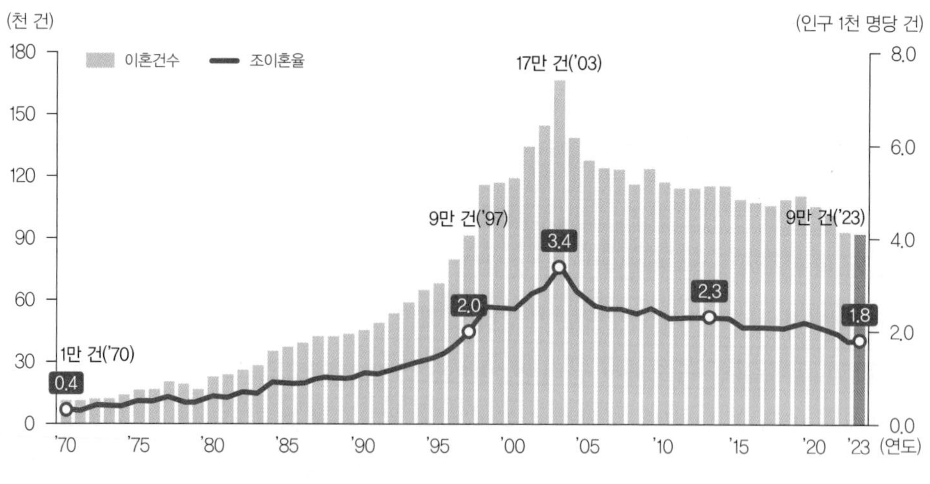

〈그림 13-1〉 이혼건수 및 조이혼율 추이

출처: 통계청(2024a). 혼인 · 이혼 통계.

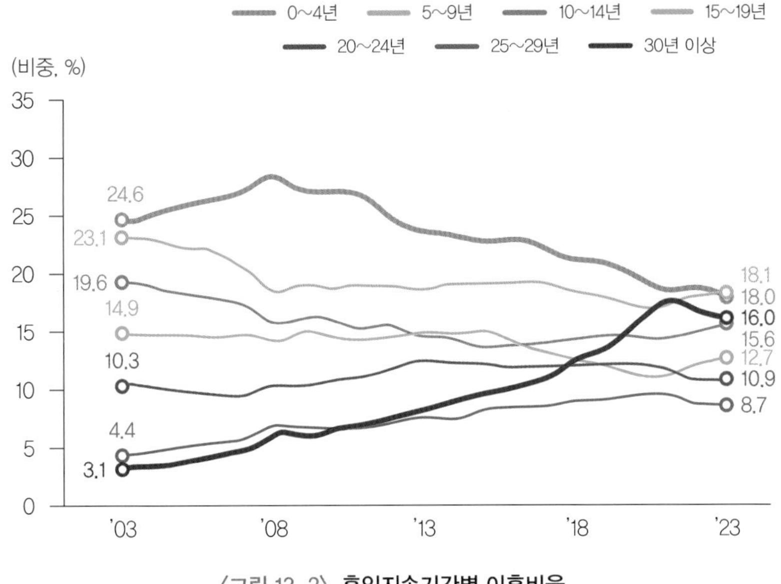

〈그림 13-2〉 **혼인지속기간별 이혼비율**

출처: 통계청(2024a). 혼인 · 이혼 통계.

2024년 통계청이 발표한 혼인지속 기간별 이혼을 살펴보면 2022년까지는 혼인지속 기간이 0~4년인 신혼이혼이 가장 높은 비율을 차지하였으나 2023년에는 혼인지속 기간이 5~9년(18.1%), 0~4년(18.0%), 30년 이상(16.0%) 순으로 높은 비율을 차지하는 것으로 나타났다. 또한 혼인지속 기간이 0~4년인 신혼이혼의 비율은 점차 감소하는 양상을 보이는 반면, 혼인지속 기간이 30년 이상인 황혼이혼은 두드러지게 증가하는 양상을 보이고 있다(〈그림 13-2〉 참조).

2) 사유별 이혼현황

이혼은 결혼한 부부가 더 이상 함께 살 수 없음을 법적으로 결정하고 혼인관계를 해소하는 것을 의미한다. 이혼에는 협의이혼과 재판이혼이 있으며, 협의이혼의 경우에는 이혼사유가 전혀 문제시되지 않으며 두 사람 간에 합의만 이루어지면 어떤 경우이건 이혼이 가능하다. 그러나 재판상의 이혼은 일정한 사유가 있는 경우에 한

정되며, 현행 우리나라의 민법(840조)에는 다음과 같은 법률적 이혼사유를 규정하고 있다.

제1호 배우자의 부정한 행위가 있었을 때
제2호 배우자가 악의로 다른 일방을 유기한 때
제3호 배우자 또는 그 직계존속으로부터 심히 부당한 대우를 받았을 때
제4호 자신의 직계존속이 배우자로부터 심히 부당한 대우를 받았을 때
제5호 배우자의 생사가 3년 이상 분명하지 아니한 때
제6호 기타 혼인을 계속하기 어려운 중대한 사유가 있을 때

재판상의 이혼사유에서 배우자의 부정행위나 유기가 원인이 되는 경우는 감소하는 반면, 본인에 대한 부당한 대우나 기타 혼인을 계속할 수 없는 중대한 사유가 원인이 되는 경우는 증가하는 경향이다. 또한 이혼 과정에서 협의가 이루어지기 어려운 재산분할이나 자녀양육권 문제로 전체 이혼 가운데 재판이혼이 차지하는 비율이 22.1%로 나타났다(통계청, 2024a). 전반적인 이혼사유는 성격차이가 지속적으로 가장 높은 비율을 차지하는 것으로 나타났으며, 다음으로는 경제적 이유로 나타났다(〈그림 13-3〉 참조).

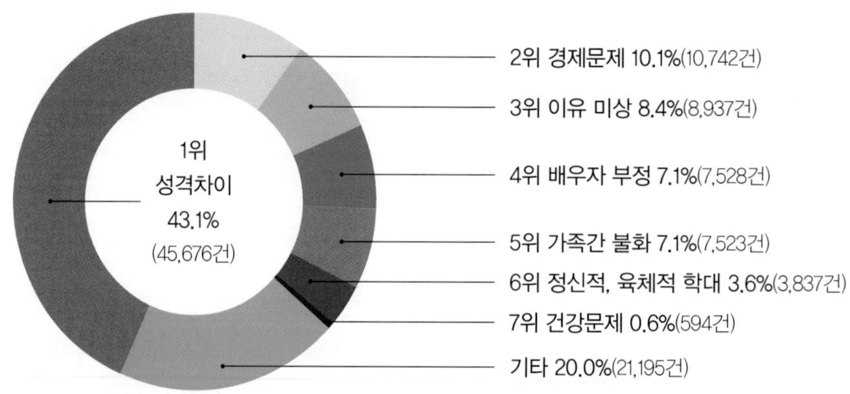

〈그림 13-3〉 **이혼사유별 순위와 이혼건수**

출처: 통계청(2018a). 인구동향조사.

2. 이혼증가의 원인

우리나라의 이혼율은 지속적으로 증가하였으며, 2003년을 정점으로 감소추세를 유지하고 있으나 여전히 높은 비율이다. 이혼증가에 영향을 미치는 사회적 · 개인적 요인들을 구체적으로 살펴보면 다음과 같다.

1) 가족형태 및 가족가치관의 변화

이혼이 증가하는 원인으로는 먼저 가족형태와 가족가치관의 변화를 들 수 있다. 과거의 부계 직계가족에서는 부자관계가 가장 중요한 관계였으나 오늘날의 핵가족에서는 부부관계가 가장 중시되며 가족이나 자녀에 대한 책임감보다는 개인의 행복이 우위를 차지하게 되었다. 가족가치관도 변화하여 오늘날의 결혼은 두 사람의 애정에 기초한 합의적 관계로 인식되므로 가족관계가 개인에게 만족을 주지 못할 경우에는 더 이상 관계를 지속할 필요가 없다고 생각하는 다분히 실리적이고 개인주의적인 가치관으로 변화하였다. 뿐만 아니라 자녀에 대한 가치관도 변화하여 소자녀 · 무자녀가족의 증가로 자녀가 더 이상 이혼의 방패막이가 되지 못하는 것도 이혼율을 증가시키는 요인이 된다. 실제로 미성년 자녀가 없는 부부의 이혼구성비는 전체 이혼의 53.2%를 차지하는 데 반해 미성년 자녀가 1명인 경우에는 22.5%, 2명은 16.8%, 3명 이상은 3.6%로 감소하는 것으로 나타났다(통계청, 2024a).

2) 사회적 인식의 변화

이혼에 대한 우리 사회의 부정적인 인식이 크게 감소하여 이혼을 병리적 현상으로 보는 시각에서 불행한 결혼생활로부터의 해방으로 보는 긍정적 시각으로 변화하고 있다. 이혼에 대한 태도에서는 어떠한 이유라도 '이혼을 해서는 안 된다'는 응답은 점차 감소한 반면, 경우에 따라 '이혼을 할 수도 있고 안할 수도 있다'는 응답과

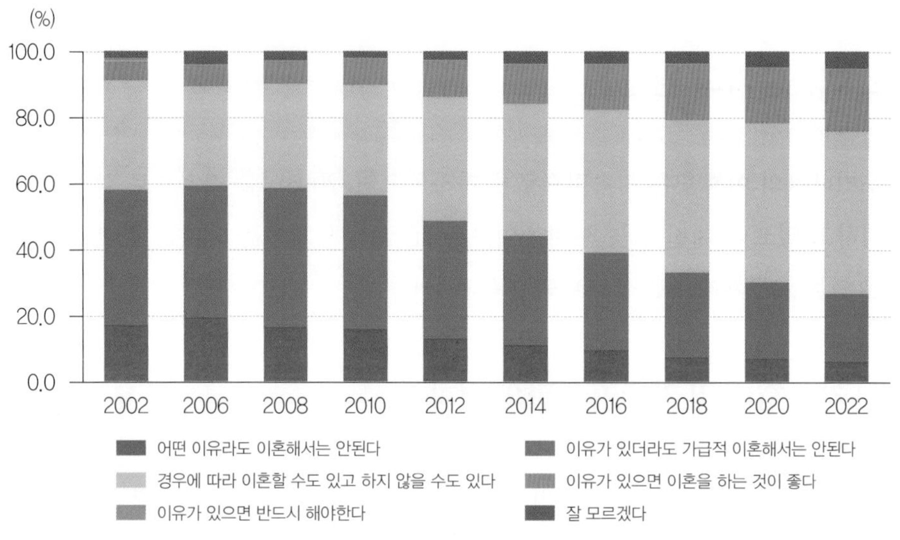

〈그림 13-4〉 **이혼에 대한 인식**

출처: 통계청(2023a). 사회조사 결과.

'이유가 있으면 이혼을 하는 것이 좋다'는 응답은 증가하여 점차 허용적으로 변화해 가는 것으로 나타났다(〈그림 13-4〉 참조).

3) 여성의 지위향상과 의식의 변화

여성의 사회진출이 활발해짐으로써 과거에 비해 여성의 교육수준과 사회경제적 지위가 향상되었을 뿐 아니라 여성의 자의식이 강해지고 심리적 독립이 가능하게 되었다. 과거 여성들이 남편에게 경제적으로 의존하던 상황과는 달리 경제력을 확보한 여성들의 경우 불합리하거나 불평등하다고 생각하는 결혼생활을 참고 살기보다는 이혼을 제기하는 가능성이 높아졌다. 특히 중년이혼의 경우 여성이 먼저 이혼을 제기하는 경우가 80%를 넘는 것으로 나타났다(남성의 전화, 2012). 다른 한편으로는 여성단체, 대중매체의 홍보 등으로 인간의 권익에 대한 관심이 높아짐으로써 남편의 부당함을 참고 견디는 여성이 줄어들게 된 것도 이혼증가의 원인으로 작용한다.

4) 이혼제도의 변화

시대변화에 따라 이혼제도는 금기주의에서 제한주의로 그리고 자유주의로 변화해 왔다. 우리나라의 경우 고려시대까지는 남자의 일방적인 의사에 의한 강제적인 이혼이 행해졌으나 조선시대에 들어와 남성위주의 전권적인 이혼이 합법화되었다. '칠출삼불거(七出三不去)'[1]가 바로 이혼을 허용하고 금지하는 법적 사유로 등장하였다. 이러한 제도는 이후 조선 말기에 이르러 '무자(無子)'와 '질투'의 두 가지 항목은 삭제되고, 자녀가 있는 경우는 이혼을 금한다는 항목을 추가하여 '오출사불거(五出四不去)'로 변화하였다. 조선시대에도 의절(義絶)이라는 강제이혼이나 협의이혼도 있었으나 대체로 이혼을 제한하려는 경향이 지배적이어서 이유 없이 조강지처를 버릴 때는 엄벌에 처하고 합당한 사유가 있을 경우에만 이혼을 인정하였다.

그 후 1915년 일제강점기에 법적으로 일부일처제가 명시되었으며, 1923년 협의이혼제도가 명문화되고 여성에게도 이혼권이 인정되었다. 그러나 실제적으로는 사회적으로나 가정 내에서 남성에 비해 지위가 낮은 여성들이 강제적으로 이혼을 당하는 경우가 많았다. 그 후 1958년 민법에서 협의이혼, 조정이혼, 재판이혼제도를 규정하였으며, 1977년 일부 민법의 개정을 통해 부부는 혼인 및 이혼에서 보다 평등해졌다. 나아가 1991년 가족법에서는 부부 이혼 시 배우자의 재산분할청구권이 신설되었으며, 이혼에 따른 자녀의 면접교섭권을 규정하여 친권자나 양육자가 아닌 부모가 자녀와 접촉할 수 있는 권리를 부여하였다. 이처럼 이혼과 관련된 불평등한 법 조항들이 개정됨에 따라 과거에 비해 이혼에 따른 여러 가지 장애요소들이 줄어든 점이 이혼율 증가의 한 가지 요인으로 작용한다. 아직까지 우리나라는 이혼의 책임이 있는 유책배우자(有責配偶者)의 이혼청구권을 원칙적으로는 불허하지만,

1) '칠출'이란 처를 버려도 되는 7가지 사유를 말한다. 아들이 없는 것(無子), 간통(姦通), 질투(嫉妬), 시부모를 제대로 봉양하지 못한 것(不仕姑舅), 말이 많은 것(多言), 폐질과 같은 질병(疾病), 도둑질(竊盜)을 의미한다. 그러나 이와 같은 사유가 있더라도 '삼불거(三不去)', 즉 함께 부모의 삼년상을 지냈거나, 결혼해서 처음에는 가난하였으나 후에 부자가 된 경우, 그리고 돌아갈 친정이 없는 조강지처인 경우에 해당되면 이혼을 허용하지 않았다.

상대방이 혼인을 지속할 의사가 없음이 객관적으로 명백함에도 불구하고 오기나 보복적 감정에서 이혼에 불응하거나 부부 쌍방의 책임이 동등하거나 경중(輕重)을 가리기 어려운 경우 등 특수한 사정이 있는 경우 예외적으로 유책배우자의 이혼청구를 인정한 판례도 있다.

5) 사회적 · 도덕적 영향력의 약화

지리적 이동이 빈번하지 않은 전통사회에서는 친족집단이나 지역사회, 종교적 신념이나 도덕률과 같은 사회적 압력이 개인의 삶에 큰 영향을 미쳤다. 아직까지도 소도시나 농촌지역이 대도시 지역에 비해 이혼율이 낮은 것은 이와 같은 사회적 압력이 크게 작용하기 때문이다. 그러나 지리적 이동이 빈번하고 익명성이 보장되는 현대사회에서는 과거에 이혼을 억제하는 힘으로 작용했던 사회적 · 도덕적 · 종교적 장치들의 영향력이 약화되었다. 개인주의적 가치관이 확산되면서 사람들은 더 이상 과거와 같은 개인 외적인 이유들로 인해 이혼을 보류하지 않으며, 사회적 가치관에 위배된다 하더라도 자기중심적인 가치기준에 따라 이혼을 감행한다.

6) 사회화 과정의 문제

높은 이혼율로 인해 자녀세대들은 성장과정에서부터 이혼이라는 상황에 무방비 상태로 노출되고 있다. 이들은 자신의 부모나 주변 인물들의 이혼을 직접 · 간접적으로 경험하면서 결혼에 대해 근본적으로 회의를 가지고 있으며, 이혼을 익숙한 생활사건으로 받아들이게 된다. 더구나 결혼연령이 점차 높아지면서 자신만의 세계를 보다 확고하게 구축한 두 사람이 공동의 생활에 적응해 나가는 것은 더욱 어려운 일이 되고 있다.

3. 이혼의 영향

이혼이 당사자인 부부와 자녀에게 미치는 영향은 여러 요인에 따라 상이하며, 이를 구체적으로 살펴보면 다음과 같다.

1) 부부에게 미치는 영향

이혼한 부부를 대상으로 한 장기종단 연구결과, Hetherington과 Kelly(2002)는 대다수의 부부는 이혼 이전보다 이후에 보다 긍정적인 느낌을 갖는다고 하였다. 이와는 상반되는 관점에서 여러 학자들은 이혼한 사람들은 정서적 · 신체적 건강상의 문제를 경험한다고 하였다(Hughes & Waite, 2009; Waite, Luo, & Lewin, 2009). 이러한 차이는 이혼 전 갈등여부 등 여러 요인이 영향을 미치지만 이들이 경험하는 전반적인 문제는 다음과 같다.

Mavis Hetherington

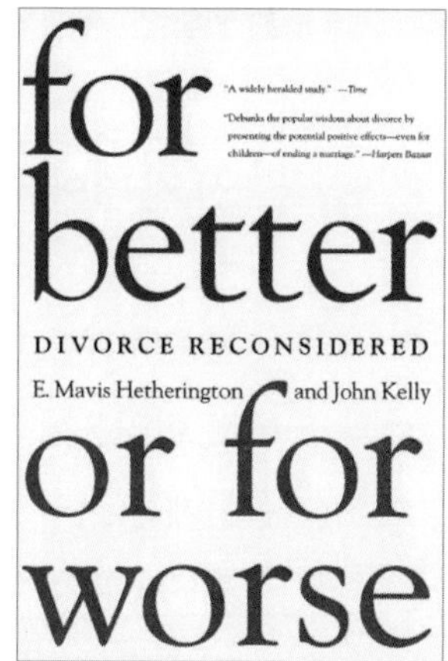

이혼 후 남녀 모두는 경제적 부담, 시간관리, 가사노동 등의 현실적 문제에 직면하게 되며, 이러한 문제는 이혼 전에 뚜렷한 역할분담에 익숙해져 있을수록 더욱 심각하다. 지금까지 상호 분담하여 처리해 오던 일상적인 일들을 혼자서 모두 처리해야 하므로 가정관리나 재정관리, 시간관리, 주택관리와 같은 현실적인 가정생활상의 문제를 처리하는 과정에서 시간부족이나 미숙한 일 처리로 인해 당황해하며 어려움을 겪게 된다. 특히 이혼은 남성보다 여성에게 더 많은 경제적 어려움을 가중시키는 요인이다. 이혼을 통해 여성은 정서적 어려움에서는 벗어나지만 경제적 어려움이라는 또 다른 문제를 경험하게 된다. 이혼 시 재산분할청구권에 대한 법률이 제정되었음에도 불구하고 여성들의 경우 전반적으로 경제적인 어려움을 경험한다. 경제적인 어려움은 자녀양육의 역할을 담당하는 여

성에게는 더욱 문제가 되며, 여성 재혼의 중요한 사유가 된다.

이혼으로 인한 건강상의 문제는 이혼 전 결혼생활에서의 갈등상태와도 관련이 있다. 많은 부부들은 이혼을 고려하기 시작할 때부터 이미 신체적·정신적인 건강 문제를 경험하게 된다. 또한 이혼 후 자녀와 헤어져 살아야 할 경우 자녀와의 분리로 인한 박탈감이나 배우자로서의 무능력감으로 인해 고통을 받게 된다. 어떤 사람들은 이혼을 단지 부부관계의 실패로 보지 않고 인생전반의 실패로 보기 때문에 이혼 후 우울증에 빠지기도 한다. 그 결과, 음주나 흡연, 불면증 등의 행동이 더 많이 나타나며 이로 인한 조기사망률이나 자살률도 더 높은 것으로 보고되고 있다(Hamner & Turner, 2001).

이혼이 우리 사회에서 크게 증가하고 있기는 하나 아직까지 이혼에 대한 사회적 인식은 부정적이며 바람직하지 않은 인생사건으로 보는 경향이 강하다. 심지어 이혼당사자조차 자신의 이혼사실을 밝히기를 꺼려하며 떳떳하지 못한 일로 간주하는 경우가 많다. 이들은 이혼으로 입은 심리적 손상 때문에 크게 위축되어 친밀한 대인관계를 기피하며, 거주지 이동과 같은 생활환경의 변화로 이웃과 관계가 단절되기도 한다. 이러한 이유로 인해, 이혼 전에 부부가 함께 알고 지내던 주변사람들과의 사회적 관계망이 크게 축소된다. 특히 전업주부의 경우 사회적 관계망뿐 아니라 친구와의 관계망도 축소된다.

2) 자녀에게 미치는 영향

이혼한 부모도 혼자서 자녀를 양육하거나 혹은 비친권 부모로서 역할을 하는 데 따른 어려움이 크지만, 자녀도 마찬가지로 어려움을 경험한다. 자녀가 경험하는 적응문제는 여러 요인에 따라 상이하다.

(1) 전반적 적응문제

자녀도 이혼한 부모 사이에서 심리적인 갈등을 겪으며, 주위사람들이나 또래집단으로부터 부정적인 시선을 감당해야 한다는 점에서 고통을 받을 수 있다. 이러한 자녀의 문제는 이혼한 부모가 자신의 문제에 빠져 있는 상태이기 때문에 새로운 상황에 적응하려고 노력하는 자녀의 욕구에 제대로 반응하지 못하게 됨으로써 더욱 문제가 된다.

Wallerstein과 Lewis(2004)는 종단연구를 통해 이혼이 자녀에게 미치는 장기적인 부정적 영향을 강조하였다. 5년 이상이 지나서도 $^1/_3$ 이상의 자녀가 우울증상을 보였다고 하였다. 15년이 지나 성인이 되어서는 그들의 연애관계에서 문제를 보이는 것으로 나타났다. 또한 이혼가정 자녀들은 학업성적의 저하나 대인관계의 기피나 탈선행동 같은 비행에 더 많이 관여하는 것으로 나타났다(Burt, Barnes, McGue, & Iacono, 2008). 우리나라의 연구에서도 부모의 이혼을 경험한 청소년이 그렇지 않은 집단에 비해 긍정적 정서와 사회적 지지를 보다 낮게 지각한 것으로 나타났고, 학교생활에서의 적응도도 낮은 것으로 나타났다(채선미, 이영순, 2011).

대부분의 연구들이 이혼이 자녀에게 미치는 부정적인 영향을 강조한 반면, Hetherington과 Kelly (2002)는 이혼 첫해에는 대부분의 자녀들이 어려움을 경험하였으나 궁극적으로는 이에 잘 적응해 나가는 것으로 보고하였다. 이혼 전 결혼생활의 갈등수준이 낮은 경우 이혼은 자녀의 발달에 부정적인 영향을 미치지만 갈등수준이 높은 경우에는 오히려 자녀의 정신건강에 긍정적인 영향을 미친다고 하였다(Amato, 2007).

Paul R. Amato

(2) 적응에 영향을 미치는 요인

부모의 이혼으로 인해 아동이 경험하는 문제의 수준은 아동의 대처기술, 가족의 상호작용 특성 등의 보호요인이나 인구학적 변인에 따라 상이하게 나타난다. 이혼 자체가 자녀의 사회적 적응에 직접적으로 영향을 미치는 것이 아니라 경제적 수준과 부모자녀 간 의사소통, 자아존중감을 경로로 하여 간접적으로 사회적 적응에 영향을 미치며(남영옥, 이상준, 2009), 이혼가정 자녀의 문제행동도 사회적 지지나 문제해결능력에 따라 차이가 있는 것으로 나타났다(정지연, 한유진, 2007).

자녀가 낙관적이고 건설적이며 현실적인 전망을 갖고 있을 경우 부모의 이혼에 보다 잘 적응하는 것으로 나타나며(Clarke-Stewart & Brentano, 2006), 자녀의 높은 지능과 순한 기질도 보호요인으로 작용한다(Hetherington, 2006). 또한 이혼가정에서 비양육권자인 부모와의 잦은 접촉은 자녀의 적응, 특히 아들의 적응에 긍정적 영향을 미치는 것으로 나타났는데(Dunn, Cheng, O'Connor, & Bridges, 2004; Fabricius, Braver, Diaz, & Velez, 2010), 이는 대부분의 이혼가정에서 양육권자가 어머니이기 때문이다. 그러나 부모 간의 갈등이 계속되어 자녀가 중간에 끼어 있다고 느껴질 경우에는 비양육권자인 부모와의 빈번한 접촉은 오히려 아동의 문제행동을 증가시키는 것으로 나타났다(Buchanan & Heiges, 2001; Buchanan, Maccoby, & Dornbusch, 1991). 특히 부모의 긍정적 양육태도는 중요한 보호요인으로 간주되고 있는데, 친권자인 부모의 양육행동이 권위주의적, 방임적일 때 자녀는 적응에서 문제를 보이며, 민주적일 때 보다 잘 적응한다고 한다. 또한 파괴적 부모갈등과 이혼은 모두 자녀의 적응문제를 유발하지만, 이러한 위험은 이혼보다는 파괴적인 부모갈등에 만성적으로 노출될 때 더욱 심하다고 한다. 이미 사랑하지 않고 갈등상황인 부모들이 이혼했을 때는 오히려 적응상의 문제가 없다. 또한 자녀의 성별이나 연령에 따라서도 그 영향은 상이하다. 특히 남아는 반항적이어서 아들을 양육하는 어머니는 보다 큰 어려움을 겪는다고 한다(Hetherington & Kelly, 2002).

연령별로 부모의 이혼에 대한 자녀의 전형적인 반응은 다음과 같다(Hamner & Turner, 2001). 학령전기의 아동은 부모의 이혼에 대해 자신이 책임이 있다고 생각하며, 강한 죄책감을 갖는다. 유아는 대처수단으로 거부의 방법을 사용하며, 공격성과 돌출행동, 분노나 우울 및 퇴행행동이 나타난다. 동시에 친권자인 부모가 양육을 포기하거나 유기할 가능성에 대한 두려움을 가지고 있으며, 과제수행이나 놀이능력에서 결손을 보인다. 학동기의 아동은 거부나 유기 당한 느낌을 가지고, 불안감이나 수치심을 보이며, 강박적 행동, 회피나 침묵, 자신의 슬픔에 대한 강한 언어적 부정이나 공격적인 행동특성을 보인다. 또한 함께 생활하지 않는 부모에 대한 그리움과 화해에 대한 바람을 가짐과 동시에 부모에 대한 충성심 갈등을 경험한다. 종종 교사나 또래집단에게 분노를 표출하기도 하며, 학업성취의 문제로 어려움을 경험하기도 하지만 학교가 만족감의 근원이 되기도 한다. 청소년기에는 가장 직접적으로 분노를 표현한다. 가출을 하거나, 부모에 대한 배신감이나 슬픔, 분노, 회피의 감정을 표현한다. 동시에 부모를 한 인간으로 인식하고 새롭게 관계를 평가하며, 훌륭한 결혼에 대한 가치나 개념을 재평가한다. 부모의 이혼으로 인한 부정적인 영향은 나이 어린 자녀에게서 더 현저하게 나타난다. 나이 든 자녀는 사회적, 인지적으로 성숙하고, 대처를 위한 가족 외부의 자원을 가지고 있기 때문이다. 그러나 나이 든 자녀가 부모의 이혼을 덜 혼란스럽게 느낀다고 생각하기 때문에 자녀가 성장해서 이혼을 하는 부모의 상당수는 자녀가 받게 될 피해를 고려하지 않으며, 결과적으로 더 나쁜 영향을 줄 수도 있다.

(3) 부적응 문제에 대한 관점

이혼 이후 자녀의 부적응 문제는 부성실조 가설, 경제적 빈곤 가설, 복합스트레스 가설, 부모적응 가설, 부모적개심 가설 등 여러 가지 관점에서 설명할 수 있다(Shifflett & Cummings, 1999).

부성실조 가설(father absence hypothesis)은 이혼가정 자녀의 부적응 문제는 아버지의 부재로 인한 것이라는 관점이다. 아버지의 부재는 남성모델의 결손을 초래하게 되며, 이는 특히 청년기 이전의 남아에게 부정적인 영향을 미치게 된다는 것이다. 이러한 관점에서 본다면 친권자가 어머니일 경우 아버지를 정기적으로 만나는 것은 특히 남아의 발달에 도움이 될 수 있다. 경제적 빈곤 가설(economic distress hypothesis)은 이혼가정 자녀의 부적응 문제는 이혼 자체보다는 경제적 빈곤에 기인한다고 보는 관점이다. 경제적 어려움은 모자가정에서 더욱 문제가 되며, 이로 인해 학업성취도가 낮고 반사회적인 행동문제도 빈번하게 나타난다. 복합스트레스 가설(multiple stress hypothesis)은 이혼가정 자녀의 부적응 행동은 경제적 어려움 외에도 거주지의 이동, 가족의 해체, 부모의 재혼과 같은 여러 복합적인 환경요인의 변화에 기인한다는 관점이다. 스트레스를 주는 사건들은 정신적 · 신체적 건강에 영향을 미치며 이로 인해 이혼가정 자녀의 적응문제가 생긴다고 한다. 부모적응 가설(parental adjustment hypothesis)은 친권부모가 이혼 후 얼마나 잘 적응해 나가는지가 자녀의 적응과 관련된 중요한 요인이라는 것이다. 부모가 잘 적응하면 자녀에게 보다 효율적인 양육이나 지도를 할 수 있고 자녀를 지지해 줄 수 있으므로 자녀의 적응이 보다 용이해진다는 것이다. 그 외에도 부모적개심 가설(parental hostility hypothesis)은 이혼가정 자녀의 부적응 행동의 주요 요인이 부부 상호 간의 적개심이라는 것이다. 부부 상호 간의 적개심이나 다툼은 자녀에게 불안감과 분노심을 갖게 하며, 갈등해결 과정에서 폭력을 행사할 경우 자녀에게서 모방행동도 나타날 수 있다.

4. 이혼의 적응

어떠한 관점이든 간에 대부분의 사람들에게 있어 이혼은 고통스러운 경험이다. 그러므로 이혼 과정과 이후의 순조로운 적응을 위해 개인적인 노력과 아울러 사회적 차원에서의 지원이 이루어져야 한다.

1) 개인적 차원의 접근

이혼 과정은 대부분의 사람들에게 스트레스를 주는 사건이지만 가장 어려운 시기는 이혼을 하겠다는 의사결정에 도달하는 기간이다. Bohanan(1970)은 이혼에 대한 의사결정에서 실질적인 이혼에 이르는 기간을 여섯 단계의 힘든 경험을 수반하는 과정으로 설명하였는데, 이는 오늘날에도 이혼과정을 설명하는 유용한 모델이다. 이들 단계는 중복되어 경험할 수도 있고 경험하는 순서도 상이하며, 그 강도에서 개인차도 크게 나타난다. 첫째, 정서적 이혼단계에서는 상호 간에 유대감은 약화되고 소원한 감정을 경험하게 된다. 둘째, 법적 이혼단계에서는 결혼생활을 법적으로 해체하게 된다. 셋째, 경제적 이혼단계에서는 재산분할이 이루어지고 실질적으로 각자 분리된 경제 단위를 형성하게 된다. 넷째, 부모역할상의 이혼단계에서는 자녀에 대한 친권이나 면접교섭권과 관련된 의사결정에 대한 수용이 이루어진다. 다섯째, 공동체와의 이혼단계에서는 동료나 공동체의 구성원과의 관계에서 변화를 경험하고 이를 재조정하게 된다. 여섯째, 심리적 이혼단계에서는 개인적 자율성을 재획득하게 된다.

이혼은 이와 같이 여러 생활 영역에 걸쳐 재조정을 필요로 하는 사건이고, 이에 대한 적응에는 개인차가 있지만 대부분의 사람에게는 오랜 기간이 소요되며, 경제적 어려움과 심리적 고통을 경험하게 한다. 새로운 역할과 책임을 정확히 인식하고, 수용하며, 재정부족과 같은 변화된 상황에 적절히 적응하는 것이 필요하다. 이혼에 따른 정신적인 후유증을 현명하게 처리할 수 있도록 치유시간을 갖고 나름대로의 치유방법을 모색해야 한다. 우울증이나 죄책감, 자신이나 배우자에 대한 분노의 감정을 처리함과 동시에 이혼으로 인한 심리적 상실감을 깨닫고 이에 적응해 나가야 한다. 가령 이전에 배우자에게서 받았던 친밀감이나 동료애, 정서적 지지 그리고 공유했던 생활방식이나 배우자로 인해 누렸던 혜택이나 행복한 결혼생활에 대한 꿈 등의 여러 가지 상실에 대해 인식하고 적응해 나가는 것이 필요하다. 누구의 남편이나 아내라는 기혼자로서의 정체감에서 벗어나 독신으로서 새로운 정체감을 확립하고, 이혼으로 인해 손상된 자아존중감을 회복하는 것이 중요하다. 같은 입장에 있는 지지집단의 도움을 받아 이혼한 사람들이 흔히 빠지기 쉬운 외로움의 감정을 표현하고, 수용하며, 인내해 나가려는 노력이 필요하다. 이혼을 통해 부부간의 결합은 해체되지만 자녀가 있는 경우 부모자녀관계는 전적으로 해소되지 않는다. 재혼을 하더라도 두 가정을 오고가는 자녀를 통해 여전히 가족으로서의 유대감은 유지되며 부모역할은 계속된다. 그러므로 자녀들은 이중생활에 적응해야 하는 어려움이 있으며, 이러한 문제는 부모가 자녀를 이용하는 경우에 더욱 심각해진다는 사실을 인식해야 한다.

Ahrons(1994)는 '원만한 이혼(Good Divorce)'에서 이혼부부들의 유형을 적절한 수준의 상호작용과 높은 수준의 의사소통이 이루어지는 협력적 동료(cooperative colleagues) 유형, 높은 수준의 상호작용과 의사소통이 이루어지는 완벽한 친구(perfect pals) 유형, 빈번하지 않은 상호작용과 적절한 수준의 의사소통이 이루어지는 성난 동료(angry associates) 유형과 낮은 수준의 상호작용과 의사소통이 이루어지는 격렬한 원수(fiery foes) 유형으로 구

Constance Ahrons

분하였다. 그 외에도 해체된 부부(dissolved duos) 유형은 가장 높은 비율을 차지하는 유형으로 이들은 이혼 후 서로 전혀 연락을 하지 않는다. 또한 이 유형들은 이혼 후 20년이 지난 후에도 지속적으로 영향을 미치는데, 협력적 동료 유형의 자녀들이 부모나 가족구성원과 양호한 관계를 유지하는 것으로 나타났다(Ahrons, 2007). Ahrons는 이혼 이후 부모의 관계가 완벽한 친구 유형이거나 협력적 동료 유형이 원만하며 바람직한 유형이라고 하였다. 또한 Amato와 동료들(Amato, Kane, & James, 2011)은 이혼부부를 협력적 공동양육(cooperative coparenting), 이혼한 부부가 서로 교류는 없지만 양육의 의무만을 다하는 평행적 양육(parallel parenting), 단독양육(single parenting) 유형으로 구분하였다. 그리고 이들을 대상으로 한 연구

〈그림 13-5〉 **이혼부부 유형별 자녀와의 관계**

출처: Amato, P. R., Kane, J. B., & James, S. (2011). Reconsidering the "Good Divorce." *Family Relations, 60*, 511-524.

에서 협력적 공동양육 유형에서 갈등수준이나 문제행동수준이 가장 낮게 나타나 원만한 이혼의 특성을 가장 잘 보여준다고 하였다. 반면, 평행적 양육에서는 비동거부모와 동거부모 간에 의사소통이 빈번하지 않기 때문에 자녀의 삶에 제한적인 역할을 하며, 단독양육의 경우 함께 살지 않는(비동거부모) 부모가 자녀를 잘 만나지 않기 때문에 자녀의 삶에 거의 영향을 미치지 못하고 동거부모와의 의사소통도 전혀 이루어지지 않는 것으로 나타났다(〈그림 13-5〉 참조).

이처럼 이혼 이후 자녀의 적응은 양육권을 가진 부모와 자녀와의 관계뿐 아니라 비동거부모와의 관계의 질에도 영향을 받는다. 원만한 이혼(good divorce)은 이혼부부에게도 최소한의 고통을 주고 이혼의 부정적인 영향으로부터 자녀를 보호하고 자녀의 발달을 촉진시키는 요인이 된다. 그러므로 부모로 하여금 자녀와 친밀한 관계를 유지하고 부부간에 협력적 관계를 형성하도록 중재가 필요하다.

이혼 이후 자녀의 적응을 돕기 위한 지침

- 자녀와 함께 가족의 문제를 논의한다.
- 자녀에게 이혼할 것이라고 미리 말한다.
- 자녀는 부모로부터 계속 사랑받을 것임을 확신시킨다.
- 이혼의 이유를 자녀의 수준에서 납득하게끔 이야기한다.
- 이혼한 상대방에 대한 비난을 피한다.
- 미래에 대해 긍정적인 태도와 신뢰감을 표현한다.
- 부모 가운데 누가 부양할 것인가에 대해 자녀로 하여금 선택하게 하지 않는다.
- 자녀의 일상생활을 가급적 방해하지 않는다.
- 자녀가 자신의 느낌을 표현하도록 격려한다.
- 부정적인 감정도 표현하도록 한다.
- 금전적인 문제나 부양에 따르는 문제, 상호 간의 방문 등에 대해 논쟁을 삼간다.
- 함께 생활하지 않는 부모나 확대가족의 가족원과 지속적으로 접촉하게 한다.

출처: Hamner, T., & Turner, P. (2001). *Parenting in contemporary society* (4th ed.). Boston, MA: Allyn & Bacon.

2) 사회적 차원의 접근

이혼에 대한 사회적 대책은 크게 이혼예방대책과 이혼과정상의 대책 그리고 이혼 이후의 대책으로 나누어 볼 수 있다. 이혼을 예방하기 위한 대책으로는 먼저 부부를 대상으로 부부관계를 향상시킬 수 있는 교육프로그램이 실시되어야 한다. 문제가 없는 부부라 할지라도 사전교육을 통해 이혼을 미연에 예방할 수 있다. 또한 위기 상태에 있는 부부에게는 상담이나 치료프로그램을 실시하여 이혼을 방지하도록 하는 노력이 필요하다.

이혼과정상의 대책으로는 먼저 법적 지원을 들 수 있다. 부부간에 법적인 이혼이 결정되기 이전에 화해나 조정 등의 중재기능이 강화되어야 하며, 이혼이 불가피한 경우에는 재산분할이나 위자료, 자녀양육권이나 양육비, 면접교섭권 등의 문제들이 보다 공정하고 만족스럽게 해결되도록 중재가 이루어져야 한다. 또한 이혼 후에 당면하게 되는 현실적인 문제들에 대해 생각해 볼 수 있는 상담의 기회도 제공되어야 한다. '이혼숙려제도'의 도입은 바로 이러한 사회적 요구를 반영한 것이라고 볼 수 있다. 이혼숙려제도는 협의이혼을 신청한 경우 충동적인 이혼을 방지하고 자신과 자녀가 겪게 될 정신적 충격 등 다양한 문제들을 심사숙고할 수 있도록 재고할 시간을 주는 제도로서 미성년 자녀가 있는 경우에는 3개월, 그렇지 않은 경우에는 1개월의 기간을 준다. 그러나 배우자의 상습적인 폭행과 같은 다급한 사정이 있는 경우에는 숙려기간은 단축 혹은 면제가 가능하다. 또한 2012년부터는 부모의 이혼으로 인한 자녀의 정신적 혼란에 대한 이해를 돕기 위해 자녀양육안내 교육제도를 도입하였다.

이혼 후의 대책으로는 이혼 후 독신이나 한부모가족을 위한 정부차원의 경제적 지원이 필요하다. 자녀양육비나 교육비 및 생계비 보조, 한부모 수당이나 직업훈련 기회의 제공 등과 같은 다양한 형태의 경제적 지원이 이루어져야 한다. 또한 이혼 당사자와 그들 자녀의 정신적 고충과 스트레스를 덜어주기 위한 심리적 지원도 필요하다.

다양한 가족

20세기 후반에 나타난 특징적인 변화 가운데 하나는 결혼을 하고 자녀를 출산하는 기존의 핵가족이 유일한 삶의 형태가 아니라는 인식이다. 실존적 가치의 유입으로 개인의 존재가 모든 가치의 우위에 있게 되고, 개인주의나 평등에 대한 사회적 압력이 증대됨으로써 다양한 대안적 생활양식이 대두하였다. 실존적 사고는 시민운동이나 여성운동, 성혁명 등의 여러 영역에 대한 관심을 불러일으켰을 뿐 아니라 사랑이나 결혼, 가족에 대한 인식에도 직접적인 영향을 미쳤다.

이러한 영향으로 1960~1970년대에 접어들어 서구를 중심으로 독신, 동거, 공동체가족 등 다양한 대안적 가족형태가 등장하기 시작했으며, 우리나라도 최근 이러한 다양한 형태들이 상당수 나타나고 있다. 또한 이혼율의 증가로 한부모가족과 새부모가족이 증가하고 있으며, 여성취업률의 증가로 인해 분거가족도 급증하고 있다. 이러한 다양한 형태 가운데 어떤 유형은 이미 보편적인 가족 유형으로 받아들여지고 있는 반면, 아직까지 가족으로 인정받지 못한 대안적 유형도 있다. 이러한 다양한 가족이 기존의 가족유형과 어떻게 조화로운 관계를 형성하고 유지할 수 있는가의 문제는 가족구성원 개개인의 삶에서 뿐 아니라 사회의 안정성에도 영향을 미치는 요인이므로 이에 대한 논의가 필요하다.

이 장에서는 이들 가운데 최근 그 비율이 증가하고 있는 한부모가족, 새부모가족, 분거가족과 가족의 대안으로서 대표적인 유형인 동거와 독신에 대해 살펴보고자 한다.

1. 한부모가족

한부모가족(single-parent families)은 부모 중 한 사람과 미성년자인 자녀로 구성된 가족을 의미한다. 이러한 한부모가족은 이혼이나 가출, 별거, 사별, 혼전출산 등의 다양한 이유로 인하여 발생한다. 최근에는 사별로 인한 한부모가족의 비율은 점차 감소하는 반면, 이혼으로 인한 한부모가족은 점차 증가하는 추세이다. 이처럼 이혼으로 증가하는 한부모가족의 긍정적인 측면을 강조하여 Ahrons(1994)는 '한부모가족(single-parent families)'이라는 용어보다는 '두 개의 핵가족(binuclear families)'이라는 용어로 묘사하였다.

1) 한부모가족의 현황

우리나라의 가족구성별 가구수에 대한 통계치에 의하면, 한부모와 미혼 자녀로 이루어진 가족은 전체 가구의 10.2%를 차지하는 것으로 나타났다(〈표 14-1〉 참조). 또한 한부모가족은 거의 대부분이 어머니와 그 자녀로 구성된 모자가족이라는 특징을 가지고 있다.

표 14-1 **가족형태별 비율** (단위: 천 가구, %)

		1970	1975	1980	1985	1990	1995	2000	2005	2010	2015	2020
혈연가구수		5,576	6,367	7,470	8,751	10,167	11,133	11,928	12,490	12,995	13,694	14,232
핵가족(%)	부부	5.4	5.0	6.4	7.8	9.3	12.6	14.8	18.0	20.6	21.8	24.2
	부부와 미혼자녀	55.5	55.6	56.5	57.8	58.0	58.6	57.8	53.7	49.4	44.9	45.9
	편부모와 미혼자녀	10.6	10.1	10.0	9.7	8.7	8.6	9.4	11.0	12.3	15.0	10.2
직계가족(%)	부부와 양(편)친	1.4	0.5	0.6	0.8	0.9	1.1	1.2	1.2	1.2	1.1	1.1
	부부와 양(편)친과 자녀	17.4	10.9	10.4	9.9	9.3	8.0	6.8	5.7	5.0	4.2	3.6
기타 가족(%)		9.7	17.9	16.1	14.0	13.8	11.2	10.1	10.4	11.6	13.0	15.0

출처: 통계청(2020a). 인구주택총조사

2) 한부모가족의 문제

한부모라는 사실 자체가 문제를 가지고 있는 것은 아니며, 그 발생사유에 따라 가족에 미치는 영향은 상이할 수밖에 없다. 그러나 전반적으로 한부모가족은 경제적 문제, 과중한 역할문제, 자녀양육문제, 사회적 고립이나 정서적 문제와 같은 다양한 어려움을 경험하는 것으로 나타났다(Hamner & Turner, 2001; Kelly, 2007).

한부모가족의 가장 큰 스트레스 가운데 하나는 경제적 어려움이다. 경제적 어려움은 저소득층에서, 부자가정보다는 모자가정에서 보다 심각한 수준이다(여성가족부, 2022b). 임금 자체가 낮을 뿐 아니라 취업 기회의 제한으로 인해 모자가정의 경제적 문제는 매우 심각한 실정이다. 취업의 주요 장애요인은 자녀이며, 자녀가 어려서 종일제 직업을 갖지 못하게 되면 이러한 문제는 더욱 심각해진다. 이러한 경제적인 문제를 해결하는 가장 손쉬운 방법이 재혼이며, 여성 재혼의 상당수는 경제적인 문제를 해결하기 위해 이루어진다.

경제적 어려움 외에도 한부모는 직업적 역할과 동시에 가사노동이나 자녀양육에 대한 책임을 혼자 감당해야 하는 역할과부하로 인한 어려움을 경험하게 된다. 특히 편모는 과중한 역할에 따른 만성적이고도 일상적인 피로나 긴장에 시달리며, 자녀양육에 할애할 시간이 절대적으로 부족하다. 이로 인해 부모역할을 제대로 수행하지 못하는 것에 대한 죄책감을 느끼는 경우가 많다. 역할과부하의 문제는 부자(父子)가족도 예외는 아니다. 특히 부부간의 역할분담이 뚜렷하게 이루어졌던 부자가족에서는 자녀양육이나 가사노동으로 인한 부담이 문제가 된다. 실제로 부자가족이 직면하는 가장 큰 문제는 자녀양육과 교육에서의 돌봄공백이 1순위로 나타났다(문은영, 김보람, 2011; 황정임, 이호택, 김유나, 2016).

또한 모자(母子)가족에게 있어 배우자의 상실은 지금까지 남편을 중심으로 이루어지던 사회적 관계망의 상실을 의미한다. 부자가족의 경우도 사회적으로 고립되기는 마찬가지이다. 그리고 부자가족은 집안일 항목을 제외하고는 도움을 받을 수 있는 사회적 지원망이 모자가족에 비해 낮게 나타난다. 이로 인해 정보 공유의 한계로 지원제도의 존재 자체를 모르는 경우가 많아 지원정책에 대한 인식도 모자가족에 비해 낮게 나타난다(김영란, 황정임, 최진희, 김은영, 2016).

이혼으로 인한 한부모가족은 의도적으로 전 배우자와 함께 형성하였던 사회적 관계에 개입하는 것을 회피하게 되며, 결과적으로 사회적 관계망이 축소되고 사회적 지원의 양도 감소하게 된다. 이러한 이유로 인해 한부모가족, 특히 모자가족의 생활 스트레스 수준은 일반가족에 비해 높다. 그 결과 불안과 우울, 기타 건강상의 문제를 경험하게 된다. 게다가 한부모가족은 결손가족, 비정상가족, 불완전한 가족일 것이라는 사회적 편견은 이러한 어려움을 가중시키는 요인으로 작용한다.

경제적 문제, 과중한 역할과 정서적 · 사회적 지원의 부족으로 한부모가족의 부모뿐 아니라 자녀들도 어려움을 경험하게 된다. 특히 모자가족은 경제적으로 궁핍하고, 열악한 주거환경에서 살고 있으며, 과다한 역할이나 정서적 지원망의 부족으로 스트레스 수준이 높고 이러한 스트레스는 자녀양육태도에 그대로 반영된다. 자녀의 수나 어머니의 연령은 양육에서의 긴장을 설명하는 중요한 변수로서 자녀의 수가 증가함에 따라 긴장도 증가하며, 어머니의 연령이 어릴수록 더 많은 긴장을 경험한다.

3) 한부모가족의 적응

한부모가족의 적응을 위해서는 가족원 스스로가 인적 · 물적 자원을 재창출할 수 있도록 부모교육 프로그램과 같은 교육적 지원이 필요하다. 모자가족의 부모자녀간 문제는 초기의 권위주의적인 양육태도에서 상당 부분 비롯되며, 권위있는 양육태도가 보다 효과적이라는 점에 비추어 부모자녀관계에 대한 교육 프로그램이 필요하다. 또한 부모의 공동양육방식도 한부모가족 자녀의 적응과 관련된 중요한 변수로 지목되고 있다. Kelly(2007)는 이혼이나 별거 이후 공동양육방식을 갈등적 공동양육(conflicted coparenting), 평행적 공동양육(parallel coparenting), 협력적 공동양육(cooperative coparenting)의 세 가지 유형으로 구분하였다. 갈등적 공동양육은 의사소통이 거의 없고 자녀보다 부모의 욕구에 보다 초점이 맞추어지는 유형이고, 평행적 공동양육은 제한적인 의사소통만 이루어지고 자녀가 다른 부모와 있을 경우에는 제한된 개입만 하는 경우이며, 협력적 공동양육은 자녀의 문제에 대해서 함께 계획을 세우고 부모역할을 상호 지원하는 유형으로, 이 가운데 협력적 공동양육방식이 자녀의 적응에 가장 큰 도움이 된다고 하였다. 그러므로 가족 내에서 가족원 스스로가 적응력을 높여갈 수 있도록 지원체계를 마련해 주는 것이 일차적인 과제이다.

그 외에도 앞서 살펴본 바와 같이 한부모가족, 특히 모자가족이 경험하는 가장 심각한 문제 가운데 하나는 경제적인 문제이다. 경제적인 어려움에서 벗어나기 위해 많은 여성들은 재혼을 선택하게 되며, 경제적인 어려움으로 인해 자녀양육에서 혼란을 경험하게 된다. 그러므로 모자가족의 경제적인 문제를 지원하기 위한 여러 가지 대책마련과 아울러 취업의 방해요인으로 작용하는 어린이집의 확충을 위한 제도적 뒷받침이 필요하다. 또한 사회적인 측면에서도 한부모가족을 '결손가족' '불완전한 가족'으로 받아들이는 것은 사회적 편견과 선입견을 조장할 수 있으므로 이에 대한 인식의 전환이 필요하다.

2. 새부모가족

재혼이란 이혼이나 사별로 인해 전혼 관계가 해체된 후 또 다른 혼인관계를 맺는 것을 의미하며, 재혼가족은 자녀의 유무에 관계없이 최소한 한쪽 배우자가 재혼인 경우에 형성되는 가족을 말한다. 또한 재혼부부 가운데 어느 쪽이든 전혼(前婚) 자녀가 최소한 한 명 이상 있는 경우를 새부모가족(step-families)이라 한다.

1) 재혼가족의 현황

통계청이 발표한 '2023년 혼인 · 이혼 통계'에 따르면 남녀 모두가 초혼인 경우는 15만 건으로 전체의 77.3%, 남녀 한쪽이 재혼이거나 모두 재혼인 경우는 4만 3천 건으로 22.2%를 차지하는 것으로 나타났다. 그러나 통계상의 수치로 반영되지는 않지만 사실혼의 관계에 있는 재혼가족도 적지 않음을 감안할 때 현실적으로는 재혼가족의 비율이 보다 높을 것으로 추정된다. 또한 과거와는 달리 2000년대 이후 지속적으로 남자 재혼, 여자 초혼인 경우보다 여자 재혼이면서 남자 초혼인 재혼가족이 더 높은 비율을 차지하는 것으로 나타났다(〈그림 14-1〉 참조).

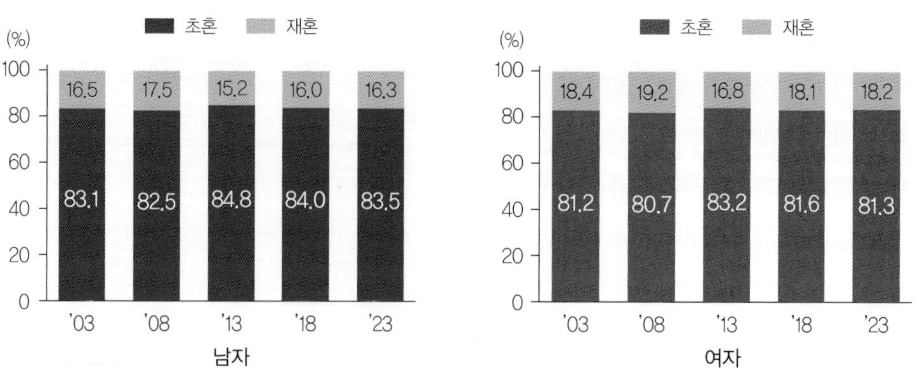

〈그림 14-1〉 **남녀의 혼인형태별 구성비**

출처: 통계청(2024a). 혼인 · 이혼 통계.

2) 새부모가족의 문제

새부모가족은 기본적으로 가족의 구성과 유형이 복잡하다는 구조적 특성으로 인해 고유한 문제를 안고 있다. 초혼의 이혼율보다 재혼의 이혼율이 높은 것도 이러한 긴장관계를 말해주는 것이다(Saint-Jacques et al., 2011).

새부모의 입장에서 현실적으로 다른 사람의 자녀를 사랑한다는 것은 어려운 일이다. 계자녀들은 편가르기의 방법을 곧잘 사용하며 이로 인해 부부간에 불필요한 갈등과 긴장이 생길 수도 있다. 또한 자녀의 친부모인 배우자가 새부모인 자신이 자녀훈육에 개입하는 것을 원치 않을 수도 있고, 가정의 경제적 형편상 새부모의 욕구보다 계자녀의 욕구가 우선될 때 분노의 감정이 생길 수도 있다.

새부모를 맞이하는 자녀의 입장에서도 자신의 친부모와 새부모를 모두 부모로 인정해야 하는 문제에 직면하게 된다. 특히 이혼한 생모에 대하여 애틋한 마음을 가지고 있을 경우 문제는 더욱 어렵다. 자신의 친부모는 참아주었던 행동을 새부모가 일일이 훈육하고 간섭하려는 것에 대해 분노의 감정을 가질 수도 있다. 또한 자신이 새부모를 좋아한다는 것은 함께 살고 있지 않은 친부모를 배신하는 것이라는 생각에서 죄책감을 느낄 수도 있다. 아이들로서는 이혼한 부모들의 재결합에 대한 꿈을 포기하는 것이 힘든 일이며 이로 인해 새부모에 대해 적대감을 갖기 쉽다. 이러한 여러 가지 이유로 인해 새부모가족의 자녀는 대인관계, 또래관계, 학업수행, 자아존중감 등 여러 영역에서 일시적으로 부정적인 영향을 경험하며, 다양한 수준의 반사회적 행동을 보이는 것으로 나타났다(Coleman & Ganong, 1990). 이러한 새부모가족의 문제를 가중시키는 요인들은 다음과 같다.

Lawrence Ganong과 Marilyn Coleman

(1) 전혼의 영향

전혼의 잔재는 재혼생활의 적응에 영향을 미치게 된다(Ganong & Coleman, 2003).

초혼에서의 경험은 재혼관계를 판단하는 기준이 되며, 재혼부부는 재혼생활을 초혼과 비교하여 만족이나 불만을 느끼게 된다. 또한 새부모가족의 자녀들은 종종 두 가족의 구성원이 되며, 따라서 새부모와 자녀관계는 생물학적 친족관계를 대신하는 것이 아니라 새로운 가족원의 충원에 불과한 경우가 많다. 뿐만 아니라 가족원들은 상이한 가족배경을 가지고 있어 새부모가족의 결속력을 저하시킨다.

초혼가족과는 달리 새부모가족에서는 부모자녀 간의 유대가 배우자 간의 유대보다 더 오랜 역사를 가지고 있다는 특성 때문에 친밀한 부부관계 형성에 어려움이 있다. 더구나 새부모가족에서 남편이나 아내가 전혼 자녀와 친밀한 관계를 형성하고 있는 경우에 친밀한 부부관계 형성을 더욱 어렵게 한다. 또한 초혼가족과는 달리 새부모가족에서는 가족형성 초기의 친밀한 부부관계는 때로는 계자녀의 행동문제를 유발하거나 부모자녀 간의 상호작용에서 어려움을 가중시키는 요인이 될 수 있다. 계자녀들은 새부모를 자신의 생물학적 부모의 경쟁자로 보고 재혼한 부모의 친밀한 관계에 대해 배신감을 느끼며, 그들과의 친밀한 관계형성을 거부한다. 이러한 부부관계의 특성으로 인해 특히 계모는 계부에 비해 적응에 어려움이 많으나, 남편으로부터 많은 지지와 도움을 받는 경우에는 비교적 적응이 용이하다(Hamner & Turner, 2001).

(2) 모호한 부모역할

새부모가족에서는 경계가 명확하지 않아 누가 어떤 역할과 책임을 수행해야 하는지가 불분명하다. 가족원 상호 간에 새부모의 역할에 대한 일치된 의견도 없고, 역할에 대한 기대가 불분명하므로 끊임없이 역할혼란을 경험한다(Whitton, Nicholson, & Markman, 2008). 역할의 애매성으로 인해 가족응집성은 낮고, 빈약한 의사소통이 이루어지며, 이는 상호 간에 낮은 관심으로 이어진다. 새부모가족에서 부모자녀관계나 기타 관계에서의 경계의 모호성은 바로 새부모가족의 취약점으로 볼 수 있으며, 가족스트레스나 기능장애에 영향을 미칠 수 있다.

새부모가족에서 역할의 모호성은 다음과 같은 특징을 보인다. 첫째, 계모의 역할은 계부의 역할보다 불분명하다. 둘째, 비친권자인 부모가 자신의 전혼 자녀의 생활에 깊이 관여하고, 특히 비친권자인 부모가 어머니일 때 역할은 더욱더 불분명해진다. 셋째, 새부모가족의 유형도 역할모호성에 영향을 미치는데, 부부가 각자의 전혼 자녀를 데리고 결혼한 새부모가족에서는 생물학적 부모와 새부모로서의 역할이 동시에 요구되고 이것이 역할모호성과 혼란을 가중시킨다. 넷째, 함께 지낸 시간이 길어질수록 역할모호성은 줄어든다. 다섯째, 계자녀의 연령도 역할모호성과 관련이 있다. 나이 든 계자녀보다 나이 어린 계자녀에 대해서는 역할모호성을 덜 경험한다.

(3) 사회적 편견

새부모가족에 대한 인식은 구체적인 사실에 근거하기보다는 왜곡된 고정관념에 영향을 받으며 바로 그러한 점이 가족의 적응을 더욱 어렵게 만드는 요인이 된다. 특히 계모가족은 〈콩쥐팥쥐전〉이나 〈장화홍련전〉 등과 같은 국내의 전래동화뿐 아니라 〈신데렐라〉 〈백설공주〉 〈헨젤과 그레텔〉 같은 서양의 동화에서 보듯이 사악한 계모와 착하고 불쌍한 계자녀라는 인식에 바탕을 둔 가장 널리 알려진 범문화적 고정관념의 대상이라고 할 수 있다(임춘희, 1996)(사진 참조). 양육에 대한 기대로 인해 계모역할은 계부역할보다 적응에 어려움이 있다. 따라서 계모의 양육스트레스 수준은 주의력결핍 과잉행동장애 자녀를 둔 어머니보다 높고, 생물학적 어머니보다 두 배 정도 높게 나타났다(Shapiro & Stewart, 2011).

사진설명 사악한 계모와 착한 계자녀의 이야기를 담고 있는 동화 〈백설공주〉

계모에 대한 이 같은 문화적인 편견은 계모가 계부보다 자녀양육과 관련된 활동에 보다 많은 시간을 할애하며, 계부에게는 계모와 같은 기대를 하지 않기 때문이다. 이러한 비현실적인 편견으로 인해 가족의 단합을 이루기가 어렵고, 계모는 계부에 비해 부모역할에서 이중으로 곤경에 처하게 된다.

(4) 경제적 문제

경제적인 문제는 새부모가족에서 갈등의 중요한 원인이 된다(Hamner & Turner, 2001). 이와 관련된 스트레스는 전혼 자녀의 유무와 직결되는데, 전혼 자녀가 있는 경우 전혼 자녀 양육비 지원과 동시에 재혼 자녀 양육비를 이중으로 부담해야 한다는 점이 스트레스를 가중시키는 요인으로 작용한다. 또한 여성 재혼의 주된 동기는 경제적 어려움에 기인한 것임에도 불구하고 재혼 남성은 계자녀에 대한 경제적 책임을 수용하기를 꺼려하고, 여성은 경제적인 문제를 드러내기를 꺼려하며, 자신의 자녀가 새 남편에게 경제적 부담이 되는 것에 대해 염려한다.

3) 새부모가족의 적응

새부모가족에서 나타나는 이와 같은 적응상의 문제는 상당 부분 문제지향적 시각으로 인해 왜곡되어 나타나기도 한다. 새부모가족에 대한 기존의 관점은 새부모가족은 초혼가족보다 결손을 보인다는 사실을 암묵적으로 전제한 결손비교 패러다임(deficit comparison paradigm)에 근거한 것이다. 이와는 달리 규범적 적응이론에서는 새부모가족의 문제를 핵가족과 비교하여 강조하지도 않을 뿐 아니라 비교하지도 않으며 어떻게 제대로 잘 기능할 수 있는가에 초점을 맞춘다. 실제로 안정적인 재혼가족과 다시 이혼하는 재혼가족을 대상으로 한 Saint-Jacques와 동료들(2011)의 연구에서도 재혼가족이 경험하는 어려움의 강도나 빈도, 특성은 두 집단 모두 유사한 것으로 나타났다. 다시 이혼하는 재혼가족은 재혼가족 자체가 갖는 어려움으로 인해 재이혼을 하는 것은 아니며, 단지 두 집단 간에는 문제해결을 위한 접근방식과 사용하는 전략에서 차이가 나타난다는 것이다. 이는 재혼가족 자체가 문제를 내포하고 있다는 결손패러다임의 한계를 말해주는 것이며, 동시에 재혼가족의 적응을 돕기 위해서는 재혼가족에 대한 관점의 변화가 우선되어야 함을 말해준다.

새부모가족의 적응에서 무엇보다 중요한 요인은 새부모의 양육방식이다. 부모나 자녀의 성별에 관계없이 온정과 지지는 일관되게 자녀의 사회적 유능감과 관련이 있으며, 강압이나 갈등이 없는 것은 자녀의 사회성 및 학업능력과 관련이 있는 것으로 나타난다. Hetherington과 Kelly(2002)는 어린 자녀에 대한 새부모의 가장 성공적인 책략은 초기에 계자녀와 따뜻한 관계를 형성하고, 친부모의 훈육방식을 지지하며, 갑작스럽게 훈육자의 역할을 수행하는 것을 자제하는 것이라고 한다. 계자녀의 전반적인 적응능력은 권위있는(authoritative) 양육방식과 정적 상관이 있으며, 권위주의적(authoritarian) 양육방식은 관계형성 초기에 계자녀로 하여금 적개심과 저항을 불러일으킬 수 있는 가능성이 있다. 그러나 대부분의 새부모가족은 초혼가족과는 근본적으로 차이가 있음에도 불구하고 초혼가족과 동일하게 보이려고 가장한다든가 초혼가족의 기준을 무리하게 적용시키려고 하는 과정에서 권위주의적 양육방식을 사용하게 된다.

새부모가족의 적응에서 가장 큰 어려움은 청소년기의 자녀를 둔 가정에서 나타나는데, 이는 자녀가 사춘기에 해결해야 할 발달과업과 새부모가족의 적응문제가 겹치기 때문인 것으로 볼 수 있다. 청소년기에 있는 계자녀는 자신의 발달과업이 가족으로부터 독립하는 것이며, 이러한 상황에서 침입자로 보이는 새부모에게 복종하고 반응하는 것을 거부하는 경향이 있다. 그러므로 청소년기 계자녀의 적응에도 지지적이고 권위있는 양육방식이 도움이 되며 방임적 양육태도는 부적응과 관련이 있다.

초혼가족과는 달리 혈연적 유대도 없고 상이한 생활경험을 가진 재혼가족에서 계자녀가 새부모를 가족으로 받아들이고, 가족으로서의 애정이나 유대, 가족정체감과 소속감을 형성하기까지는 더 많은 시간과 노력이 필요한 것은 사실이며, 적응도 점진적으로 이루어진다. Ganong과 Coleman(2003)은 계자녀는 새부모가 결혼을 하였다고 해서 즉각적으로 가족원으로 받아들이는 것은 아니며, 생물학적 부모가 이혼을 하였다고 해서 가족원이 아니라고 생각하지도 않는다. 계자녀가 새부모를 가족원으로 받아들이는 것은 다음과 같은 네 가지 유형을 보인다(〈그림 14-2〉 참조). 축소는 재혼 전 함께 살았던 생물학적 부모 중 한 사람만 가족으로 간주하고 동거하지 않는 부모나 새부모를 배제하는 유형이고, 보유는 생물학적 부모만 가족으로 간주하는 것이다. 대체는 생물학적 유대관계와 상관없이 동거하지 않는 부모를 동거 새부모로 대체하여 동거 새부모를 가족으로 간주하는 것이고, 첨가는 부모와

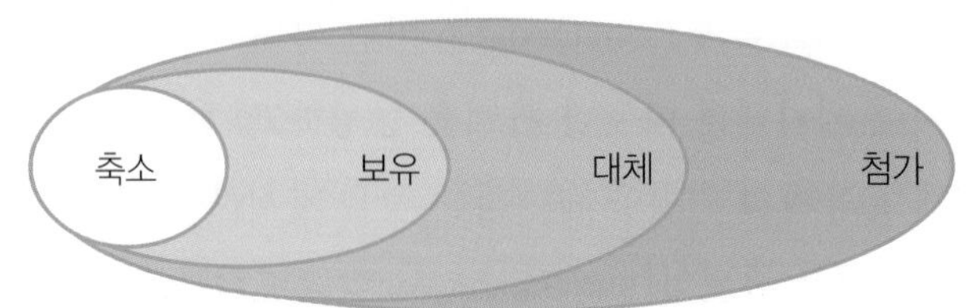

〈그림 14-2〉 **계자녀의 새부모 수용 유형**

한 새부모를 모두 가족으로 규정하는 것이다. 이러한 유형은 개인차를 보이기도 하지만 일반적으로 새부모가족이 가족원의 범위를 확장시켜 나가는 양상이기도 하다. 그러므로 새부모를 진정한 가족구성원으로 수용하고 적응해 나가는 것은 상당한 시간과 노력을 필요로 하는 점진적인 과정임을 인식할 필요가 있다. 다음과 같은 지침은 새부모가족의 적응에 도움이 된다(〈표 14-2〉 참조).

표 14-2 재혼에 도움이 되는 열 가지 지침

① 재혼에 대한 비현실적 기대를 버리고 재혼으로 인하여 나타나는 변화를 인정한다.
② 전혼에 대한 상실감을 이해하고 긍정적으로 수용한다.
③ 부부관계가 모든 관계의 중심임을 가족 모두가 인식한다.
④ 재혼대상으로는 초혼자보다 자신과 비슷한 경험을 가진 재혼자가 더 나을 수 있다.
⑤ 새부모 역할을 잘 하려면 부부가 서로 새부모 역할에 대해 합의하고 일관성 있게 양육하는 것이 필요하다.
⑥ 결혼은 끝나도 부모역할은 남는다는 점을 명심한다.
⑦ 재혼 후 자녀를 출산하는 문제는 신중히 결정한다.
⑧ 주위의 도움을 적극적으로 활용한다.
⑨ 자녀의 기억 속에는 같이 살지 않는 친부모와의 추억이 남아 있다는 사실을 인정해 준다.
⑩ 성공적인 재혼생활을 위해서는 가족원들이 상호 간에 솔직하고, 서로 배려해 주며, 끊임없이 대화를 나누는 자세를 가져야 한다.

출처: 유계숙, 임춘희, 전춘애, 천혜정(1998). 또 하나의 우리, 재혼 가족. 한국가족상담교육연구소.

3. 분거가족

가족원들이 특정한 이유로 인하여 둘 이상의 가구를 형성하여 비교적 장기간 별거 생활을 하거나, 동거를 하더라도 성원들의 출타가 장기적이고 빈번한 가족 형태를 분거가족(commuter families) 혹은 비동거가족이라 한다.

1) 분거가족의 현황

우리나라에서 분거가족이 나타나기 시작한 것은 1960년대 산업화가 가족의 경제활동에 영향을 미치면서부터이다. 농촌에 거주하던 가족들이 일시에 도시로 이주하기 어려워 일부 가족원이 먼저 이주하면서 분거가족이 나타났다. 1970년대에는 경제활동 영역이 도시가 아닌 해외로 확대되면서 해외취업으로 인한 분거가족이 생겨났으며, 1980년대부터는 분거가족의 한 형태인 주말가족이 나타나기 시작했다. 지방산업의 활성화로 경제활동을 하는 남편만이 지방으로 거주지를 옮기고 나머지 가족들은 살던 곳에 머무르게 되면서 분거가족은 날로 증가 추세를 보였다(박숙자, 1994).

최근의 분거가족은 자녀의 교육문제와 밀접하게 관련되어 있다. 대도시에 살던 가족의 가장이 지방으로 발령을 받게 되면 자녀들이 고학년일 때에는 자녀와 어머니가 대도시에 남는 경우가 많으며, 지방에서 살던 가족도 자녀가 고학년이 되면 어머니와 함께 대도시로 옮겨오는 사례가 빈번하게 나타나고 있다. 국내뿐 아니라 자녀의 해외 조기유학을 위해 부모와 자녀가 국내와 해외에 각각 거주하면서 떨어져 살거나 자녀와 어머니가 함께 해외에 거주하고 아버지만 국내에 거주하는 '기러기 아빠'와 같은 신종 분거가족들도 급증하고 있다(최양숙, 2006). 기혼 여성의 취업률 증가도 분거가족의 증가에 일조를 담당한다. 결혼 후 일정기간을 함께 생활하다가 분거하기도 하지만, 분거를 전제로 결혼을 하는 주말가족도 상당수 있다. 또한 여성취업률이 증가하면서 자녀양육 문제 때문에 주중에는 어린 자녀를 조부모에게

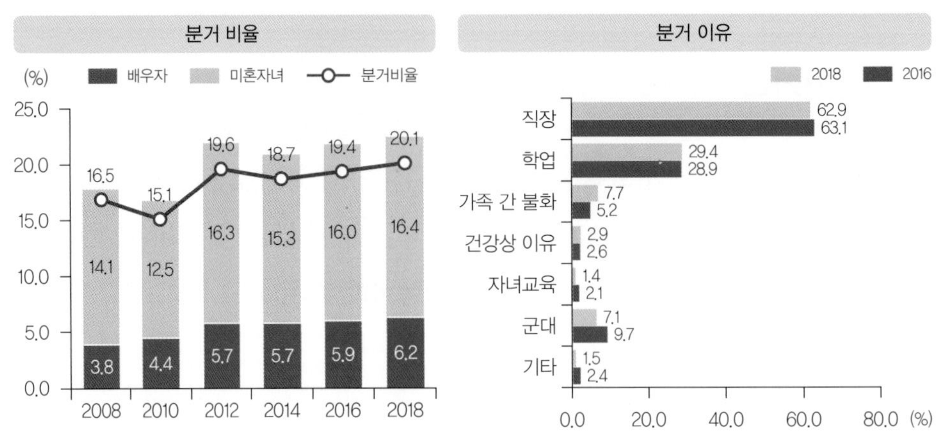

〈그림 14-3〉 분거가족의 비율과 분거 이유

출처: 통계청(2019). 2018년 사회조사 결과.

맡기고 주말에 데려오는 형태도 급증하고 있다.

〈그림 14-3〉에서 우리나라의 전체 가구 가운데 분거가족이 차지하는 비율은 20.1%로 나타났으며, 이 가운데 배우자와 떨어져 살고 있는 비율은 6.2%, 미혼자녀와 떨어져 살고 있는 비율은 16.4%로 나타났다. 또한 주된 분거이유는 직장(62.9%), 학업(29.4%) 순으로 나타났다.

2) 분거가족의 장점과 단점

분거가족의 장점은 어떤 측면에서 독신생활에서의 장점과 유사하다. 대다수의 분거가족들이 분거의 이점으로 직업적 성취에 보다 매진할 수 있고, 떨어져 있음으로써 서로의 중요성을 깨달으며, 재회의 기쁨을 누릴 수 있고, 가사분담이 보다 평등해지거나 재분배될 수 있으며, 특히 시간을 사용하는 데 있어서 상당히 많은 자유를 누릴 수 있다는 점을 꼽고 있다. 그러나 평등한 가사분담이나 자유로운 시간 사용의 이점은 주로 가족과 떨어져 지내는 남편이나 아내에게 주어지는 것이며 자녀와 함께 생활하는 남편이나 아내에게는 오히려 단점으로 작용한다. 그 외에 분거의 단점으로는 부부관계에서 거리감이 생기고 어색하며, 성적인 문제나 심리적인 불안감이 생길 수 있다는 점이다. 또한 부모모델의 부재로 인해 자녀양육에 어려움이 있고, 서로 분리된 생활 때문에 생활비가 이중으로 지출되어 경제적 부담이 가중될 수 있으며, 분거와 재회가 반복되는 생활의 변화에 적응하는 과정에서 스트레스를 경험하기도 한다. 특히 분거 이후 재결합 과정에서도 부부가 공유하는 공간과 시간을 부담스럽게 느끼게 되고, 서먹서먹한 관계가 되기 쉬우며, 상호 간의 생활영역이 확실히 구분되어 상대방을 자신의 생활을 침범하는 방해꾼으로 인식하여 친밀감을 형성하는 데 어려움을 경험하게 된다.

전반적으로 분거의 효과는 모든 연령대에서 부정적인 것으로 관찰되었으며, 그 부정적인 효과는 연령이 높아질수록 커지고, 성별로는 여성보다 남성가구주에서 크게 나타났다(김슬기, 최형재, 2016). 그러나 분거의 영향은 분거이유나 분거형태, 소득수준, 부부관계 등 여러 요인의 영향을 받기 때문에 단편적으로 논하기는 어렵다. 부모의 손길을 필요로 하는 자녀와 떨어져 생활하거나 남편과 떨어져 자녀와 함께 생활하는 아내는 자녀에 대한 걱정이나 육아와 가사를 혼자 감당해야 하는 이유로 분거의 부정적 효과가 아내에게서 더 크게 나타나지만, 부부가 함께하는 활동이 많고 남편의 역할분담이 공평한 것으로 지각되면 분거의 부정적 영향은 감소하는 것으로 나타난다(김소영, 2023; 김슬기, 최형재, 2020). 또한 조기유학으로 인해 생겨나는 기러기가족은 부부관계보다 자녀가 우선되는 도구적인 가족특성을 두드러지게 보여주는 분거형태이다. 이러한 경우 성별에 따른 분거경험에서 남성이 여성보다 취약하여 기러기아빠들의 정신건강이 심각하게 위협받고 있는 것으로 나타났다(최양숙, 2006). 기러기아빠의 생활에서 가장 어려운 점은 외로움 등의 심리 · 정서적 문제인 것으로 나타났으며, 다음으로 건강관리문제와 경제적인 문제의 순으로 나타났다.

그러므로 서로 떨어져 있어서 일상생활을 공유하거나 친밀한 상호작용의 기회가 적은 분거부부에게는 부부가 만났을 때 함께 더 많은 시간을 보내고 남편이 가사노동에 적극 참여하며 질적으로 풍성한 교류와 상호작용이 이루어질 수 있도록 남편과 아내가 함께 노력하는 것이 필요하다. 또한 주말에만 만날 수 있는 분거부부를 위해 적어도 주말 시간은 확보해주는 가족친화적인 직장 문화 조성에 사회적인 노력을 기울여야 할 것이다.

4. 독 신

최근 가족형태에서의 뚜렷한 변화 가운데 하나가 독신의 증가 추세이다. 독신기간이 장기화되고 결혼시기도 늦어지고 있어 이제 독신은 결혼의 한 대안으로 자리잡고 있다.

1) 독신의 현황

사전적 의미로 독신은 미혼이나 이혼, 사별 등으로 인해 법적 배우자가 없는 상태를 말한다. 그러나 일상적인 의미로 독신은 결혼적령기가 지나도록 결혼하지 않고 혼자 지내는 사람을 지칭한다.

통계청이 5년 주기로 실시하는 인구주택총조사 2020년 전수조사 분석결과, 〈그림 14-4〉에 나타난 바와 같이 30대 미혼인구 비율은 2000년 이후 증가폭이 커져서 2020년에는 42.5%에 이르는 것으로 나타났다. 성별로는 남성이 50.8%, 여성은 33.6%로 나타나 30대 남성의 경우 미혼자가 기혼자보다 높은 비율을 차지하는 것으로 나타났다. 이는 한국인의 대다수가 여전히 보편적인 결혼관습을 따르고 있지

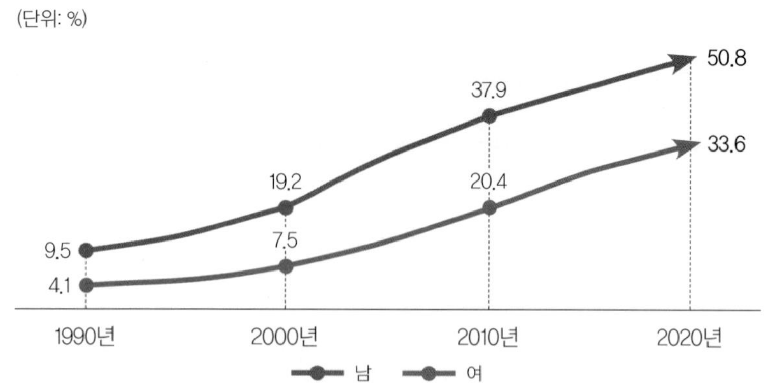

〈그림 14-4〉 30대 성별 미혼인구 구성비

출처: 통계청(2020a). 인구주택총조사.

만 만혼의 경향이 두드러지게 나타나고 있으며, 독신자 그룹에 합류하고 있는 사람이 점점 늘고 있다는 점을 보여주는 것이다.

결혼에 대한 가치관도 변화한 것으로 나타났다(〈그림 14-5〉 참조). 결혼에 대한 견해를 묻는 질문에 '결혼해야 한다'고 생각하는 사람의 비중은 50.0%로 2년 전보다 1.2% 감소한 반면, '결혼해도 좋고 하지 않아도 좋다'가 43.2%, '하지 말아야 한다'가 3.6%로 국민의 절반 가까이가 결혼하지 않아도 괜찮다고 생각하는 것으로 나타났다. 성별로는 남성은 절반 이상인 55.8%가 결혼해야 한다고 응답한 반면, 여성은 44.3%만이 결혼해야 한다고 응답했다.

독신에는 결혼경험이 없는 젊은 독신자에서부터 이혼한 독신자, 미망인 등 다양한 집단이 포함되어 있으므로 독신을 선택하는 비율이 증가하는 보편적인 이유를 언급하기에는 어려움이 있다. 이 가운데 최근에는 자립할 나이가 되었음에도 불구하고 취직이나 구직을 하지 않거나 취직을 하더라도 부모에게 경제적으로 의존하는 20대 후반에서 40세 미만의 젊은 독신자를 의미하는 부모의존 독신성인, 이른바 '캥거루족'의 비율이 상당히 높게 나타나 이들 집단에 대한 관심이 증가하고 있다(이영분, 이용우, 최희정, 이화영, 2011). 부모의존 독신성인의 증가는 전세계적으로 나타나고 있는 보편적인 현상으로, 국가별로 미국이나 캐나다에서는 'twixter' 프랑스

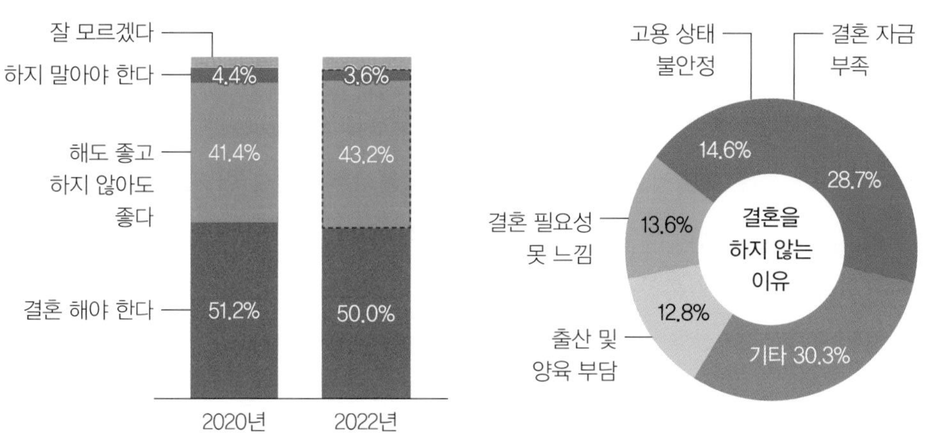

〈그림 14-5〉 **결혼에 대한 가치관**

출처: 통계청 (2023a). 2022년 사회조사 결과.

사진설명 결혼을 하지 않은 상태에서 부모로부터 주거와 가사지원을 받는 캥거루족의 비율이 증가하고 있다

에서는 'tanguy' 일본에서는 '기생독신자(parasite single)' 등 다양한 명칭으로 불리어지고 있다. 우리나라의 경우 20세 이상 성인 가운데 부모의 도움을 받아 생활하는 '캥거루족'은 313만 9천명으로 집계되었으며, 그 가운데 주요 생산활동 인구로 꼽히는 30대, 40대 캥거루족이 65만 명에 달해 '3040 캥거루족'이 전체 캥거루족의 20% 정도를 차지하는 것으로 나타났다(통계청, 2020a).

이들 미혼자들이 독신을 선택하는 이유로는 다음과 같은 것을 들 수 있다. 첫째, 사회적 분위기와 밀접한 관련이 있다. 독신으로 사는 것이 훨씬 편하고 자유롭고, 결혼생활이 자기발전에 방해가 되거나 손해가 된다고 생각하는 사람들이 증가하고 있으며, 이를 자연스럽게 받아들이는 사회적 분위기 때문이다. 즉, 최근 우리 사회에 팽배해 있는 비혼주의 문화가 독신 증가의 중요한 원인이다. 둘째, 교육이나 직업적인 특수성으로 인해 결혼할 기회가 없었거나 시기를 놓친 경우이다. 교육수준이 높고 성취지향적인 사람들은 독신을 선호한다. 셋째, 결혼이나 이성교제와 같은 활동에 대한 흥미가 부족한 경우이다. 넷째, 성장과정에서 부모의 결혼생활이 불행했다고 느낀 적이 많고 이성부모에 대한 미움이나 두려움의 감정이 큰 경우에 독신을 선택하는 비율이 높다. 다섯째, 결혼 후 출산이나 육아 등을 책임지는 것을 두려워한다. 여섯째, 배우자감을 고르는 기준이 지나치게 높다. 특히 여성독신자들의 경우 결혼경사현상으로 인해 배우자를 구하지 못하고 독신을 선택하게 된다. 일곱째, 성에 대해 지나친 결벽증이 있거나, 성적 가치관의 변화와 함께 혼전 성관계가 보편화되고 성을 부담 없이 즐기는 가치관이 만연하면서 독신을 선호하는 경향이 증가하고 있다. 여덟째, 최근의 경제난으로 인해 경제적으로 준비가 되지 못해 결혼을 못하는 것도 중요한 이유가 된다. 통계청(2022a)의 사회조사 결과에 의하면 결혼하지 않는 이유로는 '결혼자금이 부족해서'(28.7%) '고용 상태가 불안정해서'(14.6%)라는 이유보다 '기타'(30.3%)가 가장 높은 비율로 나타났다(〈그림 14-5〉 참조). 이러한 결과는 경제적인 이유뿐 아니라 결혼 자체에 대한 부정적인 가치관을 반영해주는 것으로 볼 수 있다.

2) 독신의 유형

Peter Stein

독신은 자발성과 지속성 여부에 따라 자발적 일시적 독신, 자발적 안정적 독신, 비자발적 일시적 독신, 비자발적 안정적 독신으로 구분할 수 있다(Stein, 1981).

자발적 일시적 독신은 현재 미혼 상태이며 결혼을 고려하지 않는 집단이다. 학업을 마치거나 직업적 기반을 닦은 후 결혼할 가능성을 염두에 두는 형태로 연령이 어리거나 동거중인 커플이 이에 속한다. 자발적 안정적 독신은 영원히 독신을 고수하려는 생각을 가지고 있는 유형이다. 이혼을 했으나 재혼의사가 없고, 동거하고 있으나 결혼할 생각을 하지 않는 집단이다. 비자발적 일시적 독신은 독신의 의사가 없으며 배우자를 모색 중인 유형이다. 혼인연령의 상승으로 많은 사람들이 이러한 형태를 일시적으로 경험하게 된다. 비자발적 안정적 독신은 독신의 의사는 없으나 신체적, 정신적인 질병을 가지고 있거나 결혼적령기를 지나 결혼 가능성이 희박한 유형이다. 특히, 남성과는 달리 여성의 경우 교육수준이 높을수록 미혼비율이 증가하는 것으로 나타났는데, 이는 여성의 상향혼 추세로 인해 배우자를 구하지 못한 교육수준이 높은 여성의 증가를 의미한다.

이 가운데 자발적 독신이 비자발적 독신보다 점차 증가하는 추세에 있으며, 비자발적 독신에 비해 자발적으로 독신을 선택한 사람들의 생활만족도가 높게 나타난다. 우리나라 여성의 경우 이러한 자발적 독신 가운데 일시적인 독신의 비율이 높게 나타난다. 결혼에 대한 관심은 있지만 가부장적 결혼제도의 구속 때문에 일시적으로 연기하는 경우가 많다. 동시에 하나의 생활양식으로서 안정적 독신의 비율도 증가하는 추세이다. 결혼하지 않고 독신으로 인생을 즐기려는 젊은 여성의 증가는 세계적 추세이다. 그러나 모든 독신자가 특정한 유형으로 구분된다고는 볼 수 없으며, 복합적인 형태를 나타내기도 한다.

3) 독신의 장점과 단점

독신생활의 가장 큰 이점(利點) 가운데 하나는 자유로운 삶을 추구할 수 있다는 것이다. 배우자와 자녀들을 돌보아야 할 책임이 없으며, 생활방식이나 이성교제 등 여러 가지 면에서 보다 융통성이 있고 자유롭다. 또한 직업적 성취를 이루는 데에도 유리하다. 특히 독신 여성들은 평균 이상의 지능을 가지고 있고 직업적으로 성공하는 비율이 높게 나타나며, 이로 인해 자신과 동등한 지위에 있는 남성을 만나는 것이 더욱 어렵다(Jayson, 2010).

반면, 독신의 가장 큰 문제점으로는 외로움을 들 수 있다. 인간은 사회적 유대감을 형성하고자 하는 욕구를 가지고 있으며, 지속적인 외로움은 흡연이나 비만처럼 개인의 건강에 치명적인 영향을 미칠 수 있다(Cacioppo & Patrick, 2008). 외로움은 연령에 따라 상이하나 일반적으로 연령이 낮은 독신집단은 자유를 즐기는 데서 더 많은 만족감을 얻지만 연령이 증가할수록 외로움이 문제로 지적된다. 독신에 대한

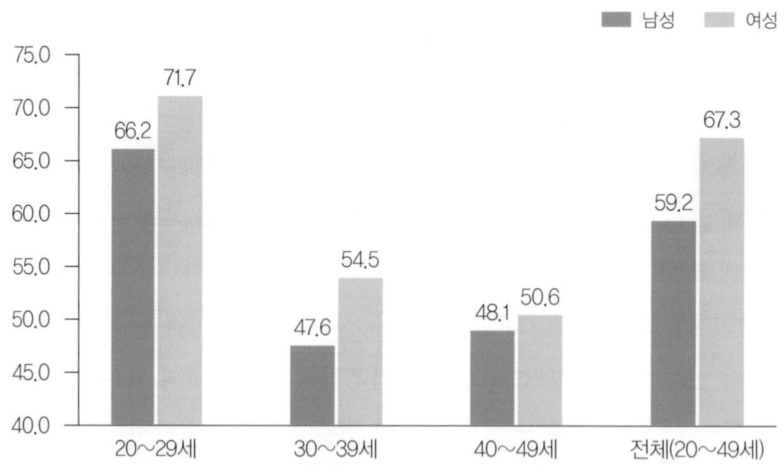

〈그림 14-6〉 **연령집단 및 성별 비혼자의 부모동거 비율**

출처: 박종서 외(2023). 2021년도 가족과 출산조사. 세종: 보건사회연구원.

사회적 인식은 상당히 완화되었으나 결혼을 하지 않은 것만으로도 "독신자들은 이기적이다" "독신자들은 어딘가 성격적 결함이 있다"는 등 잘못 인식되는 경우가 많다. 또한 과거에 비해 경제적 여건이 많이 향상되었으나 독신자들이 모두 전문직에 종사하고 부유한 것은 아니므로 경제력이 없거나 재취업에 문제가 생길 경우 부모나 독신 자녀 모두에게 문제가 된다. 특히 우리나라의 경우 30대, 40대 비혼자의 절반 가까이가 부모와 동거하는 것으로 나타났는데(〈그림 14-6〉 참조), 이 가운데 성인이 되어서도 부모에게 의존하는 캥거루족이나 독립해서 집을 나갔다가 다시 부모의 품으로 돌아오는 연어족(사진 참조)의 경우 문제는 더욱 심각하다. 정신적 · 신체적 건강도 문제로 지적되고 있으며, 이는 여성 독신자보다는 남성 독신자에게서 특히 문제가 된다. 이 외에도 사회적인 문제로는 낮은 출산율을 들 수 있다. 우리나라 출산율이 세계 최저수준인 것은 결혼한 부부가 자녀를 덜 낳는 것보다도 만혼과 독신풍조의 확산이 주요 요인으로 지적된다(김승권, 2004). 1980년대까지는 기혼여성의 출산율 감소가 출산율 저하의 주된 원인이었지만 1990년대부터는 결혼연령 상승과 독신이 지대한 영향을 미쳤다는 것이다.

사진설명 독립해서 집을 나갔다가 다시 부모품으로 돌아오는 부모의존 독신성인을 지칭하는 연어족

그러나 이상에 열거한 독신의 문제는 독신 자체의 문제라기보다는 독신자의 자발성이나 심리적 · 경제적 자립 정도에 따라 차이가 있다고 볼 수 있다. 독신생활의 만족감은 충분한 수입과 즐기며 할 수 있는 일이 있는지의 여부에 좌우된다고 볼 수 있다. 무엇보다 성공적인 독신생활을 위해서는 경제적 자립이나 정신적 · 신체적 건강이 중요한 요인이다. 또한 취미생활이나 동료관계망의 개발, 가족과의 관계 형성하기, 외부의 관심사 발견하기 등 외로움에 대처하기 위한 노력도 필요하다.

5. 동 거

Larry Bumpass

동거(cohabitation)는 혈연관계나 친족관계가 아닌 두 남녀가 혼인신고를 하지 않고 함께 주거공간을 공유하는 생활 형태이다. 동거는 1960년대에 스웨덴과 덴마크에서 나타나기 시작하여 미국에서는 절반 이상의 성인이 결혼 전에 동거를 한 것으로 나타났으며, 동거를 한 성인의 50% 이상이 결혼을 한 것으로 나타났다(Bumpass & Lu, 2000). 현재 서구의 여러 나라에서는 동거가 이미 예비결혼 또는 서약서 없는 결혼으로 시작하여 이후 정식결혼으로 확산되는 형태로 자리 잡고 있다.

1) 동거의 현황과 인식

대안적인 삶의 방식으로 동거를 선택하는 비율은 점차 증가하고 있으며, 동거의 방식이나 이유도 다양하다. 스웨덴과 같은 일부 스칸디나비아 국가에서는 동거 비율이 25%에 달하며(Gubernskaya, 2010), 미국에서도 가장 빠르게 성장하는 가족 형태 중 하나로, 1990년 3%에서 2020년에는 7%로 증가하였으며(미국인구조사국, 2021), 우리나라도 2010년 1.2%에서 2021년 2.2%로 증가한 것으로 나타났다(통계청, 2023b). 동거를 선택하는 비율이 증가하는 이유는 동거를 일종의 결혼준비기간으로 받아들이는 관점의 변화와 관련이 있으며, 동시에 높은 이혼율이나 독신생활을 선택하는 비율이 증가하는 것과도 관련이 있다. 실제로 동거 중이거나 동거 경험이 있는 대상자들을 상대로 실시한 조사 결과, 동거 선택 이유에서 '결혼 과정의 한 단계로서의 동거'(49.4%)와 '결혼의 대안으로서의 동거 및 혼인과 관계없는 동거'(50.6%)의 비율이 거의 유사하게 나타났다(변수정, 김혜영, 백승흠, 오정아, 기재량, 2016).

우리나라의 동거문화는 산업화 과정에서 저소득층이 경제적인 이유로 결혼의 대안으로 선택을 하는 경우가 많았다. 그러나 2000년대에 들어서면서 대학가를 중심으로 새로운 형태의 동거문화가 확산되기 시작하였다. 서구에서와 같이 결혼 전에 미리 상대방을 더 잘 파악하기 위한 목적이 강하게 나타나고 있으며, 그 외에도 비용 절감이나 성적 욕구의 충족 및 정서적 친밀감의 욕구 등을 이유로 들고 있다(김지영, 2005; 이연주, 2008).

동거에 대한 인식에 다소의 변화는 생기고 있으나 우리나라에서는 동거를 자연스럽게 받아들이려는 사람들과 이에 대해 거부감을 지닌 사람들이 공존하고 있는 실정이며, 점차 혼전순결과 성(性)에 대한 개방적인 태도가 확산되면서 혼전동거에 대한 인식에서 과거에는 '반대' 의견이 압도적이었으나 점차 '찬성'이 높은 비율을 차지하는 경향을 보인다(〈그림 14-7〉 참조). 동거의 긍정적인 측면을 강조하는 입장에서는 전통적인 구애제도는 구애기간 동안에는 상대방을 이상적으로 생각하지만 막상 결혼을 하게 되면 대부분의 사람들이 초기의 적응과정에서 어려움을 경험한다는 것이다. 이러한 측면에서 본다면 동거는 상대방을 탐색하는 수단으로 긍정적인 평가를 할 수 있다는 것이다. 또한 동거는 결혼제도를 위협하는 것이 아니라 대부분의 동거관계는 동거를 시작한 지 1~2년 내에 동거관계를 청산하거나 결혼으로 발전한다. 그리고 대다수의 사람들이 동거를 결혼에 대한 장기적인 대안으로 생

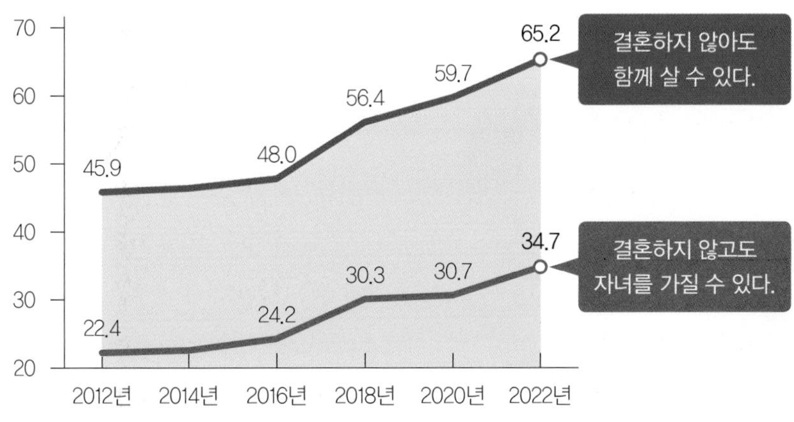

〈그림 14-7〉 동거에 대한 인식

출처: 통계청 (2023a). 2022년 사회조사 결과.

각하고 있지 않으므로 동거관계를 결혼의 서곡, 예비결혼의 성격으로 파악하는 것이 보다 적절하다는 것이다. 반면, 혼전동거에 반대하는 입장에서는 동거가 성적인 문란으로 인해 매춘의 성격으로 변질되고 있다고 주장한다. 혼전동거에 대한 태도에서 남성들은 여성보다 긍정적인 태도를 보이지만, 자신의 배우자에 대해서는 보다 보수적인 견해를 보인다. 또한 부모세대가 자녀세대보다, 아들의 동거보다는 딸의 동거에 대해 보다 보수적이다. 이는 성적인 규범이 상당히 개방되었지만 아직도 '이중규범'이 지배적이라는 사실을 보여주는 것이다. 이러한 이유로 동거가 결혼의 대안으로 인식되고 있는 서구와 달리, 우리나라의 경우 여전히 현실적 제약이 크게 존재하며, 동거에 대해 일반적으로 보이는 긍정적 태도와는 달리 내면에서 작동하는 원리는 훨씬 복잡한 것으로 나타났다(진미정, 성미애, 2021).

2) 동거의 유형

동거의 유형을 Scanzoni(1995)는 영속성을 기준으로 하여 다음과 같은 세 가지 형태로 분류하였다. 계약동거(ad hoc arrangements)는 동거인을 고용하는 형태로서 언제든지 취소가 가능하다. 두 사람 간에 일정 기간의 동거계약을 맺고 동거생활을 하며, 계약을 갱신하지 않으면 자동적으로 동거는 끝나게 된다(사진 참조). 결혼에 대한 일시적 대안형(trial marriage)은 결혼하기에 적절한 시기가 아니라고 판단될 경우 결혼을 전제로 일시적으로 동거하는 형태이다. 학업을 끝내거나 취업이나 주택 구입 이후로 결혼을 연기하거나 부모의 승낙을 얻을 때까지 결혼을 연기하는 경우에 흔히 나타나는 형태이다. 장기적 대안형(common-law marriage)은 법적인 결혼을 거부하고 동거를 결혼의 대안으로 생각하는 형태이다. 동거와 결혼의 차이를 인정하지 않고, 동거관계가 곧 실질적인 부부

사진설명 Jean Paul Sartre의 제안으로 계약결혼을 한 Simone de Beauvoir

관계를 의미하는 것으로 받아들이는 형태이다.

이 외에도 Ridley와 동료들(Ridley, Peterman, & Avery, 1978)은 동거를 그 목적에 따라 라이너스 담요형(Linus blanket), 해방형(emancipation), 편의형(convenience), 실험형(testing)의 네 가지 형태로 분류하였다. 라이너스 담요형은 만화 'Peanuts'의 등장인물 라이너스가 항상 담요를 끌고 다니는 것에서 비롯된 명칭이다(사진 참조). 한 사람이 상대에 대한 의존도가 매우 높고 혼자이기를 불안해하는 반면, 그렇지 않은 상대방은 부담감을 느끼고 관계를 청산하려 한다. 동거관계가 청산되면 불안정한 파트너는 자아존중감이 더욱 손상되고, 상대방은 죄책감을 느끼게 된다. 해방형은 부모의 가치와 영향력으로부터 벗어나기 위해 동거를 선택하는 유형이다. 매우 보수적이고 종교적인 전통 속에서 성장한 여성들은 부모의 허락이나 동거에 대한 확고한 신념이 없이 성적 자유를 추구하기 위해 동거를 시작하는 경향이 있다. 그러나 죄의식 때문에 결국은 관계를 청산하지만 자유를 추구하려는 자신의 욕구가 충족된 것이 아니기 때문에 또 다른 동거 관계를 시작하게 된다. 편의형은 상호 간에 주고받는 관계가 동거의 일차적인 목적인 유형이다. 실험형은 결혼상대자로서 파트너를 보다 잘 파악하기 위한 실험적 성격이 강한 동거의 유형이다. 관계가 만족스러우면 결혼으로 발전되지만 그렇지 못하면 헤어지게 된다.

사진설명 라이너스에게 안정감을 주는 담요

3) 동거의 장점과 단점

동거의 장점으로는 다음과 같은 점을 들 수 있다. 첫째, 결혼을 전제로 한 동거의 경우 결혼에 앞서 상대방을 파악함으로써 좀 더 행복한 결혼생활이 정착될 것이고 이혼율도 줄어든다는 것이다. 결혼한 뒤 실망하고 후회하는 것보다는 일정 기간을 살아보고 결혼을 결정하는 것이 합리적인 선택이라는 것이다. 그러나 이에 대해서는 결혼 전 동거경험이 이혼의 가능성을 감소시킨다(Kulu & Boyle, 2010; Manning

& Cohen, 2012)는 연구결과와 이와는 달리 결혼의 불안정성을 더 증가시킨다(Jose, O'Leary & Moyer, 2010; Stanley, Rhoades, markman, 2006)는 연구결과가 혼재하고 있다. 둘째, 경제적으로 도움이 된다. 굳이 결혼을 전제로 하지 않은 경우에도 경제적인 이점 때문에 동거를 한다는 것이다. 또한 사랑하는 사이지만 당장 경제적인 뒷받침이 되지 않아 결혼식을 올리지 못하는 사람들은 혼전동거를 '결혼으로 가는 징검다리'로 여기고 있다. 먼저 동거를 하고 나중에 형편이 되면 결혼식을 올리겠다는 것이다. 셋째, 비교적 평등한 관계형성이 가능하다. 결혼이라는 틀에 구애받지 않으므로 역할 분담 등에서 비교적 평등한 관계를 형성할 수 있다(이연주, 2008). 50~60대의 동거에서는 여전히 전통적 성역할 분담 이데올로기에 따라 역할을 분담하고 있는 것으로 나타났으나(성미애, 2023a), 가사분담에서의 공평원리에 대한 인식과 실천은 동거가족이 지속되기 위한 중요한 요인으로 파악된다(성미애, 2023b; 송인하, 임춘희, 2014). 넷째, 동거는 결혼과 같은 복잡한 법적 절차나 책임감을 요구하지 않으므로 자유롭다. 여성들의 사회활동이 증가하면서 굳이 결혼에 얽매이지 않고 생활하려는 독신주의자가 늘면서 동거도 증가하고 있다.

반면, 동거의 문제점으로는 다음과 같은 점을 들 수 있다. 첫째, 동거관계는 법적 보호를 받을 수 없다는 점이다. 프랑스와 같은 서구 여러 나라에서 혼전동거가 일반화되는 데에는 정부의 제도적 뒷받침도 한몫을 했다. 프랑스에서 법적 혼인관계에 있지 않은 생활동반자를 파트너로 인정하게 된 팍스(pacte civil de solidarité: PACS) 제도가 공표된 사회적 배경에는 동성커플을 보호하기 위한 의미가 컸다. 팍스는 당사자 간 상호 부양의무를 규정함으로써 국가로부터 여러 가지 세제 및 재정상의 혜택을 받을 수 있는 근거가 되고 있다. 이에 따라 동거관계에서의 출산도 결혼한 가정과 마찬가지로 의료, 양육, 교육 등에서 동등한 혜택을 보장해 주기 때문이다. 그러나 우리나라는 법률혼 중심 사회이기 때문에 동거하는 사람들은 법적 혜택을 보장받을 수 없다. 우리나라에서도 2014년 혼인이나 혈연관계에 있지 않지만 함께 살며 서로를 돌보기로 한 이들을 생활동반자라는 개념으로 규정하자는 취지의 '생활동반자관계에 관한 법률(이후 생활동반자법)'을 발의하려는 움직임이 있었다. 그러나 통계청(2023b) 조사결과 응답자의 65.2%가 '혼인 · 혈연관계가 아니라도 함께 살며 생계를 거주하면 가족이 될 수 있다'고 응답하였으나 생활동반자법의 도입에 대해서는 절반 이상이 동의하지 않는다고 답해 아직 시기상조라고 보는 경향이다.

둘째, 동거관계에서도 심리적 갈등은 불가피하다는 점이다. 동거관계는 대부분이 단기간에 끝나며, 동거관계에서 여성에 대한 폭력이나 자녀에 대한 성적 · 신체적 학대가 보다 빈번하게 나타난다(Brown & Bulanda, 2008; Popenoe & Whitehead, 1999). 또한 동거관계에서는 헤어질 때의 법적 절차는 생략되지만 심리적으로는 이혼과 마찬가지로 어려움을 경험한다는 것이다. 동거관계는 부모와 자녀 모두에게 스트레스가 될 수 있는 변동요인이 더 많아짐을 의미하며, 이러한 어려움은 자녀가 있는 경우에는 더욱 심각하다(Teachman, 2008).

셋째, 동거부부가 정상적으로 결혼한 부부에 비해 결혼만족도가 낮고 건강상의 문제 또한 높게 나타난다(Dush, Cohan, & Amato, 2003; Fuller, 2010). 혼전동거에 영향을 미치는 요인에 대한 우리나라의 연구에서도 혼전 성경험이 있고, 가족과의 정서적 단절수준이 높고 자아분화수준이 낮을수록 혼전동거의식이 보다 개방적인 것으로 나타났다(양수진, 임춘희, 2012)는 점은 혼전 동거경험이 이후 결혼생활에 미칠 수 있는 부정적 영향을 시사하는 것이다.

넷째, 사회적 인식의 문제이다. 동거에 대한 인식이 변화되고는 있으나 우리나라의 경우는 혼전 동거가 아직 이르다고 보는 '시기상조론'의 입장이 상당한 비율을 차지한다. 점차 동거사실에 대한 개방적 문화가 확산되고 있으나 동거가 결혼을 대신한 하나의 문화로서 완전히 받아들여지지는 못하고 있다.

다섯째, 동거를 통해 새로운 형태의 성매매가 이루어질 수 있다는 점이다. 특히 판단력이 부족한 청소년의 경우 성 착취 형태로 변질될 우려가 있고, 여성에게는 낙태 등과 같은 경험으로 건강상의 문제가 심각해질 수 있다.

미래가족의 전망

결혼으로 형성되는 가족은 인류가 만들어낸 가장 오래된 기본적인 사회단위이다. 그러나 가족은 최근 그 형태나 이념, 가치관, 기능에서 많은 변화가 있었고 변화의 방향은 가족이라는 단위를 약화시키는 방향으로 이루어지고 있다. 앞으로도 혼인율은 감소하는 데 반해 다양한 가족형태의 증가와 인터넷을 통한 네트워크의 증가현상은 지속될 것이다. 이러한 현상들에 대해 여러 학자들은 전통적인 의미의 결혼제도는 사라질 것이며, 가족을 하나로 묶을 수 있는 구심점이 가족 내에 남아 있지 않다는 가족회의론, 가족위기론의 관점을 표명한 바 있다. 특히 탈근대화 · 정보화 사회로 접어들면서 개인과 사회를 매개하는 조직들이 다양해지고, 개인단위의 미디어가 등장함으로써 가족관계가 느슨하고 다양한 형태로 변모하고 있으며, 개인에 대한 가족의 결속력은 약화되고 있다.

그러나 이와는 상반되는 입장에서 여러 학자들은 이러한 현상을 결혼과 가족의 약화라기보다는 일종의 전환현상으로 간주하기도 한다. 우리나라나 서구의 가족위기 논쟁에서 흥미로운 사실은 모두 가족의 적극적인 가치를 인정하고 있다는 사실이다. 이들은 가족위기론의 관점과는 달리 현재에도 많은 사람들은 여전히 결혼을 하고 가족을 형성하기를 희망하며, 현재 나타나는 가족의 약화현상은 사회변화의 속도가 빠르기 때문에 나타나는 일시적인 불협화음이라는 것이다. 농경사회의 가장 이상적인 가족형태가 확대가족이었고 산업화되면서 그러한 사회에 가장 기능적이라고 생각했던 핵가족이 탄생했던 것과 같이 정보화 사회가 도래하면서 결혼과 가족에 대한 관점의 변화, 가족형태의 다양화는 필연적인 현상이지만 미래에도 가족은 여전히 기본적인 사회단위로 존재할 것으로 전망한다.

이 장에서는 사회변화에 따른 가족의 변화를 전반적으로 살펴보고, 이러한 가족의 변화에 대한 관점과 변화과정에서 직면하는 가족문제에 대한 접근방법 및 미래가족의 전망에 대해 논의해 보고자 한다.

1. 사회변화와 가족의 변화

가족은 사회변화에 따라 변화하는 수동적인 단위이기도 하지만 동시에 스스로 변화속도나 방향을 조절해 나가는 능동적인 단위이기도 하다. 가족은 사회변화에 영향을 받는 종속변수로서의 속성도 가지고 있지만 역으로 가족은 스스로 변화의 방향을 결정하는 주체로서 사회변화에 영향을 미칠 수 있는 독립변수로서의 속성도 가지고 있다.

사회변화에 따라 한국가족은 부계 직계가족에서 핵가족, 핵가족에서 다양한 가족으로 기능적으로 변화해 왔고, 이러한 형태상의 변화에 부응하여 가족이념이나 가치관도 변화해 왔으며, 전통은 이러한 변화에 대한 거부의 형태로 우리 가족의 연속성을 유지해 나가는 힘으로 작용하고 있다. 그러나 외형적인 변화와는 달리 아직도 한국가족에서는 부계 직계가족의 원리가 여전히 중요한 가족가치로 잔존해 있다. 다양한 형태의 가족이 공존하지만 아직까지 핵가족은 보편적인 가족형태로 존재하며, 독신의 비율이 증가하고 있으나 아직도 상당수의 사람들이 결혼을 선택하고, 많은 사람들이 이혼을 하지만 재혼율 또한 급격하게 상승하고 있으며, 대부분의 사람들은 경제적 파탄보다 가족의 파탄을 더 심각한 문제로 지각하고 있다. 또한 자녀에 대한 가치관이 급격하게 변화하여 무자녀 가족이 증가하고 있지만 동시에 불임에서 벗어나기 위해 많은 사람들은 온갖 치료방법을 강구하고 있다.

또한 가족은 사회변화에 따라 수동적으로 변화해 온 것만은 아니며, 스스로 변화를 주도해 나가는 주체가 되기도 한다. 어떤 방향으로의 변화이건 가족 내에서 변화를 주도한 힘은 가족원 간의 권력이나 욕구충족의 불균형이라고 볼 수 있다. 가족 내의 한 구성원이 자신의 욕구를 충족시키기 위해 지속적으로 다른 구성원의 희생을 요구하게 되면 피해를 받는 사람은 스트레스와 갈등을 느끼고, 그 결과 개인차원의 충돌이 일어나게 된다. 이러한 충돌과 타협의 과정을 통해 가족은 계속적으로 변화해 왔다. 부계 직계가족에서는 가장의 권위나 욕구충족이 우선시되었고 이를 중심으로 가족이념이나 가치가 형성되었다. 이후 형성된 핵가족은 다소 다양성이 있으나 가정의 중심은 자녀였다. 핵가족이 지향하는 도구적 가족이념이나 이에 따른 뚜렷한 역할구분은 부모의 요구보다는 자녀의 필요와 욕구에 더 치중하는 경향을 보인다. 그러나 다양한 가족형태를 지향하는 포스트모던 가족의 출현으로 가족 내의 욕구충족에서의 불균형은 반대방향으로 기울어지고 있다. 포스트모던 가족에서 부모는 핵가족의 부모보다 더 다양한 생활방식을 선택할 수 있게 된 것이다. 어린 자녀가 있는 많은 어머니들이 직업을 가짐에 따라 어린이집에서 자녀를 돌보게 하는 것이 점차 보편화되고 있으며, 더 많은 부부들이 이혼을 선택함에 따라 한부모가정이 빠르게 증가하는 가족구조로 변화되고 있다. 가족생활의 규칙이나 경계, 가치들이 모호하고 유동적이라는 것은 자녀들의 성장을 위해서는 바람직하지 않다. 그래서 포스트모던 가족구조에서는 자녀의 욕구보다는 부모, 즉 성인의 욕구가 우선적으로 충족되며, 자녀들에게는 상대적으로 불이익을 주게 된다(Elkind, 1999).

이처럼 유교적 부계 직계가족에서 도구적 핵가족, 다양한 포스트모던 가족으로의 변화는 사회변화에 따라 가족이 보다 기능적으로 변화해 온 결과이기도 하지만, 가족 내부에서 가족구성원 간 욕구의 불균형으로 인해 주도적으로 일어난 변화의 결과이기도 하다. 그러므로 미래사회의 변화에 따라 가족은 또 다른 형태로 변화해 갈 것이며, 지금까지와 마찬가지로 변화된 가족 내에 또 다른 불균형이 존재하는 한 변화를 위한 노력은 계속될 것이다.

2. 가족변화에 대한 관점

우리나라의 가족은 가족형태, 이념, 가치관, 기능의 여러 가지 측면에서 변화를 거듭해 왔다. 가족의 형태에서는 핵가족이 주류를 이루던 기존의 가족보다 다양한 가족형태가 공존하고 있고, 이념적으로는 여러 가지 이념이 혼재해 있는 상태이며, 가족의 가치나 기능도 상당 부분 축소되거나 약화되는 방향으로 변화해 왔다. 이러한 여러 가지 변화에 대해 혹자는 결혼과 가족의 의미가 쇠퇴하는 것으로 이해하는 반면, 또 다른 관점에서는 이를 현대사회에 적응해 나가기 위해 융통성 있게 변화해 온 결과로 평가한다.

1) 부정적 관점

가족변화에 대해 부정적인 관점에서 Popenoe(1993)는 사람들이 가족관계의 형성과 유지를 위해 시간이나 에너지를 투자하려 하지 않고 대신 자기 자신을 위해 이를 사용한다고 보았다. 이와 같이 개인주의가 우위에 서고 가족관계에 가치를 두지 않음으로써 자녀들이 가져야 할 안정적인 가정생활의 권리가 실종되었고, 동시에 가정의 기능도 쇠퇴하였으며 앞으로도 쇠퇴할 것이라고 주장하였다. 현재 우리나라에서 일어나고 있는 가족의 변화도 예전과는 질적으로 사뭇 다른 양상을 보이고 있다. 결혼과 출산에 대한 기피현상으로 2023년 합계출산율이 0.72명대까지 떨어지면서 국가소멸론이 대두될 정도로 심각한 수준이다.

우리나라 가족의 변화는 여러 가지 측면에서 문제를 내포하고 있다. 우선 변화의 속도가 지나치게 빠르고, 세대차가 크게 나타나 사회적 분열을 조장하는 요인이 되고 있다. 또한 변화에서 나타나는 성차는 부부갈등의 원인이 되며, 궁극적으로 가족의 불안정성을 증가시키는 요인으로 작용하고 있다. 무엇보다도 가족의 기능이 점차 축소되고 있고, 자녀양육 및 사회화의 기능이 제대로 이루어지지 못한 것은 더욱 문제를 심각하게 만드는 요인이라고 볼 수 있다. 인간의 인성은 상당 부분 가족

내에서 사회화 과정을 통해 형성된다. 따라서 가정교육이 제 기능을 다하지 못하면 한 인간으로서 개인적 성장은 물론 가족구성원이나 사회구성원으로서의 기능을 저해하게 된다. 오늘날 부부갈등, 세대갈등의 많은 부분이 바로 사회화 과정의 문제로부터 직접적 혹은 간접적으로 파생되었다고 볼 수 있다.

2) 긍정적 관점

이와는 대조적으로 Skolnick(Skolnick & Skolnick, 1994)은 가족쇠퇴의 주장을 강력히 비판하였다. 가족은 변화하는 시대나 새로운 도전에 직면해서 이에 적응해 나가는 긍정적인 특성을 가지고 있다는 것이다. 가족은 인간이 주어진 환경에서 살아남기 위해 창출해 낸 사회의 기본단위로서 농경사회에서는 확대가족이 보다 적응적인 형태였다면, 산업사회에서는 핵가족이 가장 적응적인 형태였으며, 정보사회에서는 이러한 사회에 가장 적응적인 여러 가지 다양한 형태의 가족이 나타나고 있다. 그러므로 이러한 변화는 가족의 위기라기보다는 가족이 사회변화에 걸맞게 적응해 나간 결과로 보아야 한다는 것이다.

또한 가족에게 나타난 여러 가지 변화로 인해 가족들이 어려움을 겪기는 하지만 대부분의 사람들이 아직까지는 가족생활의 긍정적인 측면을 신뢰하고, 여전히 가족은 사회의 기초단위이며, 가족관계를 형성・유지하기 위하여 대부분의 사람들은 많은 시간과 노력을 투자한다는 것이다. 가족이라는 제도가 해체될 것이라는 예측에도 불구하고 아직도 가족제도는 건재하다는 것이다.

통계청의 사회조사자료를 토대로 가족관계만족도의 변화추이를 살펴보면, 최근으로 올수록 가족생활 전반과 부부관계, 부모자녀관계 등에서 만족도가 높아지는 것으로 나타났다(통계청, 2022b). 이는 1990년도 후반부터 가족위기론, 가족해체론의 논쟁에도 가족관계만족도가 오히려 상승하였음을 보여주는 것이며, 가족형태와 이념, 가치관의 변화에도 가족원들은 상호 관계를 향상시키기 위해 지속적인 노력을 기울여 왔음을 보여주는 것이다.

3. 가족문제에 대한 해법

가족의 변화는 사회변화와 가족 내의 불균형에서 비롯되는데, 사회변화는 지속적으로 이루어지고 있고 새롭게 변화한 가족 역시 또 다른 불균형을 초래하고 있다는 점에서 가족문제는 항상 존재하게 된다. 현재 우리 사회에서 직면하는 가족문제에 대한 해법에서 혹자는 전통가족으로의 복귀를 주장하고 있으며, 또 한편에서는 건강한 가족모델을 제시하고 이를 지원하기 위한 노력이 이루어지고 있다.

1) 전통가족으로의 복귀

다양한 가족이념이나 형태, 기능이 공존하고 있는 우리나라의 가족제도가 처해 있는 혼돈스러운 상황을 가족제도가 재구조화되어 가는 긍정적인 측면에서 접근하기도 하지만, 한편에서는 이를 위기상황으로 규정하고 그 해법으로 전통가족으로의 복귀를 주장한다.

전통적 부계 직계가족에서 핵가족으로의 변화에 따른 가족문제에 대한 해법에서 부계 직계가족이 정상가족이라는 강한 신념을 가지고 있는 이들은 정상적인 부계 직계가족이 문제가 있는 핵가족으로 변화함으로써 가족이 위기에 처했다고 진단한다. 이들은 가족위기의 핵가족 책임론을 주장하면서 노인문제, 청소년 일탈문제 등과 같은 가족이나 사회의 제반 문제들에 대한 해법으로 전통적 부계 직계가족으로의 복귀라는 도덕적 복고주의를 주장하였다(장경섭, 1992).

또한 최근 다양한 형태의 포스트모던 가족이 등장하면서 발생하는 제반 문제들에 대한 해법으로 핵가족 옹호론을 주장하기도 한다. 핵가족 옹호론자들은 핵가족이 가장 안정적이고 동시에 가족원의 욕구, 특히 아동의 욕구를 충족시킬 수 있는 이상적인 가족형태이며, 핵가족이 수행하는 많은 기능들을 포기하게 되면 더 많은 문제가 발생할 것이라고 한다. 이들은 사회생물학적 관점에서 가족원의 욕구 가운데 아동의 욕구가 가장 우선시되어야 한다고 가정하고, 성인의 욕구가 아동의 욕구에 종속되어 있는 불균형 상태가 보다 바람직하다고 주장한다(Popenoe, 1993). 이들은 포스트모던 가족으로 변화하면서 나타나는 혼인율 감소나 이혼율 증가와 같은 여러 변화를 가족위기 상황으로 간주하기도 한다. 반면, 포스트모던 가족 옹호론자들은 새로운 가족에서 아동들이 경험하는 박탈감은 인정하지만, 이는 사회적 정책의 실패이지 가족의 실패는 아니라고 생각한다. 포스트모던 가족으로의 변화는 부정적이기보다는 긍정적인 변화이며, 새로운 불균형이 이전 단계의 불균형보다 우월하다고 생각한다(Stacey, 1993).

Judith Stacey

그러나 가족위기 현상을 전통가족이념의 회복이나 근대지향적, 탈근대지향적 가족이념을 지향함으로써 극복할 수 있다는 주장은 모두 한계가 있다. 사회변화에 따라 나타나는 다양한 가족의 모습은 하나의 정형화된 가족형태에 대한 파괴나 해체라기보다는 외부환경과 가족내부관계의 부조화에 적응해 나가려는 재조직화 과정으로 볼 수 있다(안호용, 김홍주, 2000). 각 집단이 지향하는 가족가치만을 강조하기보다는, 사회변화에 따라 가족생활에서 나타나는 다양한 변화를 이해하고 나아가 각 세대나 개인의 선택을 존중하는 인식의 변화가 선행되어야 할 것이다. 가족이 변화함으로써 문제가 생긴 것이 아니라 문제가 있었기 때문에 가족이 변화해 왔다는 사실에 대한 인식은 이러한 가족논쟁에서 무엇보다도 선행되어야 할 것이다.

2) 건강가족에 대한 논의

가족원의 건강을 증진시키고 사회 전체를 건강하게 만들기 위해서는 가족을 건강하게 유지하는 것이 선행되어야 한다는 인식하에 건강한 가족모델을 설정하고 이를 지원하기 위한 많은 연구가 이루어졌다. 건강가족에 대한 연구는 미국의 경우 1960~1970년대에 이혼율이 급격하게 증가하면서 가족을 더 이상 방치해서는 안 된다는 위기의식에서 시작되었다. 이를 계기로 가족생활의 문제와 병리현상에만 초점을 맞추었던 기존의 연구와는 달리 1980년대 이후부터는 가족의 긍정적인 측면과 장점을 강화하고 가족관계를 향상시킴으로써 건강가족, 강한 가족을 만들기 위한 광범위한 연구들(DeFrain, 1999; DeFrain & Stinnett, 2002; Stinnett & DeFrain, 1985)이 이루어졌다. 국내에서도 1990년대 이후 건강가족에 대한 많은 관심 및 연구가 집중되고 있다.

강한 가족(strong family)에 대한 연구결과 Stinnett과 Defrain(1985)은 결속력이 강한 가족의 특성으로, 상호 간의 헌신(commitment), 긍정적 의사소통(positive communication), 영적 안녕감(spiritual well-being), 인정과 배려(appreciation and affection), 함께 즐거운 시간 갖기(enjoyable time together), 스트레스와 위기에 대처하는 능력(ability to cope with stress and crisis)을 들었다. 국내연구에서도 유영주(1997)는 건강가족의 중요한 특성으로, 경제적 안정, 안정적인 의식주 생활, 건강한

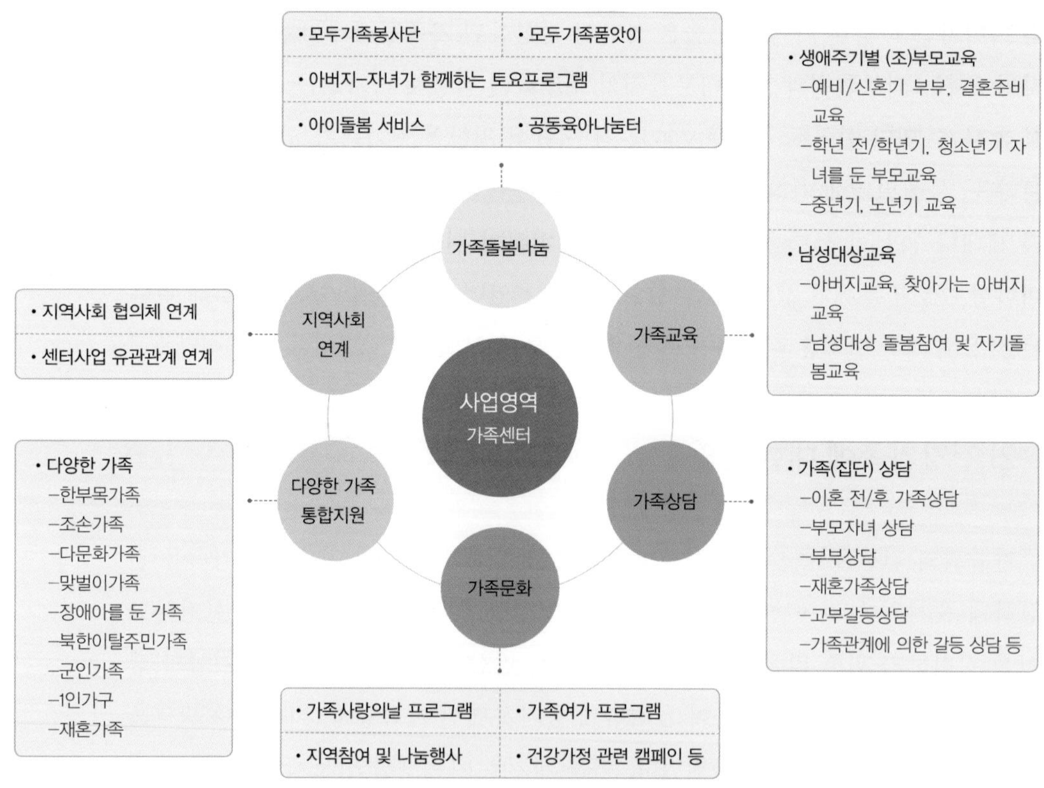

〈그림 15-1〉 **가족센터의 사업영역**

시민의식과 참여, 자원봉사 등의 이타적인 참여, 일과 가정의 조화, 가정의례를 통한 가족문화의 유지와 창조, 가족 간의 열린 대화, 민주적이고 평등한 가족, 가족 간의 휴식과 여가 공유, 가족역할의 공유, 자녀의 성장발달 지원, 합리적인 자원관리 등을 들었다.

우리나라에서도 2005년부터 시행된「건강가정기본법」에 따라 정부의 가족정책 추진방향에 부응하는 가족정책의 전달체계로서 중앙에 한국건강가정진흥원(중앙건강가정지원센터), 시도 및 시군구에 가족센터의 설치 및 운영을 의무화하여 건강가정사업을 실시하고 있다. 가족센터의 주요 사업은 가족문제의 예방과 해결을 위한 가족돌봄나눔사업, 생애주기별 가족교육사업, 가족상담사업, 가족친화문화조성사업, 정보제공 및 지역사회 네트워크 사업 등이다(〈그림 15-1〉 참조).

가족의 기능 가운데 상당 부분이 사회로 이전되었다 하더라도 가족 내에서의 사회화 과정을 통해 개인의 인성이 형성되며, 가정의 교육적 기능이 제대로 이루어지지 못하면 이는 사회통합을 저해하는 요인이 된다는 점에서 건강가족에 대한 연구와 지원은 그 의미를 지니고 있다. 이는 단순히 가족이라는 미시체계를 강하게 만드는 것에 국한된 문제가 아니라 지역사회나 나아가 보다 거시적인 체계를 포괄하는 것으로 확장되고 있다. 지구상의 다양한 문화권을 중심으로 이루어진 강한 가족에 대한 연구결과에서도 강한 가족모델이 문화권에 따라 차이를 보이기보다는 상당히 유사할 뿐 아니라 상호 간에 영향을 미치는 것으로 나타났다(DeFrain & Asay, 2007).

4. 미래의 결혼과 가족

사회변화에 따라 가족은 끊임없이 기능적으로 변화해 왔다. 미래에도 사회변화는 더욱 빠른 속도로 진행될 것이며, 이에 따라 가족도 기능적으로 변화해나갈 것이다. 미래 결혼과 가족에 영향을 미칠 것으로 예측되는 사회변화의 주요 양상과 이에 따른 가족 변화의 방향을 제시해보면 다음과 같다.

1) 결혼과 가족의 전망

정보화 사회의 메가트렌드는 개인화 현상과 네트워크 사회, 관계의 유연화로 특징지을 수 있으며(정보통신정책연구원, 한국 여성개발원, 2006), 이러한 사회적인 특성은 미래의 가족관계에 지대한 영향을 미치게 될 것이다.

첫째, 개인화현상으로 인해 텔레비전이나 전화를 공유하던 기존의 방식에서 개인단위의 미디어가 등장함으로써 개인에 대한 집단의 구속력, 가족의 구속력은 약화될 것이다. 개인의 성취가 중요한 의미를 갖게 되고 결혼이 필수가 아닌 선택의 문제로 인식되면서 독신의 비율은 점차 증가할 것이다. 동시에 초혼 연령은 점차 증가하고 혼인율은 정체상태이거나 다소 감소할 것으로 전망할 수 있다. 또한 결혼을 한 경우에도 맞벌이부부는 지속적으로 증가하는 반면, 자녀양육에 따른 경제적 부담이나 육아지원 인프라 부족으로 출산율은 지속적으로 감소할 것으로 전망할 수 있다.

둘째, 인터넷 가상공동체의 출현으로 모든 개인의 활동이 다차원적으로 연결되는 네트워크사회가 형성될 것이다. 다양한 매체를 통해 개인은 전 세계에 있는 사람들과 자유로운 의사소통이 가능할 뿐 아니라 인터넷을 통해 형성되는 관계에서 실제 가족이나 친척관계보다 더 밀접한 의사소통과 교류가 이루어질 수 있다(사진 참조). 성인을 대상으로 그것 없이는 살 수 없는 대상을 열거해 보라고 한 영국의 연구에서, 햇빛, 인터넷, 깨끗한 식수, 냉장고, 페이스북이 상위 5위를 차지한 것으로 나타났다(Popkin, 2011). 이처럼 인터넷을 통해 공통의 욕구나 관심사에 근거하여 형성된 인터넷

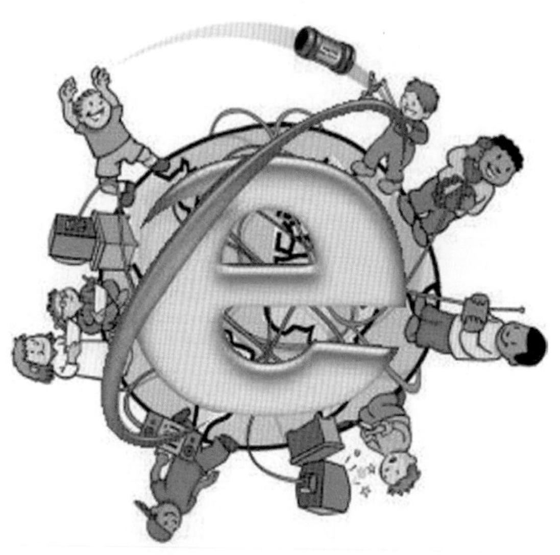

사진설명 인터넷을 통해 세계 여러 나라의 사람들과 관계형성이 가능한 지구촌 시대로 접어들었다.
출처: blog.daum.net

언론, 채팅, 온라인 동호회 등 커뮤니케이션 공동체는 혈연으로 맺어진 가족관계 못지않게 중요한 기능을 담당하고 있으며, 앞으로도 그러한 기능을 수행할 것으로 전망된다. 네트워크사회에서 가족의 기능은 가족구성원 개개인의 정보 습득 및 활용 능력에 따라 좌우될 것으로 예측되므로 가족기능의 강화를 위해 부모세대의 적극적인 정보 습득 능력이 요구된다.

셋째, 가족관계가 느슨하고 다양해지는 관계의 유연화가 일어날 것이다. 관계의 유연화가 확산되면서 가족의 의미나 응집력은 약화되고 특정한 유형의 가족이 주류를 이루기보다는 그 형태면에서 보다 다양한 가족이 공존할 것으로 보인다. 나아가 근로자와 기업과의 관계도 변화하여 평생직장의 개념은 사라지고, 국민과 국가와의 관계도 보다 유연하고 신축적으로 변화해 나가 초국적 가족(transnational family)이 증가할 것이다. 개인은 자신에게 가장 적합한 가족형태를 자유롭게 선택하거나 일생동안 여러 종류의 가족을 경험할 수도 있으며, 부모자녀관계도 친밀감과 더불어 독립적인 속성이 공존할 것으로 보인다.

넷째, 포스트모더니즘은 불확실성, 다양성에 바탕을 두며 지금까지 절대적인 것으로 인식되던 사실을 거부한다. 따라서 결혼과 독신, 남성과 여성의 대립체계가 해체되고, 경계가 허물어지며, 편견이 감소하고, 남녀 간 역할구분은 보다 느슨해지고, 평등성은 보다 증가할 것이다.

이상과 같은 사회변화의 맥락에 비추어 본다면 앞으로의 가족은 개인화 현상이나 네트워크 사회의 형성 등으로 가족의 물리적 경계는 명확하지 않은, 다소 응집력이 약화된 느슨한 형태로 발전될 것으로 예측해 볼 수 있을 것이다. 그러나 가족의 물리적 경계가 느슨한 만큼 심리적 경계를 구축하고 가족구성원간의 친밀감을 강화시키는 것은 그 무엇보다도 중요한 과제가 될 것이다.

2) 앞으로의 과제

과거 농경사회에서 산업사회로의 전환과는 달리 산업사회에서 현대 정보화사회로의 전환은 개인이 따라잡기 힘들 정도로 변화의 속도가 빠르고, 불확실성을 특성으로 한다. 이러한 전환과정에서 나타나는 사회변화와 가족의 변화, 개인의 변화 간에 존재하는 격차는 개인이나 가족에게 엄청난 불안과 스트레스를 준다. 뿐만 아니라 가족 내부에 존재하는 성별, 세대별 격차 또한 갈등을 유발하는 요인으로 작용하고 있다. 그러므로 현대의 가족은 외부적으로는 사회변화와의 격차와 내부적으로는 성별, 세대별 격차와 타협하고 이를 해소해 나가야 하는 과제를 안고 있다.

먼저, 사회변화와 가족변화와의 격차를 완화시키고 해소해 나가는 것은 앞으로 가족이 해결해야 할 중요한 과제이다. 가족이 앞으로도 사회의 기본적인 단위로 존속하기 위해서는 가족은 가족원들이 경험하는 사회변화에 따른 불안과 스트레스의 방패막이가 되고 이를 완화시켜 나가는 기능적인 단위가 되어야 할 것이다. 불확실성에 대처하는 방법으로서 많은 사람들은 과거로의 회귀, 과거 가족형태로의 복귀를 주장하고 있으나 보다 중요한 점은 가족이 제 기능을 다할 수 있도록 가족을 강화시키기 위해 노력하는 것이다. 사회변화와 가족의 변화, 개인의 변화 간에 존재하는 격차는 물질문명과 정신문명의 격차로 비유할 수 있다. 즉, 이러한 격차는 기술문명이 발전하는 속도에 정신문명이 따라가지 못하는 것에 상당 부분 귀인하는 것으로 볼 수 있다. 따라서 급격한 사회변화와 기술문명의 발전에 대응하여 적절한 융통성과 응집력을 갖춘 건강한 가족으로 거듭나기 위해서는 무엇보다도 가족 내 교육적 · 정서적 기능의 중요성이 그 어느 때보다도 강조될 필요가 있다.

또한 가족 내부에 존재하는 성별, 세대별 격차를 완화시키고 해소해 나가는 것도 앞으로 가족이 해결해야 할 중요한 과제이다. 가족 내부의 격차는 상당 부분 욕구의 불균형에 기인하는데, Elkind(1999)는 가족 내의 균형을 추구하는 대안으로 '바이탈 가족(vital family)'의 개념을 제시하였다. 바이탈 가족은 이상적인 가족형태는 어떠해야 한다는 이데올로기를 초월하여 다양한 가족형태를 포괄하는 개념으로서 그 속에서 자녀와 부모 모두의 능력이 활성화되고 욕구가 균형을 이루는 것이다. 가족의

David Elkind

다양성을 인정하는 동시에 세대를 초월한 가족구성원 모두의 발전을 존중하는 바이탈 가족의 개념은 여전히 핵가족적 이상과 가족주의, 권위주의에 빠져 있는 우리 사회에 시사하는 바가 크다. 상호의존성(interdependency)의 가치는 바이탈 가족의 중요한 이념이다. 일체감의 가치를 강조하는 핵가족적 가치는 가족구성원들의 서로에 대한 의존성을 강조한 반면, 이와 대조적으로 자율성을 강조하는 포스트모던 가족의 정서는 가족구성원들의 독립심을 강조하였다. 상호의존성의 가치는 일체감과 자율성의 가치를 동시에 표방하고 있지만, 상호의존성이 없이는 일체감이나 자율성의 실현이 가능하지 않다는 것을 인정한다는 점에서 그러한 가치를 넘어선다. 핵가족에서 중시하는 일체감의 가치는 개인보다는 가족에 대한 헌신을 강조한다면 포스트모던 가족에서 중시하는 개별성의 가치는 가족구성원 각자가 가족 전체의 욕구보다는 개인의 성취와 자아완성을 위해 자신의 요구를 중요시하는 것을 말한다. 상호의존성의 개념은 이러한 두 가지 가치가 상호배타적이 아니라 오히려 더 포괄적인 하나의 개념으로 통합될 수 있음을 말해 준다. 이는 다른 사람과 다르면서 동시에 같다는 감정을 기초로 하고 있다. 서로의 관점이 다를 수 있다고 생각함으로써 상호 간에 다른 생각을 존중할 수 있고, 이러한 과정을 통해 개별성을 중시하는 포스트모던 가족의 가치는 일체감을 강조하는 핵가족의 가치와 통합될 수 있다는 것이다.

바이탈 가족은 아직까지는 이론적 모형에 불과할 수도 있다. 특정한 형태가 있는 것도 아니고 단지 이상적인 이념만이 제시된 실정이다. 그러나 이러한 가족의 개념은 가족문제를 해결할 수 있는 이상적인 가족형태가 존재하는 것이 아니라 가족형태가 어떠하든 구성원 모두의 욕구가 존중받는 균형있는 가족의 구현이 보다 중요한 문제임을 인식시켜 주고 있다(Giddins, 2003). 이상적인 가족은 그 형태로 결정되는 것이 아니라 그 형태가 어떠한 것이든 가족원 모두의 욕구가 균형을 이룰 수 있

Anthony Giddins

는 가족이라고 볼 수 있다(Beck & Beck-Gernsheim, 1999).

가족구성원 모두의 욕구가 존중받는 가족의 개념은 우리의 가족문제에도 접목이 가능하다. 우리나라 가족의 변화에서 나타나는 문제가 세대별, 성별 차이가 중요한 변수였음을 상기해 볼 때, 이러한 가족의 개념은 상당히 유용한 지침이 될 수 있다. 또한 이는 가족 모두의 욕구가 충족되고 인간다운 삶을 보장하는 것을 목표로 하는 건강가족의 개념과도 일맥상통하는 것이다. 우리의 가족을 보다 건강하고 보다 응집력 강한 가족으로 만들어 가기 위해서 앞으로의 과제는 두드러지게 나타나는 세대별, 성별 차이를 가족구성원 모두의 욕구가 균형을 이루도록 어떻게 조화롭게 결속시키고 이를 발전시켜 나갈 것인가의 문제라고 볼 수 있다.

동시에 이러한 가족문제에 대한 논의에 앞서 우리 사회의 현실이 장구한 세월에 걸쳐 개인주의 문화를 발달시켜 온 서구의 문화와는 근본적으로 다르다는 사실에 대한 이해가 선행되어야 할 것이다. 우리의 전통적 가족의식의 문제점도 다수 지적되고 있지만, 급격한 변화의 소용돌이 속에서 가족주의는 개인에게 안전한 보호막의 역할을 했음도 부인할 수 없다. 서구의 여러 학자들조차도 긍정적으로 평가했던 우리의 가족문화를 근간으로 가족구성원 모두의 권리가 침해받지 않고, 평등한 관계를 유지하면서, 개인의 선택을 존중하는 가족을 만들어 나가기 위해 그 어느 때보다도 가족구성원 모두의 노력이 필요한 시점이다. 나아가 사회적으로는 가족구성이나 형태에서의 다양성과 차이를 인정하고 수용할 수 있는 포용적 가족정책으로의 변화가 필요하다.

| 참고문헌 |

가족환경연구회(1992). 가족관계학. 서울: 도서출판 하우.

강경희(2023). 아동기 부정적 경험과 결혼만족도의 관계: 회복탄력성과 역기능적 의사소통 방식을 중심으로. 대구대학교 대학원 박사학위논문.

강우영(2009). 노년기 인간관계의 역할 변화에 관한 연구. 경북대학교 대학원 석사학위논문.

강인(2007). 은퇴 남성 노인의 어려움과 적응에 관한 연구: 자아복합성을 중심으로. 가족관계학회지, 12(3), 259-283.

강혜숙, 김영희(2012). 부부의 성격특성이 결혼만족도에 미치는 자기효과와 상대방효과. 상담학연구, 13(6), 2861-2880.

계봉오, 고원태, 김영미(2021). 여성의 고학력화와 결혼시장 미스매치 가설에 대한 비판적 검토, 1990-2015. 조사연구, 22(1), 61-89.

계봉오, 황인찬(2023). 결혼의향 변화에 대한 다상태 생명표 분석. 조사연구, 24(1), 81-111.

고선강(2012). 중년기 자녀의 노부모에 대한 자원이전의 호혜성. 가족자원경영과 정책, 16(2), 103-121.

고용노동부(2017). OECD 국가별 성별 가사분담.

고용노동부(2023). 고용보험 DB자료.

고정국, 이정화, 오영은(2022). 유아기 자녀를 둔 아버지의 원가족 경험이 결혼만족도에 미치는 영향: 아버지 양육참여의 매개효과를 중심으로. 한국가족관계학회지, 27(2), 139-159.

구병삼, 이규완, 김선행, 김영태, 김해중, 김탁, 이낙우, 이용호, 장기훈(2001). 임상 부인과 내분비학. 서울: 고려의학.

권병숙(2011). 전통혼례의 현대적 의미: 친영례중심으로. 유교문화연구, 18, 377-404.

김경신, 김정란(2001). 중년기 기혼여성의 자아정체감 및 위기감이 삶의 질에 미치는 영향. 대한가정학회지, 39(4), 105-121.

김경주, 김영혜(2015). 기혼남녀가 지각한 원가족 부모의 부부갈등과 결혼만족도의 관계에서 자기분화의 매개효과 검증. 한국가족관계학회지, 20(3), 93-112.

김두헌(1969). 한국가족제도연구. 서울: 서울대학교출판부.

김득중, 유송옥, 황혜성(1998). 우리의 전통예절: 알기 쉽게 풀이한. 서울: 韓國文化財保護財團.

김명자(1991). 중년기 부부의 스트레스에 대한 대처양식과 위기감. 대한가정학회지, 29(1), 203-216.

김명자(1994). 대입 수험생 가족의 전반적 현황 및 문제. 한국가족학연구회 편. 자녀교육열과 대학입시. 서울: 하우.

김미령(2009). 연령대에 따른 여성의 결혼만족도 차이 및 영향요인 비교. 한국가족복지학, 26, 36-62.

김보라, 정혜정(2009). 대학생이 지각한 원가족 경험과 자아존중감 및 데이팅 폭력의 관계. 한국가족관계학회지, 14(2), 1229-5310.

김소영(2023). 남편의 직장을 이유로 분거하고 있는 아내의 결혼만족도 관련 요인. 인문사회 21, 14(2), 2865-2880.

김소정(2021). 맞벌이 여성의 상대적 소득수준이 결혼만족도에 미치는 영향: 배우자 관계 매개효과를 중심으로. 사회복지연구, 52(1), 281-306.

김수진(2011). 노년기 부부의 성역할태도와 의사소통이 결혼만족도에 미치는 영향: 성생활만족의 매개효과를 중심으로. 한영신학대학교 대학원 박사학위논문.

김순옥(2000). 사소절을 통한 조선시대 가족윤리 고찰. 대한가정학회지, 38(3), 11-24.

김슬기, 최형재(2016). 분거가 배우자와의 관계만족도에 미치는 영향. 한국인구학, 39(2), 97-124.

김슬기, 최형재(2020). 자녀의 분거가 부모-자녀 간 관계만족도에 미치는 영향. 한국가족관계학회지, 24(4), 199-229.

김승권(2004). 한국사회의 저출산 원인과 정책적 함의. 저출산 시대의 신(新)인구정책. 한국인구학회 학술대회자료집.

김신겸, 박인수(2010). 노인학대. *Journal of Korean Geriatric Psychiatry, 14*, 3-8.

김영란, 황정임, 최진희, 김은경(2016). 부자가족의 가족역량 강화를 위한 지원방안 연구. 서울: 한국여성정책연구원.

김영수, 박재우(2021). 중년기 기혼자의 사랑의 유형에 따른 결혼만족도와 의사소통의 차이. 한국심리치료학회지, 13(1), 1-23.

김영순(2006). 노년기 형제·자매관계 특성이 성공적 노화에 미치는 영향 연구. 성신여자대학교 대학원 석사학위논문.

김영식(2012). 남성의 성기능장애. 세계가정의학회 학술대회자료집.

김영애(2011). 통합적 사티어변형체계치료 이론과 실제. 서울: 김영애가족치료연구소.

김정옥(1999). 새로 보는 결혼과 가족. 서울: 학지사.

김주수, 이희배(1986). **가족관계학**. 서울: 학연사.

김중술(2003). **사랑의 의미**. 서울: 서울대학교출판부.

김지경, 송현주(2010). 중고령 은퇴자들의 은퇴 후 경과기간별 은퇴생활적응의 영향요인. **대한가정학회지, 48**(6), 83-101.

김지연(2023). **KDI 현안분석: 30대 여성 경제활동참가율 상승의 배경과 시사점**. 세종: 한국개발연구원.

김지영(2005). 동거를 통해 본 성별 관계의 지속과 변형: 20~30대 여성의 경험을 중심으로. 이화여자대학교 대학원 석사학위논문.

김태현(1994). **노년학**. 서울: 교문사.

김태현, 박주희(2005). 부부의 성역할 태도에 따른 부부관계 향상. **한국가족관계학회지, 10**(3), 79-106.

김현선, 김현주, 정정교, 박시언, 장소천, 최미용(2022). 기혼자의 자기분화와 결혼만족과의 관계에서 불안정 성인애착의 매개효과. **부부가족상담연구, 3**(1), 1-13.

나남숙, 이인수(2017). 자기분화, 결혼만족도, 헌신간의 관계: 자기효과와 상대방효과 적용. **가족과 가족치료, 25**(1), 115-136.

남귀숙, 이수진(2020). 대학생의 내현적 자기애와 데이트 폭력 가해와의 관계: 분노표현의 매개효과. **한국심리학회지: 학교, 17**(1), 87-107.

남성의 전화(2012. 11. 16.). 남자의 종말? 이혼 당하는 남편들, 왜? http://blog.daum.net/downk56/16885530에서 인출.

남영옥, 이상준(2009). 이혼가정 여부가 청소년의 사회적 적응에 영향을 미치는 경로. **청소년학연구, 16**(5), 121-142.

노유진, 박정윤, 김양희(2006). 성인 애착유형과 미혼남녀의 사랑유형 및 이성교제의 관계. *Human Ecology Research, 44* (2), 31-42.

대한산부인과학회(1997). **부인과학**. 서울: 도서출판 칼빈서적.

동아일보(2008년 1월 9일). 가족관계등록법 시행 전후 비교.

문선희(2015). 중년기 부부의 부모-자녀관계 및 노부모-성인자녀관계 지각이 결혼만족에 미치는 영향: 커플자료를 이용한 자기(Actor)-상대방효과(Partner) 모델(APIM). **한국가족관계학회지, 20**(2), 157-175.

문은영, 김보람(2011). **서울시 한부모가족 생활실태 및 지원방안 연구**. 서울시 여성가족재단.

미국인구조사국(2021). 2020년 인구조사 자료.

박미령(2003). 출생가족 떠나기. **경운회보**, 19.

박민자(1995). 가족의 의미. 여성한국사회연구회 편, **가족과 한국사회**. 서울: 경문사.

박성애, 하정(2013). 기혼남녀의 자아상태와 사랑유형에 따른 결혼만족도. **상담학연구**, 14(2), 931-949.

박성연, 고은주(2003). 영아보육 및 가족변인이 어머니의 양육행동에 미치는 영향. **대한가정학회지**, 41(7), 91-106.

박성호(2001). 부부의 자아존중감, 내적 통제성 및 의사소통과 결혼만족도와의 관계. 서강대학교 대학원 석사학위논문.

박숙자(1994). 가족과 사회문제: 가족과 직업. **가족학논집**, 3, 143-160.

박영옥(1986). 가족생활주기에 따른 부부갈등에 관한 조사. 건국대학교 대학원 석사학위 논문.

박영화, 고재홍(2005). 부부의 자존감, 의사소통 방식 및 갈등대처행동과 결혼만족도간의 관계: 자기효과와 상대방효과. **한국심리학회지: 사회 및 성격**, 19(1), 71-100.

박유빈, 한그림, 정연우, 박선웅(2018). 배우자이상화와 결혼만족도: 의사소통 패턴의 매개효과. **한국심리학회지: 사회 및 성격**, 32(1), 65-81.

박일연, 이미선, 임백호(2019). 가정폭력피해여성과 일반기혼여성의 의사소통, 성적 친밀감, 인생태도가 결혼만족도에 미치는 영향에 관한 비교연구. **상담심리교육복지**, 6(2), 167-189.

박재간 외(1995). **고령화 사회의 위기와 도전**. 서울: 나남출판.

박종서, 임지영, 김은정, 변수정, 이소영, 장인수, 조성호, 최선영, 이혜정, 송지은(2023). **2021년도 가족과 출산조사**. 세종: 한국보건사회연구원.

박진희, 윤가현(2009). 노년기의 생애회고와 긍정성 효과. **한국노년학연구**, 18, 107-122.

박태영(2005). 한국인 기혼남녀들의 결혼만족도에 대한 비교연구. **상담학연구**, 6(2), 601-619.

박현준, 박남철(2010). 남성 성기능장애의 평가를 위한 설문검사. **대한남성과학회지**, 28(2), 78-84.

박혜인(1988). **한국의 전통혼례연구: 서류부가혼속을 중심으로**(민족문화연구총서 16). 서울: 고대 민족문화연구소.

박혜인(1999). 새로운 가정의례문화: 21세기를 위한 새로운 가족문화의 방향. **한국가족복지학회 춘계학술대회자료집**, 63-79.

박혜인(2000). 건전혼례의 이념과 실천: '본보기'와 '본보이기' **과학논집**, 21, 1-14.

백상은, 설경옥(2021). 성인애착과 관계만족 간의 관계에서 자기효과와 상대방효과: 부정 정서 및 행동 표출의 매개효과와 교제기간의 조절된 매개효과. **한국심리학회지: 사회 및 성격**, 35(2), 57-73.

변수정, 김혜영, 백승흠, 오정아, 기재량(2016). **다양한 가족의 출산 및 양육실태와 정책과제 – 비혼 동거가족을 중심으로**. 세종: 한국보건사회연구원.

보건복지부(2022). 제4차 중장기보육기본계획.

보건복지부(2023). 2022년 어린이집 이용자 만족도 조사.

보건복지부, 중앙노인보호전문기관(2023). 2022 노인학대 현황보고서.

서동인, 유영주(1991). 손자녀가 지각한 조모와의 심리적 친밀도. 아동학회지, 12(2), 154-172.

서수경(2002). 서구의 포스트모던 가족 연구에 대한 고찰. 한국가족관계학회지, 7(1), 19-37.

성미애(2023a). 동거, 결혼의 과정인가? 결혼의 대안인가? (1): 동거하고 있는 50, 60대 남녀의 파트너쉽에 대한 인식과 향후 관계 전망 및 정책적 요구. 한국가족관계학회지, 28(3), 3-32.

성미애(2023b). 맞벌이 동거커플의 관계만족도 관련 변인. 가정과삶의질연구, 41(1), 49-60.

손강숙, 주영아(2015). 기혼 중년남녀의 성적친밀감이 결혼만족도에 미치는 영향: 부부간 의사소통의 듣기와 말하기의 조절효과. 한국심리학회지: 문화 및 사회문제, 21(4), 697-718.

손정연, 한경혜(2014). 베이비붐 세대의 사회경제적 · 심리적 · 관계적 특성이 결혼만족도 및 결혼안정성에 미치는 영향: 남녀차이를 중심으로. 보건사회연구, 34(4), 185-216.

손혜진, 전귀연(2003). 미혼 남녀의 개인적, 관계적, 상황적 변인이 데이팅 폭력에 미치는 영향. *Family and Environment Research, 41*(2), 43-63.

손화희 · 정옥분(2000). 재가복지 수혜노인의 주관적 안녕감에 대한 생태학적 접근. 한국노년학, 19(1), 83-103.

송인하, 임춘희(2014). 지속성을 갖는 동거관계에 대한 이상형적 이론구성. 여성연구, 87, 45-98.

송진아, 전세송(2023). 한국 부부의 결혼만족도 관련 변인에 대한 메타분석. 가족과 문화, 35(2), 69-114.

송혜영, 배연희(2022). 미취학 아동 어머니의 양육 및 부부특성, 건강특성이 결혼만족도에 미치는 영향요인. 보건과 복지, 24(1), 91-111.

송효정, 허정식(2007). 혈액투석을 받는 여성의 성기능장애. 대한남성과학회지, 25(3), 112-117.

신수진(1998). 한국의 가족주의 전통과 그 변화. 이화여자대학교 대학원 박사학위논문.

신수진(2002). 한국가족 연구의 사회문화적 접근을 위한 소고. 한국가족관계학회지, 9(2), 21-41.

신영희 · 이혜정(2009). 일 도시 노인의 성공적인 노화 관련요인. 한국노년학, 29(4), 1327-1340.

신용하, 장경섭(1996). 21세기 한국의 가족과 공동체문화. 서울: 지식산업사.

신현정, 홍혜영(2018). 부부의 자기분화와 결혼만족도 간 관계에서 정서표현 양가성의 매개효과: 자기효과와 배우자효과. 한국심리학회지: 상담 및 심리치료, 30(4), 1327-1353.

신화용, 조병은(1999). 남편이 은퇴한 부부의 상호작용 특성과 결혼만족도. 한국노년학, 19 (1), 31-44.

안연주, 최연실(2021). 개인 심리적 요인이 부부의 결혼만족도에 미치는 영향의 자기효과와 상대방효과: 개인의 우울감과 자아존중감을 중심으로. 한국가족관계학회지, 26(1), 165-182.

안호용, 김홍주(2000). 한국 가족 변화의 사회적 의미. **한국 사회**, 3, 89-132.

양수진, 임춘희(2012). 성인초기 개인이 지각한 가족기능과 자아분화가 혼전동거 의식에 미치는 영향. **인간발달연구**, 19(4), 173-198.

양유성(2008). **외도의 심리와 상담**. 서울: 학지사.

엄세진, 정옥분(2001). 선택 · 최적화 · 보상 책략과 중년기 위기감과의 관계. **대한가정학회지**, 39(11), 43-59.

여성가족부(2022a). 2021년 여성폭력 실태조사.

여성가족부(2022b). 2021년 한부모가족 실태조사.

오성은, 허수연(2021). 남편의 자녀양육참여율이 남편과 아내의 결혼만족도에 미치는 영향 —맞벌이 부부의 고용형태 차이의 조절효과를 중심으로—. **한국가족복지학**, 68(1), 35-61.

오현조(2013). 노인의 성생활이 노화인지도와 생활만족도에 미치는 영향. **교류분석상담연구**, 13(1), 73-95.

우수정, 이영(2010). 유아기 자녀를 둔 부부의 성인애착과 결혼만족도의 관계: 양육협력의 매개효과 검증. *Family and Environment Research*, *48* (7), 89-97.

우해봉, 이상림, 장인수, 강성호, 김근태, 김안국, 김정호, 독고순, 박시내, 유삼현, 유희원, 윤영모, 이용하, 전병목, 최창욱, 황준성, 임지영, 최슬기, 이병호, 계봉오, 김현식, 송봉근, 손호성, 김형아, 장아름(2021). **인구변동과 지속 가능한 발전: 저출산의 경제, 사회, 문화, 정치적 맥락에 관한 종합적 이해와 개혁과제**. 세종: 한국보건사회연구원.

유계숙, 임춘희, 전춘애, 천혜정(1998). **또 하나의 우리, 재혼 가족**. 서울: 한국가족상담교육연구소.

유영주(1997). **결혼과 가족**. 서울: 경희대학교출판부.

유영주, 김순옥, 김경신(2004). **가족관계학**. 서울: 교문사.

육아정책연구소(2022). 2022 영유아 주요통계.

윤경자(2002). 청소년의 원하지 않은 성행동의 발생과 관련된 위험요인들. **대한가정학회지**, 40(1), 179-194.

윤경자(2007). 대학생들의 데이팅 폭력의 만연성과 만성적 측면: 피해자를 중심으로. **한국가족관계학회지**, 12(1), 65-92.

윤기봉, 지연경(2017). 유아기 자녀를 둔 남편의 양육참여 및 맞벌이 부부의 양육스트레스가 결혼만족도에 미치는 영향: 종단적 자기-상대방 효과. **인간발달연구**, 24(3), 133-153.

이경희(1993). 부모의 언어통제유형과 아동의 사회적 능력과의 관계. 고려대학교 대학원 박사학위논문.

이계학(1995). 한국인의 전통 가정교육 사상의 현대적 조명—효와 엄부자모를 중심으로—.

세계화를 위한 '효'개념 정립과 자녀양육방행 모색. **제17차 한국아동학회 춘계워크숍 자료집**, 3-44.

이광규(1984). **한국가족의 심리문제**. 서울: 일지사.

이광규(1990). **한국가족의 구조분석**. 서울: 일지사.

이동원(1999). 도시가족의 부부 역할 갈등과 가족의 안정성에 관한 연구. **한국가족학회 한국연구재단(NRF)연구성과물**, 1-33.

이미숙, 고선주, 권희경(2000). 경제위기 상황에서의 경제적 스트레스와 부부갈등 및 생활의 질, **대한가정학회지**, 38(6), 117-133.

이보미(2016). **취약성-스트레스-적응모형을 적용한 결혼 초기 부부의 결혼만족도 예측모형**. 단국대학교 대학원 박사학위논문.

이순형(1996). 한국여성의 실절과 실절 후의 적응양상. 성폭력의 사회 · 심리 · 법률적 조명. **제3회 한국 인간발달학회 심포지엄**, 7-22.

이신영(2009). 자녀 동거여부에 따른 여성노인과 남성노인의 생활만족도 영향요인. **젠더와 문화**, 2(1), 125-149.

이연주(2008). 동거와 한국가족: 전국조사에서 나타난 동거자의 특성. **한국인구학**, 31(2), 77-100.

이영분, 이용우, 최희정, 이화영(2011). 한국사회의 부모의존 독신성인에 대한 탐색적 연구. **한국가족복지학**, 31, 5-30.

이예슬, 주수산나, 김현경, 박하영(2021). 중년 맞벌이 부부의 성역할 태도가 부부관계 만족도에 미치는 영향에 대한 가사노동 참여의 매개효과: 자기효과와 상대방효과를 중심으로. **가정과삶의질연구**, 39(4), 31-47.

이윤숙(1990). 노인과 성: 노인문제 논문. **논설집**. 서울: 교학사.

이은진, 이인수(2017). 배우자 부모와의 갈등과 결혼만족도의 관계에서 마음챙김의 조절효과: APIM 모델 적용. **가족과 가족치료**, 25(4), 761-785.

이재림, 옥선화, 이경희(2002). 이성교제에서의 남녀차이 이해 증진 프로그램 개발 및 평가. **한국가정관리학회지**, 20(5), 37-49.

이정덕, 김경신, 문혜숙, 송현애, 김일명(2002). **결혼과 가족의 이해**. 서울: 도서출판 신정.

이정연(2002). 고부관계 개선을 위한 긍정적 사고훈련 프로그램의 적용. **한국가족관계학회지**, 7(1), 117-136.

이정은, 이윤형(2012). 성역할 태도와 자아존중감이 남편의 결혼만족도에 미치는 영향: 자기노출의 매개 효과. **상담학연구**, 13(6), 2543-2555.

이정은, 최연실(2002). 미혼남녀의 심리경향에 따른 사랑의 유형 분석—Jung의 심리유형론과

Lee의 사랑유형론을 중심으로—. *Human Ecology Research*, *40* (3), 137-153.

이창숙(1998). 부부갈등해결 교육 프로그램 개발연구. 경희대학교 대학원 박사학위논문.

이향숙(2011). 경북지역 혼례문화 연구. 성신여자대학교 대학원 박사학위논문.

이혜자, 김윤정(2004). 부부관계(사랑과 성)가 노년기 삶의 질에 미치는 영향. 한국노년학, 24(4), 197-214.

임선영(2016). 학령 전 자녀를 둔 기혼취업여성의 양육스트레스, 사회적지지가 결혼만족도에 미치는 영향. 여성연구논총, 19, 35-63.

임정하, 김경미(2022). 대학생의 부모애착과 연인관계 유능성의 관계: 인지적 정서조절전략의 매개효과. 人間發達硏究, 29(2), 203-222.

임춘희(1996). 재혼가족내 계모의 스트레스와 적응에 관한 질적 연구. 고려대학교 대학원 박사학위논문.

임현정(2012). 동북아시아 혼례문화 비교연구. 조선대학교 대학원 석사학위논문.

임효영, 김경신(2001). 중년기 기혼여성의 사회적 지원망이 생활만족도에 미치는 영향. 대한가정학회지, 39(12), 189-203.

장경섭(1992). 핵가족 이데올로기와 복지국가: 가족부양의 정치경제학. 경제와 사회, 15(가을호), 서울: 도서출판 한울.

장지영, 황순택(2012). 부부의 성격과 결혼만족도 간의 관계. 한국심리학회지: 여성, 17(2), 133-148.

전세송(2020). 인척 부모-자녀 체계가 부부 체계의 결혼 적응에 미치는 영향. *Family and Environment Research*, *58* (3), 417-428.

정기선, 김혜영(2013). 가족관계만족도를 통해서 본 한국가족의 변화. 한국인구학, 36(1), 175-202.

정기원(2001). 노부모와 별거 성인자녀와의 가족유대: 정서적 지원에 대한 교환이론적 접근. 한국인구학, 24(1), 123-148.

정민선, 최연실(2023). 신혼기 부부의 차이 수용 태도가 결혼만족도에 미치는 영향: 통합적 행동 부부치료(IBCT)의 관점을 중심으로. 가족과 가족치료, 31(1), 59-84.

정보통신정책연구원, 한국여성개발원(2006). 정보화로 인한 가족관계와 가족역할의 미래변화 총괄보고서.

정순화, 김시혜(1996). 동시를 통해 아동이 묘사한 아버지의 모습. 아동학회지, 17(2), 79-105.

정순화, 임정하(2013). 한국 노인의 성공적 노화와 영성의 관련성 탐색. 인간발달연구, 20(4), 59-79.

정옥분, 김광웅, 김동춘, 유가효, 윤종희, 정현희, 최경순, 최영희(1997). 전통 '효'개념에서 본

부모역할 인식과 자녀양육행동. 아동학회지, 18(1), 81-107.

정유진(2017). 청소년의 이성교제 여부 변화와 관련 요인. 한국산학기술학회 논문지, 18(2), 660-671.

정지연, 한유진(2007). 저소득층 이혼가정 아동의 사회적 지지 및 문제해결력이 문제행동에 미치는 영향. 한국생활과학회지, 16(3), 491-504.

정혜정(2003). 대학생의 가정폭력 경험이 데이팅 폭력 가해에 미치는 영향. *Family and Environment Research, 41* (3), 73-91.

조민경(2023). 기혼여성의 불안정 성인애착이 결혼만족도에 미치는 영향: 배우자지지로 조절된 내면화된 수치심의 매개효과. 한국심리학회지 여성, 28(1), 25-50.

조병은 · 신화용(1992). 사회교환이론적 관점에서 본 맞벌이 가족의 성인 딸/며느리와 노모의 관계. 한국노년학, 12(2), 83-98.

조선일보사(1989). 사진으로 보는 가정의례. 서울: 조광인쇄.

조성호, 변수정(2020). 미혼인구의 이성교제와 결혼의향에 영향을 미치는 요인에 대한 분석. 보건사회연구, 40(4), 82-114.

조유리, 김경신(2000). 부부의 갈등대처행동과 결혼만족도. 한국가족관계학회지, 5(2), 1-21.

조윤경(2010). 협동조합형 공동육아에 참여한 아버지들의 자녀돌봄 재구성. 가족과 문화, 23(1), 169-205.

조(한)혜정(1998). 성찰적 근대성과 페미니즘. 한국의 여성과 남성 2. 서울: 도서출판 또 하나의 문화.

주수산나, 강미선, 정인혜, 조서진(2023). 중년부부의 문제해결 유형과 결혼만족도의 관계. 한국가족관계학회지, 28(1), 33-53.

주은지(2010). 대학생의 낭만애착 유형과 사랑 유형 분석. 청소년학연구, 17(12), 155-186.

진미정, 기쁘다, 성미애(2023). 성별에 따른 결혼 인식의 세대 차이. 가정과삶의질연구, 41(1), 93-107.

진미정, 성미애(2021). 청년층의 동거 경험 및 동거 수용성과 결혼 의향의 관련성. 가정과삶의질연구, 39(2), 1-14.

채선미, 이영순(2011). 부모의 이혼을 경험한 청소년의 정서, 자아 강도 및 사회적 지지가 학교생활 적응에 미치는 영향. 놀이치료연구, 15(1), 1-16.

채지은, 박정윤(2021). 초기 성인기의 자기은폐, 기본심리욕구 충족이 이성관계 헌신에 미치는 영향. 한국심리학회지: 문화 및 사회문제, 27(3), 305-323.

청소년상담원(1996). 자녀의 힘을 북돋우는 부모. 서울: 청소년대화의 광장.

최경순(1992). 아버지의 양육행동 및 참여도와 아동의 사회적 능력과의 관계. 고려대학교 대학원 박사학위논문.

최규련(1995). 가족체계의 기능성, 부부간 갈등 및 대처방안과 부부의 심리적 적응과의 관계. 대한가정학회지, 33(6), 99-113.

최선영, 박종서, 이지혜, 김종훈(2022). 여성고용과 출산-선행연구 동향과 과제. 세종: 한국보건사회연구원.

최세은, 옥선화(2003). 30대 기혼남녀의 초혼연령 결정요인 연구. 한국가족관계학회지, 8(1), 53-73.

최양숙(2006). 비동거 가족경험: '기러기 아빠'를 중심으로. 연세대학교 대학원 박사학위논문.

최재석(1966). 한국가족연구. 서울: 민중서관.

최재석(1989). 한국가족연구. 서울: 일지사.

최재석(1994). 한국가족제도사 연구. 서울: 일지사.

최지웅, 이은설, 최병섭(2023). 청소년기 이성교제 경험의 영향에 대한 대학생의 주관적 인식. 한국청소년연구, 34(1), 31-57.

통계청(2018a). 인구동향조사.

통계청(2018b). 경제활동인구조사.

통계청(2019). 2018년 사회조사 결과.

통계청(2020a). 인구주택총조사.

통계청(2020b). 2019년 생활시간조사 결과.

통계청(2022a). 2021년 사회조사 결과.

통계청(2022b). 장래가구추계.

통계청(2023a). 2022년 사회조사 결과.

통계청(2023b). 저출산과 우리사회의 변화.

통계청(2024a). 혼인 · 이혼 통계.

통계청(2024b). 2023년 출생 · 사망통계.

통계청(2024c). 장래인구추계.

통계청(2024d). 2023년 사회조사 결과.

표승연(2011). 이성관계에서 관계만족과 결별의도를 설명하는 통합인과모형의 검증: 조절초점의 부합도 효과를 중심으로. 성균관대학교 대학원 박사학위논문.

하정연, 오윤자(2003). 성공적인 노화를 위한 선택 · 적정화 · 보상책략 관련변인 연구. 한국가정관리학회지, 21(2), 131-145.

한경혜 · 이정화(2001). 부양의식, 형제자매 지원과 노부모 동거에 대한 혜택-비용 지각. 대한가정학회지, 39(11), 129-143.

한국소비자원(2020). 온라인 데이팅 서비스 이용 실태조사.

한미선(1992). 중년기 부인의 자녀문제로 인한 스트레스 대처방안과 심리적 적응간의 관계. 숙명여자대학교 대학원 석사학위논문.

한송이, 홍혜영(2010). 미혼남녀의 사랑유형과 자아존중감, 관계만족도, 신뢰도 연구. **통합치료연구**, 2(1), 25-48.

한영애, 양혜정(2020). 중년부부의 마음챙김과 결혼만족도의 관계에서 의사소통능력의 매개효과: 자기-상대방 상호의존성 모형(APIM)의 적용. **가족과 가족치료**, 28(3), 405-425.

함인희(1995). 사회변화와 가족. 여성한국사회연구회 편, **가족과 한국사회**. 서울: 경문사.

황정임, 이호택, 김유나(2016). 한부모가족 지원을 위한 네트워크 강화 방안에 관한 탐색적 연구. **여성연구**, 91, 191-223.

Ahrons, C. R. (1994). *The good divorce: Keeping your family together when your marriage comes apart*. New York: Harper Collins.

Ahrons, C. R. (2007). Family ties after divorce: Long-term implications for children. *Family Process*, *46*, 53-65.

Ainsworth, M. (1979). *Patterns of attachment*. New York: Halsted Press.

Akert, R. M. (1998). Terminating romantic relationships: The role of personal responsibility and gender. Unpublished Manuscript, Wellesley College.

Albert, M. S., & Kaplan, E. (1980). Organic implications of neuropsychological deficits in the elderly. In L. W. Poon, J. L. Fozard, L. S. Cermak, D. Arenberg, & L. W. Thompson (Eds.), *New directions in memory and aging: Proceedings of the George A. Talland memorial conference*. Hillsdale, NJ: Erlbaum.

Alberti, R., & Emmons, M. (2008). *Your perfect right* (9th ed.). Atascadero, CA: Impact Publishers.

Amato, P. R. (2007). Divorce and the well-being of adults and children. *Family Focus*, *52*, 3-18.

Amato, P. R., Kane, J. B., & James, S. (2011). Reconsidering the "Good Divorce." *Family Relations*, *60*, 511-524.

American Association for Marital & Family Therapy (2010). Infidelity. http://www.aamft.org/에서 인출.

American Association of Family and Consumer Sciences. (2015). AAFCS: Connecting professionals, touching lives. Web site: https://www.aafcs.org/AboutUs/FAQ.asp.

Atwater, E. (1996). *Adolescence* (4th ed.). Englewood Cliffs, NJ: Prentice-Hall.

Baltes, P. B., & Baltes, M. M. (1990). Psychological perspectives on successful aging: The model of selective optimization with compensation. In P. B. Baltes & M. M. Baltes (Eds.), *Successful aging* (pp. 1-34). Cambridge, England: Cambridge University Press.

Bartholomew, K., & Horowitz, L. M. (1991). Attachment styles among young adults: A test of a four-category model. *Journal of Personality and Social Psychology, 61*, 226-244.

Bateson, G. (1979). *Mind and nature*. New York: E. P. Dutton.

Baumrind, D. (1991). Effective parenting during the early adolescent transition. In P. A. Cowan & E. M. Hetherington (Eds.), *Family transitions* (pp. 111-163). Hillsdale, New Jersey: Erlbaum.

Baumrind, D. (2013). Authoritative parenting revisited: History and current status. In R. Larzelere, A. S. Morris, & A. W. Harist (Eds.), *Authoritative parenting* (pp. 11-34). Washington, DC: American Psychological Association.

Beck, A. T. (1976). *Cognitive therapy and the emotional disorders*. New York: Meridian.

Beck, U., & Beck-Gernsheim, E. (1999). **사랑은 지독한 혼란**. 강수영, 권기돈, 배은경(공역). 서울: 새물결. (원본발간일, 1990).

Becker, G. S. (1974). A theory of marriage. In T. W. Schultz(Ed.), *Economics of the family: Marriage, children, and human capital* (pp.299-344). Chicago: University of Chicago Press.

Belsky, J. (2001). Developmental risks (still) associated with early child care. *Journal of Child Psychology and Psychiatry, 42*, 845-859.

Bem, S. L. (1981). Gender schema theory: A cognitive account of sex typing. *Psychological Review, 88*, 354-369.

Bernstein, B. (1970). A sociolinguistic approach to socialization: With some reference to educability. In F. Williams (Ed.), *Language and poverty*. Chicago: Markham.

Berscheid, E., & Reis, H. (1998). Attraction and close relationships. In D. T. Gilbert, S. T. Fiske, & G. Lindzey (Eds.), *The handbook of social psychology* (4th ed., pp. 193-281). New York: McGraw-Hill.

Blackwell, D. L., & Lichter, D. T. (2000). Mate selection among married and cohabiting couples. *Journal of Family Issues, 21*, 275-302.

Blieszner, R. (1986). Trends in family gerontology research. *Family Relations, 35*, 555-562.

Blood, R., & Wolfe, D. (1960). *Husbands and wives*. Glencoe, IL: Free Press.

Blow, A. J., & Hartnett, K. (2005). Infidelity in committed relationships II: A substantive review. *Journal of Marital and Family Therapy, 31*, 217-233.

Bohanan, P. (1970). The six stations of divorce. In P. Bohannan (Ed.), *Divorce and after* (pp. 29-55). Garden City, NY: Doubleday.

Bornstein, R. F., Kale, A. R., & Cornell, K. R. (1990). Boredom as a limiting condition on the mere exposure effect. *Journal of Personality and Social Psychology, 58*, 791-800.

Bourassa, K. J., Ruiz, J. M., & Sbarra, D. A. (2019). Smoking and physical activity explain the increased mortality risk following marital separation and divorce: Evidence from the English Longitudinal Study of Aging. *Annals of Behavioral Medicine, 53* (3), 255-266.

Bowen, M. (1976). Theory in the practice of psychotherapy. In P. J. Guerin (Ed.), *Family therapy* (pp. 42-90). New York: Gardner Press.

Bowen, M. (1978). *Family therapy in clinical practice.* New York: Jason Aronson.

Bowlby, J. (1958). The nature of the child's tie to his mother. *International Journal of Psychoanalysis, 39*, 350-371.

Bowlby, J. (1969). *Attachment and loss* (Vol. 1). New York: Basic Books.

Brehm, S. S., Miller, R. S., Perlman, D., & Campbell, S. M. (2002). *Intimate relationships* (3rd ed.). Boston: McGraw-Hill.

Brennan, K. A., Clark, C. L., & Shaver, P. R. (1998). Self-report measurement of adult attachment: An integrative overview. In J. A. Simpson & W. S. Rholes (Eds.), *Attachment theory and close relationships* (pp. 46-76). New York: Guilford.

Brenner, M. H. (1991). Health, productivity, and the economic environment: Dynamic role of socioeconomic status. In G. Green & F. Baker (Eds.), *Work, health, and productivity.* New York: Oxford University Press.

Broderick, C. B. (1992). *Marriage and the family* (4th ed.). New Jersey: Prentice Hall.

Bronfenbrenner, U. (1979). *The ecology of human development: Experiments by nature and design.* Cambridge, MA: Harvard University Press.

Brown, E. (2000). Working with marital affairs: Learning from the Clinton triangles. In L. Vandecreek & T. L. Jackson (Eds.), *Innovations in clinical practice: A source book* (Vol. 18, pp. 471-478). Sarasota, FL: Professional Resource Press.

Brown, E. (2001). *Patterns of infidelity and affairs: A guide to working through the repercussions of infidelity.* New York: Jossey-Bass.

Brown, J. B., Holmes, J., Barker, G. (1991). Use of the home ovarian monitor in pregnancy avoidance. *American Journal of Obstetic Gynecology, 165*, 2008-2011.

Brown, S. L., & Bulanda, J. R. (2008). Relationship violence in early adulthood: A comparison of daters, cohabitors, and marrieds. *Social Science Research, 37*, 73-87.

Buchanan, C. M., & Heiges, K. L. (2001). When conflict continues after the marriage ends: Effects of postdivorce conflict on children. In J. H. Grych & F. D. Fincham (Eds.), *Interparental conflict and child development: Theory, research, and applications* (pp. 337-362). New York: Cambridge University Press.

Buchanan, C. M., Maccoby, E. E., & Dornbusch, S. M. (1991). Caught between parents: Adolescents' experience in divorced homes. *Child Development, 62* (5), 1008-1029.

Bumpass, L., & Lu, H. H. (2000). Trends in cohabitation and implications for children's family contexts in the United States. *Population Studies, 54*, 29-41.

Burt, S. A., Barnes, A. R., McGue, M., & Iacono, W. G. (2008). Parental divorce and adolescent delinquency: Ruling out the impact of common genes. *Developmental Psychology, 44* (6), 1668-1677.

Butler, R. N. (1961). Re-awakening interests. *Nursing Homes. Journal of American Nursing Home Association, 10*, 8-19.

Butler, R. N. (2002). The life review. *Journal of Geriatric Psychiatry, 35*, 7-10.

Cacioppo, J. T., & Patrick, B. (2008). *Loneliness: Human nature and the need for social connection*. New York: W. W. Norton & Company.

Centers for Disease Control and Prevention (2016). Teen dating violence. Web site: http://www.cdc.gov/violenceprevention/intimatepartnerviolence/teen_dating_violence.html.

Cherlin, A. J. (2004). The deinstitutionalization of American marriage. *Journal of Marriage and Family, 66* (4), 848-861.

Chiriboga, D. A. (1982). Adaptation to marital separation in later and earlier life. *Journal of Gerontology, 37*, 109-114.

Chong, A., & Mickelson, K. D. (2016). Perceived fairness and relationship satisfaction during the transition to parenthood: The mediating role of spousal support. *Journal of Family Issues, 37*, 3-28.

Chzhen, Y., Howarth, C., & Main, G. (2022). Deprivation and intra-family conflict: Children as agents in the Family Stress Model. *Journal of Marriage and Family, 84* (1), 121-140.

Cicchetti, D. (2013). Developmental psychopathology. In P. Zelazo (Ed.), *Oxford handbook of developmental psychology*. New York: Oxford University Press.

Cicchetti, D., & Banny, A. (2014). A developmental psychopathology perspective on child maltreatment. In M. Lewis & K. Rudolph (Eds.), *Handbook of developmental psychopathology*. New York: Springer.

Cicirelli, V. G. (1980, December). *Adult children's views on providing services for elderly parents*. Report to the Andrus Foundation.

Clarke-Stewart, A., & Brentano, C. (2006). *Divorce: Causes and consequences*. New Haven, CT: Yale University Press.

Coleman, M., & Ganong, L. H. (1990). Remarriage and stepfamily research in the 1980s: Increased interest in an old family form. *Journal of Marriage and the Family*, *52* (4), 925-940.

Connidis, I. (1988, November). *Sibling ties and aging*. Paper presented at the Gerontological Society of America, San Francisco.

Cowan, P. A., & Cowan, C. P. (2011). *After the baby: Keeping the couple relationship alive*. National Council on Family Relations Report: Family Focus on Transition to Parenthood, FF 49.

Cyr, M., McDuff, P., & Wright, J. (2006). Prevalence and predictors of dating violence among adolescent female victims of child sexual abuse. *Journal of Interpersonal Violence, 21* (8), 1000-1017.

Davidson, J. K., & Moore, N. B. (1992). *Marriage and family*. Dubuque, IA: Wm, C. Brown.

DeFrain, J. (1999). Strong families around the world. *Family Matters*, *53* (Winter), 6-13.

DeFrain, J., & Asay, S. (2007). *Strong families around the world: Strengths-based research and perspectives*. Binghamton, NY: Routledge.

DeFrain, J., & Stinnett, N. (2002). Family strengths. In J. J. Ponzetti, Jr. (Ed.), *International encyclopedia of marriage and family* (2nd ed., pp. 637-642). New York: Macmillan Reference Group.

Dodge, K. A., Coie, J. D., Pettit, G. S., & Price, J. M. (1990). Peer status and aggression in boys' groups: Developmental and contextual analyses. *Child Development, 61,* 1289-1310.

Duck, S. W. (1982). A topography of relationship disengagement and dissolution. In S. W. Duck (Ed.), *Personal relationships* (Vol. 4, pp. 1-32). London: Academic Press.

Dunn, J., Cheng, H., O'Connor, T. G., & Bridges, L. (2004). Children's perspectives on their relationships with their nonresident fathers: Influences, outcomes and implications. *Journal of Child Psychology and Psychiatry, 45* (3), 553-566.

Durkheim, E. (1969). Individualism and the intellectuals. *Political Studies, 17*, 14-30.

Dush, C. M. K., Cohan, C. L., & Amato, P. R. (2003). The relationship between cohabitation and marital quality and stability: Changes across cohorts? *Journal of Marriage and the Family*, *65*, 539-549.

Duvall, E. M., & Miller, B. C. (1985). *Marriage and family development* (6th ed.). New York: Harper & Row.

Eagly, A. H., Ashmore, R. D., Makhijani, M. G., & Longo, L. C. (1991). What is beautiful is good, but…: A meta-analytic review of research on the physical attractiveness stereotype. *Psychological Bulletin*, *110*, 109-128.

Eagly, A. H., & Wood, W. (1999). The origins of human sex differences: Evolved dispositions versus social roles. *American Psychologist*, *54*, 408-423.

Eastman, P. (1984). Elders under siege. *Psychology Today, 18* (1), 30.

Elkind, D. (1999). **변화하는 가족**. 이동원, 김모란, 윤옥경(공역). 서울: 이화여자대학교 출판부. (원본발간일, 1995).

Emanuele, E., Brondino, N., Pesenti, S., Re, S., & Geroldi, D. (2007). Genetic loading on human loving styles. *Neuro Endocrinology Letters*, *28* (6), 815-821.

Emanuele, E., Politi, P., Bianchi, M., Minoretti, P., Bertona, M., & Geroldi, D. (2006). Raised plasma nerve growth factor levels associated with early-stage romantic love. *Psychoneuroendocrinology*, *31* (3), 288-294.

Engels, F. (2012). **가족의 기원, 사유재산 그리고 국가**. 김대웅(역). 서울: 두레. (원본발간일, 1884).

Erickson, R. (2005). Why emotion work matters: Sex, gender, and the division of household labor. *Journal of Marriage and Family*, *67*, 337-351.

Erikson, E. H. (1950). *Childhood and society*. New York: Norton.

Erikson, E. H. (1968). *Identity: Youth and crisis*. New York: Norton.

Erikson, E. H., Erikson, J. H., & Kivnick, H. Q. (1986). *Vital involvement in old age*. New York: Norton.

Fabricius, W. V., Braver, S. L., Diaz, P., & Velez, C. E. (2010). Custody and parenting time: Links to family relationships and well-being after divorce. In M. E. Lamb (Ed.), *The role of the father in child development* (pp. 201-240). Hoboken, NJ: John Wiley & Sons.

Feeney, J. A., & Noller, P. (1990). Attachment style as a predictor of adult romantic relationships. *Journal of Personality and Social Psychology, 58*, 181-191.

Feingold, A. (1990). Gender differences in effects of physical attractiveness on romantic attraction: A comparison across five research paradigms. *Journal of Personality and Social Psychology, 59*, 981-993.

Feldman, R., Gordon, I., Schneiderman, I., Weisman, O., & Zagoory-Sharon, O. (2010). Natural variations in maternal and paternal care are associated with systematic changes in oxytocin following parent-infant contact. *Psychoneuroendocrinology, 35* (8), 1133-1141.

Fincham, F. D., & Bradbury, T. N. (1987). Cognitive processes and conflict in close relationships: An attribution-efficacy model. *Journal of Personality and Social Psychology, 53*, 1106-1118.

Fingerman, K. L., & Baker, B. (2006). Socioemotional aspects of aging. In J. Wilmouth & K. Ferraro (Eds.), *Perspectives in gerontology* (3rd ed.). New York: Springer.

Fisher, H. (2004). *Why we love: The nature and chemistry of romantic love*. New York: Henry Holt.

Fowers, B. J., Montel, K. H., & Olson, D. H. (1996). Predictive validity of types of premarital couples based on PREPARE. *Journal of Marital and Family Therapy, 22*, 103-119.

Fowers, B. J., & Olson, D. H. (1986). Predicting marital success with PREPARE: A predictive validity study. *Journal of Marital and Family Therapy, 12*, 403-413.

Freud, S. (1933). *New introductory lectures in psychoanalysis*. New York: Norton.

Frisch, R. E. (1991). Puberty and body fat. In R. M. Lerner, A. C. Petersen & J. Brooks-Gunn (Eds.), *Encyclopedia of adolescence*. New York: Garland.

Fromm, E. (1995). **사랑의 기술**. 황문수(역). 서울: 문예출판사. (원본발간일, 1956).

Fuller, T. D. (2010). Relationship status, health, and health behavior: An examination of cohabiters and commuters. *Sociological Perspectives, 53*, 221-246.

Galvin, K. M., & Brommel, B. J. (1990). **의사소통과 가족관계**. 이재연, 최영희(공역). 서울: 형설출판사. (원본출간일, 1982).

Ganong, L. H., & Coleman, M. (2003). **재혼가족관계**. 김종숙(역). 서울: 한국문화사. (원본발간일, 1994).

Giddins, A. (2003). Families past and present. In A. S. Skolnick & J. H. Skolnick (Eds.), *Families in transition* (12th ed.). Boston: Allyn & Bacon.

Gilford, R. (1986). Marriages in later life. *Generations, 10* (4), 16-20.

Gold, D. T., Woodbury, M. A., & George, L. K. (1990). Relationship classification using grade of membership analysis: A typology of sibling relationships in later life. *Journal of Gerontology: Social Sciences, 45*, 43-51.

Gorchoff, S. M., John, O. P., & Helson, R. (2008). Contextualizing change in marital satisfaction during middle age: An 18-Year longitudinal study. *Psychological Science, 19* (11), 1194-1200.

Gordon, I., Zagoory-Sharon, O., Leckman, J. F., & Feldman, R. (2010). Oxytocin and the development of parenting in humans. *Biological psychiatry, 68* (4), 377-382.

Gordon, T., & Gordon, J. S. (2000). **부모역할 배워지는 것인가.** 김인자(역). 서울: 한국심리상담연구소. (원본발간일, 1970).

Gottman, J. M. (1999). *The marriage clinic: A scientifically based marital therapy*. New York: W.W. Norton & Company.

Gottman, J. M., & Levenson, R. W. (1992). Marital processes predictive of later dissolution: Behavior, physiology, and health. *Journal of Personality and Social Psychology*, *63*, 221-233.

Gottman, J. M., & Silver, N. (1999). *The seven principles for making marriage work*. New York: Crown.

Grambs, J. D. (1989). *Women over forty: Visions and realities* (Rev. ed.). New York: Springer.

Gray, J. (1998). **화성에서 온 남자 금성에서 온 여자.** 김경숙(역). 서울: 도서출판 친구. (원본발간일, 1993).

Gubernskaya, Z. (2010). Changing attitudes toward marriage and children in six countries. *Sociological Perspectives, 53*, 179-200.

Gubrium, J. F., & Holstein, J. A. (1990). *What is family?* Mountain View, CA: Mayfield.

Hamner, T., & Turner, P. (2001). *Parenting in contemporary society* (4th ed.). Boston, MA: Allyn & Bacon.

Harris, J. (2003). *I kissed dating goodbye*. Sisters, OR: Multnomah.

Hartman, M., & Hasher, L . (1991). Aging and suppression: Memory for previously relevant information. *Psychology and Aging, 6*, 587-594.

Hatkoff, T. S., & Lasswell, T. E. (1979). Male/female differences in conceptualizing love. In M. Cook & G. Wilson (Eds.), *Love and attraction* (pp. 221-227). New York: Pergamon Press.

Haymes, N. E. (1963). *Medical history of contraception*. New York: Gamut Press.

Hazan, C., & Shaver, P. (1987). Romantic love conceptualized as an attachment process. *Journal of Personality and Social Psychology, 51*, 511-524.

Heider F. (1958). The psychology of interpersonal relations. New York: Wiley.

Hendrick, C., & Hendrick, S. S. (1986). A theory and method of love. *Journal of Personality and Social Psychology, 50* (2), 392-402.

Hennessy, K. D., Robideau, G. J., Cicchetti, D., & Cumming, E. M. (1994). Responses of physically abused and nonabused children to different forms of interadult anger. *Child Development, 65,* 815-828.

Herbst, P. G. (1952). The measurement of family relationships. *Human Relations, 5*, 3-35.

Herzog, A. R., House, J. S., & Morgan, J. N. (1991). Relation of work and retirement to health and well-being in older age. *Psychology and Aging, 6* (2), 202-211.

Hetherington, E. M. (2006). The influence of conflict, marital problem solving and parenting on children's adjustment in nondivorced, divorced, and remarried families. In A. Clarke-Stewart & J. Dunn (Eds.), *Families count: Effects on child and adolescent development* (pp. 203-237). New York: Cambridge University Press.

Hetherington, E. M., & Kelly, J. (2002). *For better or for worse: Divorce reconsidered.* New York: W.W. Norton & Company.

Homish, G. G., & Leonard, K. E. (2007). The drinking partnership and marital satisfaction: The longitudinal influence of discrepant drinking. *Journal of Consulting and Clinical Psychology, 75* (1), 43-51.

Hook, E. W., & Handsfield, H. H. (1999). Gonococcal infections in the adult. In K. K. Holmes, P. F. Sparling, & P. A. March (Eds.), *Sexually transmitted diseases* (3rd ed.). New York: McGraw-Hill.

Hooyman, N. R., & Kiyak, H. A. (2005). *Social gerontology* (7th ed.). Boston, MA: Pearson.

Hughes, M., & Waite, L. (2009). Marital biography and health at mid-life. *Journal of Health and Social Behavior, 50*, 344-358.

Hyde, J. S., & Delamater, J. (1997). *Understanding human sexuality* (6th ed.). New York: McGraw-Hill.

Hyde, J. S., & DeLamater, J. D. (2020). *Understanding human sexuality* (14th ed.). New York: McGraw-Hill.

Jackson, L. A. (1992). *Physical appearance and gender: Sociobiological and sociocultural perspectives*. Albany: State University of New York Press.

Jayson, S. (2010). Free as a bird and loving it. In K. Gilbert (Ed.), *Annual edition: The family* 10/11 (pp. 47-48). Boston: McGraw-Hill.

Jedlicka, D. (1982). Mate selection and sex inequality. Paper presented at the annual meeting of the National Council on Family Relations, Washington, D. C.

Jones, B. M., Eley, A., & Hicks, D. A. (1994). Comparison of the influence of spermicidal and non-spermicidal contraception on bacterial vaginosis, candidal infection and inflammation of the vagina-a preliminary study. *International Journal of STD AIDS, 5*, 362-364.

Jonson-Reid, M., Kohl, P. L., & Drake, B. (2012). Child and adolescent outcomes of chronic child maltreatment. *Pediatrics, 129*, 839-845.

Jose, A., O'Leary, K. D., & Moyer, A. (2010). Does premarital cohabitation predict subsequent marital stability and marital quality? A meta-analysis. *Journal of Marriage and Family, 72* (1), 105-116.

Kalick, S. M., Zebrowitz, L. A., Langlois, J. H., & Johnson, R. M. (1998). Does human facial attractiveness honestly advertise health? Longitudinal data on an evolutionary question. *Psychological Science, 9* (1), 8-13.

Kalish, R. (1989). *Midlife loss: Coping strategies*. Newbury Park, CA: Sage.

Kanemasa, Y., Asano, R., Komura, K., & Miyagawa, Y. (2023). The longitudinal associations between personality traits and psychological intimate partner violence. *Journal of Marriage and Family, 85* (1), 55-71.

Kanter, J. B., Lavner, J. A., Lannin, D. G., Hilgard, J., & Monk, J. K. (2022). Does couple communication predict later relationship quality and dissolution? A meta-analysis. *Journal of Marriage and Family, 84* (2), 533-551.

Keith, P. M., & Schafer, R. B. (1991). *Relationships and well-being over the life stages*. New York: Praeger.

Kelly, J. B. (2007). Children's living arrangements following separation and divorce: Insights from empirical and clinical research. *Family Process, 46*, 35-52.

Kerckhoff, A. C., & Davis, K. E. (1962). Value consensus and need complementarity in mate selection. *American Sociological Review, 27*, 295-303.

Kilmann, R., & Thomas, K. (1975). Interpersonal conflict handling behavior as reflections of Jungian personality dimensions. *Psychological Reports, 37*, 971-980.

Klaus, M. H., & Kennell, J. H. (1983). *Bonding: The beginnings of parent-infant attachment*. St. Louis, MO: C.V. Mosby.

Knutson, L., & Olson, D. H. (2003). Effectiveness of PREPARE program with premarital couples in a community setting. *Marriage and Family, 6* (4), 529-546.

Kohlberg, L. A. (1966). Cognitive developmental analysis of children's sex-role concepts and attitudes. In E. E. Maccoby (Ed.), *The development of sex differences*. Stanford, CA: Stanford University Press.

Kulu, H., & Boyle, P. J. (2010). Premarital cohabitation and divorce: Support for the trial marriage theory? *Demographic Research, 23* (31), 879-904.

Kurdek, L. A. (1998). Development changes in marital satisfaction: A 6-year prospective longitudinal study of newlywed couples. In T. N. Bradbury (Ed.), *The developmental course of martial dysfunction* (pp. 180-204). New York: Cambridge University Press.

Lamanna, M. A., & Riedmann, A. (1991). *Marriages and families: Making choices and facing change* (4th ed.). Belmont, CA: Wadsworth.

Lamb, M. (1995). **아버지 역할과 아동발달**. 김광웅, 박성연(공역). 서울: 이화여자대학교 출판부. (원본발간일, 1981).

Langeslag, S. J. E. (2009). Is the serotonergic system altered in romantic love? A literature review and research suggestions. In E. Cuyler & M. Ackhart (Eds.), *Psychology of relationships* (pp. 213-218). Hauppauge, NY: Nova Science.

Larsen, A. S., & Olson, D. H. (1989). Predicting marital satisfaction using PREPARE: A replication study. *Journal of Marital and Family Therapy, 15* (3), 311-322.

Lasswell, T. E., & Lasswell, M. E. (1976). I love you but I'm not in love with you. *Journal of Marriage and Family Counseling, 38*, 211-224.

Latane, B., Liu, J. H., Nowak, A., Bonevento, M., & Zheng, L. (1995). Distance matters: Physical space and social impact. *Personality and Social Psychology Bulletin, 21*, 795-805.

Latorre, J. M., Serrano, J. P., Ricarte, J., Bonete, B., Ros, L., & Sitges, E. (2015). Life review based on remembering specific positive events in active aging. *Journal of Aging and Health, 27*, 140-157.

Lauer, R. H., & Lauer, J. C. (2012). *Marriage and family: The quest for intimacy* (8th ed.). New York: McGraw-Hill.

Laumann, E., Gagnon, J. H., Michael, R. T., & Michaels, S. (1994). *The social organization of sexuality: Sexual practices in the United States*. Chicago: University of Chicago Press.

Lee, J. A. (1973). *Colours of love: An exploration of the ways of loving*. Toronto: New Press.

Lee, J. A. (1998). Ideologies of love style and sex style. In V. C. de Munck (Ed.), *Romantic love and sexual behavior*. Westport, CT: Praeger.

Lee, T. R., Mancini, J. A., & Maxwell, W. (1990). Sibling relationships in adulthood: Contact patterns and motivation. *Journal of Marriage and the Family*, *52*, 431-440.

LeMasters, E. E. (1957). Parenthood as crisis. *Marriage and Family Living, 19*, 352-355.

Lemley, B. (2000). Isn't she lovely. *Discovery*, *21*, 1-9.

Lesthaeghe, R., & van de Kaa, D. J. (1986). Two demographic transitions? In D. J. van de Kaa & R. Lesthaeghe(Eds.), *Population: Growth and decline* (pp. 9-24). Arnhem: Van Loghum Slaterus.

Levinger, G. (1965). Marital cohesiveness and dissolution: An integrative review. *Journal of Marriage and the Family*, *27*, 19-28.

Levi-Strauss, C. (1956). The family. In H. L. Shapiro (Ed.), *Men, culture, and society* (pp. 261-285). Oxford: The University Press.

Lewis, M. I., & Butler, R. N. (1974). Life-review therapy: Putting memories to work in individual and group psychotherapy. *Geriatrics, 29*, 165-173.

Lewis, R. A., Volk, R. J., & Duncan, S. F. (1989). Stress on fathers and family relationships related to rural youth leaving and returning home. *Family Relations, 38*, 174-181.

Lidegaard, O. (1995). Oral contraceptives, pregnancy and the risk of cerebral thromboembolism: The influence of diabete, hypertension, migraine and previous thromboembolic disease. *British Journal Of Obstetrics and Gynaecology*, *102*, 153-159.

Lino, M., Kuczynski, K., Rodriguez, N., & Schap, T. (2017). *Expenditures on children by families, 2015*. Miscellaneous Publication No. 1528-2015.

Little, A. C., & Perrett, D. I. (2002). Putting beauty back in the eye of the beholder. *The Psychologist*, *15* (1), 28-32.

Liu, H., Elliott, S., & Umberson, D. J. (2010). Marriage in young adulthood. In J. E. Grant & M. N. Potenza (Eds.), *Young adult mental health*. New York, NY: Oxford University Press.

Lowenthal, M. F., Thurnher, M., & Chiriboga, D. (1975). *Four stages of life*. San Francisco: Jossey-Bass.

Maccoby, E. E., & Martin, J. A. (1983). Socialization in the context of the family: Parent-child interaction. In P. Mussen & E. M. Hetherington (Eds.), *Handbook of child psychology* (Vol. IV): *Socialization, personality, and social development* (pp. 1-101). New York: Wiley.

Manning, W. D., & Cohen, J. A. (2012). Premarital cohabitation and marital dissolution: An examination of recent marriages. *Journal of Marriage and Family, 74* (2), 377-387.

Marazziti, D., Akiskal, H. S., Rossi, A., & Cassano, G. B. (1999). Alteration of the platelet serotonin transporter in romantic love. *Psychological Medicine*, *29* (3), 741-745.

Marazziti, D., & Canale, D. (2004). Hormonal changes when falling in love. *Psychoneuroendocrinology*, *29* (7), 931-936.

Markman, H. J., Stanley, S. M., & Blumberg, S. L. (2001). *Fighting for your marriage*. San Francisco, CA: Jossey-Bass.

Marsiglio, W., & Donnelly, D. (1991). Sexual relations in later life: A national study of married persons. *Journal of Gerontology: Social Sciences, 46* (6), 338-344.

Mason, J. O. (1993). The dimensions of an epidemic of violence. *Public Health Reports, 108,* 1-4.

Masters, W. H., & Johnson, V. E. (1966). *Human sexual response*. Boston: Little, Brown.

Masters, W. H., & Johnson, V. E .(1980). *Human sexual inadequacy*. Boston: Little, Brown.

Masters, W. H., & Johnson, V. E. (1981). Sex and the aging process. *Journal of the American Geriatrics Society, 29*, 385-390.

Masters, W. H., Johnson, V. E., & Kolodny, R. (1995). *Human sexuality* (5th ed.). New York: Harper Collins.

Masters, W. H., Johnson, V. E., & Kolodny, R. (1998). *Heterosexuality*. New York: Gramercy Books.

McCarthy, B. W., & McCarthy, E. J. (2009). *Discovering your couple sexual style*. New York: Routledge.

McCarthy, B., & McCarthy, E. (2019). *Enhancing couple sexuality: Creating an intimate and erotic bond*. NewYork: Routledge.

McCarthy, B., & McCarthy, E. (2022). *Couple sexuality after 60: Intimate, pleasurable, and satisfying*. NewYork: Routledge.

McGraw, P. C. (2003). 관계회복. 나명화(역). 서울: 상상북스. (원본발간일, 2000).

McMillan, L. (1990). Grandchildren, chocolate, and flowers. *Australian Journal on Ageing, 9* (4), 13-17.

Mead, M. (1968). *Male and female*. New York: Dell.

Meier, J. A., McNaughton-Cassill, M., & Lynch, M. (2006). The management of household and childcare tasks and relationship satisfaction in dual-earner families. *Marriage and Family Review*, *40*, 61-88.

Meier, P. (1991). War of words: Women talk about how men and women talk. *Minneapolis Star Tribune*, 8.

Merva, M., & Fowles, R. (1992). *Effects of diminished economic opportunities on social stress: Heart attacks, strokes, and crime*. Washington, DC: Economic Policy Institute.

Miller, B. C., Norton, M. C., Curtis, T., Hill, E. J., Schvaneveldt, P., & Young, M. H. (1997). The timing of sexual intercourse among adolescents: Family, peer, and other antecedents. *Youth and Society, 29*, 54-83.

Miller, S., & Miller, P. (2000). *Thriving together: Couple communication* II. Evergreen, CO: Interpersonal Communication Programs.

Minuchin, S. (1974). *Families and family therapy*. Cambridge, MA: Harvard University Press.

Mischel, W. (1970). Sex typing and socialization. In P. H. Mussen (Ed.), *Carmichael's manual of child psychology* (Vol. 2 pp. 8-72). New York: Wiley.

Moreland, R. L., & Beach, S. R. (1992). Exposure effects in the classroom: The development of affinity among students. *Journal of Experimental Social Psychology*, *28*, 255-276.

Murdock, G. P. (1949). *Social structure*. New York: MacMillan.

Murstein, B. I. (1987). A classification and extension of the SVR theory of dyadic pairing. *Journal of Marriage and the Family*, *42*, 777-792.

Nallo, A. D., Lipps, O., Oesch, D., & Voorpostel, M. (2022). The effect of unemployment on couples separating in Germany and the UK. *Journal of Marriage and Family*, *84* (1), 310-329.

Neugarten, B. L. (1977). Personality and aging. In J. Birren & K. W. Schaie (Eds.), *Handbook of the psychology of aging* (pp. 626-649). New York: Van Nostrand Reinhold.

Newcomb, T. M. (1961). *The acquaintance process*. New York: Holt, Rinehart, & Winston.

Olsen, D., & Stephens, D. (2009). **부부, 연인보다 아름답게 사는 법**. 신희천, 한소영, 윤미혜, 배병훈, 백혜영(공역). 서울: 학지사. (원본발간일, 2001).

Olson, D. H., & Cromwell, R. E. (1975). Methodological issues in family power. In R. E. Cromwell & D. H. Olson (Eds.), *Power in families* (pp. 3-11). Newbury Park, CA: Sage.

Olson, D. H., DeFrain, J., & Olson, A. K. (2007). **행복한 결혼, 건강한 가족**. 21세기 가족문화연구소(편역). 서울: 양서원. (원본발간일, 1999).

Olson, D. H., DeFrain, J., & Skogrand, L. (2008/2019). *Marriages and families: Intimacy, diversity, and strengths*. New York: McGraw-Hill Higher Education.

Olson, D. H., Fournier, D., & Druckman, J. (1989). *PREPARE, PREPARE-MC and ENRICH Inventories* (3rd ed.). Minneapolis, MN: Life Innovations.

Olson, D. H., & Olson, A. K. (2000). *Empowering couples: Building on your strengths*. Minneapolis, MN: Life Innovations.

Olson, D. H., Olson-Sigg, A., & Larson, P. J. (2008). *Couple checkup: Find your relationship strengths*. Nashville, TN: Thomas Nelson.

Orthner, D. K. (1981). *Intimate relationships*. Reading, MA: Addison-Wesley.

Papalia, D. E., Olds, S. W., & Feldman, R. D. (1989). *Human development*. New York: McGraw-Hill.

Paquette, D. (2004). Theorizing the father-child relationship: Mechanisms and developmental outcomes. *Human Development, 47*, 193-219.

Parke, R. D. (2011). **아버지의 어린이 양육**. 곽덕영(역). 서울: 학문사. (원본발간일, 1996).

Parkes, C. M., Benjamin, R., & Fitzgerald, R. A. (1969). Broken heart: A statistical study of increased mortality among widowers. *British Medical Journal, 1*, 740-743.

Parsons, T. (1955). The American family: Its relations to personality and the social structure. In T. Parsons & R. F. Bales (Eds.), *Family, socialization, and interaction process* (pp. 3-21). Glencoe, IL: Free Press.

Parsons, T. (1965). The normal American family. In S. M. Farber, P. Mustacchi, & R. H. L. Wilson (Eds.), *Man and civilization: The family's search for survival* (pp. 31-50). New York: McGraw-Hill.

Pearlin, L. I. (1980). Life strains and psychological distress among adults. In N. J. Smelser & E. H. Erikson (Eds.), *Themes of work and love in adulthood*. Cambridge, MA: Harvard University Press.

Pearlman, S. D., & Abramson, P. R. (1981). Sexual satisfaction in married and cohabiting individuals. In K. Kelley & D. Byrne (Eds.), *Exploring human sexuality*. Englewood Cliffs, NJ: Prentice-Hall.

Pearson, J. C. (1996). Forty-forever years? Primary relationships and senior citizens. In N. Vanzetti & S. Duck (Eds.), *A lifetime of relationships*. Pacific Grove, CA: Brooks/Cole.

Pedrick-Cornell, C., & Gelles, R. J. (1982). Elder abuse: The status of current knowledge. *Family Relations, 31*, 457-465.

Peele, S. (1985). *The meaning of addiction: Compulsive experience and its interpretation*. Lexington, MA: Lexington Books.

Pleck, J. H. (2010). Paternal involvement: Revised conceptualization and theoretical linkages with child outcomes. In M. E. Lamb (Ed.), *The role of the father in child development* (pp. 58-93). Hoboken, NJ: John Wiley & Sons.

Poon, L. W. (1985). Differences in human memory with aging: Nature, causes, and clinical implications. In J. E. Birren & K. W. Schaie (Eds.), *Handbook of the psychology of aging* (2nd ed. pp. 427-462). New York: Van Nostrand Reinhold.

Popenoe, D. (1993). American family decline, 1960-1990. *Journal of Marriage and the Family, 55*, 527-555.

Popenoe, D., & Whitehead, B. D. (1999). *The state of our unions*. New Brunswick, NJ: National Marriage Project, Rutgers University.

Popkin, H. A. S. (2011, September 12). British people prefer Facebook to toilet. msnbc.com Today. Retrieved from http://digitallife.today.com/_news/2011/09/12/7728080-british-people-preferfacebook-to-toilets.

Raven, B. H., Centers, R., & Rodrigues, A. (1975). The bases of conjugal power. In R. S. Cromwell & D. H. Olson (Eds.), *Power in families* (pp. 217-232). New York: Wiley.

Raymo, J., Uchikoshi, F., & Yoda, S. (2021). Marriage intentions, desires, and pathways to later and less marriage in Japan. *Demographic Research, 44* (3), 67-98.

Reiss, I. L., & Lee, G. R. (1988). *Family systems in America* (4th ed.). New York: Holt, Rinehart, and Winston.

Rhyne, D. (1981). Basis of marital satisfaction among men and women. *Journal of Marriage and the Family, 43*, 941-955.

Ridley, C. A., Peterman, D. J., & Avery, A. W. (1978). Cohabitation: Does it make for a better marriage? *The Family Coordinator, 27* (2), 129-136.

Robinson, B., & Thurnher, M. (1981). Taking care of aged parents: A family cycle transition.

Gerontologist, 19 (6), 586-593.

Rosen, R. C., & Leiblum, S. R. (1995). *Case studies in sex therapy.* New York: Guilford.

Rotenberg, K. J., & Korol, S. (1995). The role of loneliness and gender in individuals' love styles. *Journal of Social Behavior and Personality, 10,* 537-546.

Saint-Jacques, M., Robitaille, C., Godbout, É., Parent, C., Drapeau, S., & Gagne, M. (2011). The processes distinguishing stable from unstable stepfamily couples: A qualitative analysis. *Family Relations, 60* (5), 545-561.

Salthouse, T. A. (1991). *Theoretical perspectives on cognitive aging.* Hillsdale, NJ: Erlbaum.

Salzinger, S., Feldman, R. S., Hammer, M., & Rosario, M. (1993). The effects of physical abuse on children's social relationships. *Child Development, 64,* 169-187.

Satir, V. (1978). *Your many faces.* Berkeley, CA: Celestial Arts.

Satir, V., Banmen, J., Gerber, J., & Gomori, M. (1991). *The Satir model: Family therapy and beyond.* Palo Alto, CA: Science and Behavior Books.

Saul, L. J. (1979). *The childhood emotional pattern in marriage.* New York: Van Nostrand Rheinhold.

Scanzoni, J. (1995). *Contemporary families and relationships: Reinventing responsibility.* New York: McGraw-Hill.

Schaie, K. W. (1990). The optimization of cognitive functioning in old age: Predictions based on cohort-sequential and longitudinal data. In P. B. Baltes & M. M. Baltes (Eds.), *Successful aging: Perspectives from the behavioral sciences* (pp. 94-117). Cambridge, England: Cambridge University Press.

Schaie, K. W., & Parr, J. (1981). Intelligence. In A. W. Chickering (Ed.), *The modern American college* (pp. 117-128). San Francisco: Jossey-Bass.

Schaie, K. W., & Willis, S. L. (1996). *Adult development and aging* (4th ed.). New York: Harper Collins.

Schulz, R., & Heckhausen, J. (1996). A lifespan model of successful aging. *American Psychologist, 51,* 702-714.

Shaffer, D. R. (1999). *Developmental psychology: Childhood and adolescence* (5th ed.). Pacific Grove, CA: Brooks/Cole.

Shapiro, D. N., & Stewart, A. J. (2011). Parenting stress, perceived child regard, and depression in stepmothers and biological mothers. *Family Relations, 60,* 533-544.

Shaver, K. (June 17, 2007). *Stay-at-home dads forge new identities, roles*. Washington, DC: Washington Post.

Shifflett, K., & Cummings, E. (1999). A program for educating parents about the effects of divorce and conflict on children: An initial evaluation. *Family Relations*, *48*, 79-89.

Shorter, E. (1976). *The making of modern family*. New York: Basic Books.

Skolnick, A. S., & Skolnick, J. H. (1994). *Families in transition* (8th ed.). New York: Harper Collins.

Stacey, J. (1990). *Brave new families*. New York: Basic Books.

Stacey, J. (1993). Good riddance to the family: A response to David Popenoe. *Journal of Marriage and the Family*, *55*, 545-547.

Stanley, S. M., Rhoades, G. K., & Markman, H. J. (2006). Sliding versus deciding: Inertia and the premarital cohabitation effect. *Family Relations*, *55* (4), 499-509.

Stauder, J., & Röhlke, L. (2022). The partner market as a resource in couples' bargaining on housework division. *Journal of Marriage and Family*, *84* (2), 612-635.

Stein, P. (1981). *Single life: Unmarried adults in social context*. New York: St. Martin's Press.

Sternberg, R. J. (1986). A triangular theory of love. *Psychological Review*, *93*, 119-135.

Stinnett, N., & DeFrain, J. (1985). *Secrets of strong families*. Boston: Little, Brown.

Stinnett, N., Walters, J., & Kaye, E. (1984). *Relationships in marriage and the family*. New York: MacMillan.

Straus, M. A. (1979). Measuring intrafamily conflict and violence: The conflict tactics sale (CTS). *Journal of Marriage and Family*, *41*, 75-88.

Strom, R., & Strom, S. (1990). Raising expectations for grandparents: A three generational study. *International Journal of Aging and Human Development, 31* (3), 161-167.

Strong, B., Yarber, W. L., Sayad, B. W., & DeVault, C. (2009). *Human sexuality: Diversity in contemporary America* (7th ed.). New York: McGraw-Hill.

Stubblefield, P. G. (2002). Family planning. In J. S. Berek (Ed.), *Novak's gynecology* (13th ed.). Philadelphia, PA: Lippincott Williams & Wilkins.

Tannen, D. (2001). *You just don't understand: Women and men in conversation*. New York: Quill.

Taraban, C. B., & Hendrick, C. (1995). Personality perceptions associated with six styles of love. *Journal of Social and Personal Relationships*, *12*, 453-461.

Taylor, S. E., Peplau, L. A., & Sears, D. O. (2003). *Social psychology* (11th ed.). New York: Prentice-Hall.

Teachman, J. D. (2008). Complex life course patterns and the risk of divorce in second marriages. *Journal of Marriage and Family, 70*, 294-305.

Tichenor, V. J. (1999). Status and income as gendered resources: The case of marital power. *Journal of Marriage and the Family, 61*, 638-650.

Treanor, M. C. (2020). *Child poverty: Aspiring to survive.* Bristol: Policy Press.

Trickett, P. K., & McBride-Chang, C. (1995). The developmental impact of different forms of child abuse and neglect. *Developmental Review, 15,* 311-337.

Trickett, P. K., Negriff, S., Ji, J., & Peckins, M. (2011). Child maltreatment and adolescent development. *Journal of Research on Adolescence, 21*, 3-20.

Trussel, J., Sturgen, K., & Strickler, J. (1994). Comparative efficacy of the female condom and other barrier method. *Family Planning Perspect*, *26*, 66-72.

Turner, J. S., & Rubinson, L. (1993). *Contemporary human sexuality.* Englewood Cliffs, NJ: Prentice-Hall.

Udry, R. (1971). *The social context of marriage.* New York: Lippincott.

Uhlenberg, P., & Myers, M. A. P. (1981). Divorce and the elderly. *The Gerontologist, 21* (3), 276-282.

Umberson, D., Williams, K., Powers, D. A., Liu, H., & Needham, B. (2006). You make me sick: Marital quality and health over the life course. *Journal of Health and Social Behavior, 47*, 1-16.

U. S. Census Bureau. (2009). *Father's day: June 21, 2009.*

Vaillant, C. O., & Vaillant, G. E. (1993). Is the u-curve of marital satisfaction an illusion? A 40 year study of marriage. *Journal of Marriage and the Family*, *55*, 230-239.

Van Baarsen, B., Snijders, T. A. B., Smit, J. H., & Van Dujin, M. A. J. (2001). Lonely but not alone: Emotional isolation and social isolation as two distinct dimensions of loneliness in older people. *Educational and Psychological Measurement*, *61* (1), 119-135.

Van Laningham, J., Johnson, D. R., & Amato, P. (2001). Marital happiness, marital duration, and the U-shaped curve: Evidence from a five-wave panel study. *Social Forces*, *79* (4), 1313-1341.

Vessey, M., Lawless, M., & Yeates, D. (1982). Efficacy of different contraceptive methods. *Lancet*, *1*, 841-843.

Vinick, B. (1978). Remarriage in old age. *Family Coordinator, 27* (4), 359-363.

Waite, L. J., & Gallagher, M. (2000). *The case for marriage: Why married people are happier, healthier, and better off financially*. New York: Doubleday.

Waite, L. J., Luo, Y., & Lewin, A. (2009). Marital happiness and marital stability: Consequences for psychological well-being. *Social Science Research, 38*, 201-212.

Wallerstein, J. S., & Lewis, J. M. (2004). The unexpected legacy of divorce: Report of a 25-year study. *Psychoanalytic Psychology, 21*, 353-370.

Weinstock, H., Dean, D., & Bolan, G. (1994). Chlamydia trachomatis infections. *Infectious Disease Clinics of North America, 8* (4), 797-819.

Wekerle, C., Leung, E., Wall, A. M., MacMillan, H., Boyle, M., Trocme, N., & Waechter, R. (2009). The contribution of childhood emotional abuse to teen dating violence among child protective services-involved youth. *Child Abuse and Neglect, 33* (1), 45-58.

Whipple, B. (2002). Women's sexual pleasure and satisfaction: A new view of female sexual function. *Female Patient, 27*, 44-47.

Whitaker, C. (1992). Symbolic experiential family therapy: Model and methodology. In J. K. Zeig (Ed.), *Evolution of psychotherapy: The second conference* (pp. 13-23). Philadelphia: Brunner/Mazel.

Whitton, S. W., Nicholson, J. M., & Markman, H. J. (2008). Research on interventions for stepfamily couples: The state of the field. In J. Pryor (Ed.), *The international handbook of stepfamilies: Policy and practice in legal, research and clinical environments* (pp. 445-484). Hoboken, NJ: John Wiley.

Widom, C. S. (1989). Does violence beget violence? A critical examination of the literature. *Psychological Bulletin, 106*, 3-28.

Wilcox, B. (2011). *The state of our unions: When baby makes three*. Web site: https://www.stateofourunions.org/2011/SOOU2011.pdf.

Wilson, E. O. (1975). *Sociobiology: The new synthesis*. Cambridge, MA: Harvard University Press.

Winch, R. F. (1958). *Mate selection: A study of complementary needs*. New York: Harpers.

Wood, V. (1982). Grandparenthood: An ambiguous role. *Generations, 7* (2), 22-23.

Yu, W., & Hara, Y. (2023). Stability and relevance of marriage desires: Importance of age norms and partnering opportunities. *Journal of Marriage and Family, 85* (2), 391-412.

| 찾아보기 |

인명

내용

저자 소개

정옥분(Chung, Ock Boon)

서울대학교 사범대학 가정학과 졸업

서울대학교 대학원 석사과정 졸업(아동학 전공 석사)

미국 University of Maryland 박사과정 졸업(인간발달 전공 Ph.D.)

고려대학교 사범대학 교수, 고려대학교 사회정서발달연구소 소장, 한국아동학회 회장, 한국인간발달학회 회장, 미국 University of Maryland 교환교수, ISSBD(International Society for the Study of Behavioural Development) 국제학술대회 조직위원회 위원장, 고려대학교 의료원 안암병원, 구로병원, 안산병원 어린이집 고문 역임

現 고려대학교 명예교수

〈저서〉

『영아발달』(개정판), 『유아발달』, 『영유아발달의 이해』(제4판), 『아동발달의 이해』(제4판), 『청년발달의 이해』(제3판), 『청년심리학』(제3판), 『발달심리학』(제4판), 『성인 · 노인심리학』(제4판), 『전생애 인간발달의 이론』(제4판), 『아동심리검사』, 『아동연구와 통계방법』, 『아동학 연구방법론』, 『유아교육 연구방법』, 『사회정서발달』(제3판), 『아동발달의 이론』 외 다수

정순화(Chung, Soon Hwa)

서울대학교 가정대학 가정관리학과 졸업

서울대학교 대학원 석사과정 졸업(아동학 석사)

고려대학교 대학원 박사과정 졸업(아동학 박사)

前 고려대학교 사범대학 전문교수

〈저서〉

『보육교사론』, 『보육학개론』(5판), 『제4차 표준보육과정을 반영한 보육과정』, 『아동복지와 권리』(2판), 『부모교육』(4판), 『예비부모교육』(3판), 『부모교육: 부모역할의 이해』, 『정서발달과 정서지능』(개정판), 『애착과 발달』

결혼과 가족(2판)

Marriage and Family (2nd ed.)

2020년 1월 25일 1판 1쇄 발행
2021년 8월 20일 1판 2쇄 발행
2025년 2월 25일 2판 1쇄 발행

지은이 • 정옥분 · 정순화
펴낸이 • 김진환
펴낸곳 • ㈜학지사
04031 서울특별시 마포구 양화로 15길 20 마인드월드빌딩
대표전화 • 02-330-5114 팩스 • 02-324-2345
등록번호 • 제313-2006-000265호

홈페이지 • http://www.hakjisa.co.kr
인스타그램 • https://www.instagram.com/hakjisabook

ISBN 978-89-997-3352-9 93370

정가 25,000원

파본은 구입처에서 교환해 드립니다.